THE MASSACRE OF ST. BARTHOLOMEW
PRECEDED BY A HISTORY OF THE RELIGIOUS WARS IN THE REIGN OF CHARLES IX

圣巴塞洛缪大屠杀

宗教纷争、大国博弈与法兰西王国的衰落

[英] 亨利·怀特 著　邵宏 译

图书在版编目（CIP）数据

圣巴塞洛缪大屠杀：宗教纷争、大国博弈与法兰西王国的衰落 /（英）亨利·怀特著；邵宏译. -- 北京：华文出版社，2021.3

（华文全球史）

ISBN 978-7-5075-5435-9

Ⅰ.①圣… Ⅱ.①亨… ②邵… Ⅲ.①宗教改革运动—宗教史—欧洲—中世纪 Ⅳ.①B979.5

中国版本图书馆CIP数据核字(2021)第013215号

圣巴塞洛缪大屠杀：宗教纷争、大国博弈与法兰西王国的衰落

作　　者：[英] 亨利·怀特
译　　者：邵　宏
选题策划：
插图供应：029-85504182
责任编辑：景洋子　魏丹丹
出版发行：华文出版社
社　　址：北京市西城区广外大街305号8区2号楼
邮政编码：100055
网　　址：http://www.hwcbs.com.cn
电　　话：总编室010—58336239
　　　　　发行部010—58336212
经　　销：新华书店
印　　刷：三河市燕春印务有限公司
开　　本：710×1000　1/16
印　　张：37
字　　数：495千字
版　　次：2021年3月第1版
印　　次：2021年3月第1次印刷
标准书号：ISBN 978-7-5075-5435-9
定　　价：132.00元

版权所有 侵权必究

出版前言

随着中国开放的大门越开越大，关注世界各国尤其是西方国家文明的源流、发展和未来已经成为当下世界史研究的一个热点。为了成系统地推出一套强调"史源性"且在现有世界史出版物中具有拾遗补阙价值的作品，我们经过认真论证，推出了"华文全球史"系列，首次出版约一百个品种。

"华文全球史"系列从书目选择到译者的确定，从书稿中图片的采用到人名地名的规范，都有比较严格的遴选规定、编审要求和成稿检查，目的就是要奉献给读者一套具有学术性、权威性和高质量的世界史系列图书。

书目的选择。本系列图书重视世界史学科建设，视角宽阔，层级明晰，数量均衡，有所突出。计划出版的"华文全球史"中，既有通史，也有专题史，还有回忆录，基本上是世界历史著作中的上乘之作，填补了国内同类作品出版的空白。

人名地名规范。本系列图书中人名地名，翻译规范，重视专业性。在人名翻译方面，我们坚持"姓名皆全"的原则，加大考据力度，从而实现了有姓必有名，有名必有姓，方便了读者的使用。在注释方面，书中既有原书注，完整地保留了原著中的注释；也有译者注，体现了译者的研究性成果。

书中的插图。本系列图书的一个重要特点是书中都有功能性插图，这些插图全方位、多层次、宽视角反映当时重大历史事件，或与事件的场景密切相关，涉及政治、军事、经济、社会、外交、人物、地理、民俗、生活等方面的绘画作品与摄影作品。功能性插图与文字结合，赋予文字视觉的艺术，丰富了文字的内涵。

  译者的确定。本系列图书的翻译主要凭借的是一个以大学教师为主的翻译团队，团队中不乏知名教授和相关领域的资深人士。他们治学严谨，译笔优美，为确保质量奉献良多。

  "华文全球史"系列作为一套具有较高学术价值的优秀的世界历史丛书，对增加读者的知识，开阔读者的视野，具有积极的意义。同时要看到，一方面很多西方历史学家的观点符合事实，另一方面不少西方历史学家的观点是错误的，对于这些，我们希望读者不要不加分析地全盘接受或全盘否定，而是要批判地吸收外国文化中有益的东西。

华文出版社

2019年8月

序 言

在接下来的几页序言中，我将会努力概述16世纪后半叶发生的这段历史：一场大动乱摧毁了法兰西并最终导致了令人刻骨铭心的圣巴塞洛缪惨案。要想厘清这场大动乱的性质，就必须将瓦卢瓦王朝昂古莱姆旁系的法兰西国王弗朗索瓦一世在位时期新教教徒的地位状况及随后两位继任国王纳入考虑范围内。激烈的审判过程确定了胡格诺派教徒的罪行，整个国家逐渐分裂成两派。两派水火不容，消灭弱者、胜者为王似乎成为重建统一的法兰西的唯一手段。本书开始的三章必然要揭露占据统治地位的天主教会对宗教改革派的残酷迫害。如果读者认为本书的写作是为了重燃宗教纷争，笔者必定痛苦不已。笔者是带着极大的痛苦和遗憾创作这几个章节的，目的是用这些宗教史实来警示后人：历史往往会重演。尽管现在不太可能倒退回残暴的16世纪，尽管社会不再滥用火刑，但私刑和其他形式的恐怖主义仍然会扼杀自由讨论、抑制个人自由。除此之外，在监狱、法庭和执法部门等领域，需要做的事情还远远不够。对那些有幸生活在可以光明正大崇拜上帝的时代的人来说，让他们记得为信仰上帝而惨死在火刑柱上的先人们是非常有必要的。牢记先人们在考验之下彰显出来的忍耐和坚韧精神、自我奉献精神、纯真地固守对上帝的承诺精神、坚守良知的精神及忠于职守的精神，对所有年龄段的人来说都是大有裨益的。那些为上帝奉献出生命的先人们不遗余力地揭示：迫害是错误的，最终的胜利不属于暂时得逞的迫害者。人类真正的力量在于审慎和远见。然而，这种品质只属于少数人。如果宗教改革派，这个开明的少数派被驱逐或是被消灭，无知的大众将会迷失方向。时至今日，西班牙和意大利尚未从16世纪自我戕害的伤痛中恢复过来。如果说法兰西遭受的伤痛轻一点，那是因为迫害没有完全毁掉法兰西的思想自由和宗教信仰自由。

笔者认真、公正地写作，认真思忖相互矛盾的证据，决不让偏见左右其自身的判断。笔者把握住了写作中的平衡，这超出了写作预期。这么庞大的写作计划，即便笔者出现失误也情有可原。笔者没有像以前的作者那样把道德败坏的凯瑟琳·德·美第奇和疯疯癫癫的瓦卢瓦王朝的法兰西国王查理九世妖魔化，笔者谨慎地杜绝粉饰以上两位人物。笔者既写了凯瑟琳·德·美第奇和查理九世拥有的许多值得尊敬的品质，也仔细描写了两位获得恶名的经过。在法兰西历史的早期，新信条的追随者们被冷漠地称为清教徒或胡格诺派。这种措辞不完全正确，但优于法兰西异教徒们自称的令人别扭的"改革派"的称呼。新教教徒通常被对手称为加尔文派，笔者一直避免使用该称谓，是因为普通读者往往将其与错误的观点相关联。时至今日，该称谓也往往包含嘲讽的意味。由于无知自满，人们认为加尔文派是冷酷的，认为加尔文派会为烧死迈克尔·塞尔韦图斯提供各种理由。无论加尔文派冷酷与否，都不会为迫害寻找借口。关于迈克尔·塞尔韦图斯，其火刑判决是由德意志和瑞士的清教教会通过的，约翰·加尔文也许是唯一一个想方设法拯救这个异教徒生命的人。无论日内瓦的加尔文派犯了多大的错误，约翰·加尔文都是那个时代最伟大的人物之一，也是法兰西早期一流的散文作家。英格兰人认为英格兰的自由思想受过17世纪反改革派时期约翰·加尔文思想的影响，所以英格兰人从不会鄙视约翰·加尔文的失败。

关于圣巴塞洛缪大屠杀有两种说法，一些作家认为这是长期预谋的结果。约翰·艾伦在1826年《爱丁堡评论》的第四十四期中巧妙论证过这一观点，即"长期预谋"论已是定论且不容辩驳。其他作家认为，刺杀加斯帕尔二世·德·科利尼失败引发了恐惧和狂热，进而形成合力，意外导致了圣巴塞洛缪大屠杀。这一说法得到了众多学者的支持，如利奥波德·冯·兰克刊印于1836年的《政治历史评论》第二卷和《法兰西史》第一卷；让-巴蒂斯特·开普菲格在《改革史》上的评论；威尔海姆·格特里耶布·索尔丹的《法兰西和巴塞洛缪之夜》；约翰·威尔海姆·鲍姆的《西奥多·贝扎的生活》及阿萨纳斯·劳伦特·查尔斯·科克雷尔发表于1859年的《神学杂志》上的文章，这些书籍和文章都支持第二种观点。到目前为止，证明两种观点的新材料已经浮出水面，有些材料将首次在本书中得以揭露。

关于这段历史最有价值的材料莫过于托米·伊比·加查德在《西班牙国王腓力二世通讯录》中刊发的《锡曼卡斯档案》精华内容了。阿尔贝里出版发行的《凯瑟琳·德·美第奇书信》为解开查理九世统治时期的一些不解之谜带来了希望。尽管完全相信以上材料不太明智。但在法兰西历史的研究上，笔者想不出来还有比这套完整的系列书信更有价值的材料了。书信散落于法兰西各地，一些书信刊印在记载法兰西各地历史的资料中。但更多书信，包括那些掌握在阿尔伯马勒街的约翰·穆雷先生手中的书信还是处于不为人知的状态中。令人感兴趣的信息大多数来自阿尔贝里编辑的威尼斯大使们的《凯拉齐奥尼书信集》，或是来自更容易获得的尼科洛·托马西奥和巴舍特的著作中。塞巴斯蒂安·德·奥伯斯皮内、拉·莫特-费内隆、西班牙王国阿拉斯枢机主教安托万·佩勒诺·德·格兰维尔的信及纪尧姆·格伦·范·普林斯特勒出版的《奥兰治-拿骚的梅森档案集》中包含的文献的重要性更是不言而喻。潜藏在法兰西的英格兰间谍的书信完全被众多作家忽视，但有助于解释1572年安博瓦兹骚乱和被频繁提及的佛兰德斯战争中的几起事件。弗朗西斯·沃尔辛汉姆的信中描述大屠杀的所有文字都遗失了，这是令人非常遗憾的。尽管我现在还没有找到相关资料，但我仍然希望将来可以找到。著名的格兰奇的威廉·柯卡迪爵士在文献部门留有一份有意思的报告，约翰·弗鲁德先生在其最后一本书中引用过该报告。还有两封很特别的当代书信也有其重要的历史价值——一封是西班牙文书信，另一封是德语书信。

笔者亲自或是通过好心的朋友在法兰西各省文献库中广泛检索，这样获得的信息来源已在注释中详尽阐明。然而，通过这种方式得到的研究结果往往会全盘否定前辈作家们的观点，他们的后继者会不假思索地直接照搬。在法兰西的历史发展过程中，与图卢兹和里昂有关的两个史实案例显著相当引人注意。在许多重要问题上，来自不同途径的文献为本书提供了素材，如勒皮的凯瑟琳·德·美第奇手稿、鲁昂公共图书馆的手稿、图尔的查理九世的信、里昂的领事法案、图卢兹的领事和议会登记册、卡昂的登记册、第戎的《国王之书》、普罗旺斯市档案馆和洗礼登记处、盖普的领事馆账户。与印刷文本有很大不同，蒙彼利埃、尼姆、格勒诺布尔、克莱蒙特-费朗、巴尤克斯等地的公开文献及雅克·加奇斯未出版的回忆录和拉托米主席的手稿也丰富了信息的来源。在尤金·哈格和埃米尔·哈格两兄弟的《法兰西新教教徒》和《法兰西新教教徒协会公报》中，人们发现了许多令人称奇和有趣的问题。

读者在本书中很难了解改革派教会的内部发展情况，必须阅读神学历史和研究神学的作家作品以获取这类信息。外行人冒险进入法兰西宗教改革派发展的历史领域很难逃脱无知或是异端邪说的骂名。

目 录

001　第 1 章
16 世纪的宗教改革运动（1500 年—1547 年）

035　第 2 章
法兰西国王亨利二世（1547 年—1559 年）

091　第 3 章
法兰西国王弗朗索瓦二世的统治（1559 年—1560 年）

155　第 4 章
法兰西国王查理九世执政时期的法兰西（1560 年）

191　第 5 章
从法兰西国王查理九世执政到普瓦西大屠杀（1560 年—1562 年）

239　第 6 章
第一次宗教战争（1562 年—1563 年）

275　第 7 章
社会混乱时期（1562 年—1563 年）

295 **第 8 章**
巴约讷会谈和第二次宗教战争（1565 年 6 月—1568 年 3 月）

329 **第 9 章**
第三次国内战争（1568 年—1570 年）

367 **第 10 章**
暴风雨前的宁静（1570 年 8 月—1572 年 8 月）

407 **第 11 章**
联姻与阴谋（1572 年 8 月）

433 **第 12 章**
暗杀（1572 年 8 月 22 日—1572 年 8 月 24 日）

457 **第 13 章**
血染的庆典（1572 年 8 月—1572 年 9 月）

503 **第 14 章**
各省大屠杀（1572 年 8 月—1572 年 10 月）

523 **第 15 章**
结局（1572 年—1574 年）

537 **译名对照表**

第 1 章

16 世纪的宗教改革运动
（1500 年—1547 年）

16世纪理应被称作文艺复兴的时代。在那个时代，学术和宗教得以复兴，艺术得到进一步发展。此时的法兰西大地开始出现了新思想，呈现一种新气象，人们纷纷觉醒，不甘心成为供贵族奴役的牲口或是为贵族缴纳税赋的机器。他们打算做一些比伐木工人和运水工人的工作更伟大的事情。伟大的宗教改革运动很早就开始酝酿了。如果君士坦丁堡没有衰落，如果东方有识之士没有被驱使前往西方寻求庇护，宗教革命很可能会推迟，但终会到来。就在约翰内斯·古登堡印刷第一页《圣经》时，罗马的神权专制开始动摇。当瓦斯柯·达伽马绕过好望角①抵达印度时，当克里斯托弗·哥伦布发现新大陆后凯旋时，世界正处于一个崭新且又激动人心的历史时期。动荡不安和怀疑困惑的情绪弥漫着整个欧洲。修道院里的修士、洞穴里的隐士、城堡里的男爵、法庭里的律师及乡村神父都感受到了这种躁动不安的情绪。继承王位的王子怀疑教会的权威性，于是将教皇从罗马驱离。当时，智者和学者的攻击使教会没有任何神圣性可言了。弗朗索瓦·拉伯雷愤世嫉俗，利用隐蔽的讽刺手法使神父成为笑料；伊拉斯谟利用伏尔泰式的尖锐的讽刺方式质疑教堂最显而易见的弊病；乌尔利希·冯·胡登在其《默默无闻者的来信》中利用不那么优美但通俗

---

① 位于南非西南部开普敦南边的一个海角，因此地风高浪急，也叫风暴之角。——译者注

瓦斯柯·达伽马抵达印度

克里斯托弗·哥伦布"发现"新大陆

易懂的方式质疑教会弊端。假如16世纪提倡打破旧习的人只是利用辩论和讽刺的手段来抨击神父不检点的生活和勒索百姓的行为,那么他们永远不可能为法兰西带来变革。教会的教义已经堕落成了空洞的形式主义,人们心如死灰,生活一成不变。突然,一些神职人员好像是相互商量好了似的开始在欧洲活跃起来。法兰西的乔治·勒费尔夫、瑞士的胡尔德里奇·祖格尔、英格兰的威廉·廷代尔及德意志的马丁·路德都传授同样的教义。各个国家的宗教改革都会保留教义的总体特征,但会采取独特的改革手段。就在新教教义空白的

马丁·路德

威廉·法雷尔

地方，宗教改革顺势融入了共同的教义特征，并延续发展到现在。假如宗教改革在法兰西没有取得彻底胜利，那是因为改革未能关注到法兰西人的性格。然而，法兰西的宗教改革最终还是获得了本土自然而然的发展。乔治·勒费尔夫及门徒威廉·法雷尔比马丁·路德还早几年宣传"因信称义"的教义，该教义信条是新式教会的基石。

有人仍然认为16世纪浩大的宗教改革没必要进行，声称在宗教戒律方面做出一点点改革就能满足教会需要了，比如虔诚的教皇做出些许妥协即可。但如果宗教改革得以顺利进行，这种改革又能持续多久呢？近几年来，我们目睹了许多卓越非凡、不拘小节的教皇毫无作为，在反对派神职人员面前显得极其无能。如果教会可以进行严格的自身改革，那么教会分崩离析的局面绝不会出现。正如利奥波德·冯·兰克说的:"即使是新教教徒,也不情愿地、慢慢地与教会团体决裂。"法兰西已经完全准备好去进行一场宗教改革了。弗朗索瓦一世让法兰西宫廷成了欧洲有识之士聚集的中心,他拥有众多高贵品质,但没有利用他的高贵品质来博取艺术家的欢心。伟大的画家列昂纳多·达·芬奇、安德烈·德尔·萨托和伯特兰·罗素从意大利被邀请来用神奇的画笔描绘法兰西宫廷。满腹经纶的希腊人卡利斯西尼斯·拉斯卡利斯被委任负责成立位于枫丹白

弗朗索瓦一世

古利尔穆斯·布德

露的国王图书馆。在有识之士古利尔穆斯·布德的建议下,法兰西学院得以成立,用于研究希腊语和希伯来语。伟大的学术运动,尤其是希伯来文的研究,把基督教教徒变成了犹太教徒。这令正统天主教的捍卫者——索邦神学院非常恐惧,于是狂热地、不怀好意地把希腊语和希伯来语当作异端明令禁止了。因此,克莱门特·马罗将这段历史实事求是地写了下来并补充说:"索邦神学院的保守做法正好证明了'学识对敌手而言毫无价值'这句老话准确无误。"

法兰西教会并不比罗马天主教的其他教会差。因为民众自身无知,他们也觉察不到神职人员的无知,一旦他们开阔了眼界,他们会立刻意识到神职人员的不足。假如神职人员最大的不足是无知,这对神职人员来说也许还是好事。

可糟糕的是，神职人员不学无术且心术不正。当代有资料显示，有些神职人员无知到不能理解祷告过程中的言辞，甚至没有读写能力。神职人员还玩忽职守，完全停止布道活动。神职人员以尘世享受为乐，终日沉溺在酒馆里，喝酒、赌博、与女人调情，在屋子里无所事事。神职人员滥用信徒信任的恶劣行径可以从他们伪善的骗人勾当中显露出来，在宗教文物处理过程中表现得更加突出。有神父欺骗民众宗教情感的例子，神父说："要么圣母玛利亚有两个母亲，要么她母亲必定有两个头。"神父说，某根羽毛来自天使加布里埃尔的翅膀，某个瓶子里装满了埃及的黑夜，这些都是些不甚重要的愚蠢谎言。除此之外，更有许多五花八门、巧立名目的骗局。

在为真理而生的宗教界，新学说传播得很快。法语的使用有助于新学说的扩散，而一个姓德莫查雷斯叫安东尼·德·穆奇的东正教神父固执地使用拉丁语，他甚至因使用了法语回应胡格诺派的新教教义宣传手册而觉得有必要表示歉意。起初，出身卑微、目不识丁的新教教徒很少，大多新教教徒出身高贵，来自受过教育的阶层，早就接受过严峻的考验。1524年，当弗朗索瓦一世还被囚禁于马德里时，巴黎议会就恢复了路易十二关于亵渎罪的法令，并提名某个委员会审判路德教派和其他异教派。1525年，教皇克莱门特七世颁下一份诏书，批准了对教会权力的弹劾，任命委员和调查员带着罗马教皇的权威履行职责。克莱门特七世命令这些官员以不容置疑的态度审判囚犯，不需要考虑审判形式，好像把这种审判方式当作之后此类案件的审判惯例了。这份教皇诏书不仅谴责了异教派，而且号召在生存物质方面惩罚异教徒，禁止任何人向异教徒提供玉米、葡萄酒、油或是其他物品，否则将被视为共犯。这份诏书不是简单的威胁。这一点从教皇克莱门特七世写给巴黎议会的信中就可以明显地看出。信中对巴黎议会执行诏书命令的做法表示祝贺并补充道："新兴教会对国家和宗教都是不利的，我们不必刻意向众人说明，在东西方的范围内，在宗教革命中，我们的国家和教会，作为教皇的忠实捍卫者，遭受的苦难比任何一个新教国家都要多。"

教皇克莱门特七世

巴黎的第一批受害者之一是雅克·帕瓦内斯，他通过放弃主张获得了暂时的宽恕。雅克·帕瓦内斯虽然年纪还小，但后来表现出了坚定的信心，成为一名为上帝而战经验丰富的勇士。雅克·帕瓦内斯撤回放弃主张的决定后，注定要遭受火刑。即使身在火刑柱上，雅克·帕瓦内斯还是十分坚定。索邦神学院的一位知识渊博的学者宣称，教会宁愿出一百万法郎[①]，也不愿让雅克·帕瓦内斯对民众演讲。一个更著名的受害者是路易·德·贝尔坎，他是阿托伊斯贵族家庭的后裔。路易·德·贝尔坎是伊拉斯谟学院的学生，他的学识和智慧对神父们而言是致命的打击，而且还冒犯了索邦神学院的那群老顽固。弗朗索瓦一世和姐姐昂古莱姆的玛格丽特，曾救过路易·德·贝尔坎两三次。但路

昂古莱姆的玛格丽特

---

① 法郎，法兰西的流通货币，现已停用。——译者注

易·德·贝尔坎在最后的困境中,由于对他的审判进行得很快,弗朗索瓦一世连营救的时间都没有。不久之后,十四名不那么出名的受害者被处死,但受害者的思想不会在火刑柱上烧尽,也不会在监狱里被扼杀。紧接着,人们开始发现,新学说的传播范围一天比一天广。弗朗索瓦·欧代·德·梅泽雷说:"焚烧这些自我奉献人的火焰,早已深深扎根在人们的头脑中。"

新信条的追随者们在宫廷里只有一个朋友,那就是昂古莱姆的玛格丽特,弗朗索瓦一世的姐姐,一个虔诚善良的女人,她曾不止一次地拯救索邦和罗马的受害者。瓦卢瓦的玛格丽特不是新教教徒,也不敢与天主教决裂。瓦卢瓦的

瓦卢瓦的玛格丽特

约翰·加尔文

玛格丽特很想看到新老教会联合起来，互相让步。无论如何，这个时代不是妥协的时代。随着时间的推移，教会的分裂变得越来越明显，特别是在约翰·加尔文的《基督教协会》在1535年出版之后，这本书立刻成为法兰西福音派的教科书和宪章。约翰·加尔文是个彻底的改革派。马丁·路德不反对任何《圣经》没有驳斥的东西，而约翰·加尔文不接受任何《圣经》没有直接支持的东西以示区别。马丁·路德的体系可能更明智，因为它没有直接与过去决裂，但任何一个原则如果过于极端都是错误的。看看后来法兰西新教的历史，我们可以看到极端的加尔文主义如何激起了德意志从未有过的敌对情绪，加尔文主义似乎旨在废黜国王和教皇。这样一种冷冰冰、毫无掩饰的宗教形式，是否适能得到广大热情奔放的法兰西凯尔特族人的认同，是值得怀疑的。

在法兰西，宗教改革很久以后才影响到下层阶级——按照当时的流行说法是大众。乡村绅士，受过教育的人，富裕的商人，艺术家，以及"所有从职业中提升了思想境界的人"都是第一批皈依教徒，他们自然遭到神职人员和律师的反对，因为团结的集体力量在宗教变革中实在太强大了。

弗朗索瓦一世似乎看到了改革教会的可取之处，与其说是出于宗教原因，不如说是出于政治动机。弗朗索瓦一世憎恨修士，因为他曾被索邦修士反对。弗朗索瓦一世和昂古莱姆的玛格丽特一起读《圣经》，还特意邀请德意志早期基督新教信义宗神学家——菲利普·梅兰赫顿来法兰西，以便达成某种妥协，使天主教和新教能够统一起来。这是一个虚幻的梦，即使弗朗索瓦一世是真心

菲利普·梅兰赫顿

诚意的，结果也是非常令人怀疑的。也许弗朗索瓦一世曾经辩解过，迫害是在不为人知的情况下进行的，甚至是在违抗自己意志的情况下进行的。但在1535年1月21日，弗朗索瓦一世积极参与焚烧六名不幸的路德派教徒的行动。在这种情况下，弗朗索瓦一世的名誉受到了一些改革派粗鲁无礼和无根无据指控的伤害。出于政治上的权宜之计，弗朗索瓦一世也需要作出冷酷无情、肆无忌惮的样子。1535年1月，弗朗索瓦一世颁布了一项皇家法令，要求立即铲除一切形式的异端邪说，该法令包括凡协助、窝藏邪教分子或不检举邪教分子者，均以主犯论处，告密者将得到没收和罚款金额的四分之一。颁布这项法令是为了抓捕异教徒。1535年6月，这一法令得以修改。当时，弗朗索瓦一世正在与德意志的信仰新教的王子们寻欢作乐。但只有不断减轻异教徒承受的痛苦和惩罚，他们才会放弃原来的信仰，重新回到天主教会的怀抱。1540年6月1日，颁布了著名的《枫丹白露法令》，重新启用了之前所有的法令，下令对异教徒进行最严格的搜查。《枫丹白露法令》的规定还不够严厉，1542年10月月底，弗朗索瓦一世又颁布了《皇家法令》，要求法兰西王国的每一个议会"迅速执行严格的判决"，以便彻底摧毁新的异端邪说。颁布的每一个法令都要求立即执行这些可怕的指示。在重启的新一轮迫害中，有一个叫德拉沃耶的人，被告知议会要抓捕他，抓捕的人正在来的路上，他拒绝像朋友们建议的那样躲藏起来。德拉沃耶说："雇工和假先知可以这样做，但我要效法圣保罗，我愿意接受捆绑，也愿意为耶稣而死。"另一名受害者康斯坦丁诺在一辆垃圾车里被处决。康斯坦丁诺援引经典说："使徒真的说过，'我们是地上的污秽、万物中的渣滓'，我们在世人的鼻孔里发臭。但我们应当欢喜，因为我们为信仰而死，神必悦纳，教会也必侍奉。"

　　1542年夏天，一个住在巴黎的德意志人写信给朋友，讲述了目睹的两个异教徒被处死的经过。在信中，我们了解到对受害者的同情往往会使人改变信仰。其中一个受害者不到二十岁，是一个皮肤光滑的青年人，他是一个鞋匠的儿子；另一个受害者留着长长的白胡子，已经八十岁了，有些驼背。那个青年人

圣保罗

藐视现有的宗教信仰,将宗教信仰拿来与外邦的神做比较。老人反对向圣徒祈祷并宣称所有的基督教教徒都可以宣扬教义。这两个人都因为他们信奉的"路德教"而被判处同样的刑罚。由于这个青年人不肯收回原话,要被割掉舌头。当刽子手走近,要执行割舌之刑时,这个青年人面不改色,把舌头尽力伸出来。刽子手用钳子把舌头往外拔出了一些,然后把舌头割了下来,用舌头鞭打殉道者的脸颊,然后把舌头扔到人群中。作者认真地补充道:"据说,人们把舌头捡起来,扔向殉道者的脸。青年人下了车,看上去像是要去赴宴,而不是去受刑。"这个青年人对民众的嚎叫和野蛮的叫喊无动于衷,平静地站在火刑柱旁,一根铁链将他绑了起来。他不时吐出嘴里的血,但眼睛始终盯着天堂,好像在那里寻求帮助。当刽子手在青年人的头上撒满了硫黄并指着炉火,青年人依然微笑着鞠躬,似乎是在表明自愿赴死。那个老人是一个大家庭的父亲,因为人正直而备受大家的尊重。老人收回了某些话语,因此,对他的惩罚做出了改变。他先被绞死,然后接受火刑。目击者补充说:"有些人认为这种惩罚太轻了,本应该将老人活活烧死的。"迫害的历史并不少见,从小普林尼的来信到16世纪僧侣们的抨击言论,他们对异教徒的态度都是恶语相向且怒气冲冲。1528年,在布鲁日召开的会议不但谴责了路德教的所有教义,而且将异教徒与魔法师进行了比较,显得新教教徒更加可憎。这些宗教改革者被指控为不良的臣民、反叛者、革命者,这些人的目的是推翻君主政体及颠覆宗教。弗朗索瓦一世虽然知道得更多,但假装相信这一说法。约翰·加尔文在以"基督教学院"的名义写的《致国王的信》中,坚定地驳斥了这一指控。约翰·加尔文问道:"难道我们这些从来没有说过煽动性话语且生活一向简朴,追求和平的人,竟要策划推翻王国吗?更重要的是,现在我们①被赶出家园,我们不再为你们的繁荣祈祷……上帝是应当称颂的。我们从福音中受益匪浅,所以我们可以用生命为那些毁谤我们的人树立一个慷慨、贞洁、怜悯、节制、忍耐、谦虚及其他美德的

---

① 关于这里的"我们",约翰·加尔文指的是1534年迫害之后的移民。——原注

榜样。我们既盼望神的名誉,因我们的生,因我们的死,变得圣洁,我们也敬畏他,敬奉他,因为耶稣的真理是我们的坚实后盾。"在《基督教要义》一书中,约翰·加尔文制定了某些非常极端的原则,使君权得以神圣化。"我们必须向邪恶的暴君显示我们的主赐予我们的荣誉……我们顺服暴君,就如同敬畏神、侍奉神,因为君权神授。"然而,"上帝非常谨慎地将这种对君权的臣服限制在世俗事务的范围内。"圣彼得说,"当上帝任命凡人当统治者时,上帝并没有放

圣彼得

弃自己的权力。因为我们顺从的是神而不是人,所以国王发出的任何违背神的命令是毫无道理的。"

这个时代的野蛮虽然不可以原谅,但可以解释清楚。在活着的人们的记忆中,政治异端受到了与宗教异端,除了火刑同样严厉的惩罚,而且理由往往不同。当神父焚烧尸体时,他希望这可以拯救灵魂。某个政党或某位大臣都是踩着政治异端者的尸体成功上位的。因此,16世纪的迫害者们不该被轻率的指责或压倒,他们只是生活在特定时代的普通人而已。在那个时代,异教徒没有任何权利,迫害异教徒是天主教教徒被迫履行的一种宗教义务。人类仍然有太多野蛮的东西,尽管在人类的文明史中已经做了很多努力来消灭野蛮。弗朗索瓦一世统治时期,野蛮占据主导地位。但殉道者的鲜血证明了路德教会的萌芽,一位天主教作家将当时的"路德派"比作传说中的头被砍下一个,仍有两个生长在原处的九头蛇。《异端史》的作者在描写这些殉道者时,虽然把他们的忍耐归因于"撒旦的影响","但基督教已经从自身单纯的原始状态中复苏了",这是不争的事实。

1544年,弗朗索瓦一世与神圣罗马皇帝查理五世签订了《克雷斯比条约》。根据这一条约,两位君主必须在各自的领土上消灭异端邪说。弗朗索瓦一世碰巧患了一种由淫乱引起的危重疾病,短短五六个星期,生命已经危在旦夕。图农一位偏执的枢机主教使弗朗索瓦一世相信痛苦源自上帝的决定,并敦促他通过摧毁异端邪说来安抚上帝。弗朗索瓦一世听信了这些说辞,又听信了异教徒无意改变自己行为的谣言,于是下令铲除普罗旺斯的瓦尔登西斯家族,因为瓦尔登西斯家族加剧了神职人员的愤怒。与萨伏伊的瓦尔登西斯人不同,普罗旺斯的瓦尔登西斯人通常被称作沃多伊人,居住在法兰西东南角的杜兰斯和阿尔卑斯山脉之间。沃多伊人是一个爱好和平、敬畏上帝、勤劳的民族。如果他们的史册可信,可以说他们是数百年来一直反对罗马教会的活跃力量,甚至从君士坦丁时代就开始反对活动了。据说,法兰西国王路易十二始称这些沃多伊人为"比自己更虔诚的基督教教徒"。一个天主教传教士被派去改变这

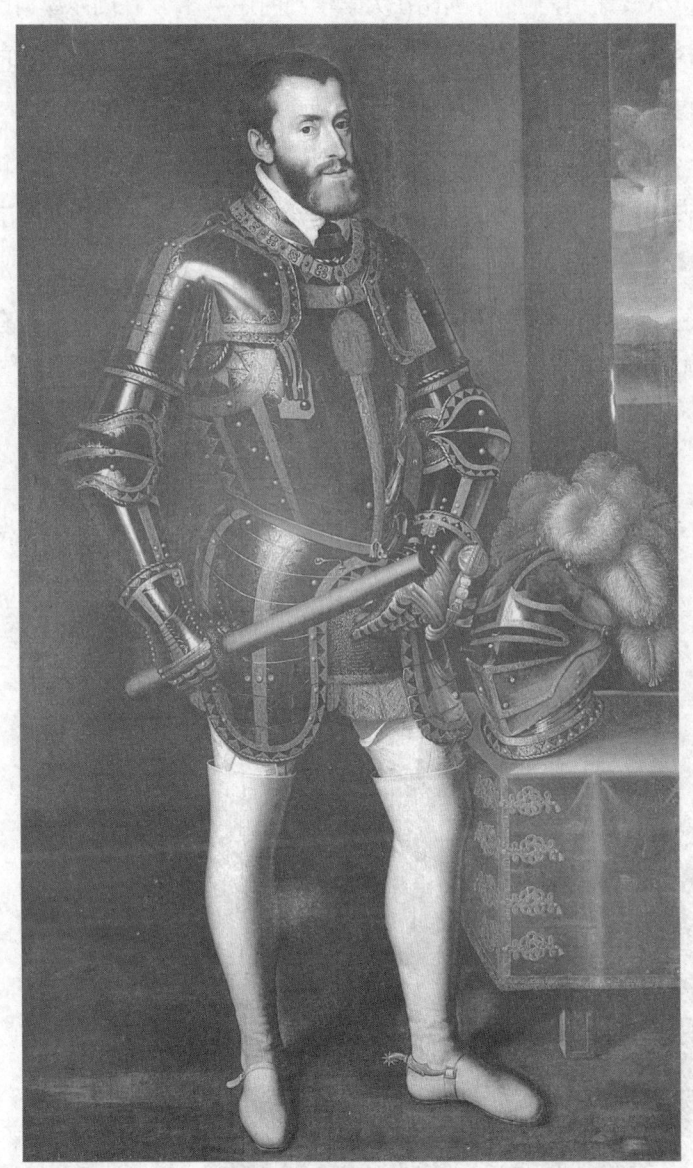

神圣罗马皇帝查理五世

些沃多伊人的错误行为，结果自己被他们的教派打动，最后不得不承认"自己从沃多伊小孩身上学到的东西比在大学学到的还要多"。在阿尔卑斯山脉最荒凉的山谷里，在羚羊都几乎无法生存的岩丘上，沃多伊人建造了自己的小屋，照料着自己的羊群。在贫瘠的地区，他们收获了令人满意的大丰收，"使沙漠像玫瑰一样盛开"。皮埃蒙特省总督约阿希姆·杜·贝莱将这些沃多伊人描述为"一个简单的民族"，比起他们的天主教邻居，沃多伊人定期向国王表示臣服，向领主缴纳供奉。但在国王的神职顾问看来，沃多伊人的美德就是他们最大的罪过。1540年，普罗旺斯的议会宣判二十三名可怜的沃多伊人犯有蔑视法庭罪，判处他们火刑，下令将他们的家园夷为平地。该血腥的法令进一步指示

约阿希姆·杜·贝莱

约翰·梅尼尔

将一直以来庇护异教徒的梅林多尔镇和卡比里斯镇及其他地方夷为平地,摧毁异教徒曾经躲避灾难的洞穴,将这些沃多伊人的森林砍光,将他们的果树连根拔起,判处沃多伊人首领死刑,将他们的妻子儿女终身流放。直到1545年1月1日,可怜的沃多伊人的支持者们成功地促成了该法令的终止。与此同时,弗朗索瓦一世希望做一件有价值的事来弥补自己放荡的生活犯下的罪孽,于是命令停止执行该法令。奥佩德男爵、普罗旺斯议会主席约翰·梅尼尔受命执行该王室命令。约翰·梅尼尔是因嗜血的性格而喜欢杀戮的人,这种人是少有的。约翰·梅尼尔没有区分信徒和异教徒,他指挥的军队——野蛮的雇佣兵,其中大多是暴徒,而不是纪律严明的士兵,用炮火和刀剑蹂躏着沃多伊人的家园。从残酷现实中的一个小细节可以发现约翰·梅尼尔的特点。位于杜兰斯的梅林

梅林多尔镇大屠杀

多尔镇的所有居民都被处死了，只有一个人例外，此人是一个可怜的白痴，答应给一名士兵两克朗①以换取性命。约翰·梅尼尔听说了这件事，派人去请那名士兵来，给了他两克朗，就这样买下了这个白痴俘虏，命令将其绑在一棵树上立刻枪毙。"我知道怎么对付这些人，"约翰·梅尼尔吼道，"我要将孩子们及其他所有人统统送进地狱。"位于风景如画的沃克卢斯往南一点点的卡比里斯小镇也遭受到了类似的劫难。所有的房子都被摧毁，有七八百人在街道或田野被杀，许多逃到谷仓避难的妇女都被烧死，而那些逃过腥风血雨的人则被送上环境恶劣的大帆船服役。一位历史学家里昂·格兰说："与其他任何灾难相比，

---

① 克朗，法国古代的货币单位。——译者注

沃多伊人遭受的灾难值得我们同情。在一个教堂里,我看到四五百名可怜的妇女儿童被屠杀。"二十五名妇女在阿维尼翁教廷领土的一个洞穴中避难,罗马教皇保罗三世的副使节亲手点燃大火,将她们活活闷死。总共有二十四个城镇和村庄被摧毁,三千人被处死。士兵们不想要的小男孩和小女孩都被卖为奴隶,每个售价一克朗。为了防止有人逃跑,普罗旺斯议会发布了一项公告,禁止附近居民给沃多伊人提供食物和住所,结果许多沃多伊人在山里饿死了。

这些可怕暴行的故事激起了全国各地愤怒的呼声。但直到1545年8月18日,核实了发生的一切暴行之后,弗朗索瓦一世才明白法令被过度执行了。据说,

教皇保罗三世

关于那些残酷杀戮的记忆在弗朗索瓦一世临终前,一直萦绕在他的脑海中,他把向杀害沃多伊人的凶手复仇的责任留给了儿子亨利二世。这也许是真的,但当瑞士各州对弗朗索瓦一世的残忍提出抗议时,却被命令少管闲事,因为异教徒罪有应得。坎塔尔夫人因其佃户在被屠戮的过程中,自己的财产被毁坏而提起了诉讼。唯一因为这些恐怖事件而受到惩罚的人是艾克斯议会国王的辩护律师里昂·格兰。约翰·梅尼尔一想到要接受审判,就吓得病倒了,痛苦万分地死去了。正如宗教改革派宣称的,这是上帝的审判。当时,一位天主教历史学家大胆地为此等暴行道歉。16世纪,找不到任何敢于反对此等暴行的人。这位天主教历史学家说:"某种名声是大众力量和大众运动交互作用的结果,广为传

亨利二世

播。正如在别的时代必然会发生一些残酷的政治事件一样,在某种社会宗教信仰状态中也必然会发生一些不可避免的事情。宣扬某些观点驱使着人们像着了魔似的去犯罪。"历史学家的公开讲话似乎是隐蔽地为一切犯罪行为提供辩护。"必然性"是一种怯懦的说法,就是破坏道德责任,使理智屈从于物质,使正义屈从于蛮力。这种说法使篡夺者或谋杀者成为自定法则的控诉者、审判官和执法者。这是为暴乱开脱罪责,是将犯下的残酷罪行合理化。如果人们普遍接受这种说法,就会引起道德上的麻木,对所有正义的思维都是致命的打击。16世纪,在天主教氛围中生活的人们的想法与19世纪诡辩的历史学家的想法截然不同。卡朋特拉斯主教雅各布·萨多利托是一个充满善意和仁慈的人,一位

雅各布·萨多利托

现代作家称他为"那个时代的弗朗索瓦·芬尼隆,法兰西天主教神学家、诗人和作家。"正是因为雅各布·萨多利托的干涉,针对梅林多尔镇沃多伊人的第一法令才得以中止。雅各布·萨多利托是一位成熟的学者,与当时所有的学者都有书信往来。雅各布·萨多利托不在乎学者是异教徒还是天主教教徒,这些学者就包括约翰·加尔文和菲利普·梅兰赫顿。对这些学者,雅各布·萨多利托写道:"我不是那种因别人与我意见不同而憎恨别人的人。"当斯特拉斯堡的约翰内斯·斯托姆指责雅各布·萨多利托说谎时,雅各布·萨多利托说:"你应该把这些粗俗的话说给马丁·路德听,他们可不会同意你的观点。事实上,你错

约翰内斯·斯托姆

马丁·布斯

了,我相信你会恢复你一贯的礼貌态度的。如果你、马丁·布斯或菲利普·梅兰赫顿需要我,我不光口头支持你们,也愿意用其他方式为你们效劳。"在双方宗教偏见都很严重时,能遇到雅各布·萨多利托这样的人是令人欣喜的事情。

迫害法令造成的最可怕的悲剧之一发生在1546年10月的莫城。有六十人在斯蒂芬·曼金的家中被捕。当时,这些人正聚集在那里听布道。就在士兵们押着众人穿过街巷进入监狱的过程中,一些新教围观者大声唱起克莱门特·马罗的第七十九篇圣诗(雄壮版)——

> 神啊，看看吧。多么野蛮的主人，
> 夺去你的财物。
> 他们亵渎了你的圣殿，
> 将你的圣城夷为平地。

被捕者从莫城转移到巴黎接受审判。在审判过程中，审判者企图用酷刑迫使被捕者招供。他们被判刑并带回莫城，其中十四人要在市场上被活活烧死。剩下的人在处死他们同伴时被吊着胳膊鞭打，终身监禁在修道院。被捕者在被押回莫城的路上经过一片树林，一个跟着他们的人喊着说："兄弟们，你们要记得已经进入天堂的人。"这个人随即被抓住，被推进囚车里，和其他人一起被处死。斯蒂芬·曼金被认为是罪魁祸首，被割掉了舌头。斯蒂芬·曼金从监狱被拖到刑场，在那里，他和同伴们被残酷折磨后，烧死在环形排列的十四根火刑柱上，直到临终他们都在赞美上帝。当时，有一位叫让·皮卡德的学者，是当时的知名人物，他在那次布道会上说，相信这十四个可怜人注定是要下地狱的，这是得救的必要条件。若天使从天上来，说出不同的观点，大家不必听。"因为如果上帝没有让这十四个可怜人永久进地狱，上帝就不称其为上帝了。"

大肆杀戮异教徒的做法在法兰西其他地区也纷纷被效仿。酷刑非但没有阻止新教义的发展，反而证明了皈依者的坚定信仰。因此，曾因从日内瓦带来一捆异端书籍而受到谴责的让·查波特，尽管他在拷问台上几乎被折磨至死，就是不肯说出把书卖给了谁。在特鲁瓦，一个叫马克·莫罗的人因为拒绝出卖该市的其他路德教教徒，拷打后被判有罪，在火刑柱上表现出同样的坚强意志。弗朗西斯·多基在火焰中喊着："兄弟们，你们放心，我看见天堂打开了大门，神的儿子伸出双臂来迎接我。"当少女米歇尔·德·凯诺克勒即将被押上断头台时，一位可怜的接受过其救济的人跑到她身边，哭喊着："你再也不能给我们施舍了。""是的，再来一次！"米歇尔·德·凯诺克勒说着把拖鞋扔给了赤脚的女人。在圣保罗，一个叫托马斯的人被人从火中救了出来，并被要求公开认错。托马斯喊道："把我放回火里去，我已经在通往天堂的路上了。"

在这一统治时期的受害者中，有一个人的名字在文艺复兴的历史上占有显著的地位。文艺复兴时期著名的诗人斯蒂芬·多莱在里昂建立了一家印刷厂，因为支持那些要求加薪的"罢工"排字工人，在那里似乎不受同行的欢迎。斯蒂芬·多莱曾两次因异端思想而被定罪，一次是披露了关于臭名昭著的安东尼·穆奇的内幕消息。安东尼·穆奇是索邦神学院的一名学者，也是宗教裁判所的异教徒告发者，他将告密者的名声留给了子孙后代。斯蒂芬·多莱逃到了皮埃蒙特，但他怀着对祖国的热爱回到了里昂，这是法兰西人民的显著特征，在里昂被迅速逮捕并被押送到了巴黎。在巴黎，斯蒂芬·多莱被指控，因无神论而被判有罪，这一指控基于他翻译的柏拉图的一段话。在监狱里，斯蒂芬·多莱每时每刻都在等待死亡。他大声说："我的一生都在挣扎，感谢上帝，终于要结束了。"当斯蒂芬·多莱被带到莫贝尔广场的火刑柱时，刽子手命令他召唤圣母和自己的守护神圣斯蒂芬，否则舌头会被割掉，并会被活活烧死。斯蒂芬·多莱按照命令，照做了一遍仪式。1546年8月3日，他被绞死并焚烧。斯蒂芬·多莱不能被归入宗教殉道者之列，他受苦是因为其独立精神冒犯了神职人员。如果斯蒂芬·多莱不是作为自由思想的捍卫者挺身而出，作为印刷工和无神论者的身份，索邦神学院的学者们会很乐意原谅他。

罗伯特·艾蒂安比斯蒂芬·多莱幸运得多。二十五岁以前，罗伯特·艾蒂安一直在罗马天主教会工作，像当时许多著名人士一样，信奉一种备受质疑的正统学说。某些神学家对罗伯特·艾蒂安的恶毒攻击让他摆脱了犹豫不决、模棱两可的人生状态，这让那些愚蠢的神学家更加愤怒。早在1523年，罗伯特·艾蒂安就开始与索邦神学院辩论。1470年，索邦神学院曾邀请第一批印刷工人到巴黎。当时，索邦神学院对人们骚动的思想感到震惊，深刻检讨和反思了自己的事业。一个年轻人，一个门外汉，竟敢去纠正一段经文，这未免太荒唐了。1528年和1532年，罗伯特·艾蒂安出版了拉丁文《圣经》，尤其是1534年出版的方便携带的小型《圣经》，这一切加剧了索邦神学院的敌意。但罗伯特·艾蒂安在1545年出版的拉丁版《圣经》激发了空前的愤怒。在这个版本中，罗伯特·艾蒂安收集了希伯来文博学教授弗朗西斯·瓦塔布尔的注解。在这些注解中，索邦地区活跃的宗教裁判所人员发现了一些异端命题，例如否认炼狱的存在，否认忏悔的有效性等。到目前为止，由于弗朗索瓦一世的干预和约阿希姆·杜·贝雷等人的影响，罗伯特·艾蒂安得以逃脱其同伴斯蒂芬·多莱的命运。但面对最后的动荡局势，王室权威似乎无能为力。当弗朗索瓦一世不幸去世时，索邦神学院对罗伯特·艾蒂安提起了诉讼。虽然罗伯特·艾蒂安在弗朗索瓦一世后继任的亨利二世身上得到了同样的支持，但新国王的性格更容易受到

弗朗西斯·瓦塔布尔

克莱门特·马罗

他人影响。索邦人更加愤怒地攻击罗伯特·艾蒂安,他预见到无法得到亨利二世的保护,便离开了法兰西,就像之前的克莱门特·马罗、皮埃尔·罗伯特·奥利维坦、雅克·阿姆约和大多数索邦神学院的教授,他们也是这样离开法兰西的。西奥多·贝扎告诉我们,所有的学问都是可疑的。因此,许多善良而博学的天主教教徒被归入异端。一个人不在每条街的拐角处都有的基督画像前脱帽致敬,不在圣母玛利亚教堂的钟声中跪拜,在斋戒的日子里吃肉,必定会被定罪。克莱门特·马罗因在四旬斋期间吃熏肉而被送进监狱,险些被烧死。禁食或不禁食,在某些日子里很快成为检验人们是否真正信仰正统天主教的一条标准。

这一时期最后的受害者之一是让·布鲁吉雷，在几次被监禁和逃跑之后，被带到巴黎受审并被判1547年3月3日在伊苏瓦尔烧死。让·布鲁吉雷被转移到蒙特费朗，在那里，和宗教裁判所人员马蒂厄·奥里讨论了"真实的存在"。马蒂厄·奥里说："当神父说出圣餐礼文时，如果你还否认我们主的身体就在主持圣餐仪式的神父身上，你就否认了无所不能的上帝的力量。"让·布鲁吉雷回答说："我不否认上帝的力量，因为我们不是在争论上帝是否有能力这样做，我们是要探讨上帝在圣礼中做了什么，以及上帝希望我们做什么。"让·布鲁吉雷受难的日子到了，众祭司把十字架压在他嘴上，吩咐他召唤圣母玛利亚及其圣徒。让·布鲁吉雷微笑着说："让我……让我在死前想到上帝，我很满意上帝派圣母和圣徒来安慰我这个罪人。"刽子手在准备绳子或锁链时滑倒了。让·布鲁吉雷仍然镇静自若，伸出手来扶他。让·布鲁吉雷对刽子手说："振作起来！波歇先生，我希望你没有受伤。"大火点燃时，让·布鲁吉雷抬起眼睛看十字架，喊道："噢，天父，求您，赐我您圣子的爱，求您在这个时候派圣灵来安慰我，让我的事情可以完结，这样不影响您的荣耀，也让可怜的教会完成他们的使命。"当一切结束时，人群安静地散去。伊苏瓦尔的副神父在回家的路上说："愿上帝赐我恩典，让我为让·布鲁吉雷的信仰而死吧。"

弗朗索瓦一世死于一种令人作呕的疾病，这是淫荡风流的结果。有一段时间，由于服用了强效药物，他的生命得以延续，但给予他挽回过去的机会被浪费在后悔没有根除异端邪说上。如果我们可以相信皮埃尔·德·布兰特姆，那么我们就会经常听到这种说法，即这种新奇的宗教改革"倾向于推翻所有的君主政体，包括人间的和天堂的"。然而，所有信奉新信条的国王都没有失去王位，新教的奉献者亨利三世和皈依者亨利四世却被正统天主教教徒的匕首刺死了。弗朗索瓦一世的葬礼布道由梅肯主教皮埃尔·杜·查斯泰尔主持，由于皮埃尔·杜·查斯泰尔曾试图拯救斯蒂芬·多莱，他的正统学说受到了怀疑。当图农枢机主教弗朗索瓦·德·图农用这件事情责备皮埃尔·杜·查斯泰尔时，好心的皮埃尔·杜·查斯泰尔回答说："我的行为像个主教，你却像个刽子手。"布

皮埃尔·德·布兰特姆

弗朗索瓦·德·图农

道仪式开始时，索邦地区查到了几个异端命题，特别是皮埃尔·杜·查斯泰尔在赞美弗朗索瓦一世为最高圣人后说的一段话："我确信，在经历神圣的一生之后，弗朗索瓦一世的灵魂离开身体，被送往天堂，无须经过炼狱的火焰。"索邦人对此表示抗议，于是一个学者代表团去了宫廷所在的圣日耳曼，谴责这位异端的赞颂者。第一大臣约翰·德·门多萨接待了学者代表团，希望这些人不要太在意，说："如果你们像我一样了解陛下，你们就会明白梅肯主教的话语含义。弗朗索瓦一世在任何地方都停不下来，无论那地方多么令人惬意。如果弗朗索瓦一世去了炼狱，他只需在那里停留片刻环顾四周，便会再次离开。"问题全部迎刃而解了！学者们稀里糊涂地退了出去，没有得到答案，一个笑话就把他们打发走了。

弗朗索瓦一世的性格是一个"混合体"，他有很多优点，也有很多缺点。弗朗索瓦一世有崇高的理想，但常常让这些理想被不光彩的激情掩盖。在弗朗索瓦一世的一生中，他允许自己被女人牵着走。如果那些女人都像他的姐姐——昂古莱姆的玛格丽特那样，对他、对法兰西、对宗教都会是有益的。但更多的是像瓦伦蒂诺公爵夫人路易丝·博尔吉亚那样的人，甚至更糟。弗朗索瓦一世野心勃勃，但更多的是为了王国，而不是为了自己。他是一个勇士，尽管比不上对手。但他很奢侈，建筑师和画家，历史学家和诗人，学者和智者，没有被他忽视。弗朗索瓦一世易受影响、迷信，但他经常制止那些狂热的迫害者，试图以其外行的手段改造神职人员。除了被神父吓到，或者除了当他觉得自己的人格受到侮辱时，他从不固执。法兰西人回顾弗朗索瓦一世的一生时十分自豪，这并不奇怪，因为他代表了法兰西最好时期和最坏时期的民族性格。

第 2 章

法兰西国王亨利二世
（1547 年—1559 年）

　　1536年，亨利的哥哥，当时的皇太子布列塔尼公爵弗朗索瓦三世去世。因此，亨利二十九岁时，继承了父亲弗朗索瓦一世的王座，登基为法兰西国王，称亨利二世。亨利二世个子很高，身材匀称，喜欢体育运动，对自己在体育竞赛上

布列塔尼公爵弗朗索瓦三世

的技术感到十分骄傲，最终证明这一性格上的自负对亨利二世本人是致命的。亨利二世的头发是黑色的，胡子短而杂乱；脸色苍白，呈铁青色；那双又大又黑、炯炯有神的眼睛和亨利二世阴郁的性格多少有些矛盾。据威尼斯特使马泰奥·丹多洛说，亨利二世很少笑，一些朝臣甚至声称从未见过他笑。亨利二世的画像会使我们误以为他是一个温文尔雅的人。但一些人顽固的偏见使亨利二世变得残忍，他的自尊心往往使自己不能容忍反对意见。亨利二世慷慨大方，在花费别人的钱财时尤其大方。因此，当空缺出一些官员职位时，亨利二世便给了臭名昭著的黛安娜·德·普瓦捷重新提名官员候选人的权力。通过任命官员，黛安娜·德·普瓦捷以罚款和礼物的形式敛财超过十万克朗。亨利二世有很好的天赋，记忆力很好，但没有受过正规教育。他喜欢音乐，会说意大利语

黛安娜·德·普瓦捷

凯瑟琳·德·美第奇

和西班牙语。亨利二世也是个虔诚的教徒,星期天弥撒结束之前,他都不会骑马外出。亨利二世虽然作战能力并不出众,但在危险面前从不退缩。在兰德雷西,他表现得既像是一个勇敢的士兵又像是一位优秀的指挥官。

亨利二世的王后是凯瑟琳·德·美第奇,她是历史上最高深莫测的人物之一。最近有人试图改变历史对凯瑟琳·德·美第奇的评价,因为她的人格可能被过分贬低了。但把她变成一个殉道者和受害者，得到我们的尊重和同情，这不是在书写历史，而是在书写传奇。凯瑟琳·德·美第奇早年不止一次死里逃生，她后来的人生经历都让我们为她能活到老而发出叹息声。据记载，凯瑟琳·德·美第奇出生时，占星家预言她将毁掉娘家和婆家。于是，凯瑟琳·德·美第奇被送进了修道院。1530年，当凯瑟琳·德·美第奇的伯父教皇克莱门特七世包围佛罗伦萨时，佛罗伦萨议会提议把她带出去，用篮子吊在城垛上，这样她就会被围攻者的大炮杀死。还有一些人想出了更可怕的惩罚方式，因为人道主义没有实行，凯瑟琳·德·美第奇逃脱了。凯瑟琳·德·美第奇虽然是教皇克莱门特七世的侄女，但她是一个没有继承权的孤儿，注定要在修道院与世隔绝的生活中度过一生，这样的生活对她和法兰西都会是幸运的。但事实并非如此。1533年，凯瑟琳·德·美第奇与亨利二世结婚，严格意义上讲是政治联姻，因为这是弗朗索瓦一世和教皇克莱门特七世为对抗罗马而进行的联姻。作为"童养媳"，在小时候，凯瑟琳·德·美第奇没有表现出与众不同的阴暗性格。她中等身高，有着家族特有的大而亮的眼睛。凯瑟琳·德·美第奇容貌美丽，她的声音像铃铛一样清脆，她穿着很用心，所有走近她的人都会被她身上一种特殊的魅力吸引。二三十年后，见到凯瑟琳·德·美第奇的外国人都说她身材仍然很好，她完美的手和手臂使雕刻家赞叹不已。凯瑟琳·德·美第奇有许多闪光的品质，但常常用这些闪光的品质做一些邪恶的事情。在女性的纯洁得不到高度尊重的时代，凯瑟琳·德·美第奇的声誉很好，没有什么丑闻。凯瑟琳·德·美第奇行动敏捷，财力雄厚，能很好地了解别人的性格，控制自己的感情。她从来没有存心与任何人为敌，她甜美的微笑、悦耳的声音和彬彬有礼的举止总能和人化敌为友。

在灾难性的圣昆廷战役之后，凯瑟琳·德·美第奇第一次表现出处理政务的天赋。因为亨利二世急需用钱，而他又不在巴黎，所以凯瑟琳·德·美第奇去了国会，解释了王室的需要，获得了三十万里弗[①]的拨款。她感谢国会的

---

① 里弗，法国古代货币单位名称。——译者注

凯瑟琳·德·美第奇与亨利二世结婚

话使所有人都默默哭泣……全城的人都在谈论她的谨慎。我们听说,从这以后,亨利二世更加注意凯瑟琳·德·美第奇的社交生活了。在丈夫亨利二世的一生中,凯瑟琳·德·美第奇几乎没有什么影响力,亨利二世对她的厌恶一度接近仇恨。亨利二世常拿平民出身来嘲弄凯瑟琳·德·美第奇,要不是弗朗索瓦一世喜爱她,她早被遗弃并被送回亲人那里去了。在凯瑟琳·德·美第奇结婚的前几年,她不受欢迎,因为没有孩子,也因为伯父教皇克莱门特七世欺骗了所有信任他的人,背弃了约定。然而,凯瑟琳·德·美第奇渐渐地赢得了人们的喜爱,人们愿意为她流血。尽管凯瑟琳·德·美第奇不爱她的丈夫,但她还是表现出了极大的忠诚。当亨利二世率领军队离开她时,她自己和随从前往各个神龛为军队祈祷,为亨利二世的幸福和成功祈祷。凯瑟琳·德·美第奇一直被描述成为献身宗教的女人,但在意大利人的口中,这并不意味着什么。在后来的岁月里,很难分辨出凯瑟琳·德·美第奇是真诚地表现自我,还是在扮演某个角色。

凯瑟琳·德·美第奇曾在某所学校接受过训练,尼可罗·马基雅维利的格言就来自那所学校。凯瑟琳·德·美第奇认为对或错都没有关系,她处世的原则就是谨慎、权力和成功,她宁愿采取迂回曲折的策略,也不愿采取直截了当的策略。亨利二世在世时,凯瑟琳·德·美第奇一直处于从属地位,拥有王后的头衔,但很少受到王后应有的尊重。她从来没有得到过公平的对待,她早年一直生活在黛安娜·德·普瓦捷的阴影下。

黛安娜·德·普瓦捷是法兰西诺曼底的大法官路易·德·布雷泽的遗孀,也是当时最美丽的女人。黛安娜·德·普瓦捷年轻时,就已经俘获了弗朗索瓦一世的心。弗朗索瓦一世在世时,黛安娜·德·普瓦捷用耀眼的魅力迷惑了未来的国王亨利二世。亨利二世常常穿着黛安娜·德·普瓦捷喜爱颜色的服装,即黑色和白色的服装,就国家事务与她磋商,允许她免除教会供奉。据说,两人之间的爱情纯粹是柏拉图式的。某种程度上,这基于他们之间的年龄差距。但与他们同时代人的观点不一致,亨利二世似乎一度对她十分迷恋。在黛安

亨利二世与黛安娜·德·普瓦捷

娜·德·普瓦捷画像的下方，亨利二世写下了克莱门特·马罗版本的《第四十二诗篇》的第一句话：

> 就像雄鹿渴望清凉的溪水，
> 在激烈的追逐中，
> 我的灵魂多么渴望你！

皮埃尔·德·布兰特姆形容黛安娜·德·普瓦捷是"一位虔诚的天主教教

徒",但这位神父的评判标准并不高。皮埃尔·德·布兰特姆补充说,"她讨厌那些宗教人士。"我们可以相信这一点,但黛安娜·德·普瓦捷并不"讨厌"宗教人士的财产,她正是靠着这些财产才变得非常富有。历史学家皮埃尔·马蒂厄记录了人们对她的评价:"十二年来,一个老妇人把天堂守护得如此之紧,以至没有一滴正义的甘露落在法兰西的土地上,除了偷偷摸摸降下的那几滴。"黛安娜·德·普瓦捷十分奢侈,为了满足自己的奢侈,她在已经很重的赋税基础上又增加了很多杂税。黛安娜·德·普瓦捷的小宫殿阿奈坐落在靠近德勒的厄尔①,阿奈的废墟上仍有一些痕迹,显示出宫殿的第一任主人及其建筑师菲利伯特·德·洛姆追求恢宏和优雅的装饰风格。1547年,亨利二世把舍农索

菲利伯特·德·洛姆

---

① 厄尔,英格兰的布料长度单位,1厄尔约等于45英寸,大约1.14米。——译者注

舍农索城堡

城堡作为礼物送给了黛安娜·德·普瓦捷。那座城堡是文艺复兴时期的一个奇迹，是由不走运的财务主管雅克·德·伯劳内建造的。在诏书中，亨利二世将这份珍贵的礼物送给了最喜爱的人，宣布这是"为了感谢黛安娜·德·普瓦捷已故丈夫路易·德·布雷泽为王室做出的值得赞扬的伟大贡献"。但当亨利二世驾崩后，凯瑟琳·德·美第奇强迫黛安娜·德·普瓦捷放弃了城堡，把城堡留给了自己。为了装饰这座城堡，增加乐趣，亨利二世按钟征税[①]——每口钟二十里弗。人们对此大声地嘟囔着，弗朗索瓦·拉伯雷也附和着人们的抱怨，讽刺说："亨利二世把王国所有的钟都挂在了他家母马[②]的脖子上。"

[①] 是指亨利二世设置的一种怪异的税种，按时钟的数量征税。——译者注
[②] 母马，是对黛安娜·德·普瓦捷的一种讽刺说法。——译者注

亨利二世即位后，首先解雇了父亲弗朗索瓦一世的大臣，把事务交给阿内·德·蒙莫朗西公爵管理，命令吉斯公爵弗朗索瓦·德·洛林、洛林枢机主教查尔斯·德·洛林和自己的玩伴圣安德烈元帅雅克·德阿尔本共同管理。当治安官阿内·德·蒙莫朗西公爵从被弗朗索瓦一世放逐的退隐状态中被召回来时，已经快六十岁了。阿内·德·蒙莫朗西公爵举止粗鲁、愚昧无知、贪图钱财，在宗教上十分偏执。更确切地说，他为自己是法拉蒙的后裔而自豪，为自己是"法兰西第一个基督教男爵"而自豪。有时，阿内·德·蒙莫朗西公爵非常傲慢自大，虽然见多识广，但几乎没有什么军事才能。有些关于阿内·德·蒙

吉斯公爵弗朗索瓦·德·洛林

阿内·德·蒙莫朗西公爵

莫朗西公爵残暴行为的故事，尽管很残忍，但有一些冷酷的幽默。据说，阿内·德·蒙莫朗西公爵有一次正在祈祷，他突然中断了祈祷，命令鞭打这个人，绞死那个人，烧毁一个村庄，然后继续祈祷，好像他做了世界上最正常不过的事情。这些事广为流传。当阿内·德·蒙莫朗西公爵率部队进军波尔多去镇压法兰西西南部因征收严苛的盐税而引起的暴动时，当市民们献出家门钥匙时，阿内·德·蒙莫朗西公爵对他们说："拿着钥匙滚吧。我不要了。我要用大炮打开你们的家门，然后把你们全绞死。因为反对国王，我要给你们一个教训。"连续五个星期，白色恐怖笼罩全城。一百四十多人被吊死、斩首、活活烧死或者以其他方式处死，其中不少是被马撕成碎片、被刺死或被车轮碾死的。皮埃尔·德·布兰特姆说:"这是杀鸡儆猴的惩罚,但这还不是当时最残酷的惩罚。"这个国家被不自律的、没有付出任何代价的阿内·德·蒙莫朗西公爵蹂躏得满目疮痍。最重要的是,阿内·德·蒙莫朗西公爵的行径并没有增加居民的忠诚感和正统观念。阿内·德·蒙莫朗西公爵深受亨利二世喜爱,他的儿子弗朗索瓦·德·蒙莫朗西娶了亨利二世的亲生女儿法兰西的黛安娜。

1547年7月,亨利二世在兰斯如期加冕。根据详细的仪式记录,我们不难想象国王加冕的排场有多么壮观。在城门前的一个台子上,立着一个"太阳"装饰物,像朵花似的膨胀起来,花的中心是一颗深红色的心,从里面走出一个

弗朗索瓦·德·蒙莫朗西

穿着华贵衣服的年轻姑娘，把这座城市的"权力"交给了亨利二世。亨利二世加冕之后，又苦等了两年，才掌握了巴黎的权力。1549年6月16日，整个巴黎一片混乱。城里一大群显贵，既有俗人，也有神父，按照那个时代令人厌烦的习惯，出来迎接亨利二世，与他热情寒暄。亨利二世穿着华丽的衣服，骑着一匹白马，陪同他的有骑着马的贵族亲王、外国大臣、法兰西的元帅和各种等级的骑士。金光闪闪的游行队伍穿过装饰着挂毯的街道，穿过凯旋门，来到了巴黎圣母院。在常规的感恩赞美颂乐曲后，亨利二世在喧嚣的欢呼声中被护送到主教宫殿，在主教大厅里庆祝宴会已经准备就绪。只有王室的贵族才能在亨利二世的桌旁吃饭，他的右边坐着波旁和旺多姆的枢机主教们，左边坐着旺多姆、蒙彼齐尔和拉罗什永的公爵们。由于职务关系，阿内·德·蒙莫朗西公爵

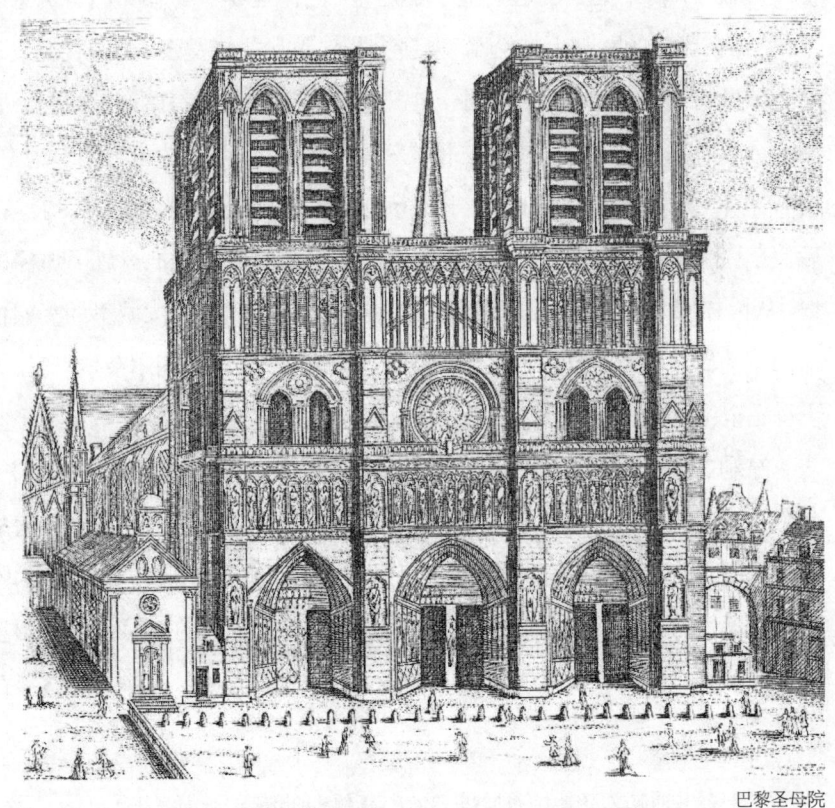

巴黎圣母院

佩戴着出鞘的剑站在亨利二世的前面。亨利二世在宫殿里待了两天,直到凯瑟琳·德·美第奇到来。凯瑟琳·德·美第奇坐在一辆装饰华丽的马车里,身旁坐着安博瓦兹、查狄伦、布洛涅和勒农古的枢机主教们。另外两辆马车是公主们用的,名媛们坐在后边的马车跟随,侍女们步行跟随。在巴黎圣母院的例行祈祷和主教宫的晚宴之后,主教宫又举行了舞会。舞会上,所谓的"城市青年",大约一百二十多个年轻人和宫廷名媛跳舞,跳得非常优雅,安排这个小型舞会的亨利二世感到满意。舞会结束后,大家吃了一顿晚餐,吃的是蜜饯和糖果。宴会结束时,商会会长和市议员们向凯瑟琳·德·美第奇赠送了全套的镀银双层中空的盘子,上面装饰着鸢尾花和月牙。

  第二天是圣体节,商会会长和市议员们在图尔奈尔宫侍候亨利二世,给他一个盘子,编年史上说这些盘子都是金盘子。这是一件伟大的有寓意的艺术作品,在当时的欧洲无与伦比。商会会长对这份礼物发表了一番赞美之词,亨利二世对这份礼物很满意,用一种既恭维又亲切的语言感谢了商会会长。商会会长壮着胆子,邀请他效法祖先,下个星期天,也就是圣约翰节前夕,到树林里来,放火烧了那棵橄榄树[①]。亨利二世答应了商会会长的要求,在王后、王子和公主们的陪同下,用商会会长递给他的白蜡火把点燃了那棵橄榄树。从树林回来后,亨利二世回到了维尔旅馆。在维尔旅馆,城里的小姐们都很荣幸地跟亨利二世和宫廷人员跳了舞。当亨利二世回到图尔奈尔宫时,天还没有完全黑下来。

  亨利二世留在巴黎的一个月里,巴黎的圣安托万街经常举办精彩演出。商会会长还在塞纳河的卢维耶岛上建了一座堡垒,让亨利二世欣赏轰炸和海战的壮观场面。从圣母院岛到卢维耶岛,已经搭起了一座船桥,供进攻要塞的部队通行。与后来的一些娱乐活动相比,这些娱乐活动是无害的。1549年7月4日星期四7时,亨利二世离开了图尔奈尔,参加了盛大的游行队伍,来到大教堂,在那

[①] 是《圣经》中的典故,象征着领袖的更迭,一代新领袖的出现。——译者注

维尔旅馆

里他听了盛大的弥撒，然后去圣公会宫用膳。之后，亨利二世观看了一些对异教徒的火刑，刺激自己的肠胃消化。还有一次，在类似的游行和宴会之后，又有一些异教徒在圣安托万街被烧死，"亨利二世在那里停下来，劝他们改邪归正"。焚烧异教徒是当时流行的运动之一。出身名门的贵妇们在这种场合会盛装出席，当时的版画也记录了这些场合。1549年7月4日，在焚烧异端的场合，亨利二世目睹了一个可怜的裁缝被处死，因为裁缝使用了和施洗者圣约翰批判希罗迪亚斯·阿格里帕差不多的语言冒犯了黛安娜·德·普瓦捷[①]。据说，那个受折磨的人用一种平静且责备的目光望着亨利二世，吓得他从观看行刑的窗口退了出去。之后一连好几个晚上，亨利二世都认为那个垂死之人在床边徘徊。

与此同时，宗教改革学说迅速传播。新学说超越了最初由贵族、学者和教会显贵组成的小圈子，进入了社会的底层。新学说变得更加明确和激进。没有受过教育的鞋匠或庄稼汉是不会欣赏瓦卢瓦的玛格丽特在她的《七分的质量》一书中描绘的那种细微差异可以带来不同结果的理念的。即使他们懂得这些细微差异，也不会在意的。这些头脑简单的人听别人读《圣经》，听别人诠释《圣经》，自由恩典和赎罪的教义深深地印在他们的心里。除了让人们保持忠于老教堂的习惯，这种宗教活动没有别的作用。"社会底层人民更容易受到榜样的影响，"皮埃尔·马蒂厄说，他无意识地模仿着昆图斯·贺拉斯·弗拉库斯，"而不是受教育的影响，他们根据一个人一生的纯洁程度来判断教义的正确性。"这样的榜样在天主教神职人员中很少见。推动宗教改革的另一个强有力的因素是当时人民承受的苦难。诺曼底比其他许多省份都富裕，当地一位历史学家写道："人们很容易被诱惑。苛捐杂税极其沉重，结果是许多村庄都没有进行评估。税率高得离谱，令教区的主教和副主教们因害怕被监禁而逃跑，在卡昂附近的许多教区停止了礼拜……从日内瓦来的传道人目睹了这一切后，就占了教会和小教堂。"

[①] 古罗马时期，希律家族的王妃罗迪亚斯·阿格里帕因与他人奸情败露而怂恿其丈夫杀害了施洗者圣约翰。——译者注

然而，尽管人口的增长速度十分迅速，但当时的宗教改革派还不到总人口的百分之一。即使在1558年，宗教改革派估计也没有超过四十万人。罗恩河沿岸的城市和阿尔卑斯山脉山脚下的城市都具有强烈的加尔文主义色彩。朗格多克省也是如此，那里可能还残留着阿尔比格斯古老的反叛精神。在朗格多克省，天主教会尤其可恨，因为它是通过没收阿尔比格斯贵族的财产变得富有的。安茹和诺曼底被分裂，皮卡第感受到了佛兰德斯的影响。在佛兰德斯地区，新学说随着民权自由而广泛传播。法兰西其他地区几乎都是天主教教徒。当时和现在一样，农村人口受到神职人员的影响，乡村小镇的居民也受到神职人员的影响。农村人口和乡村小镇居民通常属于胸怀狭小的阶级，阶级特点是他们与世隔绝的必然结果，也是他们习惯和职业的沉闷本性。在巴黎，大多数人都是天主教教徒，危险的异教徒在正统天主教环境中尤其显眼。宗教改革的进展本来可以更快，但由于社会状况的某些特点，使每一项改革措施都很困难。城里的行会有它们的守护神和一年一度的节日。即使一个人能够接受宗教改革派的信仰，他也必须放弃那些信仰，否则就会成为同伴排斥的对象，也许他遭受的最严重的迫害就是同伴对他的迫害。我们都知道，在我们身边的大工厂和行会组织中，迫害情况是多么普遍。当时，行会组织和贸易紧密地联系在一起，导致没有行会组织就没办法从事贸易。因此，在这样的历史条件下，迫害情况非常严重。

亨利二世像父亲弗朗索瓦一世一样，也不关心那些新学说，新学说只被有识之士和出身名门的人接受即可。但当新学说在下层社会传播时，亨利二世决心惩罚异端邪说，认为它比叛国更严重。当初，弗朗索瓦一世的命令执行得非常严厉。但这些惩罚措施没有产生预期的效果，宗教改革的范围越来越广。为了加速铲除异端邪说，1549年11月19日，亨利二世颁布了一项新法令。在该法令中，亨利二世抱怨主教和副主教进展太慢，过于温和。这一声明很难被大众接受，之后，亨利二世设立了议会特别法庭机构负责审判和惩罚异端邪说。这是一种世俗上的宗教裁判所，全国所有该领域法官，包括文官和教会审判官，都是该裁判所的执行成员。弗朗索瓦·欧代·德·梅泽雷说,这些是著名的火焰法庭,"因为它们毫不留情地烧毁了每一个被定罪的人"。新法令和之前的法令一样收效甚微,因为在接下来的两个月里,亨利二世在一封公开信中指责法官们"在这项神圣而值得称颂且上帝能接受的工作中履行职责"时缺乏热情。1551年6月27日,血腥的《夏多布鲁昂法令》颁布,所有关于异端邪说的旧法律都通过该法令重新修订和编纂。在《夏多布鲁昂法令》的序言中,亨利二世叙述了父亲弗朗索瓦一世和自己为镇压异端邪说做的努力之后,他宣称:"错误不断增加,异端的错误就像是瘟疫,传播力十足,在许多大城市感染了大部分居民,在每个车站感染男男女女,甚至小孩子都受到了宗教新学说的影响。"亨利二世认为《夏多布鲁昂法令》没有希望,除非采取最严厉的措施"来打击那个可怜教派的任性和固执,将其从王国彻底清除出去"。因此,亨利二世下令地方官员搜查异端分子,到异端分子的住所去寻找禁书,其中包括罗伯特·斯蒂芬斯的拉丁文《圣经》。《夏多布鲁昂法令》将告发异端分子变成了交易,将被没收的异端分子的财产的三分之一赏给告密者,还规定普通法庭没有判异端罪的人可能会在教会法庭上再次受到审判,反之亦然,从而剥夺了可怜的宗教改革派教徒逃脱的一切机会。每一个被怀疑的人都被要求持有正统教派的证明,甚至为被判有罪的异教徒的代祷行为也被判有罪。这些严厉举措促使改革派克服一切阻碍大量移民。罗马教皇尤利乌斯三世称惩罚异端分子的举措"太宽大"。结果波尔多的议会主席致函阿内·德·蒙莫朗西公爵表达了恐慌,一方面移民一天天增加,另一方面加尔文派发展很快。亨利二世固执地坚持原来的命令,他说:"看在上帝的分上,每个人都应该准备好全力以赴。这是人之常情,只是我们必须确定的,这是为了上帝。"当巴黎议会颁布《夏多布鲁昂敕令》时,议会把亨利二世比作传说中的第二代罗马国王努马·彭庇里乌。努马·彭庇里乌非常注意控制人们的信仰问题,因此,这项法令在全国范围内执行得十分严厉,特别是在索穆尔、里昂、尼姆、图卢兹、巴黎、圭亚那、布雷斯和尚帕涅等城市。

在普瓦图和安茹,迫害异教徒的运动在如火如荼地展开。昂热的三个牧人

教皇尤利乌斯三世

中，有两个被活活烧死。在一群人中，有六个被处死。三十四个逃亡者被抓回后被施以火刑。宗教改革派考虑拿起武器自卫，但约翰·加尔文强烈建议宗教改革派人员不要这样做，他们服从了，但他们的忍耐力正在经受严峻的考验。1556年年末，面对强势的恐怖主义活动，宗教改革派不再互相写信，即使写信，也直接写信给"我们不敢指名道姓的兄弟们，以免他们受到伤害"。

  在法兰西的其他地区，尤其是南部和中部，宗教改革派受到的影响较小。在勒皮，不满情绪首先表现在圣周期间，一个备受尊崇的十字架被毁。一场庄严的游行为这种亵渎神灵的行为赎罪。商店都关门了，所有的工作都停止了，大钟楼里的钟声响得厉害，神父们排着长长的队伍，沿着这个阴沉小镇的狭窄陡峭的街道向上走，爬上通往大教堂大门的一百一十八级长石阶。游行队伍停在高高的平台上，不是为了像所有旅行者那样欣赏远方的美景，而是为了在进入那座古老的灰色神殿前吟诵忏悔诗。钟在庄严的时刻停止了单调的撞击声，现在又欢快地敲响了。神父们摘下一直佩戴着的纪念徽章，走进大教堂。市民们也跟着进去，市民们都以行会为单位列队。第二天晚上，同样的愤怒爆发了。由于找不到真正的罪犯，1552年7月，有两个人因被怀疑是异端而被烧死，他们的舌头首先被拔掉。但在那个年代，"正义"一词的含义并不是十分明确，因为我们发现有两个偷圣杯的贼被当作异教徒处死，两个伪钞制造者遭受了同样的命运。1555年，两名"最无耻的异教徒"被烧死在一堆"日内瓦的毒书"中间。"那些书真讨厌！"暴政和谎言多么憎恨那些书！

  1557年，一个可怜的小贩因贩卖"该死的加尔文著作"而获罪，并被判处在教会的主要节日之一圣体节执行死刑。那是夏天一个晴朗的早晨，房屋的墙上挂着帏帐，窗户后面挤满了围观者，游行队伍像是庆祝罗马人的凯旋，而不像是天主教处死异教徒的行刑活动。押解小贩执行死刑的路上，音乐悠扬，行会举着会徽跟在后面，接着是打着旗子的宗教兄弟会。成群的男孩和女孩，都穿着白色的衣服，撒着玫瑰，焚着香。神父们穿着最昂贵的长袍紧随其后，护送着圣礼。主教把圣礼举起来，让所有的人都能看见和崇拜。又来了穿白袍的少男和少女，最后来的是那个衣衫褴褛的小贩。他光着脚，手里拿着一根点着的蜡烛，绳子绕在他的脖子上。每当游行队伍停下来，这个可怜的人就跪倒在地，根据对他的判决，低头认罪，将功补过。这种漫长的折磨持续了五个小时，最后这位殉道者被烧死了。

当代资料显示，在这之后，也就是这场悲剧发生的所在地维莱的异教徒们变得更加胆大妄为，开始在"户外的田野、花园、谷仓里及任何其他地方集会……有屠夫、泥瓦匠、酒吧老板、德高望重的医生及其他人"。当宗教改革派人员去开会时，民众对他们又是嘲笑又是叫嚷。作为报复，宗教改革派人员把念珠挂在民众家狗的脖子上，打碎圣母的画像，称之为"无用之物"。有时，这样侮辱国教的人会被揭发并受到惩罚，但异端学说依然盛行。异教徒联合起来，签订了《互助盟约》。宗教改革派建立了一种互惠俱乐部，选举领导人、保管员和司库，购买武器和弹药，并时刻准备应付各种可能发生的情况。这个团体大约有四百人，他们都是意志坚定的人，力量足以保证宗教崇拜自由，至少在一段时间内可以做到这一点。

没收、监禁和死亡未能清除法兰西王国的异端思想。1555年，夏尔·德·洛林建议颁布新的法令。根据颁布的新法令，应该根据罪行的严重程度惩罚所有被教会审判官判定犯有异端罪的人，这些人不得上诉，建议任命马蒂厄·奥里为"法兰西信仰调查官"，但主教和议会都表示抗议。地方法官们对在他们之上设置法庭感觉被冒犯，因为有罪之人理应由他们来审判。皮埃尔·塞吉尔主席以一种适当的语言向国会提出抗议："我们憎恶设立一个以流血为代价的法庭，在那里秘密指控取代了证据，被告被剥夺一切合理、合法的辩护手段，不尊重任何司法形式。陛下，请您颁布一项法令，不让您的王国到处是火刑的火堆，也不要让您的忠实臣民的鲜血和泪水浸湿您的国土。"皮埃尔·塞吉尔建议，与其用火和剑来建立和传播宗教，不如尝试建立宗教能够采用的方法，即"恢复原本教义的指导，结合神职人员的言传身教"。亨利二世欣然接受了这个建议，因此，法令并没有被执行。

人们也许会认为，宗教裁判所和火焰法庭没有什么区别，实际上两者的差别至关重要。从宗教裁判所的判决来看，被判刑者不能有任何上诉。宗教裁判所的权力来自罗马教廷。被判刑者被移交给宗教之外的其他部门来处置，甚至国王也没有权力介入他们的死刑判决。但法兰西法律的一项基本原则是，只有作为国家最高元首的国王，才对臣民拥有生死大权，所有的上诉都应由世俗陪审团审理和裁决。在接下来的统治时期，我们将会看到伟大的米歇尔·德·洛必达大法官宣布了极强约束力的《罗摩兰坦敕令》。该法令比之前照搬的西班牙王国流血法庭的任何法律条文都要仁慈。

米歇尔·德·洛必达

夏尔·德·洛林

夏尔·德·洛林不是一个遇到对抗就退缩的人。1557年4月,他从罗马教皇庇护四世那里获取了一枚印玺,下令成立一个调查法庭,自己和查尔斯·德·波旁及奥代·德·科利尼任负责人,有权建立新的主教和神医法庭,有权逮捕、关押、处死所有被怀疑为异教徒的人,无须考虑其地位或人品。亨利二世似乎和夏尔·德·洛林一样渴望得到这枚印玺,他在罗马的大使奉命促成此事,以

庇护四世

此作为"铲除错误教义的唯一手段"。庇护四世还送给亨利二世一把宝剑和一顶头盔,作为他向异端宣战的象征。我们不久就会知道这把宝剑有什么用处。议会再次挺身而出,反对设立这种不负责任的法庭。议会的动机是自私的,但目的是好的,后来进一步的行动被推迟了一年。亨利二世也有可能屈服于其他反对意见,因为他发现新宗教学说在贵族中取得的认可比想象中的还要多,这些贵族比地位低下的学者和工程师更迫切支持新教学说合法化。因此,《卡托-康布雷西条约》规定在各国间开展联合打击新教徒活动之前,各国都要对异端思想给予一定的容忍度。

在亨利二世统治期间,法兰西的宗教迫害从未停止过。当迫害新教徒的罪恶火苗渐渐暗淡下来,迫害活动在一段时间里停止了,刽子手的剑闲置在墙上。这些通常与政府的外交政策有关,这一主题不在本章的讲述范围内,在此不再详细叙述。也许笼统提及这一点就足够了,即罗马教皇与法兰西国王或西班牙国王的每一次外交会晤的基础就是铲除异端,所以给予异教徒一定的宽容就意味着对以上三股势力中的一方表示不满或全部表示不满。16世纪中期,法兰西各地爆发的迫害新教教徒的运动与国外迫害新教教徒有着某种必然的联系。英格兰女王玛丽一世强烈迫害英格兰臣民。1556年,托马斯·克兰

英格兰女王玛丽一世

托马斯·克兰默英勇殉道

默英勇殉道，为弥补自己的软弱行为而自我救赎。西班牙国王腓力二世即位后，重新颁布了父亲神圣罗马皇帝查理五世在1550年颁布的残酷法令。保罗四世恢复了宗教裁判所，登上了罗马教皇的宝座。法兰西和西班牙处于战争状态，经历了许多挫折。弗朗索瓦·德·洛林在意大利没有成功。在意大利，阿尔瓦公爵费尔南多·阿尔瓦雷斯·德·托莱多还没有开战，没有沾染鲜血，便把一切都攥在手中并做好了充足的准备。在法兰西的北部边境，阿内·德·蒙莫朗西公爵想阻挡萨伏伊公爵伊曼纽尔·菲利伯特发起的猛烈进攻，却没有成功。萨伏伊公爵伊曼纽尔·菲利伯特在佛兰德斯指挥着西班牙军队，包围了圣昆廷。在圣昆廷，加斯帕尔二世·德·科利尼率军顽强地顶住了对手压倒性的力量。阿内·德·蒙莫朗西公爵率领五百名士兵前去支援圣昆廷,后在弗朗索瓦·安德洛·德·科利尼的指挥下重新加强了守卫。但几个小时后,也就是1557年8月10日,法兰西骑兵溃不成军,步兵被砍得片甲不留,遭遇惨败。阿内·德·蒙莫朗西公爵本人和雅克·德阿尔本一道受伤被俘。这是法兰西自阿金库尔战役以来遭受的最严重、最彻底的一次溃败。面对惨烈的溃败,巴黎人都战战兢兢,唯恐西班牙入侵者出现在家门口。因为处于胜势的敌人行动拖沓,且害怕将勇敢的法兰西民族逼到绝境,所以巴黎这座美丽的城市不止一次避免了被践踏的厄运。1557年8月27日,圣昆廷的堡垒陷落,加斯帕尔二世·德·科利尼和弗朗索瓦·安德洛·德·科利尼成了阶下囚。

这种民族灾难被视为上天的惩罚,福音派被当作替罪羊。神父们走上讲坛,用最粗鄙的谩骂煽动无知听众的情绪。"上帝在惩罚我们,"神父们喊道,"因为我们没有为他的荣誉报仇。"民众受到天主教神父讲道的蛊惑,发出了哭声。民众很快就得到了机会将天主教神父的蛊惑转化成暴力行动。1557年9月4日晚,新宗教的一些信徒,大约有三四百人,聚集在塞纳河左岸郊区的一所私人房子里,进行联合礼拜。男人主要来自上流社会,而女人则出身名门,其中有些是侍候王后的贵妇。礼拜仪式是在安静的气氛中进行的。圣餐仪式结束后,会众正要散去,这时他们发现顺化圣雅克街被一群愤怒的暴徒封锁了。暴徒们拿着火把,拿着各种武器。"叛逆者去死吧!打倒路德教派!"暴徒们一边喊着,一边冲到门口,试图强行进入房屋,他们被几个果敢的绅士挡住了去路。绅士们按头衔有权携带刀剑自卫,而妇女和年长者则只能设法从花园逃到田野里去。可是所有的出口都有人把守,所有逃跑的机会都被切断了。怎么办呢?死亡,来自暴民之手的可怕死亡似乎无法逃避。唯一安全的机会就是在巴黎城门打开及巴黎的一切恶势力扑来之前,到地方治安官那里寻求保护。几个勇敢的绅士怀着这样的意图,自愿前往维尔旅馆,其余的人留下来保护那些无助的妇女和老人。房屋的大门被猛地推开,绝无退路的一小队绅士从人群中冲了出去,只损失了一个人。那些留下来的人整夜战战兢兢地等待着黎明的到来,他

腓力二世

阿尔瓦公爵费尔南多·阿尔瓦雷斯·德·托莱多

萨伏伊公爵伊曼纽尔·菲利伯特

圣昆廷战役

法军在圣昆廷战败，主要将领被俘

们向上帝祈祷，祈求上帝的支持。有时，留守者中有人会朗读《圣经》中安慰人心的一章，疯狂群众的呼喊声常常淹没了诵读者的声音。

天亮了，但没有给留守的新教教徒带来任何宽慰。大门被强行打开，手无寸铁的礼拜者将被撕成碎片。这时，一队城市卫队赶到，把他们送进监狱，让他们中的许多人免于更残酷的死亡。当无助的俘虏被拖过街道时，暴民辱骂他们，并向他们扔泥巴。一到沙特莱，俘虏们就被关进肮脏的地牢里。为了给俘虏们腾出地方，最卑劣的罪犯也从地牢里被赶了出来。在阳光几乎没有到达的地方，在"既不能坐也不能躺的地方，俘虏们挤在一起"。

巴黎改革派教会处于悲惨的状态中，很多成员都有生命危险。每家每户在殉道仪式为殉道者献上了不同寻常的祈祷，长老们起草了一份规劝书呈献给亨利二世。亨利二世却将规劝书放到一边，没有理睬。但奇怪的是，亨利二世没有急于惩罚这些囚犯，新教教徒被抓的事实已经使许多人害怕并重新回归正统天主教。正统教派的煽动者正忙于维持民众惩罚新教教徒的兴奋情绪，防止俘虏逃跑。异端分子和所有想要庇护异教徒的人都受到了来自讲坛的强烈谴责，讲坛的每面墙上都贴着煽动性的标语。1557年圣诞节那天，有一首诗贴在了巴黎的大街小巷，展现了当时民众对"路德派"的愤怒情绪。

当民众激动的情绪平息下来，暴乱事件几乎被人遗忘时，顺化圣雅克街的新教囚犯们受到了审判。仅仅因为他们出席了一个非法的集会，就被判处死刑。这些新教囚犯还有一种选择，他们可以选择改变宗教信仰，否则将会被判处死刑。但新教囚犯们丝毫不让步，因为他们认为人的弱点可以反衬上帝的强大。

被俘的人中有菲莉帕·德·伦茨，是大户人家的妇人，寡居，年纪只有二十二岁。菲莉帕·德·伦茨被审问了好几次，她的回答完全粉碎了获得宽大处理的希望。1558年9月27日，也就是菲莉帕·德·伦茨被监禁一年多之后，她被带出监狱，与两位改革派教会的一位校长尼古拉·克利内及律师托兰·格拉韦勒一起被处死。在被装进囚车前往莫贝尔广场的火刑柱之前，尼古拉·克利内和托兰·格拉韦勒的舌头要被割掉，以免他们大声祈祷，或者对围观的人讲话。这两个人被残忍地割舌,没有呻吟一声。刽子手转向菲莉帕·德·伦茨,粗暴地命令她伸出舌头,她立刻照办了,甚至刽子手也被她的无畏打动,说:"来吧!好吧!罪人,你不害怕吗?"她回答说:"既然我不担心自己的身体,我为什么要担心自己的舌头呢?"刀在她眼前闪了一下,她的舌头掉到了地上。然后,菲莉帕·德·伦茨被推进囚车里,倒在两个同伴脚边,被绑在同一条链子上。在离开监狱之前,菲莉帕·德·伦茨把监狱里的杂草拔掉,穿上了自己最好的衣服,说:"我为什么不高兴呢?我要去见我的丈夫了。"

在莫贝尔广场的一堆柴火周围,聚集着巴黎最肮脏的人,他们一边跳舞,一边喊着要见血,就像大约两百年后,一群类似的暴徒围着断头台上的受害者跳舞。据说,亨利二世目睹了这个可怕的场面。菲莉帕·德·伦茨注定要亲眼看到两个同伴被烧死,亲眼看到他们可怕的抽搐,听着熊熊燃烧的火焰在他们身上发出的声音。即使这样,也没有动摇菲莉帕·德·伦茨的信仰。通过虔诚的祈祷,她的信仰得到了进一步的增强,现在轮到她了。刽子手们用强壮的手臂粗暴地抓住菲莉帕·德·伦茨,无耻地撕扯她的衣服,把她固定在滚烫的灰烬上,直到她的脚被烧到只剩骨头为止。野蛮的折磨者以一种极度可怕、残忍的方式将她头朝下吊在火中,直到她的头皮被烧掉,眼睛被烤焦。最后,菲莉帕·德·伦茨被勒死了。

几天后,又有四名囚犯在同一地点被处死。其中的一个囚犯在行刑的那天早晨打开牢房的窗户,以便能再一次看到日出,他呼喊道:"当我们被赞颂比太阳还要伟大时,那将是多么光荣啊!"

约翰·加尔文有一封珍贵的信是写给这个时候仍然被关押在沙特莱的囚犯们的,尤其写给那些女性囚犯,告诫她们学习菲莉帕·德·伦茨的力量和信仰。约翰·加尔文说:"如果男人软弱,会容易陷入困境。根据自然规律,你们女性的弱点更多。上帝帮助柔弱的女性变坚强,这更能彰显上帝的能力。他让我们参加战斗,不时地为我们提供必要的武器,给我们使用这些武器的技能。你们想一想,在耶稣基督死的时候,妇女们是何等的尊贵,何等的刚强?使徒离弃他以后,妇女们仍然极其坚定地陪伴着他。有一个女人是耶稣基督的使者,将他复活的事告诉那些使徒,他们却不信,也不明白。如果耶稣基督当时如此尊重妇女,给她们如此卓越的成就,那么你认为耶稣基督现在的权力变小了,还是他改变主意了?"约翰·加尔文说他不是口头上的同情,他正在尽一切努力劝说伯尔尼、苏黎世和德意志的贵族们为可怜的囚犯们求情。贵族们的斡旋占了上风,拯救了那些还活着的人。沙特莱的大门被打开了,年轻的囚犯被转移到修道院,他们很容易从那里逃脱。还有一些人则在主教手下的官员面前含糊地忏悔了自己的信仰,获得了完全的赦免。教皇保罗四世强烈抨击了赦免

教皇保罗四世

海因里希·布林格

新教教徒的行为，宣称对法兰西目前的糟糕状况并不感到惊讶，因为亨利二世更相信异教徒的支持，而不相信上帝的保护。

在第一波恐慌过去后，严厉的措施不仅没有收到效果，而且改革派学说吸引了很多新的皈依者。西奥多·贝扎在这时写信给朋友海因里希·布林格，宣称"亨利二世要么摧毁所有城市，要么接受现实"。顺化圣雅克街的殉道者受到的折磨太过分了。一位当代历史学家兼罗马法学家说："这种残忍的景象扰乱了许多单纯的人们的心，他们情不自禁地认为能冷静坚定地经受如此折磨的男人和女人一定心怀真理，"并补充道，"那些单纯的人们无法抑制自己的眼泪，他们的眼睛在流泪，他们的心在哭泣。"

1558年夏天，法兰西发生了一场反对教会迫害和教会阻挠政策的活动，采取了法兰西人特有的实施形式，活动中充满了执拗的劲头和怨恨的情绪。克莱门特·马罗是法兰西最早的诗人，也是已故国王弗朗索瓦一世喜爱的诗人，他把大卫的一些赞美诗翻译成诗歌，很快流行了起来，销售速度比印刷速度还快。弗朗索瓦一世在临终床上诵读过这些诗歌，根据他的命令，克莱门特·马罗将他的第一套三十首译诗送了一册给查理五世。弗朗索瓦一世奖励了克莱门特·马罗，催促他继续翻译下去。法兰西宫廷里的女士们和绅士们特别喜欢唱这些诗歌，但曲调并不准确。莫城的殉道者在火刑柱上唱过这些诗歌。亨利二世当皇太子时喜欢唱这些诗歌。有一次，亨利二世的病好了，请唱诗班唱这些诗歌给他听，并配上"琵琶、小提琴、竖琴和笛子"的伴奏。亨利二世最喜欢的是诗篇第一百二十八首《凡敬畏耶和华的人有福了》，据说，他给这首诗歌配了曲。凯瑟琳·德·美第奇也有她的最爱——《耶和华啊，求你不要在怒中责备我》。黛安娜·德·普瓦捷最喜爱的是庄严的第一百二十首诗歌《普罗芬迪斯》。安托万·德·波旁喜欢《耶和华啊，求你为我伸冤》。法兰西国王查理九世在以后的很长一段时间里，常常重复听《如鱼得水》，可能是因为它暗指追逐。法兰西的新教教徒每时每刻都在唱这些诗歌，因为无论是音乐还是歌词都不能被谴责为异端邪说，所以他们在没有其他礼拜形式的情况下演唱这些诗歌。因此，当市民们晚上在海德公园里散步时，一些学生或改革派就会演奏起克莱门特·马罗的某首赞美诗，市民们都会加入其中。许多人这样做可能纯粹是由于虚张声势、装模作样，也有一些人是出于对其中包含的真理的热爱。安托万·德·波旁和胡安娜·达尔布雷喜欢在河边散步，喜欢听这么多人演唱赞美诗。

　　这些事情现在不再让我们感动，不是因为我们不那么笃信宗教了，而是因为我们无须展示出来，没有反对力量迫使我们对外展示我们的信仰了。总有那么几次，一大群男人试图通过唱赞美诗来掩饰或降低兴奋之情。奥利弗·克伦威尔的士兵们在敦刻尔克的突破口行军时，大声高唱赞美诗。吉伦特派站在断头台下，高唱《马赛曲》。

安托万·德·波旁

胡安娜·达尔布雷

克莱门特·马罗的赞美诗在各阶层中突然流行起来。比这更重要的是,一种古老的基督教习俗开始复兴,普及了一种新式礼拜方法。在教会早期较纯洁的日子里,歌唱是一种大众行为,但后来成为神父和唱诗班的事了。老调子已经过时了,与世俗歌曲相结合的曲调被引入了教会仪式。一位信仰天主教的作家说:"《求主垂怜》以轻快的曲调吟唱。"在各种因素的影响下,特别是祭司的影响,会扩大神父和群众之间的距离,把公众信仰变成某种戏剧表演。在这种表演中,神父和他的同事是演员,其他人是观众和听众。如果人们不在教堂唱歌,有充分的证据表明他们在家里唱歌。也许正是由于存在这种情况,我们才会在过去的音乐书籍里收录这么多无伴奏的主调合唱曲。宗教改革的荣耀之一是它赋予这些歌曲宗教性质。马丁·路德和约翰·加尔文都看到了如何利用音乐来推进真理,没有忽视任何建议学习歌唱的机会。马丁·路德对不会唱歌的校长评价很差,他把音乐排在神学之后。马丁·路德说:"上帝吩咐所有人用一切可能的方法宣传神的意旨,不仅仅是用言语,还要用写作、绘画、雕刻、诗篇、歌曲和乐器。"马丁·路德创作了许多曲调,这些曲调和圣菲尔合唱乐在法兰西流传,而德意志的曲调构成了大部分法兰西赞美诗的基础。约翰·加尔文在日内瓦也付出了同样的努力,他创作的曲子被成千上万的人传唱,每一部分都被单独印刷出来,以方便演奏。天主教教徒被发现使用这些新教乐谱,这种做法被研究异教徒的历史学家弗洛里蒙·德·雷蒙德强烈谴责道:"在智者的世界里,这么做既明智也愚蠢。只通过外表评判事物,赞扬这种娱乐,却没有看到这种圣歌的本质或者说新魅力,结果一千种有害的新奇事物渗透了人们的灵魂。"然而,禁止唱赞美诗的时刻到来了。1559年4月,在布鲁日,改革派开始举行露天崇拜集会,类似于在巴黎举行的露天崇拜,这令正统教派非常烦恼。正统教派发布公告,用死亡威胁禁止唱赞美诗,在长廊中央竖立绞刑架警告。即使是这种严厉的监控也没能使改革派屈服。在维莱,来自新教派的反抗也同样坚定。在发布禁止人们唱亵渎神明的叛教者——克莱门特·马罗诗歌命令的当天,异教徒们"既不害怕上帝、教皇、国王、法律,也不害怕坐牢,唱得愈加大声了"。

《卡托－康布雷西条约》签订现场，腓力二世与亨利二世握手

与此同时，法兰西和西班牙都对战争感到厌倦。1559年4月3日，法兰西和西班牙在卡托-康布雷西签订了《卡托-康布雷西条约》，法兰西同意放弃所有的既得利益。法兰西已经精疲力竭，国库空空如也，没有可能再让民众缴纳额外的赋税。腓力二世也同样高兴地结束敌对行动，外患使他不能关注低地国家异端邪说的发展。改革派认为这项条约是"可耻的，对王国有害的"。根据后来的了解，我们可以补充说，《卡托-康布雷西条约》对改革派本身是极具威胁的。1559年1月到1559年4月的谈判期间，弗朗索瓦·德·洛林和夏尔·德·洛林曾在庇隆私下约见过西班牙阿拉斯主教格兰维尔神父，他们在谈话中表达了对西班牙的热爱，在法兰西纳瓦拉和荷兰加入了一个铲除异端邪说的联盟。弗

朗索瓦·德·洛林后来的想法不确定是什么，但他可能希望洛林家族觊觎法兰西王位的野心能得到西班牙的支持。

《卡托-康布雷西条约》的缔结违背了洛林家族的意愿，洛林家族在宫廷上丢了脸，而阿内·德·蒙莫朗西公爵大获全胜。亨利二世似乎从来没有喜欢过洛林家族，在写给当时还是囚犯的阿内·德·蒙莫朗西公爵的一封信中强烈表明了他对洛林家族的看法："我被迫任命弗朗索瓦·德·洛林为中将。此外，由于种种原因，我不得不同意皇太子弗朗索瓦与弗朗索瓦·德·洛林的外甥女

皇太子弗朗索瓦

玛丽·斯图亚特

玛丽·斯图亚特的婚约,同时还要做许多别的事情。"根据《卡托-康布雷西条约》,夏尔·德·洛林放弃三个大主教职位,发誓要向阿内·德·蒙莫朗西公爵报仇。在黛安娜·德·普瓦捷的帮助下,弗朗索瓦·德·洛林迄今为止算是成功了,他曾用异端思想扩散事件影响了亨利二世。除了顺化圣雅克街事件,迫害活动因战争停止,如今再次爆发,并且更加有规律地进行。最初,法兰西议会和英格兰议会同样是一个兼具立法和司法职能的国家议会。随着时间的推移,阶级和权力发生了分离。英格兰的司法权被废弃,议会变成了一个纯粹的立法机构。法兰西的议会失去了它的立法权,沦为终审的高等法院和税收法庭。议会由教会人士、非专业人士和议员组成,他们的权力是平等的。每个省都有自己独立的议会,巴黎议会负责管理各省议会,但不能行使各省的权力。在新宗教运动的早期，巴黎议会对新学说的敌意不亚于索邦神学院对新学说的敌意。但随着时间的推移，改革派的原则越来越为人所知，议会的意见出现了分歧。同所有类似机构一样，有三个派别：同情宗教改革运动的派别，反对宗教改革运动的派别，以及无论在政策上还是情感上都在支持与反对两端之间摇摆不定的中间派别。年长的雅克·奥古斯特·德·佑、尼古拉·德·阿尔莱和皮埃尔·塞吉尔及陀内尔议会和法庭的所有会员都属于这一中立派别。1559年4月27日星期三，亨利二世的总代表雅克·布尔丹提出了一个建议，由于法律执行得不规范，如法院大审判庭执拗地对异教徒施以火刑，陀内尔法庭只是驱逐异教徒，这成了司法界的大丑闻，两个法院应该统一行动，保证行动的一致性。每个法官都发表了自己的观点，自然就有许多不同的意见。阿尔诺·杜·费

雅克·奥古斯特·德·佑

里埃提议召开一个解决所有宗教争议的会议，同时暂停一切反对改革派的措施。这位博学的律师，像同时代的其他人一样，不仅没有考虑法兰西天主教派和改革派和平相处的可能性，而且认为这两派之间的区别是如此微不足道，通过彼此的妥协便可恢复联盟。阿尔诺·杜·费里埃的提议得到了议会大多数成员的支持，支持者中包括安东尼·富米，他的父亲和祖父曾担任最高司法职位。安东尼·富米不仅为加尔文主义对圣餐教义的解释辩护，而且还建议一起请求亨利二世召集一次全体会议，在会上要揭露所有的错误教义，谴责所有的异端邪说，对那些在次要问题上持异端观点的人的迫害应该停止。事情开始变得更加严重。于是，黛安娜·德·普瓦捷催促亨利二世"至少要绞死六名异教徒议员"，向西班牙表明他有坚定的信仰，不会容忍异端邪说。夏尔·德·洛林赞成黛安娜·德·普瓦捷提出的建议。弗朗索瓦·德·塞佩奥克斯试图劝阻亨

弗朗索瓦·德·塞佩奥克斯

利二世。他说:"陛下,如果您想扮演神学家或审判官,就像让枢机主教来教我们如何在比武中手持长矛。"然而,假如亨利二世拒绝反复无常的天主教派帮助自己反对那些思想自由的改革派律师,便会有激怒天主教派的风险,直到此时,夏尔·德·洛林才占了上风。这些反复无常之人便是1559年4月最后一个星期三举行的国会议员大会的议员们。国会成员因一切违背其尊严或职责的行为而受到谴责。"反复无常"这个词后来扩展到指代责难或判断本身。1559年6月15日,"正餐"结束后,亨利二世由洛林和吉斯地区的枢机主教们陪同,意外进入奥古斯丁修道院大会堂。那里正在举行临时会议,议员们正在讨论用什么手段解决在异端审判方面的统一司法尺度问题。亨利二世坐下后说:"我渴望我的王国能够安定,并维护宗教的权威。取得对外和平的局面后,我不会让国内受到宗教混乱的干扰。所以我到你们中间来,要听你们对如今宗教的纷争有什么意见,也要知道你们为什么不遵行我的命令即强制审判官判处所有路德教教徒死罪。"温和派对亨利二世的出现并不感到失望,并且为自己的所作所为辩护。路易·杜·福尔承认目前的烦恼都是由宗教引起的,但他补充称:"我们要追根溯源,免得先知以利亚责备亚哈王'使以色列遭灾的不是我,乃是你和你父家'。"安尼·杜·布尔的措辞同样大胆:"有些罪行应该毫不留情地受到惩罚,比如通奸罪、亵渎罪和伪证罪,每天都有被混乱的生活和臭名昭著的风流韵事纠缠的人支持这些犯罪活动。但那些被交到刽子手手里的人,他们要被控告什么罪呢?不忠之罪吗?他们祈祷时从不会漏掉亨利二世的名字。他们领导了什么起义?他们煽动了什么叛乱?什么!因为根据《圣经》他们发现了罗马教堂的恶习和可耻的罪行,因为他们请求进行改革,这是一种要付出生命的罪行吗?"听到这些话,亨利二世因愤怒而颤抖,但很开心地听取第一主席吉勒·勒·迈斯特的意见。他建议亨利二世对待新改革派要像菲利普·奥古斯都对待阿比尔派,菲利普·奥古斯一天要烧死六百名阿比尔教教徒,也可以像弗朗索瓦一世对待沃多伊人一样,在沃多伊人家中杀死他们,或是在他们逃亡躲藏的洞穴里闷死他们。亨利二世结束了会议,斥责法官们在反异端法律上的松懈,并下令

加布里埃尔·德·洛日

将路易·杜·福尔和安尼·杜·布尔抓起来。抓路易·杜·福尔是因为他提到亚哈王，抓安尼·杜·布尔是因为他谴责通奸，然而，这两件事亨利二世都亲自做过。法兰西宫廷卫队队长加布里埃尔·德·洛日抓住了这两名律师，将他们押送到巴士底狱。就是这个加布里埃尔·德·洛日，很快成了杀死亨利二世的无辜凶手。几年后，加布里埃尔·德·洛日以异教徒和叛徒的身份死在了绞刑架上。路易·杜·福尔和安尼·杜·布尔被关在单独的地牢里，不许使用纸张、墨水和书籍，也不许和朋友交流。亨利二世不愿意让路易·杜·福尔和安尼·杜·布尔在普通法庭接受审判，于是指派了一个委员会来听审他们的罪行。除非他们收回原话，否则就判他们有罪，亨利二世发誓要在自己眼前将他们烧死。

安尼·杜·布尔的被捕并不是单独的迫害行为。根据《卡托-康布雷西条约》，亨利二世和腓力二世必须维护天主教，不得侵犯宗教信仰，召开全体国会会议，并在各自的领土上消灭异端邪说。奥兰治亲王威廉一世，沉默寡言，当时是为了履行《卡托-康布雷西条约》而被扣押的人质，亨利二世向他透露了

奥兰治亲王威廉一世

与腓力二世谈判的秘密。奥兰治亲王威廉一世听了后保持沉默,也许正是他了解了这个被推迟了十三年的屠杀计划以后,才决心要解放荷兰的。

迫害宗教改革派运动进行得如火如荼,从几个孤立的个案可以推测得出来其惨烈程度。由于迫害宗教改革派的法令得到严苛的执行,改革派不敢举行二十或三十人以上的团体聚会。在一些地方,他们完全停止了聚会,要么就在树林、田野、洞穴和采石场里碰头集会。召集信徒集会成了天大的秘密。在晚上有布道的时候,一个人会穿过街道吹哨子。如果被守夜人或巡逻队发现,那传讯人就提着一盏形状奇特的灯笼,一言不发地走着过去。宗教改革派信徒们蹑手蹑脚地走到指定的地方,用压抑的声音唱着克莱门特·马罗的赞美诗,祈祷,然后分开,通常没有任何说教。正是这种晚上的聚会崇拜活动,使关于改革派的胡编乱造和诽谤的故事有了实质内容。

波尔多议会接到命令举行"临时大法庭"活动,或者在桑特举行特别的巡回审判,不是为了像古代习俗那样倾听人民的疾苦,而是为了反对异端邪说。当圣通日的监狱人满为患时,容纳不下的异端分子就被送到波尔多。为了消除不利因素,法兰西的宗教改革派决定起草一份关于新教信仰的自白书,呈献给亨利二世,乞求圭亚那总督安托万·德·波旁去呈送,并补充说他们准备好了,如果有必要,"所有人都会用自己的血来树立自己的信心"。但安托万·德·波旁表示反对,他一直以来都像是顶天立地的男子汉,他建议改革派保持冷静,让暴风雨平息。在"燃烧的火堆,城市每一个角落树立了绞刑架"这样的情况下,1559年5月,第一次新教会议在巴黎召开,会议持续了四天。弗朗西斯·莫雷尔是本次新教会议主席,他是贵族,是一位天生的绅士,现在是大都会教堂的神父。大约十几个省级教堂派出了代表,由于这些代表的认真,不久就成功地使法兰西的新教组织得以保留。直到今天,法兰西的新教组织都安然无恙。巴黎的新教教会是第一个由牧师、长老和执事共同组成的教会,很快就有许多省会城市效仿。但这些教会都是各自为政的,人们认为,通过团结成一个整体,它们会更加强大并足以对付敌人,会拥有更丰富的神恩。

在这样的集会中，新教代表们的生命受到威胁，因为根据当时生效的一项法令，在王国发现的新教传道者都将被处死。然而，新教的代表们没有被危险吓倒，他们写了两本书《信仰的自白》和《新教戒律》，每一本书都有四十个条款。在《信仰的自白》中，彻底的不抵抗原则多少有些令人吃惊，但最终得以确立。因此，《信仰的自白》第四十条说："我们必须遵守法律和条例，进贡，缴纳各种税赋，怀着善意和诚意服从国家官员的管束，即使地方官是无信仰者。此外，我们痛恨那些抛弃崇高宗教教义精神、建立利益小团体、推翻正义秩序的人。"新教公会参照《马太福音》第十七章和《使徒行传》第十七至第十九章，严格执行这些教义。约翰·加尔文在这一点上的观点在他三四年后的一次布道中得到了体现。他说："所有的王国都是耶稣基督占主导的国家类型，我们必须珍惜，祈求上帝让它们繁荣昌盛。"然而，约翰·加尔文起草的教会宪章在形式上完全是民主的，每一件事都取决于人民的投票。人民选举出宗教会议成员，宗教会议成员再选出牧师，牧师的最终任命取决于民众的决定。一定数量的教堂成立一个议会或长老会，议会和长老会每年举行两次会议，参加长老会的教会由一位牧师和一位长老代表。长老会联合成立各省的宗教大会，然后由各省的宗教大会选派的两名牧师和两名长老组成法兰西国家宗教会议及主管立法和上诉的法兰西最高法院。

毫无疑问，改革派教会的这一宗教组织为两种宗教之间的竞争增添了冲突的因素。天主教的神职人员自然憎恶这一新教组织，因为这是改革派的权力和胆识不断增长的标志。当时的政治家们不得不以怀疑的眼光看待新教组织，把它看作是一种暂时的统治权，一种与公民权利相抗衡的危险力量，一种对叛乱的支持鼓励。因为新教组织无视教皇和国王一样的领导地位，只承认上帝的领导地位。人们不厌其烦地研究新教组织不被喜欢的原因，人们本能地感到新教组织宣布了人民的主权，而且新教的思想很容易从精神上扩展到世俗事务上。加尔文主义主要教会的历史表明，人们对新教本能的仇恨不是完全没有道理。在瑞士和荷兰，在英格兰和北美一些国家，只要新教教会组织能够掌握政治权力，就会诞生一个共和国。这些地方确实是世界上最自由的地方，为了崇高的自由果实，我们完全可以爱这棵结出自由之果的树。但在16世纪，社会倾向于专制，而不是自治。如果欧洲的政治家们没有足够的远见，认识到新宗教改革运动必然会成功，或者没有足够的智慧成为民众情绪的领导者和控制者，那么他们可以得到原谅。到目前为止，人们可能会怀疑约翰·加尔文对法兰西是否完全是好的影响，如果改革派的教会组织不是充满敌意，约翰·加尔文的思想会不会更深地扎根于法兰西。约翰·加尔文的新教思想与古老的思想分离，冒着失败的风险追求自己的理想。由于教会治理不是信仰的问题，而是纪律的问题，那些在不重要的领域把基督教教徒置于敌对阵营的人要解决很多问题。

宗教改革派组织国家议会的消息和国会的仁慈倾向点燃了亨利二世的正统天主教精神。1559年6月，亨利二世颁布了一项法令，这项法令比之前的法令还要可怕。它起源于埃库恩，那是一个属于阿内·德·蒙莫朗西公爵的城堡，位于巴黎以北四法里①。根据该法令，所有被定罪的路德教教徒都将被执行死刑，立即处决，不得赦免。该法令被所有的议会记录了下来，没有任何制约或修改。在严厉的刑罚氛围下，法官们被禁止人为减轻法令的执行力度，因为法官常常轻判异教徒。如果亨利二世决意要推行强权法制，他利用严苛法令不可能完全根除异端邪说。然而，上帝守护着法兰西。通过天意，宗教改革主义者们出乎意料地从"狮子的口中"被救了出来。

《卡托-康布雷西条约》的规定之一是腓力二世——由于英格兰女王玛丽一世在1558年11月去世，他成了鳏夫——应该娶亨利二世的长女，瓦卢瓦的伊丽莎白。当时，瓦卢瓦的伊丽莎白刚满十三岁。订婚仪式将在巴黎举行，第三代阿尔瓦公爵费尔南多·阿尔瓦雷斯·德·托莱多来了，有许多贵族和绅士也来参加了。即使在这样的时刻，当我们可能想亨利二世完全忙于婚礼庆典——因为

---

① 法里，法国古代的距离单位。——译者注

他的女儿瓦卢瓦的玛格丽特也要结婚了——他还是提出了讨伐日内瓦,"腐败的深渊之地",而且就在他驾崩前几个小时,就已经给加布里埃尔·德·洛日下达了关于大规模进军科克地区以根除改革派的指示。但不巧的是,亨利二世意外驾崩,去见上帝了。

  1559年6月26日,法兰西和西班牙的联姻婚礼举行,费尔南多·阿尔瓦雷斯·德·托莱多充当腓力二世的代表。仪式结束后,人们欢欣鼓舞,根据日程安排,在圣安托万街尽头举行了一场比赛。那条历史悠久的老街,一定是一派壮观的景象。在图尔奈尔宫的前面,有一个美术馆,年轻的瓦卢瓦的伊丽莎白雕

瓦卢瓦的伊丽莎白

埃格蒙特伯爵拉莫拉尔

像就在蓝色的丝绸华盖下，上面装饰着她未曾见过面的丈夫腓力二世的图像。在瓦卢瓦的伊丽莎白的周围，有一群注定要留名史册的人的雕像，他们是费尔南多·阿尔瓦雷斯·德·托莱多，奥尔兰亲王威廉一世和埃格蒙特伯爵拉莫拉尔。凯瑟琳·德·美第奇的雕像坐落在另一个美术馆，玛丽·斯图亚特的雕像在她的右边，瓦卢瓦的玛格丽特像在凯瑟琳·德·美第奇的左边，瓦卢瓦的玛格丽特是后来的法兰西国王亨利四世的未婚妻。亨利二世已经宣布参加比武活动，以便在西班牙贵族面前展示他的竞技技巧。凯瑟琳·德·美第奇有一种不祥之感，恳求亨利二世放弃参加这种危险的消遣。但亨利二世自信满满，只是嘲笑凯瑟琳·德·美第奇的恐惧。在与萨伏伊公爵埃曼纽尔·菲利伯特和弗朗索瓦·德·洛林两次成功的对战之后,亨利二世向加布里埃尔·德·洛日提出了挑战。加布里埃尔·德·洛日是亨利二世苏格兰卫队的队长,1545年被弗朗索瓦一世派往苏格兰,指挥军队协助执政的玛丽·斯图亚特。在第一圈赛程中,加布里埃尔·德·洛日占了上风,亨利二世对些许的难堪感到恼火,要求再比一次。凯瑟琳·德·美第奇和维耶维尔元帅弗朗索瓦·德·塞佩奥克斯请求满足亨利二世的要求,加布里埃尔·德·洛日拒绝了第二次对战。但亨利二世不肯,他们再一次交手,他们的长矛在颤抖,但两人的身体没有动摇,号角再次响起,他们再次策马疾驰。这时,加布里埃尔·德·洛日的长矛击中了亨利二世的头盔,

加布里埃尔·德·洛日的长矛击中亨利二世的头盔

击碎了头盔上的羽毛，头盔啪的一声断成了两截，一个碎片从枪杆的下半部刺进了亨利二世的右眼。王宫里传来一声尖叫，一时间分散了观众对亨利二世的注意力。亨利二世失去了对马的控制，正摇摇晃晃地骑在马鞍上。侍从们还没来得及阻止，亨利二世便摔倒在地上，他的头盔掉落在地，碎片被拔了出来。这是一个"很大的碎片"，目击者英格兰大使思洛克·莫顿说，"在场地上，没有人对亨利二世做任何其他处理，但我注意到他非常虚弱，四肢几乎麻木。因为当他躺着被抬走时，除了脸什么也没盖住，他的手和脚都没有动，只是躺着，像一个惊呆的人。此时，王宫里哀鸿遍野，无论男女，都哭了起来。"事实证明，亨利二世的伤势比思洛克·莫顿想象的还要严重。亨利二世再也没有离开过病床，他两次领受教会最后的圣礼，召唤长子弗朗索瓦二世。亨利二世"赞扬教

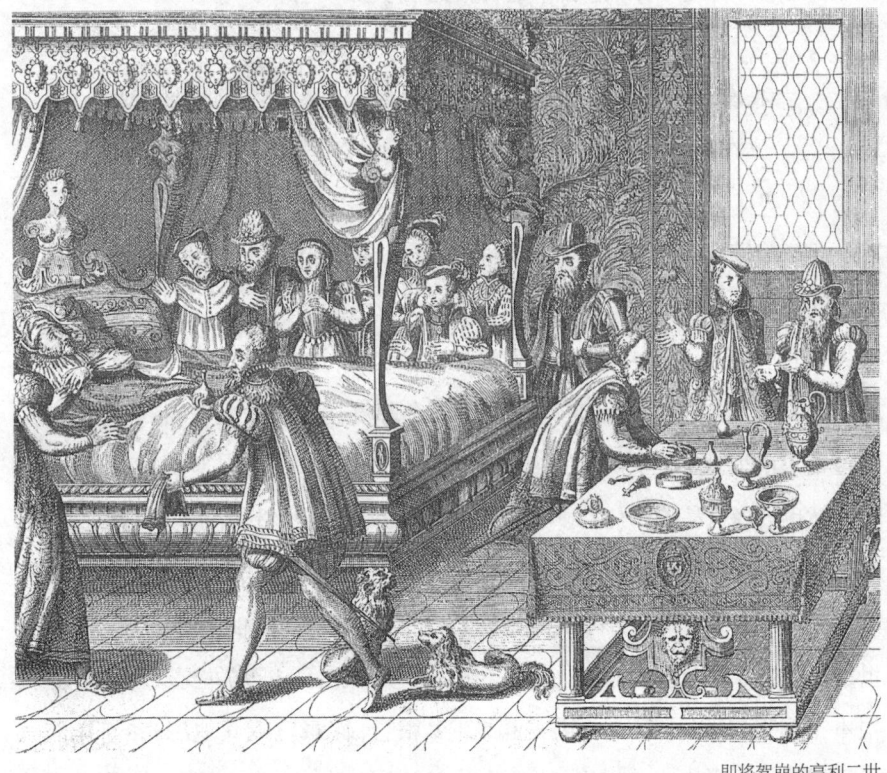

即将驾崩的亨利二世

会和人民对弗朗索瓦二世的关怀",他费了好大的劲才说了几句话。他对弗朗索瓦二世说:"最重要的是,你要坚守你的真正的信仰。"1559年7月10日,亨利二世驾崩,留下四个儿子,其中三个当过法兰西国王。亨利二世还留下了三个女儿和一个私生子。其中,安茹公爵亨利·亚历山大在圣巴塞洛缪大屠杀中因手段残忍而臭名昭著。

新教教徒为亨利二世之死而欢欣鼓舞,他们不仅为亨利二世之死唱赞歌,而且"向上帝表示感谢,或者更确切地说,是对上帝的亵渎,竟敢说全能的上帝在巴士底狱的墙边打倒了亨利二世,正是亨利二世把无辜者关进了巴士底监狱"。这一指控可能有一定的根据,因为这需要一种真正的新教教徒的感觉,才能使受害者克制住自己,不为亨利二世的驾崩而欢欣鼓舞。西奥多·贝扎在《法兰西诗篇》的献词序言中这样描绘了亨利二世:

> 我看到一个面具和一张瘦脸,
> 他在颤抖地走着。

但"路德派教徒"并不害怕,他们拿出新教教徒的决心,按照同一首诗中高尚的诗句行事。

人们怀疑凯瑟琳·德·美第奇为失去亨利二世的悲痛是否真诚,但没有充分的证据。对凯瑟琳·德·美第奇这样一个脾气暴躁的女人来说,守寡给她的地位带来的变化一定是难以忍受的。亨利二世活着的时候,凯瑟琳·德·美第奇当然也会像自私的平凡人一样替丈夫着想。她现在用杜伊勒里宫的饰物来纪念丧亲之痛,表达遗憾。在杜伊勒里宫,破碎的镜子、颠倒的羽毛笔和镶嵌在某些柱子上的零星珠宝都象征着她的悲伤。一个能言善辩的同时代人为亨利二世的驾崩而哀悼,他特别赞扬亨利二世在军队中实行的严厉军纪。因此,"农民根本不用害怕士兵,甚至不用关起地窖、粮仓、储藏室或其他房间的门,而且士兵们的行为举止十分妥当。士兵们临时驻扎在农村时,如果不先征得主人的

安茹公爵亨利·亚历山大

许可并付钱,他们不敢碰母鸡或其他家禽"这样一个田园牧歌式的故事被糟蹋了,真是可惜。但如果这是真的,几个月后的军事纪律肯定会出现问题,因为1560年,弗朗索瓦二世在给当时在勃艮第的奥马尔公爵克劳德二世·德·洛林写了一封信,说要"惩罚那些偷懒的士兵和弓箭手"。

第 3 章

法兰西国王弗朗索瓦二世的统治
（1559 年—1560 年）

弗朗索瓦是美丽而不幸的玛丽·斯图亚特的丈夫，1559年7月10日，也就是他十六岁时，登上了王位，称弗朗索瓦二世。就在父亲法兰西国王亨利二世葬礼的那天，弗朗索瓦二世满足了母亲凯瑟琳·德·美第奇的支配欲，向她保证一切权力都可以掌握在她手中，母亲可以以他的名义执政。但凯瑟琳·德·美第奇必须坚定立场，与不择手段的对手抗衡。在未开化的时代里，俗话说"纺锤子几乎没有机会碰到宝剑"，意思是女性很难有机会掌权，除非通过伪装的手段。我们将看到凯瑟琳·德·美第奇巧妙地化解阻力，证明自己有时比所有的对手都强。然而，她很快发现，有玛丽·斯图亚特在，她根本没有机会掌权。玛丽·斯图亚特用拥有的洛林家族的全部影响力阻止凯瑟琳·德·美第奇掌权。凯瑟琳·德·美第奇在给女儿瓦卢瓦的伊丽莎白的一封信中说："上帝从我手中夺走了你的父亲，你知道，我是多么深爱着你的父亲，他把三个孩子留给了我，让我生活在一个分裂的王国里。我没有可以信赖的人，人人都有自己的目的。"玛丽·斯图亚特因其年轻漂亮而傲慢地对待凯瑟琳·德·美第奇，称呼她为佛罗伦萨的商人。最后凯瑟琳·德·美第奇以眼还眼，以牙还牙。

除非我们了解法兰西王国和宫廷的分裂各派及它们的领导人，否则我们不可能理解现在进入的这一风雨飘摇的历史时期。实际上，这一历史时期只有两派，但我们不妨把它们看作洛林、波旁、蒙莫朗西和查狄伦四大家族。在这些要求控制政府的人当中,最强大的是第一家族——洛林家族,玛丽·斯图亚特站在母亲所在的洛林家族一边。这个家族拥有权力的开始可以追溯到弗朗索瓦一世统治时期。谱系学家乐于将洛林家族的起源追溯到查理曼大帝时期,甚至追溯到特洛伊国王普里阿摩斯时期,这两种说法都有证据。洛林家族的首领是吉斯公爵克洛德·德·洛林,他是洛林公爵勒内二世的儿子,他在南锡城下打败并杀死了鲁莽的勃艮第公爵查尔斯·马丁。克洛德·德·洛林到法兰西宫廷寻求财富,他的追求得到了回报,他娶了波旁家族的安托瓦内特·德·波旁,安托瓦内特·德·波旁是路易九世的后裔。克洛德·德·洛林去世后,留下

安托瓦内特·德·波旁

克洛德·德·洛林

了六个儿子和四个女儿,以及六十万里弗的财产,大约相当于十六万英镑。克洛德·德·洛林的长子是弗朗索瓦·德·洛林,四十岁,是一名骁勇善战、不择手段的士兵。弗朗索瓦·德·洛林维持着一个几乎相当于王室的机构,当机构主管向他说明,摆脱财务危机的最好方法是减少开支,打发走一些靠他养活的可怜绅士时,他回答说:"我不想要他们是真的,但他们需要我。"弗朗索瓦·德·洛林在巴黎很受欢迎,因为他会听取最底层市民的抱怨。他深得士兵们的爱戴,因为他从来不会因给予别人恩惠而要求回报,无论这恩惠是多么巨大。加来意外事件之后,弗朗索瓦·德·洛林任命了一位叫古尔当的上尉当总督,直接将许多高级官员排除在外。当这些人对他的偏爱颇有微词时,弗朗索瓦·德·洛林证明了他的选择是正确的。"古尔丹上尉非常有用,"弗朗索瓦·德·洛林说,"他誓死捍卫自己攻下的阵地,他在进攻中失去了一条腿。先生们,你们有两条腿,可以用这两条腿到别的地方去追求财富。"弗朗索瓦·德·洛林在危险中非常冷静,英勇无比且锋芒毕露,他的名字使敌人感到畏惧。在泰鲁阿讷,西班牙人在即将胜利的那一刻被"吉斯!吉斯!"的呼喊声吓倒。最重要的是,洛林家族自称是正统学说的拥护者,特别是弗朗索瓦·德·洛林,似乎对各种形式的异端都怀有一种无法克服的厌恶感。弗朗索瓦·德·洛林几乎拥有一个人能得到的一切财富。弗朗索瓦·德·洛林中等以上身材,椭圆形的脸,大大的眼睛,黝黑的皮肤,但他的胡子和头发都被染红了。弗朗索瓦·德·洛林虽然能在适当的时间说恰当的话,但表达并不流利。弗朗索瓦·德·洛林娶了安娜·德·埃斯特。她是

安娜·德·埃斯特

法兰西的勒妮

法兰西的勒妮的女儿,路易十二的外孙女,法兰西国王亨利二世的表妹,这些关系在一定程度上可以解释弗朗索瓦·德·洛林的儿子亨利·德·洛林为什么会有野心勃勃的计划。

洛林家族的成员还有枢机主教夏尔·德·洛林;奥马尔公爵克洛德二世·德·洛林,娶了黛安娜·德·普瓦捷的女儿路易莎·德·布雷泽;马耳他大祭司弗朗索瓦·德·洛林;森斯大主教且后来成为枢机主教的路易·德·洛林;还有埃尔卑瑟夫侯爵勒内·德·洛林;还有三姐妹,其中吉斯的玛丽先嫁给了

亨利·德·洛林

奥马尔公爵克洛德二世·德·洛林

路易·德·洛林

吉斯的玛丽

奥尔良的路易二世，后嫁给苏格兰的詹姆斯五世并为其生下一个女儿——玛丽·斯图亚特。当洛林家族的兄弟进宫时，四个弟弟通常会等待夏尔·德·洛林起床，然后他们五个人都去拜见弗朗索瓦·德·洛林，再由弗朗索瓦·德·洛林领他们去拜见国王。

夏尔·德·洛林广为人知的身份是洛林的枢机主教，是当时最富有的神职人员之一。除了从父亲克洛德·德·洛林的巨额财产中分得一份，夏尔·洛

詹姆斯五世

教皇庇护五世

林还获得了每年三十万里弗的年金。夏尔·德·洛林被教皇庇护五世称为"信奉教宗至上的主教",他野心勃勃,激情澎湃,诡计多端,夏尔·德·洛林的敌人宣称他身边一定有一个神秘的幽灵帮助他。夏尔·德·洛林是一位优雅的演说家,他风度翩翩。他也是一个十足的懦夫,像罗马帝国奥古斯都统治时期著名的诗人、批评家、翻译家昆图斯·奥拉斯·弗拉库斯一样,自己常常拿这个事实开玩笑。法兰西国王查理九世允许夏尔·德·洛林由一名武装警卫护送,甚至护送到祭坛的台阶上,台阶上火药和熏香的气味都混在了一起。夏尔·德·洛林的性格严重扭曲,他认为到处都是他的敌人,在一个不择手段的时代,谁谤和谎言随时都可以摧毁对手。在人们看来，夏尔·德·洛林不像其他教士那么坏，因为他没有公开地挥霍无度，这才骗过了人们。夏尔·德·洛林既不养鹰也不养狗，他经常做弥撒，经常斋戒，穿麻衣，饭前总是做祷告。十六年来，克洛德·德·桑特几乎每天都来照料夏尔·德·洛林，谈到了夏尔·德·洛林生活中的种种屈辱，否认他过于胆怯。威尼斯大使加斯帕罗·孔塔里尼称赞夏尔·德·洛林与法兰西其他枢机主教不同的美德。1558年，乔瓦尼·索兰佐写道："夏尔·德·洛林不受人爱戴，他一点也不诚实，天性狡诈，贪婪，但对天主教十分笃定。"夏尔·德·洛林的这种为人称道的宗教信仰只是一种表面形式而已。

加斯帕罗·孔塔里尼

鲁昂的公共图书馆保存着一封夏尔·德·洛林写给西班牙驻法兰西大使的信，信中谈到他在大斋节期间向莱茵教区请求退休时，他说："我没什么可写的，平常只是忙于祈祷和布道，教导我那一小拨教众。说实话，在教堂里，我和从前在宫廷的操劳和忧虑中得到了同样多的快乐，我感到甜蜜和安宁，再也不想回到朝廷去了。"这种"归隐山林、不问朝政"的举动在叱咤风云的政治家身上太常见了，我们无法从表面理解夏尔·德·洛林的真实意图是什么。夏尔·德·洛林的报复心很强，他经常破坏兄弟的计划，对财富积累的痴迷让人无法忍受，他的宗教信仰也无法阻止他的贪婪。夏尔·德·洛林被指控通过侵占其叔叔财产的方式剥夺了合法财产继承人的权益，侵占了财务主管杜瓦尔在当皮埃尔的房产，属于枢机主教安托万·桑吉恩·德·默顿在默顿的房产，还有属于隆格瓦勒大人在马查伊斯的房产。夏尔·德·洛林还通过抵押和分期付款的方式占领了谢夫勒斯城，但他根本没有付钱。夏尔·德·洛林通过巧取豪夺的方式变得富有，但他从未偿还过债务。夏尔·德·洛林是一个身兼数职的无耻之徒，同时担任里昂、兰斯、森斯和纳博讷的大主教，担任梅斯、图勒、凡尔登、特卢安、卢孔、阿尔比和瓦朗斯的主教，担任费康、克鲁尼和马尔穆捷的修道院的主教。最后提到的马尔穆捷修道院的主教职位还是通过武力获得的。胡朗特·德·奇维尼是马莫蒂埃修道院原来的主教，他不愿意辞职，夏尔·德·洛林将胡朗特·德·奇维尼关在巴士底狱，朗特·德·奇维尼死在了那里，最后夏尔·德·洛林夺走了他的修道院职位。尽管夏尔·德·洛林贪得无厌，但法兰西的神职人员还是对他有着无限的忠诚。

　　洛林派的主要追随者包括内穆尔公爵雅克·德·萨伏伊，布里萨克伯爵查尔斯·德·科斯和圣安德烈元帅雅克·德阿尔本。亨利二世非常器重雅克·德阿尔本，雅克·德阿尔本收到过亨利二世送的许多礼物。雅克·德阿尔本很勇敢，说话圆滑，性格豪爽，但他十分贪婪，总是贪图一些不属于自己的钱财。雅克·德阿尔本从英格兰国王爱德华六世那里获得了嘉德勋章，且被授予过圣迈克尔勋章。

内穆尔公爵雅克·德·萨伏伊

布里萨克伯爵查尔斯·德·科斯

圣安德烈元帅雅克·德阿尔本

英格兰国王爱德华六世

安托万·德·波旁也在争夺政权，他是嫡亲亲王，他的血统可以追溯到法王路易九世。法兰西国王腓力三世和克莱蒙伯爵罗伯特是路易九世的两个儿子。瓦卢瓦家族是前者腓力三世的后裔，波旁家族是后者克莱蒙伯爵罗伯特的后裔。波旁家族有两个分支——旺多姆和蒙庞西耶。安托万·德·波旁是历史更悠久的旺多姆分支的领袖人物。但他的弟弟——孔代亲王路易一世·德·波旁，是该分支中最杰出的人物。由于弗朗索瓦一世统治时期波旁治安官的叛国行为，波旁家族损失了大量的财富和影响力，尤其在那些心存偏见且固守偏见的平民眼中，影响力更是荡然无存。但波旁家族的强大不容忽视，敢于冒险，

法兰西国王路易九世

渴望登上王位。在与胡安娜·达尔布雷结婚之前,安托万·德·波旁坦率、和蔼可亲,但在道德、勇气方面优柔寡断。安托万·德·波旁风度翩翩,喜欢打扮,是朝臣中的"时尚之镜"。安托万·德·波旁在战场上很勇敢,在会议室里却缺乏活力,他在宗教信仰原则和散漫的个人道德准则之间摇摆不定。这样,安托万·德·波旁成了别人手中的一个工具,虽然没有人信任他,但因他颇具声望而被追求崇拜。安托万·德·波旁在他的生命中的唯一目标似乎是用他名下的纳瓦拉小公国换取一个真正的王国且不计较其地理位置。

1559年,路易一世·德·波旁二十九岁,在家中排行最末。路易一世·德·波旁和他的哥哥安托万·德·波旁正好相反,肩膀高,个子矮,举止不优雅,乍

路易一世·德·波旁

一看既不适合宫廷生活,也不适合战争野营。路易一世·德·波旁和弗朗索瓦·德·洛林分享了保卫梅斯的荣誉,并在圣昆廷战败后迅速召集部队反击。从政策上看,路易一世·德·波旁似乎很早就接受了改革派宗教,尽管他一直坚守天主教的宗教原则。伟大的改革派对路易一世·德·波旁来说是权力和发展的手段,通过自己和法兰西最富有的女继承人埃莉诺·德·罗伊联姻,路易一世·德·波旁联合蒙莫朗西家族、查狄伦家族及与纳瓦拉王室关系密切的罗什福柯家族等三大豪门家族反对洛林家族。

埃莉诺·德·罗伊

查尔斯·德·波旁

旺多姆家族的第三个兄弟是查尔斯·德·波旁。查尔斯·德·波旁是鲁昂的大主教和波旁的枢机主教,他是一个软弱的人,没有太多的想法,坚持信奉罗马天主教会。同一家族中历史较短的分支中有两兄弟,蒙特彭齐尔公爵波旁-文多姆的路易三世和罗齐苏尔渊亲王查尔斯,都赞成宗教改革。

然而,除了弗朗索瓦·德·洛林和安托万·德·波旁,还有一个出身高贵、家世显赫的人——王国中宗教改革派的代表——一个不容忽视的存在。这位是加斯帕尔二世·德·科利尼,皮卡第总督,法兰西海军上将,加斯帕尔一世·德·科利尼的次子。查狄伦家族最初是一个主权家族,加斯帕尔一

蒙特彭齐尔公爵波旁-文多姆的路易三世

罗齐苏尔渊亲王查尔斯

加斯帕尔二世·德·科利尼

世·德·科利尼曾是法兰西元帅，他娶了蒙莫朗西的路易丝为妻，蒙莫朗西的路易丝是治安官阿内·德·蒙莫朗西的妹妹，查狄伦家族就此和法兰西豪门家族之一的蒙莫朗西家族结盟。从这桩婚姻中诞生的长子是枢机主教奥代·德·科利尼，小儿子是弗朗索瓦·德·科利尼·安德洛。1519年，加斯帕尔二世·德·科利尼出生，他早年与弗朗索瓦·德·洛林非常亲近。加斯帕尔二世·德·科利尼参加了肯蒂战役，洛林派希望把这场战役的全部荣耀都归于弗朗索瓦王子（年轻时期的弗朗索瓦·德·洛林）。加斯帕尔二世·德·科利尼认为"弗朗索瓦·德·洛林本可以做得更好的"。这句话被不怀好意的人夸大了，两个人之间

奥代·德·科利尼

的关系开始疏远。这是黛安娜·德·普瓦捷的诡计，想要逐渐加深加斯帕尔二世·德·科利尼和弗朗索瓦·德·洛林之间的隔阂，直到他们完全疏远为止。加斯帕尔二世·德·科利尼曾经是亨利二世的宠臣，分享国王所有的快乐。加斯帕尔二世·德·科利尼是法兰西岛的总督，是一百名士兵的队长，还是圣迈克尔骑士团的骑士，每一项都是沉甸甸的荣誉。1557年，加斯帕尔二世·德·科利尼在圣昆廷之战中被俘。在被迫退出公众生活的时间里，加斯帕尔二世·德·科利尼坚定了自己最初从母亲蒙莫朗西的路易丝身上学到的宗教信仰。弗朗索瓦·德·科利尼·安德洛是家族中第一个皈依新宗教派别的人。1551年，弗朗索瓦·德·科利尼·安德洛被囚禁在米兰城堡，一直被关押到1556年。在被长期

弗朗索瓦·德·科利尼·安德洛

监禁的时间里,他一直研究约翰·加尔文的作品。"这是空虚的监禁生活催生的悲哀果实。"皮埃尔·德·布兰特姆叹了口气说。弗朗索瓦·德·科利尼·安德洛和他的哥哥加斯帕尔二世·德·科利尼在圣昆廷的围攻中被捕,但他逃了出来,加来的突袭中他也在场。当弗朗索瓦·德·科利尼·安德洛参观布列塔尼的巨大庄园时,他在寓所鼓励两位改革派牧师在停留的一切地方公开讲道,为法兰西西北部的许多基督教会奠定了宗教改革的基础。回到宫廷,弗朗索瓦·德·科利尼·安德洛深受亨利二世的喜爱。然而,他被夏尔·德·洛林谴责为异教徒,并斥责他公然违犯法令。对亨利二世的提问,弗朗索瓦·德·科利尼·安德洛回答说,他从来没有访问过教堂神职人员,尽管那些宗教人士除了唱《大卫诗篇》什么也没做,但他们是在为国王的幸福和王国的安全祈祷。弗

突袭加来

朗索瓦·德·科利尼·安德洛承认,曾把几本抚慰心灵的书寄给他的哥哥海军上将加斯帕尔二世·德·科利尼,并利用从《圣经》中推导出的良好而健全的教义讲道。弗朗索瓦·德·科利尼·安德洛说:"陛下,您赐给我这么多恩惠,我要报答您,我既舍得奉献自己的身体,也舍得为您服务需要的物品,我这辈子也不会吝惜任何东西。我已经尽了我的职责,如果我把剩下的时间用来拯救自己,陛下就不会觉得奇怪了。我已经多年没有做弥撒了,以后也不会去了。我恳求陛下不要再干涉我的信仰了,并允许我用我的身体和财物来侍奉您,这些东西完全由您支配。"亨利二世无法反驳,勃然大怒,一把抓住弗朗索瓦·德·科利尼·安德洛脖子上的象征圣迈克尔骑士团荣誉的项链,大声说:"我给你这个不是为了让你远离弥撒,而是让你信仰我的宗教。"弗朗索瓦·德·科利尼·安德洛回答说:"那时我还不知道做一个基督教教徒是什么滋味,如果知道,我肯定不会接受这样的荣誉。"亨利二世再也控制不住自己的怒火,他抓起摆在面前的一个盘子,扔到桌子对面,但打中了弗朗索瓦二世。接着,亨利二世拔出剑来,对准弗朗索瓦·德·科利尼·安德洛。最后,弗朗索瓦·德·科利尼·安德洛被卫兵匆匆带走,被关在默伦城堡。弗朗索瓦·德·科利尼·安德洛在狱中致信巴黎教会道:"无论我的肉体是存是灭,我都会为基督的荣光服务。我的肉体之存乃为颂扬基督,我的肉体之灭乃为追随基督。"弗朗索瓦·德·科利尼·安德洛又致信亨利二世道:"陛下,我的言行若冒犯了您,我万分谦卑地恳请您饶恕我并听我衷言。我须从我主而非从您,我须持良心而非随您意。除此之外,我的一切均听凭您支配。陛下,我如此恳请,我主明鉴,非惧死亡,更非求重获自由身。于我,较之于我的灵魂拯赎及我主荣光,万事皆轻可弃。"弗朗索瓦·德·科利尼·安德洛没有被妻子克劳德·德·里厄的温柔恳求打动,也没有被大哥奥代·德·科利尼的谨慎劝告打动,后者劝他要服从亨利二世,哪怕只是表面上的屈服。然而,弗朗索瓦·德·科利尼·安德洛最终同意与索邦神学院的一位知识渊博的学者举行一次会谈,并在他面前聆听弥撒,但没有改变信仰。约翰·加尔文曾写信劝告弗朗索瓦·德·科利尼·安德洛要坚定信仰,当得知弗朗索瓦·德·科利尼·安德洛要同意会谈这一消息时,开始责备他的软弱。对日内瓦的改革派来说,因为他们处境安全,从来没有受到过火刑的考验,很容易会谴责弗朗索瓦·德·科利尼·安德洛的信仰不够坚定,谴责他献身上帝的情感被亲人影响。加斯帕尔二世·德·科利尼更加坚强,在监狱里,《圣经》一直陪伴着他,是他主要的学习工具。约翰·卡尔文可能从弗朗索瓦·德·科利尼·安德洛那里听说过加斯帕尔二世·德·科利尼皈依新教的消息,写信给加斯帕尔二世·德·科利尼,信中说:"我根本不需要劝告你要保持耐心,因为我听说我们的神通过他的圣灵增强了你的忍耐力,我宁愿用这个机会感谢上帝,而不是激励你。我愿你记得,神叫你受苦,是要把你们从众人中领出来,让你们更忠实于他。"最后,加斯帕尔二世·德·科利尼接纳了改革派的信条,成了改革派的领袖。加斯帕尔二世·德·科利尼发现妻子夏洛特·德·拉瓦尔完全认同自己的宗教信仰,在许多艰难时刻,她都支持自己。加斯帕尔二世·德·科利尼中等身高,身材匀称,他微微佝偻着身子,仿佛在思考什么。他的面容总是平静而严肃,除了在战场上他的脸上有时会露出喜色,其他时候他的面容总是沉静的,没有表情,他常常会咀嚼叼在嘴里的牙签。

即使在有非常多的勇敢者的时代,加斯帕尔二世·德·科利尼的无畏精神也是引人注目的。朋友们对加斯帕尔二世·德·科利尼说:"别到布卢瓦去见弗朗索瓦二世和凯瑟琳·德·美第奇,一定有内幕。"加斯帕尔二世·德·科利尼回答说:"不,我要去。与其在恐惧中活一百年,不如冒死大胆地尝试一次。"加斯帕尔二世·德·科利尼不是一个运气好的指挥官,但他足智多谋,迅速重组了被打败的军队。据说,他在失败之后比失败之前更令人敬畏。

亨利二世在世时,阿内·德·蒙莫朗西公爵曾是政府的负责人,但他现在知道自己的势力已随着亨利二世的驾崩消失了。当时,有一个来自巴黎议会的代表团拜访弗朗索瓦二世并祝贺他的即位。弗朗索瓦二世告诉该代表团,他已经选择了夏尔·德·洛林和弗朗索瓦·德·洛林来管理公共事务,将来也必定委派他们来管理。阿内·德·蒙莫朗西公爵做出了自己的努力,但没有人支持他，他便遵照弗朗索瓦二世的建议，隐退到尚蒂伊的老家去了。阿内·德·蒙莫朗西公爵被剥夺了对法兰西宫廷的高级管理权，这个职位被授予给了弗朗索瓦·德·洛林。除了担任陆军部要职，弗朗索瓦·德·洛林还是宫务大臣和狩猎部门主管。财政大臣之职由夏尔·德·洛林来担任。因此，弗朗索瓦·德·洛林和夏尔·德·洛林两兄弟掌管了整个法兰西。乔治·布坎南说："没有弗朗索瓦·德·洛林和夏尔·德·洛林的同意，不能花法兰西的一克朗，也不能调动一名士兵。"凯瑟琳·德·美第奇同情阿内·德·蒙莫朗西公爵的难堪，在给他的

乔治·布坎南

一封信中，说："我非常希望你可以留在宫廷里，因为我相信你留在宫廷里的情况会比现在的情况更好。你会帮助我让弗朗索瓦二世逐渐成长起来，因为你一直希望所有臣民都服从弗朗索瓦二世。"

阿内·德·蒙莫朗西公爵预测在新的统治时期法兰西的局势可能会发生变化，于是利用亨利二世在生命的最后几天给他的权力去敦促安托万·德·波旁进宫，接受其作为嫡亲亲王的权力，成为新议会中的一员。因此，在旺多姆召开了反对波旁党的首脑会议，决定接下来应该采取的行动方针。路易一世·德·波旁、加斯帕尔二世·德·科利尼、弗朗索瓦·德·科利尼·安德洛、沙特尔副伯爵弗朗索瓦·德·旺多姆和波西恩亲王，所有的亲戚和朋友，都应召

沙特尔副伯爵弗朗索瓦·德·旺多姆

出席会议。与此同时，洛林家族已经上台，现在面临的问题是应该如何对抗洛林家族掌控的政府。路易一世·德·波旁、弗朗索瓦·德·科利尼·安德洛和弗朗索瓦·德·旺多姆都赞成战争。加斯帕尔二世·德·科利尼建议推迟战争，因为凯瑟琳·德·美第奇如果能够在反对阵营中找到支持者，她肯定会加入反对阵营的。在这种情况下，政府一定会垮掉。反对战争的建议占了上风，安托万·德·波旁犹豫很久之后准备进宫。但弗朗索瓦二世只愿意当着大臣们的面见他，因为安托万·德·波旁曾让他受尽羞辱。最后，路易一世·德·波旁走到安托万·德·波旁身边，把自己的一些精神灌输给他，劝他坚持自己的主张。经过一番思想斗争，安托万·德·波旁接受了路易一世·德·波旁的精神。但安托万·德·波旁对政府而言太碍事了，为了体面地除掉他，他被派遣护送伊丽莎白公主去西班牙。安托万·德·波旁落入了别人为他设下的圈套中，洛林家族于是再一次成为法兰西唯一的主宰者。洛林家族表面上还在征求凯瑟琳·德·美第奇的意见，来自法兰西宫廷的诏书是这样写的："只要凯瑟琳·德·美第奇高兴，我们赞成她建议的那些事，我们遵照执行她的命令。"无论凯瑟琳·德·美第奇对竞争对手黛安娜·德·普瓦捷施加什么影响，唯一目的就是将她赶出法兰西宫廷，迫使她吐出大部分不义之财。对黛安娜·德·普瓦捷的处置，弗朗索瓦二世写信给已下台的宠臣："由于她对父亲亨利二世的邪恶影响，她应该受到严厉的惩罚。然而，出于仁慈，不再打扰她，但她必须把父亲送给她的所有珠宝都还给我。"年轻的弗朗索瓦二世的即位并没有改善路德教教徒受迫害的情况。尼古拉·斯洛克莫顿写道："在所有的重大事件和事务中，路德教教徒都不能继续任由天主教会迫害和谋杀本教的可怜信徒。1559年7月12日，两名男子和一名女子因宗教原因被处死。"这是亨利二世驾崩后的遗留问题。第二天，宫廷发布宣言称新政府不会更宽容，"高音喇叭广泛宣传，所有反对法兰西现行教会或宗教的人，都要被带到多位主教面前受审，由主教们做出裁决"。1559年9月4日颁布的《维拉斯-科特莱特法令》禁止所有"非法"宗教集会，无论白天或黑夜，举行会议的房屋将被拆除，房屋的主人保证以后要遵纪守法才能获得保释。1559年11月颁布的《布卢瓦法令》，要求对所有参加非法宗教集会的人处以死刑，"没有赦免或减轻的希望"。根据1559年11月13日颁布的一项法令，任何提供秘密会议情报的人将得到一百克朗的奖赏和赦免。这些严酷的法令不只在巴黎实施。1559年9月23日，普瓦捷的治安法官发布命令，禁止任何改革派宗教集会，要求所有陌生人在二十四小时内离开普瓦捷，旅店老板必须把房客的名单交给治安官。无论是在公开场合还是私下，都不能讲道，公民们也不能向牧师们提供水和火。任何人都可以逮捕牧师，牧师都将以煽动叛乱罪受审，最轻的惩罚是没收财物。法令实施的结果是法兰西这个国家到处都是间谍和告密者，指控异端往往是为了满足个人报复。

与此同时，无论是亨利二世的驾崩，还是巴黎议会主席安托万·米纳德被一个叫斯图尔特的人暗杀，都无力中止对安尼·杜·布尔的审判。安尼·杜·布尔利用法庭的各种辩护手段来寻找使自己脱罪的漏洞，提出了一个又一个上诉，所有的努力都是徒劳的。最终，1559年12月23日，漫长的庭审结束了。在被判死刑后，安尼·杜·布尔说："我被押到刑柱上，因为我不承认除了基督，还有别的地方能找到称义、恩典和成圣。这就是我的死因，因为我信奉纯粹的福音教义。你们要将罪恶之火熄灭，带着全新的虔诚之心归向耶和华，使你们的罪行得以赦免。恶人当离弃邪路，归向耶和华。想想这些事情，我要去死。"法庭非常担心有人企图营救，于是在街道上设置了路障，路障的两旁站着全副武装的士兵，将近六百名士兵驻扎在格雷夫河周围，即当时的泰伯恩刑场。安尼·杜·布尔像一个新教教徒英雄一样面对死亡。在到达行刑地点时，他说："六英尺深的土地埋葬我的身体，无边的天堂安放我的灵魂，这些是我在不久后将拥有的唯一财产。"然后，安尼·杜·布尔转向观众说，"我要死了，不是因为我是贼，是凶手，而是因为我爱福音。我很高兴为一个这么美好的事业献出我的生命。"安尼·杜·布尔的遗言是，"我的神啊，我的神啊，不要离弃我，以免我离弃你。"刽子手调整了一下安尼·杜·布尔脖子上的绳子，说出了可怕的行刑话语："让我们向国王陛下致意，安尼·杜·布尔是一具尸体了。"安

安尼·杜·布尔被处以火刑

尼·杜·布尔的尸体后来被烧成灰烬。法兰西宫廷的史料编纂者很少放过一个异教徒,他写的东西放大了安尼·杜·布尔在十字架下说的话,"他被处决使许多人相信,一个如此善良的人拥有的信仰是不会错的。"弗洛里蒙·德·雷蒙德是一位异端历史学家,当时还是个年轻人,目睹了安尼·杜·布尔的死亡。弗洛蒙德·德·雷蒙德说:"我们大学里的学生从刑场回来时都哭了。安尼·杜·布尔死后,我们为他辩护,咒骂那些不公正的法官,他们如此不公平地判了他的

弗洛里蒙·德·雷蒙德

安托万·德拉罗什·钱迪厄

罪。"安尼·杜·布尔在绞刑架上讲道带来的影响力,比一百个牧师的影响力还要大。巴黎教堂的牧师安托万·德拉罗什·钱迪厄向我们解释了这些处决是如何让这么多人皈依的,他说:"大多数人喜欢那些被极度憎恨的东西,他们认为自己已经知道是什么精神力量在引领殉道者从容赴死。从行刑场回到家后,感受到了已经化为灰烬、忠贞不渝的那些人给予自己的启迪是巨大的。"

没有必要细想殉道者遭受的苦难,也没有必要计算受害者的人数。雷尼尔·德拉·普朗什从个人角度描述了巴黎无法无天的状态,"从1559年8月到1560年3月,除了逮捕和监禁、洗劫房屋、宣布流放及残酷拷打宗教人,首都巴黎没有发生其他什么事情"。许多人急忙逃离巴黎,卖掉他们的财物去获取逃亡的办法。街道上堆满了装满家具的大车，房屋被遗弃给了强盗，治安法官们纵容犯罪，于是"穷人变成了富人，富人变成了穷人"。为什么要告发别人，为什么要频繁的谴责别人是异教徒，这背后的原因不言而喻，或许唯一的原因就是被告发者太过富有，或是得罪了某个邻居。西奥多·贝扎的一段精彩的文字显示了恐怖主义造成的破坏是多么广泛和普遍，"可怜的宗教改革者的孩子们。他们没有床，只有石板，他们饿着肚子，可怜地哭着穿过街道。但没有人敢去救他们，因为人们害怕被指控为异教徒。那些孩子们过得比狗都不如"。宗教改革者们遇到了小麻烦，每条街的拐角都立着十字架和画像，前面点着蜡烛，周围聚集着一群喧闹的崇拜者，他们唱着歌，祈祷着，捶着胸脯。如果有人不愿意在经过时脱帽，或者不愿意把钱放进神龛前的捐款箱里，某个肮脏的牧

西奥多·贝扎

师或僧侣就会大喊"异端",这个可怜的改革派就会被打出去,也许还会被拖进监狱。一位雄辩的法兰西人说:"死亡变成了一场狂欢。"这确实是一场表演,这群暴徒——1792年再次出现了那类暴徒——尽情享受着新教教徒的痛苦,而且常常不让新教教徒在烧死之前被勒死,这样就可以加重新教教徒的痛苦。因此,有一个叫巴尔伯维尔的人受到了酷刑,这违反了判他先被绞死的惯例。但与此同时,暴徒们从绞刑架上救了一个小偷,"好像他们想要定基督的罪,拯救巴拉巴"。如果人们把一个人叫"路德派",就相当于把他定了死罪,而且往往不用任何形式的司法审判。根据这条私法,许多人都解决了自己的私仇,偿还了债务,甚至孩子们也把手浸在受害者的鲜血中,以此为荣。

《卡特努-加立特布雷斯条约》使每个军阶的一部分士兵失去了工作,也失去了生活来源。法兰西有四千八百万里弗的公债,利息很难还清。法兰西的国库是空的,没有现成的办法来填补它。对异教徒的迫害往往伴随着没收财产,也许这与王室的财政困难有关系。然而,法兰西王室还是没有钱。当被遣散的士兵们向夏尔·德·洛林提出要结清拖欠的薪酬时,夏尔·德·洛林威胁要把他们绞死,而且还在圣日耳曼宫的门前竖起了两副绞刑架。或者像其他人说的,是在枫丹白露门前竖起了两个绞刑架。这是一个既不明智也十分残忍的威胁,使洛林家族付出了极大的代价。不满意的士兵加入了受迫害的胡格诺派——双方都对"洛林家族"怀有仇恨,并决心除掉共同的敌人。有一种说法是,凯瑟琳·德·美第奇对这个联盟颇有好感,她希望摆脱弗朗索瓦·德·洛林和夏尔·德·洛林的纠缠。凯瑟琳·德·美第奇虽然可能察觉到了什么,但肯定不能预测到现实会发生的事件。在这个更人性化、更文明的时代,为非作歹的部长和行政人员会被解职,或通过议会投票予以罢免。在更野蛮的时代,为非作歹的部长和行政人员则会被起义者赶下台或被暗杀。16世纪中叶,法兰西政府是一个被军人干预,实行专制统治的政府。在亨利二世驾崩后的一个月内,不满者联盟有预谋的组成,改革派在弄清该联盟合法性之前没有采取行动,征询了约翰·加尔文的意见。约翰·加尔文宣称:"如果基督教和福音会遭受叛乱和流血的耻辱，那么不如消灭叛乱。"改革派与一些德意志神祇的关系十分融洽，这些神祇认为："如果嫡传的王子、生来就合法的治安法官，甚至只是其中的一位，能充当他们的领袖，他们便可以合法地，甚至可以使用武力，来反对洛林家族篡权。"

不满情绪与日俱增，一天比一天严重。"我们要去向弗朗索瓦二世告状。"受压迫的农民们说。早在1559年11月15日，亨利·基利格鲁给英格兰女王伊丽莎白写信道："弗朗索瓦二世最后一天打猎，是如此莫名地感到恐惧，他被

英格兰女王伊丽莎白

迫停止娱乐，丢下猎犬，返回到布卢瓦。苏格兰卫队奉命穿上铠甲并带上了手枪。"1559年12月29日，亨利·基利格鲁再次写道："很明显，人们的不满情绪已经达到了一个临界点，人们可能预期会发生一些令人绝望的事情。"洛林家族知道这一点，知道自己的权力根基不够牢靠，由于害怕发生暴动，所以禁止人们携带武器，禁止穿任何有利于隐藏武器的衣服。那时候，普通的披风没有袖子，一直拖到小腿肚的中间，大的长筒袜有一点五厄尔宽。这条禁令似乎只对新教教徒有约束力，旨在阻止他们自我保护。亨利·基利格鲁记录的一件小事证明禁令有时执行得非常有效率，"因宗教原因，政府在布卢瓦逮捕了十七个人，并委托中士们押送他们去奥尔良受审。但在押送的路途中，押送队伍遭到了六十个骑兵的袭击，袭击者解救了所有囚犯"。

虽然1559年12月17日颁布的《尚博尔法令》通过加快审判异教徒并判处异教徒死刑的方式，把改革派逼到了绝境。但改革派还没有考虑过反叛，改革派不需要人来宣扬抵抗的教义，但又没有高级别领袖站出来领导本阶级的行为。没有这样的领袖，改革派就是一群乌合之众。然而，改革派终于找到了自己的领袖——巴里·德拉·勒诺迪。巴里·德拉·勒诺迪是一位出身于佩里戈尔名门望族的绅士，也是一位颇有名望的士兵，他是在困难时期突然出现的勇敢者。曾经有一段时间，巴里·德拉·勒诺迪依附于帮助他越狱的弗朗索瓦·德·洛林。但由于弗朗索瓦·德·洛林野蛮残暴地对待与他结为亲家的加斯帕尔·德·赫伊，巴里·德拉·勒诺迪成了弗朗索瓦·德·洛林最大的敌人。也许正是这种敌意使加斯帕尔·德·赫伊放弃了自己的宗教信仰，加入到了改革派的行列。加斯帕尔·德·赫伊就是那个策划谋反的人，凭借他的能力和演说才能，很快就在瑞士和法兰西赢得了大批人的支持。加斯帕尔·德·赫伊声称约翰·加尔文和加斯帕尔二世·德·科利尼赞成这个计划，而路易一世·德·波旁会在适当的时机宣布自己的决定。关于约翰·加尔文和加斯帕尔二世·德·科利尼的说法是不确切的，路易一世·德·波旁十分犹豫不决："我想等一等，又不敢等了"。1560年2月，宗教改革者在南特举行了第一次会议，即布列塔尼会议。南特非常偏远，之所以选择在南特召开会议，是因为新教教徒的人数不会引人注目。在达成的协议条款中，新教教徒发誓要尊重弗朗索瓦二世，但绝不放下武器，直到把洛林家族从权力的舞台上赶走，把他们送上审判台，废除每一项反对改革派的新旧法令，并准备下一次召开大会。新教教徒的计划是让每一位绅士或上尉，总共有二十人，在自己的地区集结一支部队，以便组织安排行军，同时到达布卢瓦。1560年3月6日是指定的日子，后来改为1560年3月16日，他们希望在这一天能找到失去保护的洛林家族。这是一个荒谬的计划，即使一开始没有遇到谋反者意料之外的情况，也不可能成功。法院按照前些时候的安排，从布卢瓦的开阔城镇迁到卢瓦尔河上的安博瓦兹坚固的城堡。自从查理八世驾崩后，那座古老的法兰西宫廷住宅就被王室遗弃了。巨大的城墙依然耸立在河边的高地上，"欢快的"小镇在山脚下，仿佛在寻求保护。这些洛林家族人陪伴着王室，或者更确切地说，是跟随着弗朗索瓦二世，安然无恙，他们甚至不知道巴里·德拉·勒诺迪现在就在王国里。洛林家族听说了关于谋反的传言，从西班牙、意大利、德意志和萨伏伊发出的警告信。洛林家族到达安博瓦兹的前几天，巴里·德拉·勒诺迪的一个朋友把他出卖给了夏尔·德·洛林之后，洛林家族才有了确切的消息。弗朗索瓦·德·洛林和夏尔·德·洛林发现了一个针对自己的阴谋，但他们故意散播这起谋反只针对弗朗索瓦二世的消息使事情变得更糟。洛林家族的成员害怕极了，都穿着自己的私人便服，夜里由枪手和武装人员把守着大门……到了第六天，他们仍在院子里彻夜不睡的守望着，城门紧闭。夏尔·德·洛林确实吓坏了，弗朗索瓦·德·洛林迅速采取行动，从四面八方匆忙召集军队，加强守军。尽管如此，洛林家族尚未摆脱忧虑，尼古拉·斯洛克莫顿描述1560年3月中旬，安博瓦兹小镇的状况，说："1560年3月17日大约4时，来了一队一百五十名装备齐全的骑兵，他们接近宫廷大门，向邦曼人驻守的教堂开枪射击。于是，宫廷里响起了警报，人们在宫廷里跑来跑去，好像四面扎营的敌人要一起进入城堡似的。还有人喊着'快去骑马！快去骑马！'接着，火绳枪开火，发出指令，叫所有的人都做好准备,这时鼓声震耳欲聋,这样的情况持续了一个半小时。"六十名绅士庄严宣誓,要在夜间潜入安博瓦兹,其中三十人要溜进城堡,打开一扇门,让其他同谋者进去。但弗朗索瓦·德·洛林在守夜,他把大门的筑墙封死。一支支部队驻扎在通往该镇的道路上和卢瓦尔河沿岸。在那里,不明就里的各路人马或被俘虏,或被砍得片甲不留。在其中一次的遭遇战中,巴里·德拉·勒诺迪被杀,他的尸体被分成四等份,暴露在桥的四角上。

弗朗索瓦·德·洛林只要认为有危险的存在,就会放过俘虏一马,一旦觉得自己足够强大,就会猛烈的报复敌人。弗朗索瓦·德·洛林和夏尔·德·洛林陶醉在胜利的喜悦中,纵情于杀戮的暴行,这种暴行除了圣巴塞洛缪大屠杀和恐怖的法兰西大革命,算得上法兰西历史上最恐怖的暴力事件了。安博瓦兹的大街上血流成河,当刽子手对杀死这么多俘虏感到疲倦时,剩下的人手脚就会被绑起来扔进河里,这让人不禁想起1793年发生的可怕的诺亚德事件。尼古拉·斯洛克莫顿写道:"狂热的宗教情绪突然激发了天主教教徒要对新教教徒实施刑法的强烈决心。当天上午,有两个人被绞死,另外两个人也被绞死做伴。后来,有潜水者被俘,到了晚上,又有九个人被绞死。他们都是虔诚的信徒,唱着赞美诗,被处死了。潜水者是被装进麻袋淹死的,有些人被送去轧死在车轮下。1560年3月17日,二十二人被装进麻袋淹死。1560年3月18日夜晚,又有二十五人死亡。在这些俘虏中,有十八位最勇敢的法兰西上尉。"据统计,这次大屠杀已造成一千二百人死亡。卡塞诺-查罗斯男爵和日内瓦难民维勒曼吉斯伯爵布里克莫领主弗朗索瓦·德·博韦同其他人一起向查尔斯·德科斯·布里萨克投降,条件是保住自己性命。不算完全恶人的弗朗索瓦·奥利维耶大法官也宣称"查尔斯·德科斯·布里萨克不必对反叛的臣民言而有信",洛林家族的人不会被投降保住性命这样的交换条件束缚住。查尔斯·德科斯·布里萨克曾写过一份保证书,弗朗索瓦·德斯佩奥·德维耶维尔说:"这份保证书使查尔斯·德科斯·布里萨克十分焦虑。因为他只关心自己的签名,如果只有自己的签名,那么他就可以在任何时候对任何一个可能用这份保证书来责备他的人揭穿保证书背后的谎言。毫无疑问，这么做可以表明查尔斯·德科斯·布里萨克是勇敢和慷慨的。"绅士具有高尚的道德! 当卡塞诺-查罗斯男爵接受审问时，他对自己的一些回答有些犹豫。弗朗索瓦·德·洛林据此要求卡塞诺-查罗斯男爵:"说出来，否则人们会认为你害怕。""害怕,"卡塞诺-查罗斯男爵反唇相讥，"既然一个人既没有牙齿也没有指甲来自卫，那么当他看到自己被敌人包围时，他有什么理由不害怕呢? 如果你处在我的位置，你也会害怕的。"在被判叛国罪后，卡塞诺-查罗斯男爵对指控提出抗议，没有对判决提出抗议，理由是他没有对弗朗索瓦二世采取任何行动，他只是和大部分贵族联合起来对抗洛林家族。卡塞诺-查罗斯男爵认为，洛林家族必须登上王位，之后才能判决自己犯了叛国罪，否则该罪名不成立。卡塞诺-查罗斯男爵和加斯帕尔二世·德·科利尼一样，也曾被西班牙人俘虏，在漫长的监禁期阅读《圣经》。如果阅读《圣经》不能使卡塞诺-查罗斯男爵皈依新教，那起码也动摇了他的罗马天主教的信仰。在安博瓦兹的审问过程中，弗朗索瓦·奥利维耶大法官嘲笑卡塞诺-查罗斯男爵的"清教思想"。卡塞诺-查罗斯男爵反驳道:"我从佛兰德斯回来时看见你，我告诉过你我是怎样消磨时间的，你是知道的。我们以前是朋友，现在还是朋友吗? 难道是你在宫廷里不如意时说的不是真心话? 而如今，为了讨好你之前鄙视的人的欢心，你要背叛上帝和自己的良心吗?"夏尔·德·洛林代替弗朗索瓦·奥利维耶大法官回答，于是卡塞诺-查罗斯男爵转向弗朗索瓦·德·洛林求助，弗朗索瓦·德·洛林回答说他对神学一窍不通。"天哪!"卡塞诺-查罗斯男爵说，"因为我很尊重你，认为如果你像你当枢机主教的弟弟夏尔·德·洛林那样开明，你会追求到更美好的东西。"这是对弗朗索瓦·德·洛林性格特征的一种隐晦的说法，弗朗索瓦·德·洛林有些粗鲁地回答说，自己什么也不懂，只懂砍脑袋。加斯帕尔二世·德·科利尼和弗朗索瓦·德·科利尼·安德洛，以及弗朗索瓦二世和玛丽·斯图亚特，恳求弗朗索瓦·德·洛林和夏尔·德·洛林饶卡塞诺-查罗斯男爵一命。但夏尔·德·洛林诅咒似的回答说:"他必死，在法兰西没有人能救他。"卡塞诺-查罗斯男爵临死前向上帝祈求，希望上帝在不久后能眷顾新教教徒，报复残忍杀害新教教徒的人。当弗朗索瓦·德·博韦登上断头台时，他将双手浸在之前被处死的同伴的鲜血中，然后将双手举到空中，大声说："哦，主啊！看哪，你儿女的血，流得这样不义。你一定要为他们报仇。"

夏尔·德·洛林是谋杀新教教徒的主谋，他十分胆怯，除非所有的敌人都被杀死，否则他会认为自己处于危险之中。新教教徒威胁要暗杀夏尔·德·洛林，要用毒弹射死他，就像詹姆斯·斯图亚特枪杀米纳德会长那样。一天早上，夏尔·德·洛林在自己的祈祷室里发现了以下四行诗：

詹姆斯·斯图亚特

> 记住，枢机主教，
>
> 一个笨蛋
>
> 在南部
>
> 不受欢迎。

夏尔·德·洛林以为每个人都和他一样喜欢血腥，常常带着年轻的弗朗索瓦二世和玛丽·斯图亚特到城墙上或窗口看行刑，指着那些地位显赫的受刑者，嘲笑他们的痛苦。当受刑者表现出为信仰献身的坚定和面对死亡的平静时，夏尔·德·洛林对弗朗索瓦二世说："你看那些人是多么傲慢无礼，连死也不能让他们感到害怕。如果他们是你的主人，他们会怎样对待你？"死刑通常是在晚饭后的时间执行，以便让宫廷里的达官贵人取乐。吉斯公爵夫人安妮·德·埃斯特有一天到场观看，但她不能忍受如此可怕的场面，她几乎晕了过去，脸色苍白，浑身发抖地走进凯瑟琳·德·美第奇的房间，大声说："啊，夫人，多么可怕！诅咒即将降临到我们家，无辜的人的血即将归到我们头上。"

隆格维尔公爵莱奥诺·德·奥尔良受邀到安博瓦兹去，他借口生病，没有去，却派了一位使者。使者到达时，弗朗索瓦·德·洛林正在吃饭，于是利用这个机会上演一出杀鸡儆猴的把戏警告莱奥诺·德·奥尔良及其他反对洛林派的人。"告诉你的主人我很好，"他说，"把我吃的东西告诉他。"听到这句话，一个高大英俊的男人被带了进来，一根绳子立刻套在他的脖子上。当着这位惊讶的使者面前，那个男人被吊死在一根柱子上。

这场以惨烈的方式获得的胜利可能带来了暂时的成功，但它没有满足洛林家族的期望。天网恢恢，疏而不漏，作恶之人早晚要受到惩罚。洛林兄弟俩的绰号是"屠夫"，他们把受害者变成了殉道者。法兰西各地开始出现一种抵抗情绪，不久后就以暴力结束了这种局面。在安博瓦兹遭受苦难的大多数人都属于改革派，但还有一些信仰传统天主教的人，由于不喜欢弗朗索瓦·德·洛林和夏尔·德·洛林，也加入了谋反行动。改革派认为，除了用手中的刀剑，再

阿格里帕·德·奥比涅

也没有别的方式可以取胜了。在安博瓦兹的市场上,也就是大多数受害者被处死的地方,阿格里帕·德·奥比涅像年轻时候的迦太基大将汉尼拔一样宣誓为他的党派报仇雪恨。阿格里帕·德·奥比涅的父亲让·德·奥比涅有一次带着他去巴黎,赶集经过安博瓦兹时,看见墙上和大门上挂着的新教教徒的脑袋似乎正在可怕地咧着嘴笑。让·德·奥比涅怒不可遏,策马冲进人群,喊道:"凶手们!你们杀死了法兰西。"让·德·奥比涅被认定是加尔文主义者,所以他不得不骑马逃命。当让·德·奥比涅逃到安全的地方后,他摸了摸阿格里帕·德·奥比涅的右手说:"我的孩子,你要不惜一切代价为那些可敬的绅士们的头颅报仇。你若参与这样的行动,你父亲背负的骂名必定会落到你头上。"年轻的阿格里帕·德·奥比涅永远不会忘记这一课,他虽然没有过人的智慧,但对宗教改革事业做出了伟大的奉献。

在密谋反对洛林家族造成的第一次恐怖打击中，宗教改革派曾试图发布大意如下的公告表明自己的中立立场："除了传教士，所有因为宗教问题被关押在监狱里的人，应该立即释放。"然而，条件是被释放的人要开始信仰天主教。这个《特赦法案》由加斯帕尔二世·德·科利尼建议，1560年3月15日发布。加斯帕尔二世·德·科利尼被匆忙召集到安博瓦兹，部分原因是要问他对密谋了解多少，他在不公开场合坦白地告诉凯瑟琳·德·美第奇："胡格诺派教徒人数增长很快。他们极其愤怒，不能被劝回到原来的工作岗位，除非政府用暴力手段强行使他们回到工作岗位。"弗朗索瓦·奥利维耶大法官持同样的观点，他说："采取温和的措施比采取强硬的措施要好。"同时，弗朗索瓦·奥利维耶大法官向议会发出指示，要求他们在登记《特赦法案》的同时，暗中反对，使其无效。在指示发布的六天后，1560年3月17日，弗朗索瓦·德·洛林被任命为中将。教皇庇护四世派特使到法兰西阻止赦免异教徒，并指出："真正拯救王国的办法是从法律的途径遏制异教徒，如果他们的数量太大，国王应该动用武力迫使臣民回归本职工作。"教皇主动提出在力所能及的范围内，他会协助办好这个事情，并争取西班牙和意大利的支持。

彻底打垮胡格诺派不是凯瑟琳·德·美第奇的目的，她已经尽力去安抚胡格诺派了。因为凯瑟琳·德·美第奇对洛林家族的反感，她对安博瓦兹的骚动不会感到生气，相反，她看到了机会，便派人去请雷涅尔·德拉·普朗什来，了解雷涅尔·德拉·普朗什对目前事态的看法。雷涅尔·德拉·普朗什的政治经验十分丰富，性格温和，他坦率地告诉凯瑟琳·德·美第奇，宗教迫害使许多胡格诺派教徒武装了起来，王室对洛林家族的偏爱增加了不满者的人数。雷涅尔·德拉·普朗什还认为，国家议会是解决宗教分歧的唯一途径。这个建议没有得到采纳，雷涅尔·德拉·普朗什因为他的直言不讳吃尽了苦头。加斯帕尔二世·德·科利尼离开安博瓦兹去安抚诺曼底，当时的诺曼底几乎是公开造反，他给凯瑟琳·德·美第奇写信，最后的意思也是建议召集国家议会。

当反对派带来的恐慌结束，洛林家族再次感到安全时，洛林家族再次发动宗教迫害，与之前相比，其迫害的严厉程度有过之而无不及。反对基督教教徒或圣礼者的旧法令又恢复了，成立宗教调查委员会搜集秘密证据。为了更加有效地推进宗教迫害进程，夏尔·德·洛林再次试图引入各种形式的非法宗教裁判所，并获得一项法兰西宫廷议会决议的支持，即法兰西宫廷议会将认定异端思想的权力交给了教会的高级神职人员，认定他们的判决就是终审，异教徒应被移交给世俗权力机构来惩罚。新任大法官米歇尔·德·洛必达有充分的理由反对权力侵犯，因为所有罪行的审判权和刑罚权——无论是涉及人身、财产或是宗教的罪行（神职人员的案件除外）——都属于国王，向王室法庭提出上诉的权利不能被剥夺，这些上诉案件的最终判决应该交给专业法官。最终，米歇尔·德·洛必达成功地确立了一个公理，即"除了国王，国家中没有任何人对臣民拥有绝对的生杀予夺的大权"。但在其他方面，米歇尔·德·洛必达被迫做出了让步。他认为牺牲一点利益来避免更大的损失是明智的做法，他不情愿地批准了1560年5月颁布的《罗莫朗坦法令》。该法令宣称异端的认定权应留给主教，主教以通常的方式认定异端。对宗教改革派来说，这是对天主教派的巨大让步，但没有赋予主教更多权力。其他条款宣布参加秘密宗教集会的人犯有叛国罪，告密者可以奖励五百克朗。其中有一项特别的规定，即所有诽谤性的告密者都应受到报复性惩罚。换句话说，应受到被告发者受到的惩罚。这项法令在一定程度上承认了改革派的投诉，命令主教留在自己的教区里，教区的神父们应该更仔细地照料自己的教众，正确地教导教众，和教众一起生活。米歇尔·德·洛必达很可能会为自己的工作感到自豪，这是他在宗教和解道路上尝试性迈出的第一步。巴黎议会拒绝接受这项法令，理由是它侵犯了公民的权利，米歇尔·德·洛必达努力了十天才说服巴黎议会的议员们接受该项法令。由于害怕"安博瓦兹骚乱"重演，夏尔·德·洛林被迫接受了这条法令。但弗朗索瓦·德·洛林直言不讳地宣称，他永远不会动用武力来拥护该法令。这完全符合弗朗索瓦·德·洛林的风格，因为他痛恨改革派，不仅因为改革派反对教会，还因为他们依附于波旁亲王们。的确，安托万·德·波旁并不可怕，因为可以利用他性格上的缺陷来控制他。但路易一世·德·波旁是一个意气风发，聪明刚毅的人，很难被控制。

在阅读这一时期的历史时，我们必须时刻牢记，宗教上的不满者往往也是政治上的不满者，他们的人数因憎恨洛林家族的权力垄断而增加。低级别的绅士们本着反对权威的精神接受了改革派的宗教教义，给宗教改革运动带来了一种新的不安定因素。他们不认同约翰·加尔文关于忍受伤害的建议，也不认同反对合法权威是一种犯罪的说法，他们秘密地准备抵抗运动，而他们的教会组织给这种抵抗运动提供了很多帮助。那些性急的绅士和士兵还以眼还眼，以牙还牙开展了以暴制暴的抵抗活动。因此，胡格诺派①的政治特征日益突出，这是反对洛林家族联合行动的一个可悲但几乎不可避免的结果，它见证了法兰西新教遭遇的挫折。不久，法兰西就分裂成了两个敌对的阵营，分裂状态虽然不能成为粗暴对待胡格诺派的借口，但在某种程度上可以解释这一现象。天主教派不仅为宗教而战，还为霸权、地位和权威而战。现在，谁来管控国王和国家成了与"是日内瓦的信仰还是罗马的信仰正确"同样重要的问题。这是一个非常迷信和无知的时代，反对新教教徒的谣言被恶毒的散播，贪婪的人们接受这些谣言。克劳德·阿东给我们留下了关于那个时代的一幅惊人而真实的画面，为我们提供了一个关于大众对胡格诺派暴动看法的图像证据。他说，在过去的两年里，癫狂人士的数量骤减，甚至让人们认为是魔鬼远离了癫狂人士，进入了改革派的阵营。天主教教徒们随心所欲地使用武器来激发下层阶级的热情。几乎没有人能读得懂印刷工人们印刷出来的数量惊人的小册子、歌谣或房屋墙壁标语。但所有人都能理解胡格诺派粗犷的木刻艺术，木刻画面中的胡格诺派教徒把铁鞋钉在虔诚隐士的赤脚上，或者把某个牧师钉在十字架上。讲坛变成了施虐的场所，在那里，那些比教区教士更习惯于反对改革派的僧侣们，使出浑身解数，恶语相向，猛烈地抨击新教教义及其倡导者们。胡

---

① 改革派在安博瓦兹事件后被称作此名。——译者注

格诺派和同盟者迅速给予反击，猛烈的谩骂绝不亚于迫害他们的人。最臭名昭著的讽刺，或"诬蔑"，被称为《老虎》一书，此文是为反对夏尔·德·洛林而写的。因为在常规销售过程中卖掉了此书，可怜的巴黎书商马丁·洛姆于1560年6月被捕，在监狱遭受拷打让他供出根本不知晓的作者名字，随后被绞死。一个不幸的旁观者，鲁昂的一个商人，对可怜的马丁·洛姆的命运表示了某种同情，四天后作为同谋被逮捕和处决。

那是一个无法无天的时代。"每天，"尼古拉·斯洛克莫顿给威廉·塞西尔写信说，"都有新的骚乱发生，没有公共保护，没有法律保障，每个人都必

威廉·塞西尔

须尽力自我保护。"在巴黎,生命和财产安全根本得不到保障。天主教教徒用武器对付胡格诺派教徒,而胡格诺派教徒又用武器自卫。连神父和僧侣都扛着长矛和火枪,成了连队的队长。当战争真正爆发时,尤其是当战败者通过玷污教堂、破坏神像和嘲笑宗教仪式的方式,给冲突双方制造新的麻烦时,胜利者是不会仁慈的。许多胡格诺派教徒玷污了教派的名声,即使他们都是虔诚的教徒,凯旋的罗马天主教教徒也不会放过他们。这些头脑发热的虔诚信徒的暴力行为使纯粹的宗教信仰事业遭受了很大的损失。在兰斯,"路德教教徒"在四旬斋期间公开吃肉,在大教堂大门上圣母的画像前砸烂灯笼,晚上四处游荡,丑化十字架和圣像。一个叫吉列的律师把一个神父赶出了礼拜堂,把装在救济箱里的救济品拿了出来,把圣衣给了妻子。妻子用这些东西做帽子和其他女性服装。在鲁昂,当一位天主教神父在布道中谈到炼狱时,胡格诺派教徒会称他为"傻瓜",让受过训练的孩子模仿猫发情时的叫声,讽刺这位神父。1558年,改革派教义由弗朗索瓦·德·科利尼·安德洛引入布列塔尼。在克鲁瓦西克,"新教传道者"们胆大妄为,竟在圣母玛利亚的主教堂里讲道。弗朗索瓦·德·科利尼·安德洛一转身离开,人们和神职人员就对圣母院颇有怨言。教区主教在街上游行,牧师们用一支大火枪袭击了传教士们避难的一所房子。共犯有十九人,趁着夜幕他们出逃了,主教受到了政府的严厉谴责。"这种暴力行为在这个王国里是罕见的。"显然这种说法站不住脚。

  人们认为,通过恢复教会的统一,召开一次全国大会,可以解决法兰西遭遇的许多重大问题。凯瑟琳·德·美第奇支持这一观点,我们可以想象弗朗索瓦二世写给利摩日主教塞巴斯蒂安·德·奥贝斯平的信中说的那些话。"神的教会,"弗朗索瓦二世写道,"永远不会享受和平或安宁,我们将会看到,宗教分裂带给整个基督教教徒世界巨大的灾难和困难,这种灾难和困难将无休无止,永无尽头,除非召开宗教大会。"令人感到难堪的是,特伦特委员会没有得到德意志或新教教徒的接纳或批准,他们攻击特伦特委员会的权威,认为它是在没有他们参与的情况下成立的……我们基督教教徒的亲王们应该想尽一切办法邀请新教教徒和德意志人参加会议……我的意见是，如果德意志人和新教教徒没有受到邀请，最好不要召开这次会议，因为那将会是白费力气。"这就是弗朗索瓦二世给教皇写信的语气，也是他希望塞巴斯蒂安·德·奥贝斯平在西班牙国王腓力二世面前表达的情绪。弗朗索瓦二世甚至威胁说，如果罗马教皇庇护四世固执己见，他将召开全国会议。"不可否认，"弗朗索瓦二世说，"教士们的行为有如此多的弊端，以至他们中很少有人能尽到自己的职责。教士们玩忽职守让人轻视神圣事物，结果就导致人们被引导着离上帝而去，陷于我们现在看见的人们犯的错误里。"弗朗索瓦二世用同样的语气写信给他在罗马教廷的使节雷恩主教查尔斯·德斯皮奈。

夏尔·德·洛林也以类似的口吻写信给雷恩主教查尔斯·德斯皮奈，敦促他召开一次宗教会议，并指责罗马教皇态度冷淡。夏尔·德·洛林抱怨："宗教陷入了可悲的境地，"并宣布议会是"治疗我们所有疾病的唯一方法。"议员弗洛里蒙二世·罗伯泰也用几乎相同的措辞书写并补充说："无论如何，弗朗索瓦二世决心召集一群显贵达人。"

这些意见与在特伦特宗教会议上向法兰西教士做出的指示相比，可被视为宫廷真诚地希望净化国家教会的证据。这些神职人员要求，仪式应该被纠正，以及其他无知者被虐待以示虔诚的事情也应被纠正；圣杯应该回归世俗；要用通俗的语言来主持圣礼；在做弥撒的时候，要读神的话，要解释神的话，要用问答式教授青年人，使他们能明白应该相信什么，怎样生活才能讨神的喜悦；人们应该用法文祷告，应该定时祷告，应该把大弥撒和晚祷一样对待，可以在教会中唱圣诗。教士们也被指示可以投诉神职人员不检点的生活作风。

毫无疑问，1560年夏天，法兰西正处于宗教大变革的边缘，可以说是国家层面的宗教改革。凯瑟琳·德·美第奇倾向于宗教改革，不是因为她在意信条，而是因为宗教改革可以成为她手中一件令人钦佩的政治武器。夏尔·德·洛林不反对宗教改革，也许是希望趁机掠夺教堂来增加自己的财富，就像英格兰人那样。所有思想温和的人都希望宗教改革不会断绝与罗马教廷的关系。暴戾的

加斯帕尔·德·索克斯

加斯帕尔·德·索克斯第一次听到了达成共识的声音:"不应该用法语说弥撒,没有国家议会的批准,不应该对仪式做出任何改变或改革。然而,我必须承认,如果人们在教堂里听到神父用自己的语言唱圣歌和赞美诗,他们会更愿意奉献。"

在法兰西宫廷会议厅讨论这些和解措施的同时,天主教派和改革派之间的分歧越来越大。由于改革派在许多大城市里,特别是在法兰西的南部和西部城市增加得越来越多,所以他们不顾命令,放弃了在树林和谷仓里的秘密集会,在公众场合做礼拜。弗朗索瓦二世写信给加斯帕尔·德·索克斯,谈到多菲内的麻烦,命令他集结军队:"把宗教叛乱分子切成碎片……我最希望的就是将其彻底消灭,将其连根拔起,不再长出新的来……你要毫不留情地惩罚他们。"1560年10月,弗朗索瓦二世派特尔梅斯元帅保罗·德·瑟梅斯率领两百名士兵到普瓦捷去制止异端邪说,给他的命令是"抓住牧师,严惩他们"。新教的牧师未经审判就被绞死。弗朗索瓦二世不许集会,若有人集会,必用武力镇

特尔梅斯元帅保罗·德·瑟梅斯

压。"我请求你,"弗朗索瓦二世写道,"把这些扰乱世界的暴徒从这个国家清除出去。"这样的命令是洛林家族掌控政府的成果。然而,仔细想想,这封信似乎太残酷了,这封信是否寄给了保罗·德·瑟梅斯都是值得怀疑的。维拉尔伯爵描述了无情的迫害异教徒产生的影响,他写道:"部分尼姆居民,人数有三千到四千,已经退隐到热沃当山脉,在那里有迹象表明他们可能向下进入平原生活。在这种情况下,那些看起来最顺从的人肯定会加入他们的行列。异端邪说每天都在蔓延。""至于囚犯",维拉斯伯爵继续说,"他们的人数很多,不可能把他们全部处死。"1560年10月12日,维拉斯伯爵通知治安官,说烧毁了两卷来自日内瓦的书籍,价值一千克朗,并释放了一些妇女,因为她们承诺了"在生活中遵从上帝、罗马教会和国王的旨意"。1560年10月,安茹的地方法官向夏尔·德·洛林抱怨:"安博瓦兹的进行煽动活动的残余分子,联合堕落的贵族,人数达到了一千到一千二百人。他们庆祝圣餐,扰乱国家。"

由于宫廷的野蛮命令无法保密,只能使胡格诺派气急败坏。胡格诺派变得更加咄咄逼人,把许多教堂据为己有,把经常残酷虐待他们的神父赶了出去。胡格诺派通过破坏绘画作品,打破基督受难像,扔掉天主教圣物,并把圣餐圆饼给猪吃的方式来净化神圣的建筑物。我们很难想象天主教会对这种暴行是多么恐惧。这或许可以与兵变中暴行蔓延后席卷英格兰的极度痛苦相提并论。弗朗索瓦·德·洛林进行了无情的报复,他是多菲内的总督。为了恐吓多菲内居民,他命令一个叫莫吉伦的人,一个像他那样的人,去惩罚瓦朗斯人和罗马人以儆效尤。瓦朗斯地区和罗马人居住区被天主教会通过卑鄙的阴谋占领,胡格诺派的两名牧师被斩首,为首的市民被绞死,他们的房子被抢劫一空。一种残暴导致另一种残暴。蒙布兰和穆万斯这两位改革派绅士惊动了全国,他们摧毁、玷污了教堂,开设了修道院,把修女赶了出去,虐待神父,在武力的保护下,公开进行宗教崇拜活动。穆万斯的领主安东尼·德里希恩后来的人生历程也可以证明这是一个无法无天和不安全的时代。安东尼·德里希恩厌倦了战争,他和保罗·德里希恩回到了普罗旺斯的卡斯特拉讷老家,打算在侍奉上帝的过程中度过余生。然而，安东尼·德里希恩和保罗·德里希恩没有找到期望中的安宁，他们被邻居们惹恼了。在四旬斋期间，一位灰衣修士走上讲坛，煽动人们攻击安东尼·德里希恩和保罗·德里希恩，结果他们被几百人的暴徒围困在自己的房子里。他们逃脱了这场危险，安东尼·德里希恩向亨利二世请求保护，亨利二世同意了。安东尼·德里希恩在去格勒诺布尔的路上，按照亨利二世的吩咐，向议会陈述自己的主张，在德拉吉尼昂停留。孩子们在某些神父的鼓动下，开始叫他"路德教教徒"。不一会儿，一群凶猛的暴徒就围住了他避难的房子。为了救自己的命，安东尼·德里希恩向司法官员自首了，但他们太软弱或者不太愿意去保护安东尼·德里希恩。一群暴徒把安东尼·德里希恩从司法官员手中抢走，把他打死了，并对他的尸体施以难以形容的暴行。除此之外，暴徒们还把安东尼·德里希恩的心和其他内脏挖出来，用树枝串起来，举在手中凯旋般地游街示众。其中一个无耻之徒把一小块肝脏扔给了一只狗，但狗不愿碰它。那人踢了一脚，骂了一声，吼道："你也像穆万斯一样是路德教教徒吗？"当局下令调查这一暴行，但全省天主教反动力量太强大，根本无法为宗教改革派教徒伸张正义。"你杀死了安东尼·德里希恩，"一位王室专员说，"你为什么不杀死那个年轻的呢？我一点也不佩服你的勇气。打倒所有无耻的路德教教徒，把他们都杀了。"保罗·德里希恩被迫拿起武器，在重创敌人后，逃到了日内瓦。

关于法兰西普罗旺斯地区的这些"无耻路德派教徒"的道德，我们有瓦朗斯检察官马奎特无懈可击的证词。他说，他当了八年的镇办事员，没过上一天好日子，每天都接到各种投诉，投诉夜晚发生的各种暴行。天黑后的街道很不安全，即使是在自己家里，居民也有可能遭遇抢劫和暴力。马奎特补充道："但在传完福音之后，一切都改变了，教义的改变带来了生活的改变。"没有人胆敢反驳这样的证词。

第一个站出来反对迫害胡格诺派的人是米歇尔·德·洛必达。他在1560年7月5日巴黎议会的就职演说中，大胆地宣称教会邪恶的榜样作用是宗教混乱的根源；士兵没有工资，他们的暴力行为是有理由的；城里和乡下的百姓是无知的，因为祭司向他们宣讲十一税和供奉，却只字不提供奉上帝的宗教生活。"唯一的补救办法就是召开国家宗教会议。"米歇尔·德·洛必达接着说，"精神上的疾病不像身体上的疾病那样可以治愈，"他补充说，"虽然一个人可能会公开认错，但他不会改变自己的思想。"

在这次演讲中，米歇尔·德·洛必达表达了一个不断发展的少数派主张。该派别号称"政治家"，努力在胡格诺派和罗马天主教派之间斡旋。该派别确实可以被称为"立宪主义者"，因为他们的愿望是结束神职人员篡权和洛林家族专制。该派别坚持认为，持不同意见的人有权发表自己的意见。但如果国库处于繁荣的状态，自己的争论将显得多余。政府极度缺钱，每年的开支超过收入近三百万里弗。贷款只能以高利贷的方式筹集，征收新税只会加剧这个国家的混乱，或许还会把农民推向再一次扎克雷起义。因此，所有的党派最后都同意召开全国宗教会议。先要做好全国宗教会议召开的筹备工作，发布诏书，在枫丹白露召开名流大会。参加名流大会的人包括贵族和神职人员中的高层人物和有影响力人士，圣迈克尔骑士团的骑士和律师。

弗朗索瓦二世由洛林家族指挥的军队保护，由一个强壮的卫兵护送到会场。各派大人物身边的武装保护人员数量也反映出各派之间普遍存在的不信任感和不安全感。治安官阿内·德·蒙莫朗西公爵由他的两个儿子，弗朗索瓦·德·蒙莫朗西元帅和当维尔元帅亨利一世·德·蒙莫朗西侍候，后面跟着八百名骑马的绅士。加斯帕尔二世·德·科利尼、弗朗索瓦·德·科利尼·安德洛、沙特尔副伯爵弗朗索瓦·德·旺多姆和波西恩亲王带着九百名下等贵族进来了。1560年8月21日，在凯瑟琳·德·美第奇的公寓里召开会议的开幕仪式。围绕着年轻的国王弗朗索瓦二世的是：他的兄弟们和母亲凯瑟琳·德·美第奇；波旁、洛林、吉斯和查狄伦等地区的枢机主教；弗朗索瓦·德·洛林和克洛德·德·洛林，阿内·德·蒙莫朗西公爵和海军上将加斯帕尔二世·德·科利尼；圣安德烈元帅雅克·德阿尔本、布里萨克元帅查尔斯·德·科斯、骑士团骑士和其他枢密院议员。安托万·德·波旁和路易一世·德·波旁缺席了。据说，路

当维尔元帅亨利一世·德·蒙莫朗西

易一世·德·波旁和加斯帕尔二世·德·科利尼达成了一项协议,永远不要一起出席同一个会议,免得他们一起中了圈套。弗朗索瓦二世说了几句场面话后宣布会议开始,然后委托大法官米歇尔·德·洛必达向议员们介绍国家的情况。米歇尔·德·洛必达在蒙庞西耶公爵夫人杰奎琳·德·隆威的影响下继承了奥利维尔的职位,而蒙庞西耶公爵夫人是凯瑟琳·德·美第奇非常喜爱的人。米歇尔·德·洛必达出身并不显赫,但由于他的勤奋、正直和学识,一步步地升到了国家最高级别的大法官职位。这一次,米歇尔·德·洛必达不再像以前那样啰嗦,而是把国家描述成病态,教会腐败,司法削弱,贵族混乱无序,人民对

蒙庞西耶公爵夫人杰奎琳·德·隆威

国王的热情和忠诚出奇的冷淡的情况，这些情况的解决之道很难找到。米歇尔·德·洛必达甚至不敢暗示有什么补救办法。但在1560年8月22日的第二次会议上，海军上将加斯帕尔二世·德·科利尼通过提交胡格诺派的请愿书开启了宗教问题的讨论。胡格诺派在请愿书中通过《圣经》证明他们的信仰，宣称他们对国王的忠诚与热爱，声称自从皈依新学说以来，他们从来没有像现在这样清楚地认识到自己对君主的责任，希望能够停止目前承受的残酷迫害，并请求允许他们阅读《圣经》，在开放日举行集会。作为回报，他们"将会比国王陛下的其他臣民献上更多贡品"。说来也奇怪，请愿书的提出得到了两位高层宗教人物——瓦朗斯主教约翰·德·蒙吕克和维也纳大主教查尔斯·德·马里亚克的支持。约翰·德·蒙吕克是一位口才一流的演说家，以其处理公共事务的经验和对神学的了解备受尊重。他谴责法官对路德教教徒的严厉和专制，并指控洛林家族违反了法兰西法律，在国王和臣民之间挑拨离间。约翰·德·蒙吕克把高级神职人员描述为"对上帝没有敬畏之心的游手好闲者，或者只汇报他们的教众情况，毫无用处"，约翰·德·蒙吕克补充说，"高级神职人员只关心眼前的收入，其中三十到四十人是非永久居民，在巴黎过着可耻的生活"，低级别的神职人员被他描述为无知和贪婪的人。约翰·德·蒙吕克接着说，"陛下，让上帝的话不再被亵渎，让人们在任何地方都可以用纯净真诚的心阅读和解释《圣经》吧。让人们天天在家里传福音，让那些说神的名从来不会在寻常人家出现的人闭嘴吧。"约翰·德·蒙吕克转向两位王后——玛丽·斯图亚特和凯瑟琳·德·美第奇，继续说道："女士们，请原谅，我能否请求你们下令让侍女们不要唱再愚蠢的歌，而是唱大卫的赞美诗和圣灵的赞美诗。请记得神的眼睛无时无刻地看着所有人，神的眼睛无处不在。神的名在哪里被称赞被颂扬，神的目光就会停驻在哪里。"约翰·德·蒙吕克提出的补救办法是召开全国宗教会议，海军上将加斯帕尔二世·德·科利尼提交的请愿书中也提到了这一解决之道。

在演讲部分，在米歇尔·德·洛必达简要叙述法兰西宗教改革的进程时，他对改革派牧师大加赞赏。米歇尔·德·洛必达说："新教义获得您的臣民的支持并非一朝一夕的事情，而是用了三十年。是由三百个到四百个牧师促成的结果，他们勤奋好学，十分谦虚，神圣庄重，公开表示厌恶所有邪恶的东西，尤其是贪婪。他们不怕牺牲生命，敢于布道，总把耶稣基督挂在嘴上。如此美好的名字，能让最亲密的人敞开心扉，也能轻易地让最冷酷无情的人铭记于心。这些传道人发现百姓没有传道人的帮助，没有人引导，没有人教导。因此，百姓乐意接受他们，并且愿意听他们讲道。所以，如果有很多人接受了这一新学说，我们不必感到惊讶，因为这一学说是由众多牧师和书籍认同宣扬的。"米歇尔·德·洛必达还说主教职位经常授予儿童，有俸圣职会授予厨师、理发师和漆匠。

夏尔·德·马里亚克曾在神圣罗马皇帝查理五世的宫廷中担任大使，他用亲切但严厉的语气谈到了"腐败的教会纪律，层出不穷的滥用职权，频繁的丑闻和放荡的神父"，并同意唯一的补救办法是召开全国宗教会议。他说："为了筹备这次会议，有三四件事是必须做的。首先，所有的主教，无一例外，都必须居住在自己的教区。第二，必须通过行动表明我们决心自己改革，为此必须停止圣职买卖。因为圣灵的东西是神免费赐给我们的，无需金钱。接收圣灵的东西免费，与圣灵会面免费。第三，我们必须禁食，承认我们的罪，这是解决宗教问题的第一步。第四，双方必须放下武器。"第二天，海军上将加斯帕尔二世·德·科利尼为提交的请愿书辩护，他说："国王应该被爱戴，不应该被憎恨。百姓也不愿意被人阻拦远离国王。所有的不满都是针对那些管理事务的人，如果他们能按照王国的法律来统治，不满者很快就会平静下来。"海军上将加斯帕尔二世·德·科利尼建议召开国家宗教大会，解散法兰西宫廷卫队，认为法兰西宫廷卫队不是保护国王必需的。加斯帕尔二世·德·科利尼还建议国家宗教会议召开之前暂停宗教迫害运动。"可是你的请愿书，"弗朗索瓦二世说，"没有签名。""是的，陛下，"加斯帕尔二世·德·科利尼回答说，"但如果你非要见到签名才肯与我面谈，只在诺曼底，我一天之内就能获得五万个签名。"弗朗索瓦·德·洛林打断了他的话,说道:"我将会找到十万名虔诚的天主教教徒,打破他们的头颅。"接着,弗朗索瓦·德·洛林争辩说:"自从安博瓦兹事件发生以来,法兰西宫廷卫队就变得必不可少了。""我兄弟和我,"弗朗索瓦·德·洛林说,"从来没有冒犯过任何人,也没有对别人的私事表示过不满。"夏尔·德·洛林认为,允许改革派拥有自己的神殿和公众崇拜的权利,就是认可他们的"偶像崇拜",国王可能有永远被诅咒的风险。夏尔·德·洛林否认了上访者的忠诚:"他们服从的条件是国王认可他们的意见和教派,或者至少同意批准。"夏尔·德·洛林夸大了对胡格诺派的仇恨,并补充说:"现在我桌上有二十二篇胡格诺派对我的诽谤,我打算非常小心地保存它们。"最后,夏尔·德·洛林呼吁对那些想拿起武器的"宗教"采取最严厉的措施,但对那些不带武器去布道、唱圣诗、不做弥撒的教派,他不建议惩罚他们。因为到目前为止,所有严厉的惩罚都是徒劳的。夏尔·德·洛林甚至对宗教改革派受到如此残忍的惩罚表示遗憾,如果这能让迷途羔羊回到牧场,他愿意献出自己的生命。最后,夏尔·德·洛林劝告神职人员进行自我改造,并希望主教和其他人调查教会的弊端并向国王报告。夏尔·德·洛林总是可以拿出各种方法和手段,而这些手段只不过是玩政治游戏的筹码。

讨论也包括这样的主题,如安博瓦兹骚乱,报复的严重性和法兰西宫廷卫队人数的激增,结果决定先召开议会,然后召开全国会议,决定法兰西人民的宗教信仰问题。腓力二世通过他的大使反对召开议会,理由是它会"让胡格诺派膨胀起来",并提出帮助惩罚胡格诺派。但这需要钱,西班牙宫廷准备暂时贡献出自己的部分利益,以便向法兰西提供资金支持。威尼斯大使米开利斯·苏里亚诺看到了法兰西官方承认改革派的重要性。"要么让改革派的愿望得到满足,"威尼斯大使米开利斯·苏里亚诺说,"如果任何人尝试让改革派服从罗马教皇,法兰西宫廷必须诉诸武力,牺牲高尚者的性命,把法兰西王国分成两派,再来一场内战,摧毁国家和宗教。"宗教变迁导致政治变化的观点并不完全正确。政治和宗教的变化,不仅是国家的,而且是个人的,都是由类似的原因引起的。哪一种变化会先发生取决于每一种情况下出现的不同状况条件。1560年,威尼斯大使米开利斯·苏里亚诺肯定没有足够的数据来得出如此全面的结论。法兰西宫廷认为原定计划召开的会议没有危险,于是发出命令于1560年12月在布里的莫城召开议会,并要求由主教和其他教会要人组成的全国会议于1561年1月在蓬图瓦兹召开。大会信函是这样写的:"参会人员要互相商议,决定在全体会议上应讨论的问题。在会议召开之前,神职人员必须暂停所有针对异教徒的诉讼程序,纠正逐渐蔓延到教会中的各种弊端。"

安博瓦兹事件失败后,安托万·德·波旁在加斯科涅的内拉克躲避风头,此时路易一世·德·波旁也加入了他的行列,后者公开宣称信奉新宗教。路易一世·德·波旁用自己的精神成功鼓舞了弗朗索瓦二世,但无法诱使弗朗索瓦二世采取任何措施帮自己加入洛林派。与此同时,百色河畔的小镇成了所有不满者的聚集地,他们没有受到过去事件的影响,准备号召大家采取行动。但没有人带领自己,因为波旁家族的掌权者安托万·德·波旁还在犹豫。大家认为胡格诺派的抗议可能会促使安托万·德·波旁采取行动,新教派的主要负责人怀着这样的目的把一封"恳请信"摆在安托万·德·波旁面前。在信中,超过一百万的信徒表示愿意将生命和财富供安托万·德·波旁处置,只要他愿意带领自己为共同事业而奋斗。如果安托万·德·波旁拒绝,他们威胁会重新选择一个领导人,本国人或外国人皆可。这一请求信名义上是写给安托万·德·波旁和路易一世·德·波旁的,但实际上是写给安托万·德·波旁一个人的,因为他根本没有勇气带领大家进行宗教改革运动。

与此同时,洛林家族后悔让"沉默的首领"路易一世·德·波旁离开安博瓦兹,开始增强自己的实力。弗朗索瓦·德·洛林现在是法兰西王国的中将,完全控制着国家的军事资源,通过增加几个团来增强法兰西宫廷卫队的力量。弗朗索瓦·德·洛林把这些团的指挥权交给了臭名昭著的杜·普莱西-黎塞留,他曾经是一名僧侣,现在是一名士兵。杜·普莱西-黎塞留接手了来自苏格兰的部队,维持刚从意大利回来的布里萨克元帅查尔斯·德·科斯的老兵队伍,并与瑞士和德意志的雇佣兵谈判援助问题。我们将看到，洛林派这一举措必然促使胡格诺派寻求外国的帮助。与此同时，安托万·德·波旁和路易一世·德·波旁似乎重新密谋对抗洛林家族的行动，这次密谋行动就包括胡格诺派大起义。首先是占领里昂，里昂是一个靠近瑞士边境的重镇，位于法兰西最信奉新教的北部边境。在里昂，路易一世·德·波旁召集了所有心怀不满的贵族和绅士，安托万·德·波旁则在西部领导了类似的起义。这次密谋比安博瓦兹行动更加隐秘，除了牵涉到波旁王朝的安托万·德·波旁和路易一世·德·波旁，没有涉及任何人，只是这两人的参与还是有点令人怀疑。洛林家族决心永远打垮对手，这会是洛林家族的又一次胜利。弗朗索瓦二世在众多警卫的护送下前往奥尔良。当时，拉罗什永亲王查尔斯被任命为奥尔良总督。来自奥尔良邻近城镇的驻军被召集起来，加上弗朗索瓦二世的四千名护卫，组成了近一万人的部队。波旁家族两兄弟安托万·德·波旁和路易一世·德·波旁被召到奥尔良来解释他们的行为，送信的克吕索尔伯爵安托万·德·克鲁索奉命暗示他们抵抗是没有用的，因为弗朗索瓦二世除了瑞士和德意志的雇佣兵，还能派四万八千名法兰西士兵来对付他们。此外，腓力二世还答应援助两支大军，一支从皮卡第进入法兰西，另一支从比利牛斯山脉进入法兰西。安托万·德·波旁起先踌躇不决，尽管知道了这些暗示，假如他和路易一世·德·波旁一样有进取心，他可以很快统领一支像洛林家族的部队一样强大的队伍，宫廷人士都相信他有本事可以达成这一目标。但安托万·德·波旁不够大气，总是蜷缩着，畏惧着，考虑着得失。在此之前的一段时间，为了反驳来自西班牙的关于支持安博瓦兹阴谋者的报道，安托万·德·波旁在阿让袭击了一些新教的叛乱分子，打得他们落花流水。安托万·德·波旁和路易一世·德·波旁都被警告有迫在眉睫的危险，路易一世·德·波旁的妻子埃莉诺·德·洛耶写信给丈夫说："你向宫廷迈出的每一步都使你更接近毁灭。如果你的死亡是不可避免的，那么率领军队战死肯定比在绞刑架上可耻地死去更光荣。"凯瑟琳·德·美第奇还迂回地恐吓安托万·德·波旁说："来宫廷必死无疑。"

在下定决心要去奥尔良之后，安托万·德·波旁行动很慢，还是犹豫不决，这趟旅程占用了他一个月的时间来准备。在路上，安托万·德·波旁驱散了聚集在他周围的胡格诺绅士们，说："我必须服从国王的命令，但我将得到弗朗索瓦二世的宽恕。""去吧，"一位老上尉说，"去为自己请求宽恕吧，我们的安全来自手中的宝剑。"1560年10月31日，安托万·德·波旁到达奥尔良，当他在路易一世·德·波旁和几个仆人的陪同下进城时，天已经快黑了，没有人敢出去迎接他。奥尔良人还采取了特殊的防御措施防范可能出现的敌对攻击。用现代术语来说，弗朗索瓦二世一到奥尔良，奥尔良就被戒严了。从贡比涅带来的大炮架在城墙上，哨兵增加了一倍，市民们被命令交出武器，否则将受到最严厉的惩罚，上缴武器甚至包括那些稍长一点的刀。已逮捕了许多犯罪嫌疑人，其中包括该城的高级法警。现在，从城门到弗朗索瓦二世下榻的城堡都有全副武装的士兵驻守，他们在街道两旁，排着两列纵队，这像是一场壮观而无聊的表演。当安托万·德·波旁到达国王下榻的城堡时，作为嫡亲亲王他拥有特权，他想骑马到宫廷院子里去。但大门紧闭，他不得不下马，从一扇侧门进去。威尼斯大使乔瓦尼·米基耶利这样描述他此时的外貌："安托万·德·波旁看起来四十四岁到四十五岁的样子，他的胡子灰白，举止比路易一世·德·波旁更威严。路易一世·德·波旁个子矮，身材笨拙。安托万·德·波旁身材高大，体格健壮有力，他在战场上表现出来的勇气受到高度赞扬，与其说他是一位有军事才能的将军，不如说是一名优秀的士兵。"还有一位大使惊讶地提到安托万·德·波旁喜欢佩戴昂贵的耳环及其他装饰品。

弗朗索瓦二世皱着眉头接待了安托万·德·波旁，但弗朗索瓦二世没有像往常那样高高举起帽子，即使对最卑贱的绅士，他也不会表现出这样的态度。跪下来后，安托万·德·波旁说他是遵照王室的命令来到这里的，是为了证明别人对自己品行的诽谤是错误的。弗朗索瓦二世回答说这很好，同时禁止他未经允许离开奥尔良。因为路易一世·德·波旁未曾表明过态度，弗朗索瓦二世生气地谴责他搞阴谋和叛乱。安托万·德·波旁平静地回答说，这些都是路易一世·德·波旁的敌人对他的诽谤，路易一世·德·波旁会用心为自己辩解的。对此，弗朗索瓦二世回答说，若给路易一世·德·波旁辩解的机会，他必被囚禁，等候审判。紧接着，弗朗索瓦二世命令他的侍卫长沙维尼和布雷泽逮捕安托万·德·波旁，当侍卫长把他带走的时候，他对曾劝他信任国王的路易一世·德·波旁说："你的劝诫把我推向了死路。"安托万·德·波旁被严加看管，囚禁他的那所房子的窗户都被严密地封住了，周围布置了哨兵，任何人都不许接近他。"安托万·德·波旁，"尼古拉·斯洛克莫顿说，"是自由的，但就像囚犯，每隔一天就要参加狩猎活动。"安托万·德·波旁受到严密的监视，一言一行都备受关注。

查狄伦一家已经被召集到奥尔良准备参加议会。弗朗索瓦·德·科利尼·安德洛怀疑宗教改革派遭到背叛，于是退到布列塔尼去了。加斯帕尔二世·德·科利尼同样怀疑洛林家族，决定代替弗朗索瓦·德·科利尼·安德洛出席，他向即将成为母亲的妻子夏洛特·德·拉瓦尔告别，仿佛他再也见不到她的面似的，希望她的孩子能由"拥有神道的真正牧师"施洗。凯瑟琳·德·美第奇热情地接待了加斯帕尔二世·德·科利尼，这种热情使加斯帕尔二世·德·科利尼警惕，因为挑拨一方对抗另一方是凯瑟琳·德·美第奇的利益所在。

现在，洛林家族又一次胜利了，洛林家族的实力因陷害宗教改革派领袖的行动而大大增强了。既然猎物已经在洛林家族手中，他们将会毫不留情。洛林家族必须报复胡格诺派，就像夏·德·洛林写给德·布里的信那样："愚蠢的人把丑闻带到崇高的上帝面前。我们必须为他们树立一个鲜明的榜样。通过惩罚几个坏人，好人可以得到保护。"一些牧师被特别挑出来接受惩罚，他们的命运可能是对宗教改革派的警告。路易一世·德·波旁将在一个人员众多的议会面前接受审判，毫无疑问，会判决他有罪。安托万·德·波旁的命运同样确定无疑的，一旦除掉了这两个人，加斯帕尔二世·德·科利尼和阿内·德·蒙莫朗西公爵及洛林家族的一切敌人，都会被除掉。这样大规模的谋杀计划几乎不可信，尽管西班牙大使的有说服力的证词证实了这一计划，他担心洛林家族行动得"有点太快"。安托万·德·波旁是第一个受害者。一天,他被召去见弗朗索瓦二世,他和弗朗索瓦二世进行了一场争吵,这是有预谋的——后者拔出剑来自卫,然后洛林家族的爪牙冲进来杀死安托万·德·波旁。据说,安托万·德·波旁早已被告知了这个阴谋,但他不会在目击者面前退缩。当安托万·德·波旁离开住处时,他对忠实的追随者之一朗蒂上尉说:"如果我死了,请脱下我的衬衫,把它带给我的妻子胡安娜·达尔布雷,让她把衬衫带给欧洲所有的基督教国王,要求他们为我的死报仇。"安托万·德·波旁一走进会议厅,他身后的门就关上了。弗朗索瓦二世说了一些侮辱性的话,但不知道是出于恐惧还是出于怜悯,未能发出谋杀安托尼·德·波旁的信号。"胆小鬼!"站在门外观望的弗朗索瓦·德·洛林低声说道。安托万·德·波旁在危险的面谈中幸存了下来。

米歇尔·德·洛必达和五名法官被任命为在监狱里审判路易一世·德·波旁的委员会成员。路易一世·德·波旁拒绝在法官面前认罪,但这种态度并不能帮他解除困境。在弗朗索瓦二世的会议上,路易一世·德·波旁的抗议和回答呈给了在审判现场的弗朗索瓦二世,路易一世·德·波旁被判处叛国罪,并被判处砍头。但在判决执行之前,法兰西发生了巨大的变化。1560年11月中旬,健康状况一直不佳的弗朗索瓦二世觉得自己的身体有些异样,头和耳朵都疼,弗朗索瓦二世的病情迅速恶化。所有缓解的手段都试过了,但徒劳无功,他的身体出现脓肿。当弗朗索瓦二世在生死之间徘徊时,洛林家族拼命想除掉他们十分害怕的唯一对手,敦促凯瑟琳·德·美第奇在一切还来得及之前除掉共同的敌人。但凯瑟琳·德·美第奇知道,在派别纷争中,洛林家族的敌人一定是她的朋友,所以不征求米歇尔·德·洛必达的意见,她拒绝做任何事。米歇尔·德·洛必达发现凯瑟琳·德·美第奇在她的侍女中哭泣,侍女们默默地围着凯瑟琳·德·美第奇,眼睛盯着地面。米歇尔·德·洛必达轻松地证明了洛林家族提议行动的非法性和不当性,结果路易一世·德·波旁得救了。1560年12月5日,弗朗索瓦二世在极大的痛苦中驾崩了。因为大众普遍相信大人物的死亡一

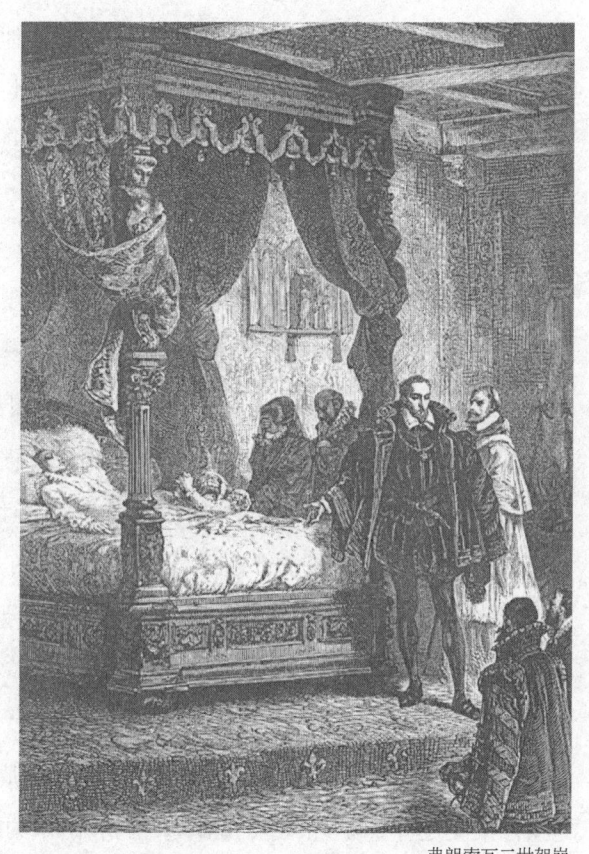

弗朗索瓦二世驾崩

般会有隐情,安布罗斯·帕尔,一位著名的外科医生,因在凯瑟琳·德·美第奇的命令下,向年轻的弗朗索瓦二世的耳朵里倒了"一种麻风的蒸馏液",而被指控毒死了他。加斯帕尔二世·德·科利尼是宫廷的高级官员,肩负着看守垂死国王的重任,他一直守在床边,直到弗朗索瓦二世咽下最后一口气。然后,加斯帕尔二世·德·科利尼转向在场的朝臣,那些朝臣都聚集在弗朗索瓦·德·洛林的周围,加斯帕尔二世·德·科利尼带着一种天生的虔诚而严肃的口气说:"大臣们,国王已经驾崩,让我们好自为之,各自安好吧。"加斯帕尔二世·德·科利尼离开弗朗索瓦二世的房间后就回到了自己的房间,坐在炉火前沉思,像往常一样,牙签还叼在嘴里,脚还踩在灰烬上。加斯帕尔二世·德·科利尼的一个侍从米歇尔·德·拉·方丹看出他心不在焉，便抓住他的胳臂说："先生，您糊涂了，您的靴子烧坏了。""啊！方丹，"加斯帕尔二世·德·科利尼回答，"就在一星期以前，你和我还以为每人少一条腿就不错了，现在我们只少了一双靴子。这种交易很划算。"

胡格诺派教徒被指控因弗朗索瓦二世的死亡而欢欣鼓舞。考虑到他们在已故弗朗索瓦二世短暂统治期间遭受的痛苦，我们可以原谅他们。约翰·加尔文认为这是上帝的审判。"你曾经听过或读过什么像小国王之死这样的事情吗？这种事情正常吗？正当我们身陷罪恶的深渊无法自拔时，神忽然从天而降，先是刺瞎父王亨利二世的眼睛，而后震聋儿子弗朗索瓦二世的耳朵。"西奥多·贝扎也以同样的眼光看待这件事，他说，"当我们的上帝耶和华站起来，派死神把那个可怜的孩子带走时，剑已经在我们的喉咙上了。"弗朗索瓦二世的葬礼没有展现出王室的排场，路德教会的敌人弗朗索瓦二世也像路德教教徒一样被草草埋葬了。

人们对弗朗索瓦二世的感情并不深，称他为"没有罪恶的国王"，胡格诺派还说，"也是没有美德的国王"。事实上，正是周围的人造就了弗朗索瓦二世，他接受过普鲁塔克博学的翻译家雅克·阿米约的教育，当时翻译还没有成为一门手艺。弗朗索瓦二世一直是个体弱多病的孩子，从他父亲亨利二世现存的一封信中，我们可以了解到亨利二世爱孩子，也能了解到弗朗索瓦二世的体质柔弱。伏尔泰非常公正地把弗朗索瓦二世描述为：

吉斯的弱小孩子，喜欢任性，
他还有不为人知的美德和邪恶。

节选自史诗《亨利亚特》

第 4 章
法兰西国王查理九世执政时期的法兰西
（1560 年）

16世纪中期的法兰西还不是集权、有序、戒备森严的国家。19世纪，很多旅行者来到法兰西，他们来时充满期待，离开时却大失所望。法兰西王国名义上是君主政体的国家，但如果国王的意志不够坚定，就会成为法兰西的傀儡。法兰西的贵族继承了祖先的傲慢和不安分。因此，不管法兰西国王路易十一做了什么，贵族仍然不把君主看作与众不同的人，而是把大家看作平等的人。贵族给予君主应有的尊敬，是因为君主是贵族名义上的上级。但只要贵族愿意，他们就会反抗君主。君主只有通过敌对的贵族力量才能维持权力平衡。当约翰·德·蒙吕克号召南方反叛的贵族们继续效忠并服从法兰西国王弗朗索瓦二世时，他们宣称："什么国王？我们才是国王。你说的那个是一个幼稚的国王，我们会给他一根棍子，教他如何像其他人一样谋生。"这就是洛林家族对待弗朗索瓦二世及后面两任国王的态度。

法兰西被划分成许多省份，在总督和议会的领导下各省是独立的，各省之间的联系并不比现在比利时和荷兰之间联系多。几乎在法兰西的每一个省，你都能听到一种与其他省不同的方言，诺曼人和加斯科涅人彼此听不懂对方的方言，而布列塔尼的居民与朗格多克的居民之间的差异非常大，就像英格兰萨塞克斯的农民与法兰西皮卡第的农民之间一样没什么共同点。从地理位置来说，卢瓦尔河将王国分为两部分。即使到今天，旅行者也能观察到法国各省人们之间的差异，如语言、习俗、穿着。现在，旅行者很容易就能越过那条无形的地理分界线。几个世纪以来，卢瓦尔河以北的大部分地区一直受类似于我们《普通法》的传统规则管辖。在卢瓦尔河以南地区，《查士丁尼法典》从来没有被完全废除过。古罗马时期的城市自治模式的影响没有完全消失。卢瓦尔河以北的地区与玫瑰战争末期的英格兰非常相似。卢瓦尔河的南方地区使意大利旅行者想起了自己的祖国。在卢瓦尔河的两岸，人们不能忍受中央集权，但现代法国人却非常崇拜中央集权。各省议会根据自己的意愿执行或否决国王的法令，并按各自地域内的法令征收税款，城市自治更多体现在制度上。小城堡的统治者一般不会理睬国王下达的指令。

没有什么比便利的交通更能把法兰西的各个部分联系起来并消除各个省的分歧。三条法兰西国家大道①贯穿法兰西全境，这些大道是罗马人征服高卢后修建的。由于这些交通大动脉非常重要，道路的便利程度维持得不错。然而，东西横向的交通经常出现问题。每年冬天，当河水漫过堤岸，或者积雪很深时，相隔几英里的大城市就会断绝联系。常常会发生这样的事，一个地区正遭受饥荒，而它相邻的地区却有很多余粮。在安茹和奥尔良，葡萄酒的单价是一索尔②甚至更低，而在诺曼底和皮卡第，售价则是二十到二十四索尔。有时，物质匮乏和价格变动可能是由于当地对商品进出口的愚蠢限制造成的，但更常见的原因是缺乏好的支线道路。在恶劣的天气下，有些支线道路就像著名的巴拉克拉瓦到印克曼之间的道路，只能供马车行驶，行人无法通行。凯瑟琳·德·美第奇，"带着母爱和渴望去探望儿女"，从巴黎出发到图尔花了三天时间。纳瓦拉女王胡安娜·达尔布雷以"非凡的速度"旅行，从贡比涅到巴黎的旅程花了十八天时间。把圣巴塞洛缪大屠杀的消息沿法兰西最好的一条道路传到图卢兹花了八天时间，把该消息从芒德传达到巴黎也同样花了八天

---

① 还存在一种观点，认为法兰西国家大道是四条。——译者注
② 索尔，法国古代货币的单位名称。——译者注

托马斯·科里亚特

时间。1590年,托马斯·科里亚特从蒙特勒伊到阿布维尔花了五个小时,路程二十英里,乘的马车是一辆两轮马车,上面用细细的篷环支起一顶遮阳篷,和我们村里的搬运工用的马车没有什么不同。1560年,米歇尔·德·洛必达从尼斯到德龙的路途中尽可能加快了行进速度,仍花了十二天的时间。威尼斯大使路易吉·利波曼诺因急事出差,即使再加快速度,一天赶的路程也不会超过四法里。这些个案来自法兰西的不同地区,来自不同社会阶层的人,有力地说明了法兰西各个地区交通不畅和交流困难。这与法兰西不同地区的隔离状态有很大关系。16世纪,没有人有机会去旅行。从巴黎到图卢兹的旅程,现在坐火车只需要几个小时,在当时却是一项需要很长时间且会遇到危险的事情。无数的大森林无处不在,布卢瓦九十多英里外的地方有一片森林,森林方圆二十英里十分广阔，棕熊、野猪和鹿自由自在地游荡。在兰德克森林里，罗汉子爵勒内二世捕获了六百匹野马。狼偶尔会从兰德克森林里出来，成群结队地侵袭兰德克农村地区，就像现在波兰和俄罗斯的狼群。1518年，有一群狼从奥尔良的森林里出来，吞噬了男人、女人和孩子，农民们联合起来消灭了狼群。但比这些饥饿的动物更糟糕的是那些在"欢乐的绿林"中找到栖身之处的强盗，他们抢劫邻近居民，尤其值得一提的是强盗会对经过的旅行者下手。一群暴徒，人数达五百人，在全国各地游荡，袭击城镇和城堡，烧毁村庄和农场，抢劫，谋杀，犯下更恶劣的暴行。旅行者很少独自旅行，他们会组成一支商队，有时由士兵护送，但士兵比强盗更让人恐惧。如果一位冒险商人安全地穿过森林，越过荒野，他就会来到一家客栈，发现自己被划分到固定的顾客类别了。如果他徒步旅行，他就不能像骑马的人那样吃喝过夜。商队的晚餐按关税定在六索尔，床是八索尔。徒步旅行者则分别支付十二索尔餐费和二十索尔住宿费。在许多情况下，旅行者必须随身携带床和食物，否则将不得不离开客栈。

19世纪，河运发达，河面上很少见到桨或帆。法兰西国王查理九世统治时期，在卢瓦尔河沿岸做生意的商人为了保护自己的财产免遭掠夺，为了避免过高的赋税，他们被迫联合组成商业行会或联盟。商人们与驻扎在卢瓦尔河边的地头蛇罗布·鲁瓦签订了条约，每年都要向罗布·鲁瓦支付一笔保护费，这使商人们免遭更多勒索。很少能找到一座没有壁垒和栅栏的桥。不交过桥费，任何人都不能通过卢瓦尔河。

与使用粗糙农具耕作的年代相比，卢瓦尔河流域获得了更好的耕耘。但使用粗糙农具耕作时代的田地比现在要多得多，那时的田地都不使用树篱隔开。在博斯平原，旅行者可以走上好几英里，穿越宽广的土地肥沃的地区，那里的谷物在夏日的阳光下荡漾成金色的波浪。但博斯平原没有种植园，疲惫的人几乎看不见一棵树。从道路上看不见一丝生命的迹象。长期以来，农民们一直是对外战争或国内战争的受害者，他们明智地在洞穴中或山谷里建造小屋，尽量远离当时士兵组成的土匪队伍活动的线路。到处都可以看到有护城河的

法兰西国王查理九世

庄园，或者与周围隔绝的农舍，还可以看见果树林，庄园和农舍周围的平原上有更绿的绿洲，但农舍四周围建着高墙。

以农业为生的人数量众多，其中大多数是农民和卖苦力者，这是一个棘手的问题。农奴制在许多地方仍然存在。因此，农民和卖苦力者不再四处游荡，寻找工作，或者寻求更高的工资，他们就像举行受洗和结婚仪式的低矮教堂一样安分地待在老地方，疲惫的身体终于可以在教堂的阴凉处休息一阵了。农业人口承担的租金通常以实物或劳务支付，如果用实物支付，就是一定份额的农产品，在布列塔尼是收成的十二分之一。随着美洲被发现，大量黄金和白银涌入法兰西，货币租金也逐渐被引入。然而，货币租金变化无常，一点也不稳定。因此，货币租金不可能达到平均水平。1514年，奥弗涅的租金高达每英亩七索尔。1568年，奥弗涅的租金开始低到四旦尼尔[①]和一定量的黑麦。虽然封建贵族逐渐变成了现代的土地所有者，但农奴制的生命力非常顽强，存在已经超过两个世纪。在资产阶级革命爆发的前两年，卢克索修道院管理的二十三个社区的农奴拒绝被解放，他们宁愿保持原来的面貌，也不愿意缴纳少量的费用获得选举权。几个月后，当资产阶级革命来临并无偿解放农奴时，特雷波的农奴们仍同意支付领主要求的租金。

大城市和城镇感受到的进步精神为宗教复兴指明了道路，但农民几乎没有受到进步精神的影响，农民的境况不比路易十二时代好多少。当时，农民有时不得不在夜间犁地，以免那些像蝗虫一样成群结队的收税者来抢耕牛。农民在抗议中可怜地补充说："当耕牛被抢走后，我们就把自己拴在犁头上。"农民住的房子是小棚屋，如今这种房子在爱尔兰的南部和西部还能看到，苏格兰的偏远地区也可以见到。在布列塔尼，游客仍然可以看到许多民居——用黏土或泥土建造，覆盖着取自附近池塘的草皮或灯芯草。被敲平的泥土就是地板，在低矮的房顶下，人们很难直立。在没有窗户的房间里，全家人挤在一起。

---

① 旦尼尔，法国古代的货币单位。——译者注

卢克索修道院

当时的农民们没有现代农民家里必备的最普通的家具用品，劳动生产率不高，而且大部分的工资都是实物。一个男性劳动者一天的工资是十二个旦尼尔，女性劳动者一天的工资是六个旦尼尔。这个时期一打鸡蛋的售价是八个旦尼尔；一蒲式耳①萝卜的售价是四个旦尼尔；一只家禽的售价是二到六个索尔；一只小牛的售价是五里弗；一只羊的售价是二十四索尔；一只肥猪的售价是三里弗；一头三年到四岁的牛售价是十里弗。十二蒲式耳小麦卖二十索尔，等量的黑麦卖十索尔，等量的大麦卖八索尔，等量的燕麦卖五索尔。这些数据并不确定，无法用来计算一个人工资的购买力。因为在当时，不同地区和不同年份的物价差异要比现在大得多。未发酵的黑面包——开采金矿的"必备物质"——是穷人的主要食物，由黑麦、大麦或荞麦制成。玉米似乎更多是供给牛吃而不是供给人。1547年，拉曼斯的穷人在闹饥荒时靠橡子碾成粉做的面包充饥。穷人吃肉一般吃的是猪肉或腌肉。在早期，人们认为猪肉或腌肉是产生麻风病毒的原因之一。因此，人们请来了一位语言学家，语言学家的唯一的工作就是检查猪舌头上的麻风病斑点。可恶的盐税使盐卖得很贵，农民们常常不得不卖掉半头猪，以获得腌制另外半头猪的盐。

16世纪的人们是粗鄙而不洁的食客，享受着我们现在应该归入野蛮人餐桌上的美食。因此，那时的人们会吃角头鲨、海豚、鲸鱼、苍鹭、鸬鹚、麻鸦、鹤和鹳。在尚皮耶，法兰西国王弗朗索瓦一世的餐桌上可以看到"一种用血、脂肪和海参内脏做成的布丁"。油焖青蛙、水煮蜗牛和清炖全龟都是这一时期的"美味佳肴"。为了把如此粗劣的食物冲下肚去，人们喝了太多的啤酒，啤酒的税收比葡萄酒的税收多出三分之二。没有啤酒花的啤酒很甜，如果加了啤酒花，那么也要通过添加香料、调味品、黄油、蜂蜜、苹果、面包屑等来"加工处理"。品尝纯朴的烈酒是文明进步的结果之一。

这是一个为维护社会等级而制定禁止奢侈的法律法规的时代，这是一个

---

① 蒲式耳，法国古代的容积单位。——译者注

通过遏制人类的虚荣心来减少浪费的时代。风俗惯例和法律制度一样，也规定着不同阶级的服装，从贵族的丝绸和红袍到工人的蓝哔叽。但在过去很多的节日和庆典里，各种各样的服装都特别的漂亮精致，尤其是不同省份的居民聚集在一起的场合，可以看到更多精致的服装。现代文明倾向于把所有事物都弄得整齐划一，使我们失去了这种多样性。在法兰西，随处可见整齐划一的服装，诚实而自豪的女人执着地穿着她们的职业特有的服装，而男人的着装则让他们迷失在普通的人群中。资产阶级不能建造它们喜欢的房子，建成后，它们也没有自由按自己喜欢的风格去装饰房子。房子门口的台阶数量都是由法律规定的。房子可以涂上某些颜色，但严禁镀金。1867年，技工不会很富裕，但他的妻子买得起丝绸礼服。但在三百年前，地位低于公爵夫人的女人不能穿着丝绸服装，仅能用丝绸装饰，并且只能在某些场合穿着用丝绸装饰的衣服，每件"时尚"衣服的花费不能超过六十索尔。更糟的是，如果女性胆敢穿周长超过一点五厄尔的垫圈衬裙，两百里弗的卖弄风情罚款就在等着她了，就连19世纪的女性用人觉得这一限制规定太过专制。尽管丝绸并不像这些规定暗示的那样稀缺，但丝绸产品确实非常稀少，历史学家甚至记录下了法兰西国王亨利二世加冕礼时穿的是丝袜。三十年后，这样一件衣服仍然被视为不符合道德规范的奢侈品。1560年颁布的《奥尔良特别法令》禁止某些阶层使用香水，这些阶层没有别的办法，只能把一种特殊的苹果锁在衣柜里，使衣服充满苹果的香味。《节约法》规定了饮食。1563年1月，法兰西国王查理九世颁布法令，饮食禁止超过三道菜，任何一道菜不能超过六碟，每道菜都只能包含一种食物。触犯这条禁令的人，第一次违反要被罚两百里弗，第二次违反要被罚四百里弗。不告发款待者的客人被罚款四十里弗，那个倒霉的厨子只因听主人的吩咐，却要被罚十里弗并被囚禁两个星期，伙食只有面包和水。第二次违反的罚款额增加一倍，倘若第三次违反，必被鞭打，赶出城去。经验表明，通过《节约法》来限制奢侈是不可行的。然而，15世纪的政治家试图用如此笨拙的方法来遏制奢侈的风气，或许是情有可原的。皮埃尔·德·布兰特姆以现代记者的身份参加了城市晚宴上,他用细致入微的笔法,详细描述了沙特尔副伯爵弗朗索瓦·德·旺多姆主办的晚宴的特别之处,饭厅的天花板漆成了天空的样子,突然打开了,盘子从天而降,落在了桌子上。移走盘子用的是同样的方法。参加晚宴的人们在吃甜点时,一场人造的暴风雨倾盆而下,持续了半个小时。不过,倾盆而下的是香喷喷的雨水和甘甜的李子冰雹。

这一时期发生了一场巨大的社会变革。米歇尔·德·洛必达在写给雅克·奥古斯特·德·佑的一封信中说道:"现在,我们可以看到女性大胆地与男性坐在一起就餐。"在以前,有一种风俗,只有丈夫能和客人坐在一起,女主人负责餐桌的伺候。历史学家雅克·奥古斯特·德·佑的父亲克里斯托弗·德·图是第一个在巴黎坐马车的非王室非贵族的普通人。在此之前,宫廷里只有两辆马车——王后的马车和亨利二世的私生女儿法兰西的戴安娜的马车。马车很

法兰西的戴安娜

少被用于旅行。在大多数情况下，道路对马车来说太糟糕了，因为马车远没有运送农场产品到市场的乡村货车那么坚固耐用。负担不起豪华轿子的人开始骑马，女士们有时坐在仆人后面女性专用的马鞍上，但经常像男人一样跨在马背上。后来，凯瑟琳·德·美第奇引入了侧鞍。1571年，法兰西宫廷批准了"意大利模式的马车"从巴黎运行前往奥尔良——这一特权很快扩展到法兰西的其他城市"为人民提供帮助"。1562年，巴黎登记了四十六匹驿马，每天的租金似乎是二十个索尔。

大约在这个时候，驻法兰西宫廷大使亨利·基利格鲁撰写的文件呈现了法兰西下层阶级悲惨和无知的惊人状况。1559年11月15日，亨利·基利格鲁写道："有秘密报道说，弗朗索瓦二世得了麻风病。由于害怕他来查特尔赫罗特，人们把孩子送走了。有些人想了解图尔的消息，之前得不到任何关于图尔的消息，最后官方发布了禁止人们打探图尔的消息。"1560年1月28日的一封书信中的最后几句话透露了一个可怕的秘密，"本月的20日有一个人在布卢瓦被处决，此人生前曾伙同他人来布卢瓦寻找白人小孩，想用孩子的血治疗一种疾病。那些人说，就是治疗弗朗索瓦二世得的那种病，声称他们是得到命令才这样做的。其中一个先去找白人小孩，另一人在后头问有没有见过白人小孩？人们为他们的儿女担心不已。事实上，这只是一种勒索钱财的无耻手段。"

查理九世即位时，根据估计，法兰西的人口可能不会超过一千五百万，其中近三分之一的人住在城镇里。然而，人们经常抱怨人口过剩。在谈到宗教战争前的居民状态时，拉·努说："他们成群结队地拥来！"在法兰西第二帝国时期，居民们缴纳的税款比他们众多而幸运的后代缴纳的还要多。法兰西第二帝国时期的财政处于起步阶段，税赋的征收给纳税人带来最大的烦恼，在增加国库收入方面却收效甚微。16世纪末，以及之后的四十年，两亿三千两百万里弗的关税和援助金让他人征收，相当于四千两百万英镑。

征收税赋没有任何计划可言，即使制定了税收计划，只要国王高兴，随时可以改变。尤其是在法兰西国王弗朗索瓦一世统治时期，当臣民们在破产、援

朱利希·克利夫斯伯格公爵威廉

助、补贴、税收和盐税的压迫下呻吟时,他们回首往事,怀念路易十二统治时期的旧日美好时光。弗朗索瓦一世肆意挥霍着国库收入,每个人都掠夺国库,特别是弗朗索瓦一世的亲信和情妇。1541年,弗朗索瓦一世的外甥女让娜·德尔布雷与朱利希·克利夫斯伯格公爵威廉的结婚费用巨大。为了弥补费用缺额,他不仅把盐税扩展到法兰西南部的几个省份,而且在已经征收过盐税的地方再次将盐税翻了一番,期待盐税收入也会翻倍。在征收盐税方面,弗朗索瓦一世感到失望,他认为必须创造新的税收来源。政府必须贬值货币,提高银的价值,将银的汇率从一百六十五英镑涨到一百八十五英镑;设立大量的职位,公开买卖;法官职位标价出售,建立彩票销售体系,神职人员要额外的征税;教堂的金银和珍贵的宝石装饰物都被神职人员抢劫一空;贷款是通过在巴黎的维尔旅馆出售长期公债或股票的方式筹集的，期待市民前来购买。十六万克朗就这样以极低的利息被政府借走了，也就是说，利息是百分之八点一二五。财务监督人员有义务筹集资金，即使他们以自己做担保筹集资金。当所有办法都失败了，由于王室的任性妄为或新情妇的缘故，立即需要一大笔钱时，就判某个金融家绞刑，没收他的全部财产。这种筹钱的方式必然使法兰西的每一个人都不满意，除了宫廷里的几个人，对任何人都没有好处。然而，弗朗索瓦一世想尽各种办法在国库中留下了四百万里弗的财富。亨利二世在戴安娜·德·普瓦捷的恩惠下，很快就将国库里的钱挥霍一空了。亨利二世将法兰西王国划分为十七个大区，每个大区都以很高的税率交给他人征收管理，他向财务责任制迈出了重要的一步。在他的两位继任者的领导下，政府利用法兰西人的虚荣心进行贵族头衔买卖的投机活动。艾蒂安·帕基耶认为这是"取之不尽，用之不竭

艾蒂安·帕基耶

的资金来源",但此举似乎并没有给国库带来任何大的回报。"赤字"成为周期性的,为了填补巨额赤字,特别是海湾地区的财政赤字,税收,特别是盐税大大提高。金融家被起诉并被严刑拷打,设立许多无用的职位出售,已经签订了新的贷款合同。在其他手段中——所有这些手段对现代的财政大臣来说都是令人吃惊的——有一项任命一万三千名执法官的提议。艾蒂安·帕基耶希望这个提议不会通过,因为"这将成为巨大的历史丑闻,比我们祖辈的时代经常谈及的一万一千个恶人的事件还要可耻"。

沉重的税赋落在三个阶层身上,特别是农民阶层。市民和资产阶级,在某种程度上受到宪章和特权的保护,它们有自己的组织来征税,不受外国驻军的限制,可以选举自己的官员,但商会会长除外。资产阶级招募了国民卫队,有权封锁街道,关闭城门,甚至将国王拒之门外。然而,没有宪章或特权可以保护农民不受不公正的对待。乔瓦尼·米切利在1561年的著作中描述了一些省份,特别是诺曼底和皮卡第,压迫非常严重,甚至农民在被逼无奈下逃离了法兰西。接下来谈及的普通民众承受的负担更重,也更令人反感。海盗无情地索取租金、保护费、军饷、关税等,然而他们除了送点自己挑选的礼物给国家,对国家没有任何贡献。神职人员、贵族、士兵、王室成员、议会高等法院的成员、校长、财政官员、自由城市(特许经营城市)如巴黎,贵族城市(特许经营城市)如特罗耶斯,都是免税的。这不是说它们对国家的税收没有贡献,它们只是选择了自我评估并缴纳商定的税款。弗朗索瓦一世统治时期,法兰西神职人员经过教皇的认可,同意向政府支付他们收入的十分之一。然而,这一税率在亨利二世统治期间翻番了。1561年,在普瓦西,神职人员与政府达成了一项协议,每年向政府支付一百六十万里弗,条件是免除将来所有的其他税收。考虑到神职人员拥有法兰西约三分之一的土地和房产,他们缴纳的税款对国库来说只是一份小贡献。据粗略估计,全国每年的租金共一千五百万克朗,其中有六百万克朗属于教会,一百五十万克朗属于国王。出口的玉米、葡萄酒、盐和木材价值一千两百万法郎,比西班牙从墨西哥和秘鲁的矿山获得的收益还要多。

在我们这个时代，陆军和海军是税收的主要来源。但在16世纪，两者都是微不足道的，军费负担几乎是感觉不到的。法兰西现在有七十五万士兵，但在1560年，军队勉强够两万人。这些人分散在各地，受到很多地方限制，如果没有雇佣兵的帮助，国王连一万士兵都招募不到。虽然军队的主要力量是骑兵，但步兵的重要性也开始被认识到。长久以来，步兵都被看作是处于弱势地位的力量。事实上，这种感觉在一些国家依然存在。但每一次武器的改进都大大增强了步兵的力量。因此，有远见的人开始认识到，胜利最终必定会掌握在能够充分利用步兵的将军手中。炮兵粗鲁而笨拙，大炮装载很缓慢，炮弹很少能装进炮管。因为这些缺陷，大炮平均五分钟以上才能发射一次炮弹，也不足为奇。当炮兵驻守在炮台上时，他们可能会被期待去攻破一座城市或城堡的城墙，而工兵的目标似乎是尽可能多地侦察城市或城堡的防御工事，使之暴露在炮火打击之下。在战场上，面对一群处于运动状态的士兵，大炮几乎毫无用处。事实证明，大炮发出的噪音有时会像它们精准的射击一样，让敌人感到沮丧。军队由贵族领导，一个平民可能升为中士，但他不可能得到委任状。贵族们要求免税，部分原因是因为他们无偿服兵役。

法兰西海军名存实亡。当弗朗索瓦一世与英格兰交战时，他从地中海带了二十五艘大帆船到英吉利海峡，热那亚人借给他十艘船。在港口，他和其他人一起召集了一支由一百五十艘大吨位船和六十艘小吨位船组成的舰队。有一艘一百门炮的大战舰，叫"卡拉贡"号，已经造好了，但从来没有出过海，在港口被烧毁。我们都熟悉那些船粗陋而奇特的形象，它们高高地矗立在水面上，两端各有一座城堡，仿佛一阵风就要把它们吹翻。这些都是又慢又糟糕的帆船，没有供作战的士兵和驾驶帆船的水手食宿的地方。海军不像陆军那样具有独立性和贵族气派。但水手驾驶帆船，像船长和海军上将这样未出过海的军官指挥航船，在我们的军事服务体系中延续了很长的一段历史。

神职人员是法兰西最富有的群体。拉·努估计法兰西有一百个主教和大主教，六百五十家修道院属于圣伯纳德和圣本尼迪克特教团，所有的修道院都

"都装饰过，带有很好的厨房"，还有两千五百家小修道院也隶属圣伯纳德和圣本尼迪克特教团。让·布歇留下了关于那个世纪初神职人员的奇特印象描述，这些神职人员的形象在让·布歇1555年去世前也没有任何改变。让·布歇抱怨说，圣职候选人有各种不良品质，没有一种品质是圣职需要的。说起枢机主教和主教，让·布歇说，他们应该宣讲福音，而且是：

在灯光下，
简单明了。

在1559年的一次布道中，约翰·德·蒙吕克宣称，十个神父中有八个不能阅读。我们基本上可以认同他的这种说法。

神父们非常不团结，他们的争吵变得令人讨厌。于是，1542年，主教们被命令停止在布道坛上发表侮辱性的布道。这个命令似乎是无效的，因为在1556年，神父们被禁止讲道，除非他们提前向教区提交讲道的申请。这项规定可能是为了监视异端观点。但1556年，检察长发布了一项议会命令，反对所有在布道坛上发表"侮辱性语言"的人。事实上，16世纪，各个方面都发生了不平凡的事：社会处于阵痛之中；神职人员普遍感到不安；新闻媒体的反应缓慢，神职人员利用讲坛来驳斥反对者。神职人员不放过任何攻击自己或不支持自己的人。最低等级的修士让·德·哈斯在他1561年12月的问世布道中猛烈抨击1561年的法令，查理九世和凯瑟琳·德·美第奇为了惩罚他，命令教区长"清晨"逮捕他，把他绑起来塞着嘴巴押送到圣日耳曼。但市民们一听到让·德·哈斯被捕的消息，就成群结队地走到王宫前，对这种"侮辱"（用艾蒂安·帕基耶的话说）感到恼怒，要求释放这位修士。查理九世被迫放了他，让·德·哈斯得意地回到巴黎，"仿佛他是一位伟大的王子"。在被释放的第二天，让·德·哈斯在圣巴塞洛缪教堂举行了庄严的游行，庆祝自己获救。1572年年初，传道者索宾猛烈抨击查理九世，因为查理九世不愿立即下令谋杀胡格诺派教徒，他于是

约翰·诺克斯

公开敦促亨利·亚历山大发布命令,并把希望寄托在亨利·亚历山大这位世袭爵位的公爵身上,正如《圣经》中雅各布战胜了以扫。然而,异教徒也可能和正统派一样暴力成性,胡格诺派的牧师们恶毒的谩骂约翰·诺克斯口中的"可怕的女人军队"。无论如何掩饰,胡格诺派的一些人甚至鼓吹弑君。牧师叙罗因声称如果查理九世和他的母亲凯瑟琳·德·美第奇不接受约翰·加尔文的福音,教众们可以杀死两人。

与学者的著作或政府的行为相比,人们对神职人员的看法更容易在娱乐活动中体现出来。在宗教改革之前,整个欧洲就已经出现了一种强烈的反教皇情绪,这种情绪在当时的通俗文学中表现了出来。例如故事、诗歌和戏剧,所有阶级都以此为消遣。在纳瓦拉的玛格丽特的故事和嘉甘图亚的奇异罗曼史中,僧侣和世俗神职人员是主要的讽刺对象。16世纪中叶,粗犷的戏剧表现中,教会的弊端遭到讽刺。1558年,一场戏剧在纳瓦拉国王安托万·德·波旁和妻子虔诚的胡安娜·达尔布雷面前上演。在第一幕场景中，有一个可怜的女人在死亡的边缘，大声哭喊着要从她自己的痛苦中解脱出来。床边的人表示同情，他们匆匆打发人去请神父。神父履行了常规的宗教仪式，但没能减轻她的痛苦。然后，几个僧侣出现了，一些人拿着圣物，另一些人拿着赎罪券。然而，没有一种方式能减轻这个女人的痛苦。后来，这个女人被授予圣弗朗西斯的僧袍和肩胛绷带，也未能使她恢复健康。许多好的建议没有被采纳，最后，一个旁观者说镇上有一个陌生人有某种特效药可以治愈这个可怜女人的痛苦，她将被完全治愈。但这个陌生人是一个无家可归的流浪者，他躲避人们的目光，躲避白天的阳光，住在阴暗的角落里，只在晚上出来。女病人恳求把这个陌生人叫来。大家好不容易才找到这个陌生人，他的衣着和步态与其他男人没有什么分别，他走近病床，在病人耳边小声说了些什么，把一本小书放在女病人手里，向她保证，这本书里满是治疗她疾病的疗法，然后就不见了。该场景就这样落幕了。

  接下来，我们发现女病人完全恢复了健康，她的眼睛充满活力，走路也很轻松；她宣布自己康复，歌颂这位不知名的医生，赞美他的治疗方法，并向观众推荐。女病人补充说，她很愿意把这本小书借给别人，"但它摸起来很热，有火和柴火的味道"。不过，如果人们想知道药方的名称和治愈的疾病名称，他们必须自己去发现。女病人在热烈的掌声中退场了，那天的观众和我们一样，轻松地破解了女病人痊愈的秘密。

  教会的仪式和服务有迷信的习惯。人们越是不理解宗教的本质，神职人员就越是坚持宗教的表面形式。因此，在星期五不禁食是一种十恶不赦的罪。1539年，在昂热，如果那些被发现在星期五吃肉的人不悔过，就会被活活烧死，如果他们悔过，就会被绞死。诗人克莱门特·马罗在四旬斋吃了猪肉，但逃过了一劫。伊拉斯谟说："如果有人吃肉，神职人员都会大叫'天哪！教会处于危险之中，世界上到处都是异教徒'。"神职人员惩罚每一个"吃猪肉而不吃鱼"的人。1534年，巴黎主教允许布里伯爵夫人在"清贫"的日子里吃肉，但条件是她必须在私底下享用，而且每周五都要按时禁食。皮埃尔·德·布兰特姆说："在一个乡村小镇的游行队伍中,有一个女人因极高热情而引起了特别的关注,她光着脚走路,然后回家准备丈夫的晚餐。烤肉的香味引起了一些神父的注意,他们进了屋子,发现这个女人正在做饭。因此,她被判处带着未烤熟的肉游街,以示忏悔。"尽管神职人员的道德标准非常宽松,但如果他们听到著名的威尼斯枢机主教路易吉·利波曼诺对巴黎烤肉的称赞,他们也不会感谢。况且,如果神职人员将吃肉这件事小题大做,就会显得多余,也会令天主教教徒感到不快。

16世纪是一个迷信的时代。迷信是宗教衍生出来的,迷信的力量比宗教本身的力量更强大。凯瑟琳·德·美第奇和查理九世拥有占星家和炼金术士。查理九世和让·德·加兰达成了一项协议,后者承诺将"所有不完美的金属转化为优质的黄金和白银"。让·博丹认为查理九世的驾崩是由于他没有杀死著名

让·博丹

的魔法师特洛伊·埃谢勒。凯瑟琳·德·美第奇轻易就被骗了,竟然相信拉·莫尔和科康纳斯通过在炉火前熔化查理九世的蜡像的方式抓住了死神。拉·莫尔和科康纳斯是否迷惑了查理九世,他们受到了特别的"盘问"或拷问。凯瑟琳·德·美第奇曾经佩戴的一款独特的项链或护身符经常被仿制。当时,诺斯特拉达姆士是伟大的权威人物,成千上万的人来到普罗旺斯的沙龙小镇购买他发布的关于未来的秘密。据报道,诺斯特拉达姆士向凯瑟琳·德·美第奇表明亨利四世将继承法兰西王位,这次预言发生在亨利二世出事故前不久,亨利二世的死也应该是被占星家用不规范的四行诗预言到了的。关于未来的历书和预言类书籍被禁止出版,除非它们得到主教或大主教的出版许可,因为主教或大主教垄断了占卜行业。奇怪的异象出现了,在很多地方都能看到一个流浪的犹太人,他是一个高个男人,长长的白发飘过肩膀,光着脚走路。天空中出

诺斯特拉达姆士

教皇格列高利十三世

现了一些迹象,午夜时分,火红的剑在天空中闪烁,河水回流向源头。恶魔无处不在,男人和女人都变成了狼,在墓地徘徊。教堂的大声指责也干扰不了女巫们举行的安息日,教堂也没有采取任何措施来改变人们普遍无知的状态。罗马的政策一向是不让人开化,让人做奴隶。1577年,图卢兹元老院审判的魔法师人数比两年前的所有罪犯都多。超过四百人被判火刑,最令人惊讶的是,这些人身上几乎都有恶魔留下的印记。教皇格列高利十三世没有告诉我们,这些人是否都被处死。但我们很容易得出一个结论，习惯了火刑判决和司法屠杀的人们，不会对几个因辱骂上帝而被烧死或绞死的可怜的异教徒抱有多少同情。

在滥用刑罚的日子里，罪犯的司法审判错误百出，一个无辜的人很可能会像有罪之人一样被定罪。但如果有一个人受了惩罚，形成了案例，法律也就生效了，偶尔也会成立特别委员会来审判那些不服普通法院判决的势力强大的罪犯。"临时大法庭"，也就是普瓦图的特别巡回法庭，由四百人护卫队守护，从九月一直到十月都会开庭审理案件。十二个人因他们的罪行而被砍头，一个异教徒被烧死，一些拒绝露面的绅士的房子被烧毁。

许多惩罚是非常猥琐下流的，其他判决则非常野蛮严厉。如果一个被判有罪的杀人犯的痛苦因刽子手的笨拙而不必要地延长了，那么整个英格兰都会响起咒骂声。但在16世纪，有时犯人受到的惩罚的残暴程度与达荷美王国执行的惩罚力度一样。三百年前，没有一种法典是温和的，人类仁慈的天性帮助英格兰删除了法典中残酷的惩罚手段，但在法兰西，这种残暴惩罚仍然存在。背叛者被鞭打，耳朵被割掉，舌头被烧红的铁刺穿，然后被绞死或被马撕成碎片。在1534年颁布的一项特别法令中，道路劫匪的手臂被砍断两处，肋骨、小腿和大腿也被砍断，他们被吊在一根高杆上升起的绞刑绳圈上，"如果上帝让他们有一口气在，他们就应该留在那里忏悔"。一位英格兰游客说："如果罪犯受到优待，他们的胸部先会被打碎。这一击叫怜悯的击打，因为这一击会迅速夺去他们的生命。"对弱者的仁慈，对罪犯的温柔和怜悯，都反映了文明的缓慢进步。作者不忍心描述一些女性——胡格诺派女性——是如何在某个场合被活埋的，她们被放置在一个没有顶盖的盒子或棺材里，盒子或棺材有横杆，然后被放进一个深深的沟里，泥土被撒到她们身上。那个时代的行刑官是主宰者，代表的是执法者而不是无用的傀儡，他是一个有薪水的司法官员，官衔并不比法官低。行刑官往往是世袭的，薪酬丰厚。1538年在卡尔卡松，一名行刑官的某次行刑的手套一度卖到十二个旦尼尔，其他时期曾卖到二十个旦尼尔。去刑场时，关押罪犯的囚车使用费要分给行刑官五索尔，执行绞刑的人收费十索尔，执行砍头的人收费二十索尔，头颅示众的柱子需要付费五索尔。行刑官因为在镇上将一个罪犯鞭打了一顿，得到了七索尔六旦尼尔。在图卢兹焚烧一个异教徒需要的木头、稻草、链条、松节油、硫黄等，要花费五里弗六索尔。如果受害人是直接被烧死的，还要额外支付两里弗。

那个时代的野蛮刑罚使人们的举止也开始变得野蛮粗鲁，一种罪恶会助长另一种罪恶。在普罗旺斯这个以玫瑰闻名的小镇上，住着一个叫克里斯潘的人，他被指控抢劫和谋杀。经过审判，定罪等一系列程序，他被判处绞刑。克里斯潘被认作胡格诺派，神父们到执行绞刑的最后一刻都劝他放弃，但他仍然坚定地说："我不能签字画押，不能放弃我的信仰。"很快，克里斯潘被处死，尸体被挂在绞刑架上。绞刑架的周围聚集了一百多个没有超过十二岁的男孩，胆子很大的一些男孩爬上梯子，割断绳子，让尸体掉下去。尸体的脖子上系了一根绳子，脚踝上也系了一根，男孩们开始向不同的方向拉绳子，抢夺尸体。由于男孩们势均势敌，最终停下了抢夺。在男孩们停下来商量期间，双方就胡格诺派教徒应以何种方式被拖到垃圾堆或粪堆的问题进行了模拟审判。男孩们的模拟法庭决定"异教徒应该像死畜生一样被拖在地上游街"。实际上，男孩们在把尸体拖到尚日门的时候，遇见了另一群男孩，后者坚持要把尸体烧掉。人们燃起一堆火，把尸体扔进火里，一群看热闹的人在一旁用手势和语言鼓励孩子们。把尸体扔进火里烧了一段时间后，尸体又被拖了出来，扔进河里。一个船员割下了尸体的一只耳朵，把它戴在帽子里当纪念品。对这种事情发表评论是多余的，因为这是一幅由同时代人描绘的自罗马帝国灭亡以来欧洲从未出现过的社会状况图。当孩子们用克里斯潘毫无生气的身体做玩具时，普罗旺斯的男人们赞许地看着孩子们，这些男人就是那些恐怖统治时期暴行者的父亲。

在瓦卢瓦王朝的统治下，法兰西的城镇与中世纪时期的城镇模样非常相似。在过去的五十年中，变革和进步的精神传播得非常快，结果是除了在法兰西的偏远地区，旧城的痕迹几乎已经消失殆尽。这些城镇被高墙包围着，这样的高墙现在在滨海布洛涅的上游城市，或在约克、切斯特和诺维奇的部分地区还可以看到。旧城的街道又窄又蜿蜒，房屋又高，相邻的几层楼互相交错，几乎遮天蔽日。除了贵族的宅邸，有时也包括富有商人的宅邸，这些房子都是用木头建造的——通常是稻草铺盖的屋顶，房屋窗户的形状都很类似，用来挡风和遮阳。这种建筑风格是瘟疫频繁肆虐欧洲和人们生活水平低下的原因之一。贵族和绅士的宅邸仍然保留着半隔离的面貌，他们的房屋有宽敞的大门，没有可以看到街道的窗口。商人们的店铺很像现代的杂货店或肉店，没有玻璃窗，店铺门板一取下来，店铺就与街道联通了。有时，店铺之间有一条顶棚的拱廊连接在一起，从市场大厦的柱子上可以找到历史痕迹，拱廊的名字仍然保留着，但原来的事物已经不复存在了。中产阶级的住宅的外部通常用石板覆盖，或者房屋外墙木板之间的间隔用砖块填充，排列成奇妙图案。房屋外部墙面的木工常常像房屋内部的一样有着精美的雕刻图案。宽敞的楼梯和巨大的栏杆占据了房屋很大的空间。屋顶设计成了面向街道的三角形顶棚，因此，屋顶顶棚经常尽量往外伸展，足够在顶层建造一个小阳台，居住者可以在棚子下面呼吸新鲜的空气。

这里没有为行人准备的出行设施，除了少数罕见的情况，道路基本没有铺石砖，也没有平坦的人行道吸引好奇或闲散的人前来漫步和逛商店。在潮湿的天气里，街道因泥泞而无法通行。在炎热和干燥的天气里，由于灰尘和恶臭，街道同样令人厌恶。因为道路上到处是居民扔出来的垃圾，当时也没有清理垃圾的人。排水系统鲜为人知，甚至在巴黎也只有一条排水沟，那就是在查理五世统治时期由马格·奥布里奥建造的那条排水沟。

每个城市和城镇里，教堂和修道院数量众多，常常占据了一半的区域。在鲁昂有四十个修道院和三十六个教区教堂，不包括学院教堂和大教堂。每个城市和城镇都有自己的总督，他们住在城堡里。通常，城堡易守难攻，所以当城镇落入敌人手中时总能保证安全。著名的滨海布洛涅就是这种布局的一个鲜明案例。

16世纪中叶，巴黎的人口数量在四十万到五十万之间。据吉勒·科罗泽的

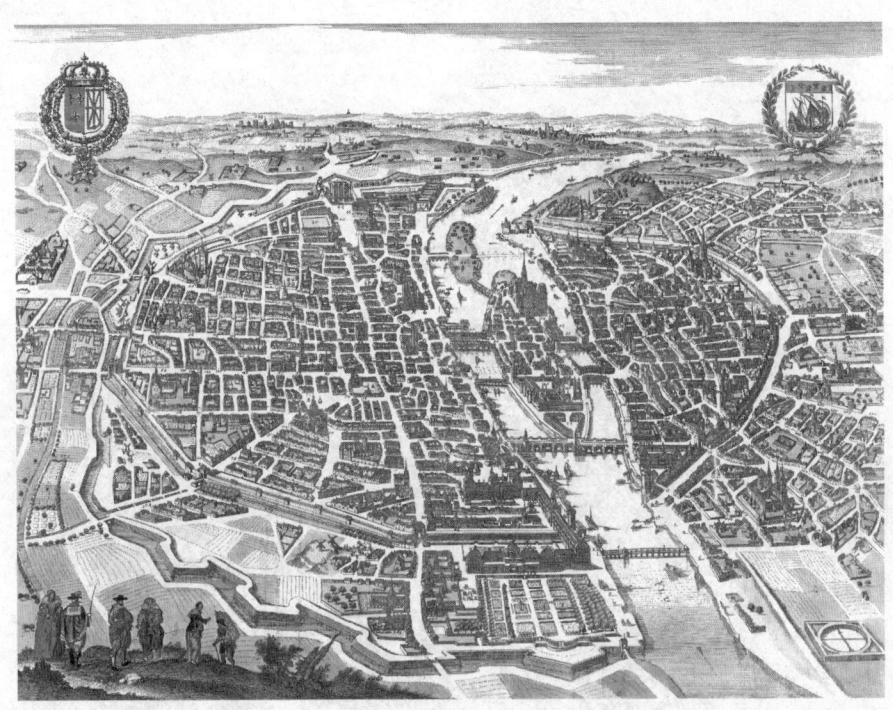

巴黎

说法，当时的哭喊声可以传到方圆七法里外。1535年，朱斯蒂尼亚尼说，一个人可以在三个小时内轻松地走完巴黎，这更接近1608年托马斯·科里亚特对巴黎街道有十英里路程的估算。巴黎的四周是石墙，两侧有塔楼，有十一扇门，南面五扇，北面六扇。城市北部的城墙从河上的兵工厂开始，沿着巴士底大道、圣安托万大道、神殿大道、圣马丁大道和圣德尼大道一直延伸到维多利亚广场、法兰西宫廷和卢浮宫。在南面，城墙从亨利四世学院花园后面的车轮桥开始，穿过圣雅克街和马萨林街，到达河边的艺术桥。甚至到现在，远在圣奥诺雷门，通往伊图勒和柴洛现存城墙的道路两边，都发现了成片的房屋。蒙马特郊区没有城墙，沿着昂坦道路，再过神殿大道，圣安托万郊区的规模正在迅速扩大。1554年，乔瓦尼·卡佩罗写道，巴黎是他见过的最大城市。英国著名的旅行家兼作家托马斯·科里亚特称巴黎为"卢泰西亚土城因为该城多黏土和

亨利四世学院

圣奥诺雷门

泥土，许多街道是他见过的最脏、最臭的"。巴黎有三四百家商家，年均盈利六千里弗，两百家商家年均盈利一万里弗，一百家商家年均盈利三万里弗，至少二十家商家年均盈利五万里弗。每个周三和周六，两千匹满驮着家禽和野味的马进入巴黎，所有的东西在两小时内就被卖光了。

巴黎的街道又黑又窄，弯弯曲曲，中间有一条水沟。在巴黎中心，房屋高高的，黑黝黝的，阴森得像监狱，挤满了肮脏的饥民。许多街道仅比雅茅斯那些奇特的连独轮车都无法调头的小街巷略宽一些。没有一盏路灯可以发出微弱的光来指引晚归的市民。如果外国的游客碰巧没有手电筒或灯笼，那么他们只有依靠街角神龛里的蜡烛为自己指引前进的方向。不用说，街道非常不安全，暴力行为频发。每隔一段时间，就会有一队全副武装的守夜人巡逻，他们发出的声音和他们携带的火把，是在警告作恶多端之人，用来吓跑他们。

塞纳河清澈的河水把巴黎分成两部分。查理九世统治时期，沿着河岸排列的气派的码头几乎不复存在。许多地方的市民私人花园延伸到塞纳河水边。塞纳河从五座桥下流过，其中一座桥叫米勒桥或鸟桥，只供步行者通行，把现在的梅吉塞里码头和钟楼码头连接起来。1596年的洪水把米勒桥连同房屋和居民都冲走了。圣母桥的两边各有三十四幢房子，形成了巴黎人最喜爱的街道。这条街道很宽，三辆马车可以并排通行，房屋租金也比城里其他任何地方都高。提起巴黎街道的魅力，吉勒·科罗泽就会想到在巴黎的商店里工作的美丽女人。

现代旅行者已经找不到位于塞纳河中央位置并妨碍河运的十个岛屿。查理九世曾在卢维耶岛沐浴过，也曾在那里参加过一场海战。1847年，卢维耶岛与莫兰码头合并。构成圣路易岛的圣母院岛和奶牛岛，曾经被一条狭窄的沟渠隔开，这条沟渠就是现在的波勒蒂埃街。犹太人岛是雅克·德·莫雷被斩首的地方，与亨利四世城合并，形成了太子广场和新桥的延伸地带。在新桥上，波旁王朝首位国王亨利四世的雕像仍然屹立不倒。卢浮岛，简直成了一个沙洲，在疏通河道的过程中已经被清除了。在改善河道航行的过程中，其他岛已经消失了，留下的是巴黎的一个城区。巴黎的老城区以前是煽动叛乱、诱发疾病和犯罪的温床，现在因城市改造而增大了规模，难免让三十年前了解老城区的旅行者现在对它感觉非常陌生。

在现在这个时代，巴黎已经以其珠宝闻名于世，甚至巴黎的金银制品也广受追捧。圣丹尼斯街是巴黎原来的主要街道，位于该街道的店铺和货栈在整个欧洲都很有名气。国王和王后常常沿着这条街道隆重地进入首都，商人们则花钱如流水般地装饰他们的房子，以欢迎君主。在圣丹尼斯街和奥克弗斯街之间，曾有一座清白教会，清白教会周围是著名的公墓，公墓周围环绕着阴暗潮湿的拱廊，拱廊里面充斥着商店和摊位。清白教会是律师们最喜欢去的地方，是时尚和阴谋的交汇点，就像在斯图亚特时期，英格兰宫廷或城市的时髦男士们常去的圣保罗大教堂一样。圣雅克街就像帕特诺斯特街，到处是摆满了各种各样的书的商店。

卢浮宫是主要的法兰西宫廷住宅。图尔奈尔宫是现在的法兰西宫廷广场，在亨利二世驾崩后被弃用了。18世纪，为杜伊勒里宫的新宫殿带来名声的砖地

卢浮宫

维勒罗伊侯爵尼古拉·德·讷夫维尔

就消失了。凯瑟琳·德·美第奇用卢浮宫附近的地产换购维勒罗伊侯爵尼古拉·德·讷夫维尔的旅馆后,命令菲利伯特·德洛姆开始建造符合她的品位的标志性宫殿。

  一位威尼斯大使估计当时法兰西有一百三十二座城市,但由于他没有给出"城市"一词的定义,他的计算毫无用处。他可能指的是有城墙的城镇,以区别于那些没有设防的城镇。当时,通往城市的道路旁没有通风良好的郊区和零散的别墅,但耕地或森林离城墙很近。仅一个装饰性的建筑物就足以标志城市已经发生的巨大变化。托马斯·科里亚特经常用"漂亮的石头绞架"来形容每个城镇入口的装饰造型。大多数这样的城门一直保留着,直到法兰西大革命将它们摧毁。

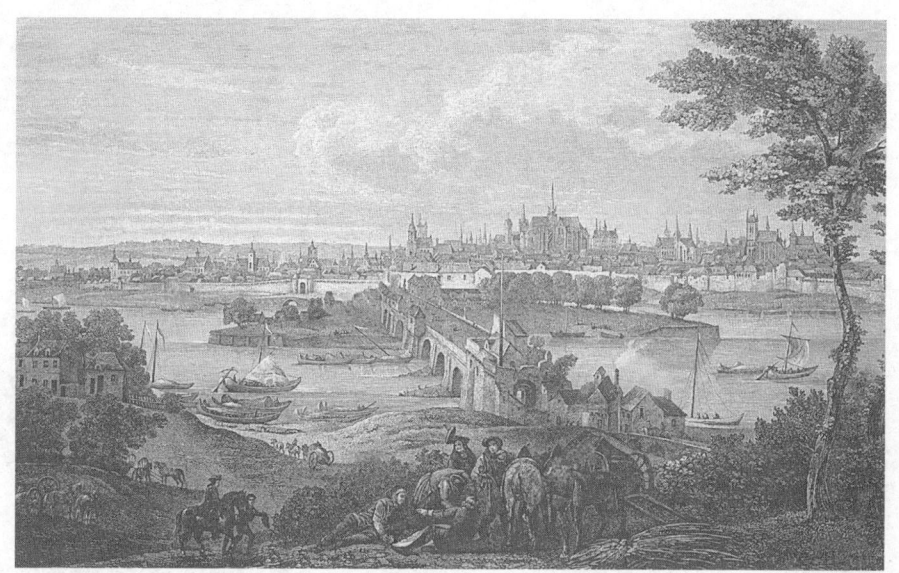

奥尔良

除了巴黎，法兰西的主要城市还有里昂、奥尔良、鲁昂、波尔多和迪耶普。从首都巴黎通往这些城市都铺砌了大道。奥尔良城市又大又美，法兰西国王查理五世曾称它为法兰西最好的城市。奥尔良人口稠密，建筑精美，大学里有一千六百名学生，"就像在其他教育领域一样，都是成年男性的世界"。

鲁昂，有时被称为法兰西的第二大城市，拥有大量的贸易往来，但它还没有成为法兰西的"曼彻斯特"。鲁昂举办四种一年一度的博览会，码头上挤满了船，有时多达两百艘"小船"同时停靠在码头。当时和现在一样，穷人只喝"梨和西红柿汁"，不喝葡萄酒。1550年，当亨利二世和凯瑟琳·德·美第奇造访鲁昂时，市民们用精湛的芭蕾舞或假面剧来欢迎他们。人们改造了塞纳河两岸，以展现巴西人的生活面貌。有一幅古老的木刻画描绘了南美洲的热带风情。塞纳河河边山坡的草地上种满了树，各种各样，修剪得十分整齐，与南美洲的森林相似。鹦鹉和其他颜色鲜艳的鸟儿在树的周围飞来飞去，猴子在树枝间攀来爬去。南美人的扮演者是来自鲁昂、迪耶普和哈弗尔的三百名水手，他们裸露着身体，打猎、跳舞和对抗的激烈程度不亚于"刚从美洲来的五十名真

迪耶普

正的野蛮人"。尽管对我们现代人的欣赏水平来说，南美热带风情展览没什么意思，但它在16世纪还是很有吸引力的。凯瑟琳·德·美第奇欣喜若狂。在查理九世即位之前，出现了一个有点类似但不那么裸露的场景。1505年4月，查理九世访问波尔多时，十二个国家的代表——其中大多数是舞台演员代表——排成一排站在他面前，其中包括一些真正的"加那利群岛人、野蛮人、美洲人、巴西人和塔普罗巴尼人"，每个人都用自己的母语发言。有人画了一幅画，使这一情景的记忆永存。波尔多是一个富裕的城市，它的对外贸易广泛，人口众多，可以供养一万名士兵，它的议会规模仅次于巴黎议会和图卢兹议会。

1560年，迪耶普拥有一支商船队，其规模与法兰西其他地区的商船队相

当。迪耶普的人口曾经是六万人，现在大约有两万人。"北拉罗谢尔"号的船主地位堪比凯瑟琳·德·美第奇。在瓦朗格维尔城堡，约翰·安戈以一种非凡的方式款待了弗朗索瓦一世，即使是在那些辉煌的时代也是如此的不同寻常。款待弗朗索瓦一世的房间装饰着昂贵的挂毯、别致的家具、意大利的雕塑和珍贵的花瓶。约翰·安戈把钱和船借给弗朗索瓦一世，经常有多达二十艘武装船在海上航行，他用这些船来试探葡萄牙王国的实力。当低地国家的政府扣押了所有在佛兰德斯水域的法兰西船时，亨利二世命令海军上将加斯帕尔二世·德·科利尼立即装备舰队，进行报复。但佛兰德斯的港口空无一人，也没有船。"只有迪耶普的人民，"加斯帕尔二世·德·科利尼说，"才能为陛下提供一支舰队。"迪耶普市民们为加斯帕尔二世·德·科利尼得到的赞誉感到自豪,提出支付组建舰队一半的费用,并装备了十九艘船,每艘船一百二十吨。卡昂的船驶往非洲和美洲新大陆,带回的金子多得就连交换也交换不完。因此,亨利二世允许商人们拥有自己的铸币厂。由于里昂拥有集市,因此,里昂的居民拥有比法兰西其他城市更浓厚的异国元素。1575年,路易吉·利波曼诺称它为"最著名的城市之一"。有句谚语说,"里昂以税收支持国王,巴黎以礼物支持国王"。里昂贡献了如此巨大的税收,以至当时有传言说,如果暂时停止举办里昂的博览会,就会让法兰西每年损失一千万里弗价值的黄金。由于里昂的生意兴隆,于是专门为交易会设立了特别法庭,并设立了票据交易所。里昂主要的商人和银行家是意大利人,有洛伦佐·卡波尼、吉多巴尔多·贡迪、杰里·斯皮尼和卡洛·迪奥达蒂。洛伦佐·卡波尼是行业里最慷慨的人之一,他在每场博览会上都开门迎宾,接待四千多人。在引进了丝绸业之后,里昂得到了很大的发展。16世纪,人们在阿莱种植了一棵桑树,距离蒙特利马特大约一法里,1802年,这棵桑树还活着。在16世纪,整个欧洲都由里昂出版业提供书籍——威尼斯可能除外,没有哪个城市比里昂书籍的发行量更大。所有的藏书人都熟悉格里菲斯和多莱、图尔斯和罗维尔的名号。在亨利·斯蒂芬斯的家里,从阁楼到地窖,每个人都讲拉丁语。里昂这座老城占据了拿破仑广场和从莫兰桥到拉菲利桥之间的空间,圣尼泽尔教堂大约在两座桥的中间。里昂只有两座桥,一条河上一座桥。索恩河右岸的一个小郊区,环绕着大教堂和圣劳伦斯教堂。居民优越舒适的生活可以从旅行者的报告中推理出来。旅行者提到了一个值得注意的情况,虽然在某些较好的房屋里,窗户的上部是镶嵌着玻璃,但"大部分窗户都是由白纸糊成的"。

  法兰西的小城镇大体上都发生了变化,即使是那些位于农业区的小城镇也已经超出了它们的城墙范围。在滨海布洛涅,地势较低的滨海地区由两所或三所修道院和几所围绕着圣尼古拉教堂而建的渔民小屋组成。一个人口稠密的郊区现在占据了老港口的位置。第戎,现在仅仅是一个省会城市,曾经是一

勃艮第公爵让·桑斯·佩尔

个伟大的议会中心,可以称为法兰西东部的小首都。第戎有一个巨大的公爵宫殿,教堂和修道院离得很近。除了一座高高的塔楼和一些珍贵的文物碎片,一场大火几乎将勃艮第公爵让·桑斯·佩尔的宫殿夷为平地。现代化的改善和改造摧毁了旧城的大部分建筑,但这座位于铁匠街叫"米尔桑之家"的文艺复兴时期的塔楼建筑,仍然是一个无与伦比的、犹如瑰宝般的建筑典范。

波旁王朝的穆兰小镇的迷人之处在于,它被步行大道环绕,包括杜贾尔广场、阿金广场和贝鲁广场,这些广场都是在旧城墙的沟渠上建造起来的。这些广场的公园里没有一只"好奇、胆怯的鸟和兽类"。查理九世宫廷所在的富丽堂皇的城堡,除了那座巨大的未被攻破的塔楼,几乎什么也没留存下来。穆兰小镇曾经如此出名的尖塔中,只有一座钟楼仍然高耸于房屋之上。

制造业重镇——圣艾蒂安周围地区发生的变化最大。1560年,圣艾蒂安的周围地区是一个树木繁茂、令人愉悦的山谷，没有轰鸣的发动机打破它的寂静，没有烟云污染空气。现在圣艾蒂安是最忙碌的现代工业中心之一，在噪音和灰尘方面几乎可以与伯明翰媲美。土伦，现在是法兰西海军的大军火库，当时是一个只有六百三十七所房子的小港口，占地六百六十英亩。土伦的炮兵部队由两门射石炮和二十五磅火药组成，土伦的海军战略重要性可以追溯到亨利四世统治时期。1543年，当巴巴罗萨的舰队进入土伦的港口时，居民们被命令暂时离开土伦六个月，否则将面临死亡，并将他们的房屋和所有无法搬离的东西任由土耳其人巴巴罗萨摆布。

从关于法兰西宗教战争爆发时法兰西社会状况的这些简要描述中，读者可能在某种程度上能够了解像圣巴塞洛缪大屠杀这样的罪行是如何发生的。虽然对与错是同一事物的两个方面，但我们对历史事件的鉴别主要取决于我们接受的教育和我们周围的环境，用19世纪的标准来评判16世纪的人物和事件是不公平的。

第 5 章

从法兰西国王查理九世执政到普瓦西大屠杀
（1560 年—1562 年）

查理九世即位时还不满十一岁，他的即位对法兰西来说是一次巨变。一位老历史学家离奇地写道："现在，我们从狂热变成了疯狂，查理九世的统治在城里被市民诅咒，在乡村被农民诅咒；统治开始被诅咒，统治结束也被诅咒。"

刚刚即位的查理九世被威尼斯大使乔瓦尼·米切利描述为一个温和、英俊的男孩，有着漂亮的眼睛和优雅的举止，饭量很小，既机智又精神，既温柔又自由奔放。

乔瓦尼·米切利作为一位擅长传播轶事的作家，提供了一张凯瑟琳·德·美第奇1560年的惊艳画像。作家认为凯瑟琳·德·美第奇有着敏锐的理解力、很好的处事习惯及良好的沟通能力。凯瑟琳·德·美第奇的视线从不离开查理九世，不许任何人睡在他的宫中。她知道自己被人嫉妒，因为自己是一个外国人。凯瑟琳·德·美第奇的计划很周密，把一切都掌握在自己手中。她的生活懒散，食欲旺盛，为了减肥，她经常锻炼身体，散步，骑马，和查理九世一起打猎。凯瑟琳·德·美第奇的肤色很黑，看起来是个结实的女人。关于这段时期，凯瑟琳·德·美第奇给女儿瓦卢瓦的伊丽莎白写了一封很有特色的信：

我已经吩咐使者对你说了许多话，我写信只是为你祈祷，我的孩子，不要为我感到悲伤。因为我要试着贬低自己,让神和世人都认可我的行为。我最在乎的是神的荣耀和我手中掌控的权柄。然而,这么做不是为了我,而是为了保全法兰西,保护你和你的兄弟们的益处。我爱他们,是因为你们同父的缘故。我亲爱的孩子,把你的幸福交托给万能的神吧。你看,我像你现在一样幸福和成功。以前,你父亲还在世时,我唯一的悲伤是害怕你父亲不够爱我,他给我的荣誉比我应得的还多,但我是如此爱他,所以在他面前,我总是感到敬畏。上帝使我失去了丈夫,现在我为你的弟弟亨利二世哭泣。你父亲把三个子女交托给我照管,还有一个被分裂的王国让我心烦意乱。在这个王国,没有一个人可以信赖,也没有一个人不为个人的偏爱左右。因此,我亲爱的,请接受我命运的警告,相信你对你丈夫的爱,以及他对你的爱,也不要贪图眼前的荣华富贵,永远对给予你们福气的上帝保持敬畏。只要上帝愿意,他就能把你带到我现在的地位。我宁死也不愿看见你受苦,因为我怕你在遭受我经历过的痛苦折磨之后,单凭上帝的帮助和保护,你的坚贞有可能会动摇。

毫无疑问,凯瑟琳·德·美第奇完全了解自己处境的困难和危险。她不辞辛劳地策划阴谋,与各派做斗争,她做的一切不是为了法兰西,而是为了自己和子女们。洛林家族对凯瑟琳·德·美第奇和法兰西都有威胁,而她的任务就是对付洛林家族。凯瑟琳·德·美第奇不够执着,乔瓦尼·科列罗认为她"胆小",她的心脏经常在决定性的时刻衰竭崩溃。然而,凯瑟琳·德·美第奇首先关心的是使整个国家安定下来。或者,用她自己的话对在西班牙的大使里摩日主教塞塞巴斯蒂安·德·奥贝斯平说:"过去的岁月里,发生的不良事件给法兰西各方面造成了许多创伤,我们要不知不觉地恢复法兰西的一切秩序。"做到这一点也不是一件容易的事,来自威尼斯的报道说:"法兰西政府的管理几乎没有规章可循,正义被违反和玷污;致命的仇恨,强权者的激情和反复无常及

1561 年的查理九世

亲王间的利益冲突随着环境不断变化；宗教问题；人民当中有悖逆和骚乱的情绪，贵族中也有反叛情绪。"

　　1550年6月27日，查理·马克西米利昂出生。查理·马克西米利昂即位，称查理九世，时年仅十岁，他的母亲凯瑟琳·德·美第奇经国家议会批准，开始掌权，但没有摄政的头衔。孔代亲王路易一世·德·波旁被释放了，纳瓦拉国王安托万·德·波旁被任命为法兰西中将，而阿内·德·蒙莫朗西公爵恢复了对军队的管理，吉斯公爵弗朗索瓦·德·洛林继续担任他的法兰西宫廷总管的职位。阿内·德·蒙莫朗西公爵进入奥尔良后，遣散了在奥尔良城门口驻守的士兵。他说："我会保证让查理九世在没有守卫的情况下，安全地走遍全国。"

全国议会的议员们都不发表意见，但他们并不是没有注意到这些事情。法兰西国王查理九世召唤议员们到奥尔良，议员们产生了对制度方面的疑问：议会是否已经被解散？但有人巧妙地提出，就像某位国王会死亡，国王的职位总会有继任者。因此，议会议员地位的延续是完全合法的。

全国议会，由神职人员、贵族和平民组成，可以追溯到14世纪初。当时，法兰西国王腓力四世与教皇博尼法斯八世发生争执，于是把三个阶层的代表召集在一起。代表们只举行了一次会议，但在那次会议上，他们宣布了法兰西暂

法兰西国王腓力四世

教皇博尼法斯八世

时的独立,并宣传了教皇博尼法斯八世持有的普遍君主制的思想。法兰西各省不定期举行会议,并一度引领大多数欧洲国家走上了实行代议制的艰辛之路。1484年,在图尔召开的大会上,会议代表们呼吁进行广泛的改革,并要求每两年召开一次会议。一个半世纪后,议会代表们要求更高,用《权利请愿书》中那般大胆的语言宣布:"该全国议会要求,今后向人民收税,必须就该议题向议会征求意见。如果征税得不到人民的支持和认可,就不能向人民征税,因为人民是王国自由和权力的捍卫者。"这些决议都没有结果,国王继续通过诏书征税,将近八十年后,全国议会才被重新召集。1560年,法兰西正处于内乱的严重危机中,全国议会要在奥尔良再次举行。即使法兰西完全平静下来,法兰西的财政状况也令人担忧。因此,需要采取非常手段来增加财政供应。法兰西的开支超过了年收入一千万里弗,尽管这样的赤字很容易被现代的财政部部长填补,但在三百年前,没有同样方便的方法填补国库的空虚。洛林家族知道,召集全国议会是针对它们的敌对措施。但洛林家族没有反对召开全国议会,有两个原因,第一,全国议会将帮助洛林家族摆脱因在国王的授权下增加税率以增加必要的财政收入而招致的不受欢迎状态;第二,它们希望从天主教成员那里获得大量的新生力量。事实上,每一个派别都在努力争取民众的支持。在全国各地的选举会议上都出现了一种激动人心的气氛,预示着宪政政府形式的复兴。巴黎的胡格诺派教徒到维尔旅馆去,坚持要把他们的抗议和忏悔写在议案上。普罗旺斯政府起草的文件中,人民的疾苦以直白而有力的语言表达了出来。胡格诺派代表说:"神职人员太富有了,教会太富有了;祭司要少些银子,少些妻妾;神职人员应该给人民更多礼貌教育,给穷人更多慷慨的施舍,应该减少生活作风方面的问题,减少衣着方面的奢侈,不要沉迷于那些恶名昭彰的酒馆和场所;神职人员不应该经常带着老鹰和猎犬去打猎,也不应该这样浪费人力物力……正义太昂贵,费用太高,法官工资应该从公共资金中支付……艾蒂安·帕基耶是一名'国会议员',他称对全国议会的诉求一直以来都是'法兰西人普遍存在的古老疯狂行为'。居民被士兵欺压,士兵打压、劫掠居民,把居民赶出家门杀死;居民受到税收的严重压迫,而富人则可以免交税收……盐不好,不干或不纯;盐含有六分之一的杂质……绅士们不像没有履行职责保卫人民或邻居;绅士们持有应纳税的财产,并在不花钱购买经营许可证的情况下交易。"

1560年12月13日,三个阶层的人民集会在奥尔良城堡大厅庄严开幕。黑太子伍德斯塔克的爱德华曾在这个城堡大厅宴请宾客,圣女贞德曾在该城堡大厅与让·德·迪努瓦、拉·希尔、让·波顿·德·哈因蒂勒及法兰西骑士精神之花让·弗鲁瓦萨尔举行谈判。与此同时,塔尔博特率领的"英格兰狼"正潜伏在奥尔良城墙四周。奥尔良城堡拱形的屋顶早已坍塌成废墟,拱形屋顶曾绘着百合花的装饰;奥尔良城堡墙上挂着代表神话和寓言场景的挂毯。查理九世坐在上首位置的一个铺着地毯的小讲坛之上；凯瑟琳·德·美第奇坐在查理九世的左边；再往左坐在凯瑟琳·德·美第奇旁边的是查理九世的妹妹和纳瓦拉女王胡安娜·达尔布雷；安托万·德·波旁则坐在查理九世的右手边，占据着与其身份对应的位置。在小讲坛的尽头坐着带着象征法兰西宫廷总管的象牙手杖的弗朗索瓦·德·洛林；在弗朗索瓦·德·洛林的右边坐着拿着无装饰的国家之剑的阿内·德·蒙莫朗西公爵；在弗朗索瓦·德·洛林的左边坐着拿着金权杖的大法官米歇尔·德·洛必达。根据宫廷里严格的礼节，这些人都坐在低背椅上，所有其他国家议员都坐在长凳上。坐在国王宝座右边的是枢机主教和教会的高级官员。坐在枢机主教和教会高级官员对面的是贵族们，他们穿着由昂贵面料做成的各种色调的宫廷礼服。三个阶层的议员们都穿着冷色调的衣服，面向宝座。四名国务秘书出席并做会议记录。士兵们拿着长矛、十字弓和各种戟，排列整齐，站在墙边。大厅里坐满了内侍和侍从武官、贵族的侍从、神父和教会执事。在王座后面不远的地方，为女士们和其他观众留出了两条走廊，其中有几位知名的胡格诺派教徒，他们严肃的面孔和庄重的服装在衣着光鲜的出席者中显得格格不入。

会议由16世纪最强势、最高贵的人物之一——米歇尔·德·洛必达的讲话拉开了序幕。当米歇尔·德·洛必达站起来讲话时，他高大的身材、苍白的面孔和长长的白胡子使观众们充满了钦佩，一阵不由自主的窃窃私语声传遍了全场，他似乎是参议员和地方法官的典型代表。米歇尔·德·洛必达首先向查理九世屈膝，然后在查理九世的示意下坐下，他继续说明劝政府召开各界大会的动机并明确指出，与会代表仅仅是"国王手中的计数器"，与会代表唯一的任务就是"上访和服从"。各阶层与会代表中没有一个人想过要问，如果自己的职责就是服从国王的指示，那么自己为什么要聚集在这里开会。在谈到宗教分歧时，米歇尔·德·洛必达建议天主教成员"以美德和圣洁的生活来为自己增加荣耀"，并以慈善、祈祷和劝说的方式作为武器来对抗对手。米歇尔·德·洛必达补充说："刀剑对理智起不到什么作用，温柔比暴力更能使人皈依。"然而，即使是米歇尔·德·洛必达这个宽宏大量的人，也看不出两种宗教形式在同一国家共存的可能性，他想要统一，他觉得和谐才能令人感到满意。米歇尔·德·洛必达接着说："在不同信仰的人之间寻求和平、安宁和友谊是愚蠢的。"一个英格兰人和一个法兰西人可以和睦相处，但住在同一个城市里的不同宗教的两个人不能和睦相处。同一个信仰，同一个法律，同一个国王，出于这个原因，米歇尔·德·洛必达提议成立一个全国议会，改革各种弊端，从而使不同宗教的人达成和解，并补充说，"如果教皇不召集全国议会，国王就会召集此次大会"。米歇尔·德·洛必达最后把参加会议的人的注意力吸引到混乱的财政状况上，以此结束了他的长篇大论。"没有哪个刚继位的小国王比年轻的查理九世更缺乏财政来源。"米歇尔·德·洛必达说。公共债务达到四千三百万里弗，需要付巨额的常规利息，即百分之十二的年利率。考虑到年支出超过两千二百万里弗，而总年收入还达不到一千两百万里弗，所以完全找不到解决债务问题的办法。

议会解散了，三个阶层分别进行各自的讨论。神职人员在方济各修道院讨论，贵族在道明会讨论，市民阶层在加尔默罗会讨论。每个阶层的第一个行动是选择它的演说者。神父们选出了洛林枢机主教夏尔·德·洛林，并建议其他两个阶层同意他们的选择。贵族和市民阶层拒绝了神职人员的演说人选，理由是他们两个阶层的人可能会对夏尔·德·洛林不满，这一暗示促使夏尔·德·洛林离开了奥尔良。圣母院的让·昆廷代替夏尔·德·洛林当选；贵族们选了罗彻福特男爵雅克·德·西利；第三阶层选的是波尔多的拥护者，叫让·朗热，他又名朗然。

1561年1月1日，三个阶层的人再次聚集在城堡大厅里，查理九世在那里聆听各阶层演说者发表演说。让·朗热首先谴责神职人员的三种主要的意识问题——无知、贪婪和放荡。神父职位总是给那些不学无术之人；主教总把他们的职责移交给不称职的代表；教士们因挥霍无度和生活放荡而自取灭亡。这些事情只能通过议会来改革——一个全国性的议会。让·朗热要求把权力归还给那些有权选主教的神职人员。在初期教会的时候，教会财产的一部分是用来建设医院、大学和学校的，让·朗热要求减少交给罗马教廷的各种税费，遏制贵族对农民的专制。关于这个阶级的苦难，让·朗热的报告呈现了一幅令人痛苦的画面。报告可能有些言过其实，但不幸的是，它的具体事实是有其他证据可以证实的。让·朗热说："有些可怜人，为了交税，他们的小商店没了，冬天里忍饥挨饿。一些人在绝望中杀死妻子儿女，然后自杀。还有一些人被抓进监狱，在牢里因缺乏食物而等死。有些人抛弃了家庭，逃跑了。有些人因为没有马和牛，生活在苦难中，最后不得不把自己的身体套在犁头上。"这份报告写了三百五十段文字，最后一段提出了一个要求，如果要求得到批准，那将会改变法兰西历史的现状，即每五年举行一次全国议会。

贵族演讲者雅克·德·西利先是十分荒谬地为秩序的神圣起源辩护，接着又指责神职人员侵犯了法庭的权力。"你的职责不是干涉神圣的法律秩序，"雅克·德·西利说，"而是要祈祷、讲道和执行圣礼。"贵族比平民更渴望变革。图赖讷的贵族信徒要求改革教会，以遵守耶稣基督的纯粹教义，另一些人则认为所有的宗教争议都只能按照《圣经》来裁决。

神职人员明智地认为最好的策略是采取守势。神职人员的演说代表让·昆廷宣读了他的演讲，承认神职人员的纪律需要整肃，但这样的改革不能通过亵渎教堂、破坏神像和驱逐神父来实现。让·昆廷说："我认为有必要在法兰西保留天主教，因此，拒绝给予异教徒宗教信仰自由的权利。"让·昆廷还主张，所有的教会财产都应该按照捐款人的意愿来使用，教士应该被免除额外税赋和其他压迫性的赋税。在演讲过程中，让·昆廷顺带侮辱加斯帕尔二世·德·科利尼是一个"古老异教的复兴者"，建议"任何一个为信仰自由请愿的人都应该被宣判为异教徒"。因此，要继续反对宗教自由，只有这么做，邪恶的东西才有可能从我们当中清除。让·昆廷看了看加斯帕尔二世·德·科利尼，证实了自己的话。加斯帕尔二世·德·科利尼对让·昆廷的话表示不满，并要求他道歉，后来也得到了让·昆廷的道歉。加斯帕尔二世·德·科利尼的羞辱，加上被冒犯的胡格诺派连珠炮似的讽刺和警告，让可怜的让·昆廷受到了极大的心理创伤，据说他几天后就死了。

在最后一次各阶层会议上，修道院院长布瓦·奥布里，也是准备会议报告的神职人员秘书，强烈谴责在宗教事务中使用武力。布瓦·奥布里说："除了理智，竟然没有人需要良心。因此，在我们这个时代，想要剥夺那些自诩为宗教改革派的信徒行使其理性思考的权利，只会引发邪恶，这会把他们逼到无神论的地步，而每一个虔诚的天主教教徒都应该对无神论感到恐惧和厌恶。只有通过召开国家议会，我们才能纠正存在于我们中间的宗教差异性的弊端，而不是用剑或绞刑架。前几任国王颁布了九项王室法令，国会法院颁布了不计其数的法令，以火刑和其他严厉的刑罚去铲除宗教改革派。前几任国王不遗余力地阻止改革派宗教的发展，然而，都没有成功。据说，我们的圣父永远不会允许胡格诺派改革宗教。但如果有人问圣父，为什么允许犹太人在罗马和阿维尼翁改革宗教，信仰犹太宗教，圣父会作何回答呢？他会说不信奉基督的犹太宗教比信奉基督的天主教更好吗？"

各个阶层的会议结束了，却没有解决任何实际问题。各个阶层对调和两个宗教派别或缓解王国的财政状况都没有任何实际做法。各个阶层要求纠正许多冤屈。当宫廷愿意做出一些改变来换取金钱上的支持时，各个阶层说，它们无法超越自己的权限，没有权力或人民信服的权威来筹集资金。因此，各个阶层实际上抛弃了"财富的钥匙"，即来自良好政府强有力的保障。这是一个致命的错误，但宫廷也像各界人士一样似乎并没有看到这种做法的危害性。政府只看到全国议会是一个人数众多的机构，无法处理公务。因此，大家一致同意组成十三个省议会，每个议会选举三名代表，这样选出的三十九名代表应于1562年8月举行会议。主教们也被召集参加1562年8月举行的会议，大多数主教答应了。

省议会没有平息各省的骚动。口水战很快演变成拳脚相向，许多大城市发生了严重的骚乱。在博韦，加斯帕尔二世·德·科利尼的哥哥——枢机主教奥代·德·科利尼差点丧命，因为在复活节那天，他在自己的私人礼拜堂而并不是在大教堂里举行了礼拜仪式，并按照胡格诺派的方式，主持了两种圣餐仪式。暴徒闯入了怀疑是异端分子聚集的房子，抓住了一个叫阿德里安·佛尔的牧师并杀了他，拖着他的尸体到路边焚烧。这时，行刑官前来干涉，声称这是自己的工作，于是在民众的欢呼声中亲自焚烧了那具尸体。一些暴徒之后被绞死，狂热的人们群起而攻之竟然绞死了那名行刑官。在勒芒，一名天主教教徒被杀害，主教毫不犹豫地写信给查理九世，请求宽恕凶手。在雷恩，胡格诺派教徒敢于公开做礼拜。因此，胡格诺派遭到了一个"气焰嚣张的恶霸"般的天主教灰袍修士的攻击，他煽动天主教教徒在夜间突袭胡格诺派教徒。市政官员没有想办法让天主教灰袍修士保持冷静，只是担心如果天主教教徒不能成功，第二天自己将会"在公众面前被公开、猛烈地教训"。1560年12月，人们在卡尔卡松的狗窝里发现了一张圣母像。胡格诺派被认为是亵渎神明的人，暴徒们向他们发起攻击，许多人被杀害。有一个人的嘴巴被人划烂，从一只耳朵切到另一只耳朵，他的嘴上还钉了一块铁。行刑官杀死了五个胡格诺教徒，剥了他们的皮，吃掉了其中一个胡格诺派教徒的心脏，还把自己的一个仇人锯成两半

然而，人们不能想当然地认为只有胡格诺派教徒受到了挑衅和侮辱。1561年3月25日，布卢瓦的高级执行官给凯瑟琳·德·美第奇写了一篇关于胡格诺派的恶行和亵渎神明的长篇报告，在报告中讲了胡格诺派教徒是怎样打砸开放的教堂，打碎了画像和耶稣受难像，从基切修道院带走了十三名年轻妇女。即使在罗马天主教狂热的温床巴黎，胡格诺派教徒也毫不收敛，他们破坏了街上和一些教堂的神像，还举行了鼓动骚乱的会议，这些会议最后都被镇压了。

法兰西政府想在国家的分裂状态下采取温和的手段，在解散奥尔良全国议会的当天就召集了各派联席会议会议，会议主要讨论是否允许胡格诺派进行私人礼拜活动。这种礼拜形式被洛林派否决了，因为洛林派仍然很强大。但不久之后，凯瑟琳·德·美第奇颁布了一项赦免令，把所有因宗教信仰不同而被监禁的人都释放了出来，并命令地方法官把因异端邪说的罪名而被剥夺了合

法所有权的财产归还给被释放的人。与此同时，国王的所有臣民都被告诫要遵守国家教会的仪式和惯例，那些以维护宗教利益为借口而扰乱公共秩序的人将被判处死刑。因为凯瑟琳·德·美第奇颁布的赦免令对改革派的保护并不充分，1561年4月，她再次颁布了一个王室公告，重新启用了以前有益于宗教和解的条例，天主教教徒和胡格诺派教徒互相辱骂对方；禁止大规模的集会；禁止因借口发现违背法律的宗教活动而私自闯进别人家里；允许所有因宗教观点的不同而被迫离开王国的人回国，条件是他们愿意对外宣布皈依天主教。不服从这些规定的人可以卖掉他们的财产离开法兰西。修订后的法令必须在所有的教堂宣读，普罗旺斯的一个天主教方济各会鞋匠用怪诞的术语介绍了修订后的法令，他是这样说的："亲爱的天主教教徒兄弟们，我收到指令读取一个法令即下令，猫和老鼠一起和平相处。在法兰西的我们——也就是异教徒和天主教教徒——应做同样的事情，这是国王的快乐。我为此感到遗憾，我也为新政权开始便如此没有希望而感到难过。"

即使这项法令做出的是小小让步，也受到教皇和西班牙国王的严厉谴责。法兰西各地爆发了许多反对宽容对待异教徒的流血抗议，就像戈登骚乱一样，这表明人们对宽容的看法存在很大分歧。因此，为了平复公众情绪，米歇尔·德·洛必达建议凯瑟琳·德·美第奇就镇压这些宗教骚乱的最佳办法同巴黎议会协商。1561年7月，查理九世、凯瑟琳·德·美第奇和主要贵族举行了隆重会议。这场讨论以米歇尔·德·洛必达充满智慧且具安抚功能的发言开始，进行了很长时间，充满了激烈的争论。"我们开会不是来讨论教义的，"米歇尔·德·洛必达说，"而是思考防止不同的宗教观点引起纠纷的最好方法是什么，如何终结宗教垄断和宗教骚乱的现象。到目前为止，宗教差异被证明是这两种现象的根源。不良因素进入了这种竞争，谁也不想自我革新。"换句话说，宗教只是一个借口。议会内部意见分歧很大，一种观点认为，反对胡格诺派的法令应该完全暂停，直到全国议会召开为止。另一种观点认为应该更严格地执行反对胡格诺派的法令。还有第三种观点认为，异端的唯一认定工作应该由主教负责，应该对所有为宗教礼拜而集会的人，甚至是对和平集会的人，施以严厉的惩罚，但不包括死刑。第三种观点以三票的多数票通过，最终颁布了1561年7月的法令，禁止使用侮辱性语言；禁止任何带有宗教色彩的暴力行为，违者处死；所有公开和非公开集会都被禁止；主教们仍然要查处异端罪，但惩罚仅限于放逐。最后，查理九世宣布大赦，条件是每个人都要过上和平的天主教生活。除了在异端案件中废除死刑，胡格诺派教徒几乎没有从这项法令中得到什么好处。事实上，这项法令削弱了胡格诺派已经享有的宽容。然而，巴黎议会只会暂时登记这项法令，理由是它太过偏袒胡格诺派了。从当时写的赞美诗中可以清楚地看出，胡格诺派教徒不赞同查理九世大赦的内容。《七月敕令》的限制和处罚是没有必要的，这一点从当时发生的不容置疑的事实中可以看得十分清楚。1561年的4月25日，德·克吕索尔在蒙彼利埃写信给凯瑟琳·德·美第奇，说改革派曾请求允许他们和平地生活，自己在改革派教徒身上只发现了"极大的服从和尊敬"，他们是忠诚的臣民。德·克吕索尔继续抱怨图卢兹议

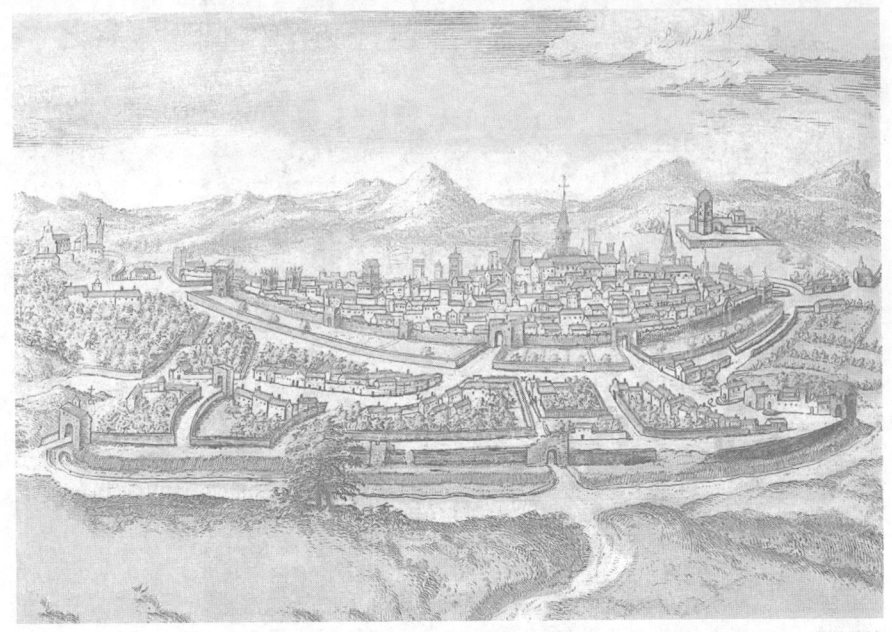

蒙彼利埃

会违反法令并拘留胡格诺派教徒,说:"看来图卢兹议会想要修改上述法令,或者制定新的法令。"1561年10月,人们发现圣十字会和教皇使节都特别提及德·克吕索尔对改革派的赞美。1561年10月16日,在写给枢机主教圣查尔斯·博罗密欧的信中,德·克吕索尔又说:"在加斯科涅和其他地方,我没有看到任何残缺的神像,没有看到任何破碎的十字架,没有看到任何废弃的教堂,我被告知会看到的破坏景象并没有出现。"紧接着,德·克吕索尔又继续谈到了人们看到十字架被破坏的情形可能的反应和感受。

枢机主教圣查尔斯·博罗密欧

卡洛斯

自从查理九世登基以来，胡格诺派在法兰西的宫廷里越来越受欢迎，这并不奇怪。众所周知，西班牙国王腓力二世正与洛林家族密谋让他的儿子卡洛斯娶寡妇玛丽·斯图亚特，这是精心策划阴谋的第一步，目的是增强西班牙的实力和粉碎宗教改革。通过这段婚姻，腓力二世成为苏格兰的主人，激发了西班牙和苏格兰罗马天主教教徒的希望，使英格兰陷入瘫痪，并阻止英格兰女王伊丽莎白一世向佛兰德斯的叛乱分子提供援助。洛林家族的影响力也将大大增强，法兰西将完全处在他们的掌控之下。凯瑟琳·德·美第奇目睹了这一切，

奥地利的伊丽莎白

为了抑制西班牙，她向英格兰示好。1564年9月，凯瑟琳·德·美第奇才真正提出查理九世和奥地利的伊丽莎白的婚事。

对胡格诺派的偏袒使正统派大为恼火。阿内·德·蒙莫朗西公爵对孔代亲王路易一世·德·波旁、加斯帕尔二世·德·科利尼和其他几个在四旬斋里吃肉的人大为愤慨。大主教约翰·德·蒙吕克，是那个同姓的野蛮士兵布莱

206　●　圣巴塞洛缪大屠杀：宗教纷争、大国博弈与法兰西王国的衰落

兹·德·蒙吕克的兄弟,宣称用法语向上帝祈祷没错,《圣经》应该翻译成通俗的语言。圣日耳曼和枫丹白露的会客厅向胡格诺派牧师敞开大门,"整个宫廷似乎都充满了宗教改革派的气息"。耶稣会的蒙伯格说。凯瑟琳·德·美第奇热情接待了天主教领袖,表现出了一个虔诚探寻真理者的态度。西班牙大使佩雷诺·德·尚托内不经常给他的西班牙皇室主人写信。即使写信,在信

布莱兹·德·蒙吕克

中,他也没有报告法兰西对异教徒的宽容,没有报告加斯帕尔二世·德·科利尼的专职神父经常向三百多人的教众布道及布道带来的影响。还有一次,佩雷诺·德·尚托内写道:"复活节后的第二天,当着路易一世·德·波旁的面,在加斯帕尔二世·德·科利尼住宅前的枫丹白露大院里的公开讲道被中断了。"1561年7月9日,佩雷诺·德·尚托内说,"在领主或宫廷淑女的宅邸里",没有一天不讲道。忙忙碌碌的佩雷诺·德·尚托内告诉我们,1561年8月,在圣日耳曼,西奥多·贝扎在路易一世·德·波旁居住的旅馆及法兰西宫廷里做布道,该记者还说改革派的牧师们"比天主教神父更有信心"。过一阵子,我们从报纸上了解到,由于对异教徒的偏爱,巴黎和其他地方每天都发生"煽动、骚乱和谋杀新教徒和天主教教徒"的事件。不久之后,佩雷诺·德·尚托内提到,某些主教采纳了异教徒的教义和语言,要求改革教会。在教皇面前,神职人员几乎都成了笑柄。"有天晚上,吃过晚饭后,罗马枢机主教的使节与奥地利的伊丽莎白、查理九世、阿朗松公爵弗朗索瓦·德·瓦卢瓦和纳瓦拉的亨利·德·波旁进了房间,后面跟着打扮成枢机主教、主教、修道院院长和神父样子的人,他们骑着驴,每人在驴背上驮着一个打扮成风月女人的男侍从。大家都笑得很开心,继续自娱自乐,称纳瓦拉亨利王子为罗马教皇的使节,因为他穿着枢机主教的衣服。罗马枢机主教的使节表示不接受这种化妆舞会,凯瑟琳·德·美第奇对此表示歉意,说这"只是一个幼稚的玩笑"。后来成为亨利四世妻子的瓦卢瓦的玛格丽特在她的回忆录中写道,整个宫廷都被异端邪说感染,许多贵族和淑女试图使她皈依,她哥哥安茹公爵亨利·亚历山大也没能逃过这种不幸的影响,他常常把她的祈祷书扔进火里,给她念胡格诺派的赞美诗。考虑到瓦卢瓦的玛格丽特当时只有八岁,她在将近四十年后的证词,除了在某一方面能够证实一些证人的证据,没有什么价值。布永公爵在回忆录中写道,瓦卢瓦的玛格丽特的另一个弟弟弗朗索瓦·德·瓦卢瓦非常喜欢宗教事业。从这一切可以很清楚地看出,在统治的初期,法兰西正处在巨大变革的边缘。如果凯瑟琳·德·美第奇是个有原则的女人,法兰西的历史将会进入一

阿朗松公爵弗朗索瓦·德·瓦卢瓦

个更好的轨道。胡格诺派教徒相信凯瑟琳·德·美第奇的声明是真诚的,劝诫她"只要说一句话,基督就会在全国范围内受到真诚和虔诚的崇拜"。但凯瑟琳·德·美第奇不想说这种话。和许多在圣彼得学院的传统下接受过训练的人一样,凯瑟琳·德·美第奇表面上非常热情,"像意大利人一样虔诚",但内心深处,她更相信巫术和占星术,而不是上帝。

为了使国家议会重新召开,各个阶层曾认为最好先召集各省议会,希望就提交给国家议会的问题达成共识。每个省份都有自己的冤屈和补救办法,神职人员是主要的攻击对象。然而,法兰西岛的选民们却给事态的发展带来了意想不到的转折。他们认为,让宫廷里的宠臣吐出不义之财是恰当的,因为前几任国王挥霍无度,使宠臣变得更加富有。一想到要收回自己的财产,阿内·德·蒙莫朗西公爵不仅为自己,也为儿子弗朗索瓦·德·蒙莫朗西感到惊慌,因为他的儿子娶了臭名昭著的黛安娜·德·普瓦捷的女儿路易莎·德·布雷泽为妻。阿内·德·蒙莫朗西公爵也被他的外甥查狄伦一家的胡格诺派观点和凯瑟琳·德·美第奇对他们的宠爱激怒。在这样一种心境下,黛安娜·德·普瓦捷不需要什么劝说,只需要巧使妙计,就能使蒙莫朗西家族和洛林家族和好如初。共同的危险把两个家族拉到一起,形成了致命的三头同盟,给法兰西带来了如此多的厄运。为了表示和解,并作为互相支持的见证,阿内·德·蒙莫朗西公爵、弗朗索瓦·德·洛林和圣安德烈元帅雅克·阿尔本一同参加了圣礼。阿内·德·蒙莫朗西公爵担心宗教变革会导致政治变革,把自己的全部影响力都放在了天主教一边,而安托万·德·波旁正逐渐倾向于天主教。路易一世·德·波旁在加斯帕尔二世·德·科利尼的帮助下,独自抵制了罗马天主教派对胡格诺派使用武力的提案,并主张成立一个国家议会来解决宗教分歧。在这个过程中,胡格诺派教徒发出请愿书,支持路易一世·德·波旁和加斯帕尔二世·德·科利尼。请愿书的数量之多,不容忽视。为了满足和平解决宗教分歧这一正义要求,各个阶层召开了一次神职人员会议,几个新教牧师出席了会议并解释和捍卫了新教教义。

1561年8月17日，蓬图瓦兹全国会议召开，会议的第一步是确认奥尔良会议的纪要。愈加睿智、愈加宽容的米歇尔·德·洛必达在开幕演讲中说："我不理解那些想要把新教逐出王国的人，他们为何颁布了一个又一个反对新教的法令。我们唯一的诉求是，要了解允许或禁止加尔文主义者的集会，哪一种方式可以使国家利益能得到最好的满足。要决定这一点，我们不必探究加尔文主义者的学说。假设改革派教义是不好的，为此就可以剥夺改革派教徒的言论自由权吗？如果有人不是天主教教徒，也不是新教教徒，难道就不可能成为一个好公民了吗？不同宗教信仰的公民难道就不能和睦相处吗？我们开会不是为了确立信仰的条条框框，而是为了管理好国家。"

贵族演讲者提出的要求几乎得到了贵族阶层的一致同意。这些要求包括，所有的宗教争议应该根据《圣经》来决定；异端不再被认为是对国家的一种冒犯；《使徒信经》和《阿塔那西亚信经》应该是对正统的唯一检验标准。贵族们也呼吁改革司法和政府，但他们的诉求属于政治范畴而不属于这个时代宗教历史的讨论范围。

平民阶层的演讲者要求更彻底的变革，比如在王室议会会长的领导下成立国家议会，一切有争议的问题都应由上帝来决定；停止迫害，理由是强迫任何人做违背其良心的事情是不合理的。平民阶层还提议，应取消枢机主教和主教在法兰西宫廷议会的席位；全国议会应每两年召开一次；改革派应该享有充分的信仰自由，无论是在现有的教堂里，还是在它们为自己建造的教堂里。一位发言者说："由于两种宗教有相同的基础，它们没有理由彼此仇恨、彼此迫害。坚持实施刑罚会点燃一团火，这是任何力量都无法扑灭的。"在提出了各种各样的教会改革建议后，这位发言人继续说道："如果国王想要钱，就让他像德意志和英格兰那样做吧——拿走让教堂变得奢华的钱。"教堂现在拥有的三分之一的财富足以满足教堂的日常开销。百姓却被害惨了，已经没有多余的财物来纳税了。平民阶层的想法是通过没收神职人员的财产来偿还债务和致富，这让正统派教徒都很高兴。但教职人员听到了这一惊人消息后，调动一切力量,以防止可能受到的打击。教堂的财产价值达到一亿两千万里弗。有人提议从这笔钱中拨出四千八百万里弗,这笔资金将为神职人员带来四百万里弗的收益。人们认为,这笔收益对支持教会来说已经足够了。四千两百万里弗的拨款用于偿还债务;三千万里弗用作预算,如果能明智地将其分布在法兰西主要城市的贷款上,用于发展贸易和增加国家的总财富,那么利息就足以养活军队和维护军事防御设施。要没收教会这么多钱,需要一个强大的政府,冒着极大的风险才能做到这一点。但这个提议开始让神职人员愿意承担他们本来需要承担的公众责任。他们不仅要赎回所有被国王典当或抵押的法兰西宫廷领地,而且要连续六年每年缴纳一百六十万里弗的税款。凯瑟琳·德·美第奇就这样获得了必要的补给,并得到教会的许诺,会有更多补给。除了一些微不足道的事情,民众的要求都被回避了,但民众的宗教信仰自由得到了保证。如果说在奥尔良和蓬图瓦兹举行的会议没有产生多大效果,那么两次会议通过认识到并确立了宽容的伟大原则,从实质上促进了胡格诺派的利益。虽然要等到两个多世纪以后,宽容的原则才会得到充分贯彻。

  蓬图瓦兹会议一结束,所有人的目光都转向即将在普瓦西举行的会谈。神父们要求彻底执行《七月敕令》,以回报自己对国家负担的慷慨解囊。"不要这么做。"西奥多·贝扎简洁地说。凯瑟琳·德·美第奇收下了钱,却含糊地回应了神父们的祈愿。她对这两个宗教派别之间争端的真实态度可以从她在1561年8月4日让枢机主教费拉拉公爵阿方索二世呈给教皇的书信中窥见一斑,信中写道:"那些自称宗教改革派的人数是如此之多,派别势力是如此强大,改革派不再受到严厉法律或武力镇压了。改革派既不是再洗礼派,也不是自由主义者。改革派相信《使徒信经》上的一切条款,所以有许多人议论说,改革派不应该摒弃教会的圣餐仪式。除去天主教会的形象,除去圣礼中某些无用的形式,改革派能给天主教派带来什么威胁呢?所有人都能在两种宗教环境下进行宗教仪式,允许人们用通俗的语言来实施神圣的崇拜,这对法兰西来说将是更有利的。"

费拉拉公爵阿方索二世

　　凯瑟琳·德·美第奇在委托阿方索二世转交给教皇的信中有多真诚，了解她的人不难回答这个问题，因为他们知道她的真诚是有目的的，而不是受到做人原则的影响。当凯瑟琳·德·美第奇的做法符合她的目的时，她便是真诚的。早在三人统治集团采取明确的形式之前，凯瑟琳·德·美第奇已经看到了团结胡格诺派的必要性，目的是为了制约洛林派。正是这一点促使凯瑟琳·德·美第奇写信给教皇，并假装接受加尔文主义思想。简而言之，这是为了欺骗各方。虽然我们没有完全采纳达维鲁的观点，但我们同意他的结论，"凯瑟琳·德·美第奇不仅欺骗了普通老百姓，也欺骗了最狡猾、最有伎俩的人"。

无论凯瑟琳·德·美第奇的动机是什么，教皇都不肯做出一点让步。教皇写信鼓励天主教会抵抗。与此同时，米歇尔·德·洛必达同日内瓦的加尔文派对话，以查理九世的名义称赞——实际上是根据凯瑟琳·德·美第奇的指令——加尔文派拥有纯洁的动机和正直的原则，并敦促加尔文派抑制某些牧师和教条主义者的不良行为，因为这些人滥用宗教的名义和宗教的纯洁，不仅通过诬蔑和诽谤，还通过布道，在国王的臣民的思想中播下了可怕的叛逆之心的种子。

正是在这种情况下，1561年9月，按照《七月敕令》中做出的承诺，举行了著名的普瓦西会谈。宗教改革派和天主教派双方都为这次会谈做了充分的准备。为了制约天主教派的雄辩和伎俩，约翰·加尔文、西奥多·贝扎、彼得·马蒂尔和其他牧师都受邀从瑞士前来参加会谈，并得到承诺会保障他们的安全。约翰·加尔文拒绝了邀请，但新教教徒对他的缺席并不感到遗憾，因为西奥多·贝扎更加适合这种场合。西奥多·贝扎出身高贵，是个成熟的学者。他熟悉宫廷事务，且在巴黎上流社会里，养成了一种引人注目的优雅风度。西奥多·贝扎因为一场严重的疾病改变了信仰。他告诉朋友兼导师梅尔基奥尔·沃尔马克："我一旦能离开床榻，我就要挣脱所有的枷锁，和我妻子自愿流亡去追随基督。"在日内瓦，西奥多·贝扎被任命为神学教授并被任命为牧师。他对加约翰·加尔文如此依恋，几乎从未离开过约翰·加尔文。约翰·加尔文的长相值得介绍，他很英俊，中等身材，谈吐讨人喜爱。1561年8月23日，约翰·加尔文到达圣日耳曼的第二天，在路易一世·德·波旁的寓所大厅布道，并在午夜被邀请到胡安娜·达尔布雷家的客厅参加一个私人会议，受到凯瑟琳·德·美第奇、洛林和波旁的枢机主教及其他人的礼貌接待。凯瑟琳·德·美第奇问了约翰·加尔文许多关于他的健康、年龄和职业方面的问题。夏尔·德·洛林一番善意的赞扬后，宣称在自己看来，基督教会在圣餐变体论和圣体共在论方面的差异并不是造成教会分裂的充分理由。西奥多·贝扎回答说："我们认为面包象征着神圣的身体，我们是这样理解圣礼仪式的——我们认为，虽然上

彼得·马蒂尔

帝现在在天堂,不在别处。且他在世界上的各种象征无处不在。但只有因信永生,我们才能感知和接受这些象征,因为这些象征是我们亲身体验的结果。"夏尔·德·洛林转向凯瑟琳·德·美第奇说:"这就是我的信念,夫人,我很满意。"西奥多·贝扎利用洛林枢机主教这一意想不到的让步补充道:"正是因为这些圣礼仪式,新教教徒长期以来一直受到残酷的迫害和诽谤。"

1561年9月9日清晨,西奥多·贝扎离开圣日耳曼前往离巴黎大约四法里远的一个小镇——普瓦西,由一群才华横溢的绅士护送,其中一定有许多他的老朋友。普瓦西会谈的参与者们为了不伤到教廷敏感的神经,选择在大修道院的食堂里集会。当时只有十一岁的查理九世主持会议,他的周围聚集着瓦卢瓦-昂古莱姆家族嫡亲的亲王,还有宫廷的官员和淑女。根据等级,在大修道院的食堂大厅的两边依次排列有六名枢机主教及四十多名大主教和主教,还有陪同身穿红袍或紫袍的高级神职人员的众多神学院学者和律师。食堂大厅的对面有一家小馆子,但小馆子的外围区域空无一人,新教教徒还没有被允许进入出现在查理九世的面前。查理九世宣读了一篇正式的讲话后宣布会议开始。在这篇讲话中,查理九世说,他希望,"与会者能探究改革的必要性,不带激情或偏见,只为上帝的荣誉,并从自己的良心和公众的和平安宁出发考虑问题"。查理九世继续说道:"我希望的是,你们不要散会,除非你们把事情安排得井井有条,使我的臣民们能够和平团结地生活在一起。"接着是米歇尔·德·洛必达的讲话,在查理九世的授意下,他说话时一直坐在自己的座位上。在正式的解释和介绍之后,米歇尔·德·洛必达接着说:"我警告你们,不要问那些没有任何结果的微妙而奇怪的问题。我们不需要太多的书本理论,我们只需要彻底地理解上帝的话语,并尽可能严格遵照上帝的旨意来生活。陛下邀请新教的牧师们到这里来与你们商讨。我请求你们,对待他们,要像父亲对待孩子一样,和蔼地教导他们,使他们将来不能说自己在未被倾听的情形之下就被定罪了。"

米歇尔·德·洛必达在讲话中的慷慨大方冒犯了图农枢机主教弗朗索

瓦·德·图农。图农枢机主教在对米歇尔·德·洛必达的讲话进行了一番小小的讨论之后,胡格诺派被介绍进入会议厅。胡格诺派一共有三十三人,十一位牧师和二十二位来自加尔文派教会的世俗代表。一进入大厅,胡格诺派代表就跪下向查理九世致敬。面对这样的情形,西奥多·贝扎祈求上帝的祝福降临到会众身上。当胡格诺派教徒站在食堂大厅对面的小馆子那边时,他们朴素的黑色服装与坐在大厅两边的罗马天主教会显贵们的丝绸和毛皮服装,金色和明亮的服装色彩形成了鲜明的对比。

西奥多·贝扎站在胡格诺派众弟兄稍前一点的位置,讲解自己和胡格诺派信仰的真谛,他的演讲把演说、智慧和《圣经》巧妙地结合在一起,现代读者都可以理解他提出的观点。在谈到圣餐的教义之前,西奥多·贝扎竟然获得了一群原本反感他的人的认可和倾听,他们对西奥多·贝扎的话表达了极大的赞许。正如我们已经看到的,西奥多·贝扎承认基督圣灵里的存在,但他这样说:"我们说,基督的身体与饼和酒之间的距离,如同天离地那样远。"这使罗马天主教的高级教士们十分震惊,他们开始窃窃私语,发出很大的声音,称西奥多·贝扎为"亵渎者"。然而,西奥多·贝扎没有注意到有人对他不满,而是继续他的演讲,最后以呼吁服从国王的教义结束,呼吁新教的著作应该关注德意志新教省份的现状,遵守《圣经》。如今,这样的辩护似乎不起作用了。因为正统教派一直坚持认为,如果有人反对天主教会,必然也会反对国家。休会一星期后,高级教士们通过夏尔·德·洛林的传达对西奥多·贝扎的发言做了答复,但有两点是不容讨论的内容——天主教会在信仰问题上的权威和基督的实际存在。西奥多·贝扎提出立即回答,食堂大厅一片喧嚣。此时轮到胡格诺派的拥护者西奥多·贝扎发言了,与其说他希望说服对手,不如说希望软化对手。在西奥多·贝扎的演讲之后,由于讨论变得不受欢迎,公开议程中断了。但在凯瑟琳·德·美第奇的建议下,举行了一些私人会议。在其中一个会议上,一个叫桑特的僧侣认为,"与《圣经》相比,传统的基础更坚固、更可靠"。在另一个会议中,耶稣会信徒莱内激起了所有与会者的公愤,因为他称官僚是

"狼、狐狸、蛇和刺客",并宣布"女性和士兵无法表明自己的宗教信仰"。改革派的代表们在圣餐仪式上发表了一份宣言,主教们认为这是异端邪说拒绝接受。天主教主教们也作了反诉,要求凯瑟琳·德·美第奇"强迫胡格诺派接受天主教,否则就把它们消灭掉,因为法兰西是一个从来不容忍异端邪说的国家"。然而,凯瑟琳·德·美第奇没有屈服,她严厉地指责天主教主教们有一种反常的欲望,想要延长王国的动乱。温和派仍然抱着和解的希望。在随后的一次会议上,米歇尔·德·洛必达大胆地说:"国家和教会是两回事,不是一回事。一个人是一个好臣民,但他也许是一个坏的天主教教徒。你可以把一个人逐出教会,但他仍然是一个公民。"米歇尔·德·洛必达的思想远远走在了时代的前面。

凯瑟琳·德·美第奇在谈话中表现得很直率。当议员们散会后,她也没有放松下来,而是尽力达成一项大家都可以接受的协议。凯瑟琳·德·美第奇建议法兰西主教应该向查理九世发表演讲,祈求他打动教皇,让教皇能够允许神父结婚和两种圣餐形式。法兰西主教照做了,庇护四世回答说,他一向认为这些宗教变革是正确和公正的。因此,在上次的秘密会议上,庇护四世曾受到路德派的嘲笑。但如果没有枢机主教们的同意,庇护四世什么也做不了,可是枢机主教们是不会同意这些改变的。1562年2月16日,凯瑟琳·德·美第奇写信给宫廷的大使,抱怨时间都花在了"无聊的争论"上。查理九世在给派去罗马的使节德·利勒的一封信中,为自己在普瓦西做的事情辩护,因为自己不可能再执行现存的法令。查理九世说:"因此,我决心不再让我的王国陷入混乱。补救措施越拖延,混乱就会越严重。"法兰西政府受到德意志和瑞士发生的事情的启发,开始把新教视为解决混乱局面的障碍。那些离开了罗马教会安全港湾的灵魂在四处飘荡,能对抗曾使许多人陷入再洗礼主义错误激流的唯一可靠的手段就是路德和加尔文的信条。异端思想总比德意志曼斯特小镇横行的放荡行为要好得多。

会谈期间举行了宗教会议,胡格诺派牧师不切实际的性格特征清楚地

普瓦西会谈

呈现在他们起草的一本报告上,报告中写道,要求"将女性排斥在国家政府之外,建立合法的摄政政权"。因此,这份报告疏远了每天跟他们亲近的凯瑟琳·德·美第奇。胡格诺派牧师还呼吁对"无信仰者、自由主义者和无神论者"采取严厉措施,就像一些现代爱国者一样。胡格诺派牧师无比热爱自由,甚至想要把自由全部留给自己。

虽然这次会谈没有达成什么协议,但现实的结果是胡格诺派成功地使自己摆脱了外界的众多诽谤。胡格诺派教徒已经表明,他们不是不忠的臣民,也没有犯下臭名昭著的罪行的习惯。他们的信仰传播得极快,以至瑞士教会能提供的牧师数量无法满足新教会对主持牧师的需求量。宫廷的支持给了新教教徒勇气。在各派召开的普瓦西会议期间,数千人聚集在巴黎城外聆听西奥多·贝扎的演讲。据西奥多·贝扎的敌人估计,西奥多·贝扎的听众有八千人,而西奥多·贝扎的朋友估计听众有五万人。然而,就算是八千听众,在户外也听不见讲道的声音。由于安全需要,这些会众很早就采取了一种军事队形。妇女和儿童被安置在离牧师最近的中心;妇女和儿童身后站着步行的人,接着是骑马的人,外面排列的都是全副武装的人,士兵或火枪手,保护着手无寸铁的人群。由于巴黎的社会秩序特别混乱,路易一世·德·波旁召集了一支由大约四百名绅士组成的志愿卫队,加上弗朗索瓦·德·查狄伦手下的三百名老兵,外加三百名学生和同样多的市民。当然,如果没有这些预防措施,任何公开的礼拜活动都是不安全的。但在不公开礼拜的情况下,这种武力展示是否明智确实值得怀疑。

从加斯帕尔二世·德·科利尼当时向凯瑟琳·德·美第奇提交的一份名单来看,法兰西似乎有两千多个改革派教会组织。有些人将胡格诺派教徒的人数计算为法兰西总人口的一半,而最不乐观的人则认为胡格诺派教徒只占总人口的十分之一。米歇尔·德·洛必达估计,"王国的四分之一地区没有进行教会圣餐仪式"。米歇尔·德·洛必达补充说,法兰西这四分之一地区的新教教徒"由绅士、大户人家和那些见过世面、习惯携带武器的穷人组成。这部分新教教徒人中，四分之三以上属于文化人且家境富裕，包括贵族和第三阶层的人，因为站在胡格诺派这一边，他们想要推进新教事业，不会缺乏资金。"卡塞诺-查罗斯男爵的文章也表达了同样的意思；威尼斯大使米凯利是最精明的观察家之一，他宣称法兰西没有一个省不受新教的污染；诺曼底和布列塔尼、加斯科涅和朗格多克、普瓦图和都兰、普罗旺斯和多比尼——占王国的四分之三——到处都是新教的势力范围。"在许多省份，"米凯利说，"举行会议，布道，制定生活规则，完全以日内瓦为榜样，完全不考虑王室的禁令。每个人都接受这些观点。最值得注意的是，就算是宗教团体，包括神父、僧侣和修女——很少有修道院不受新教的影响——甚至主教和许多最杰出的高级教士都免不了受到影响……总督阁下可以确信，除了那些仍然热衷于频繁出入教堂的普通百姓，所有的人都已堕落了。贵族尤甚，四十岁以下的几乎无一例外。尽管还有许多人仍然去做弥撒，但仅仅是对外装装样子和害怕外人的闲言碎语。当他们肯定不会被发现时，他们会避开弥撒和教堂。"米凯利认为，如果法兰西想避免一场全面战争，那么宗教自由——至少是"临时"宗教自由——必须给予新教教徒。

凯瑟琳·德·美第奇和她的顾问中最不狂热的那部分人清楚地看到，妥协是必要的。凯瑟琳·德·美第奇虽然对普瓦西会议的结果感到非常失望，但她认识到调和的必要性，并呼吁胡格诺派的领导人帮助她夺回被新教教徒们为宗教崇拜而占领的教堂。然后，凯瑟琳·德·美第奇默许新教教徒在指定的地点组织五百人集会，但禁止他们佩带武器，禁止布道时使用侮辱语言。在巴黎，集会的人数被限制在两百人以内，而且只能私下见面。对新教教徒采取宽容政策还是采取严惩政策，这个问题太重要了，不用正规的方法根本解决不了。凯瑟琳·德·美第奇组织召开了一个名人大会，由各派联席会议的普通成员组成。另外，王国各省议会各派两名代表参会，就国家政策方面的问题向凯瑟琳·德·美第奇献计献策。

狂热的罗马天主教派对宫廷和政府的宽容表现一点也不满意。随着罗马天主教派的权力和影响力日益减弱，它们开始四处寻求外国的帮助。在困惑中,他们很自然地求助于教皇和西班牙王国。有一个夏尔·德·洛林和索邦神学院某些学者请愿的故事,他们恳请腓力二世帮助法兰西教会对抗异教徒,理由是夏尔·德·洛林是最强大、最虔诚的亲王。请愿书并没有送达目的地,因为它的递送者,一个神父,被逮捕并被迫交出请愿书。这个故事没有得到完全的证实,但有足够的证据表明,即使没有这个故事,洛林家族和部分法兰西神职人员确实通信叛国了。在这封请愿书的支持下,腓力二世在给凯瑟琳·德·美第奇的信中口吻嚣张,指责她举行普瓦西会谈,并谴责成立国家议会的想法。西班牙国王直言不讳地说,所有的异教徒都应该受到惩罚,无需尊重他们。西班牙国王补充说,如果凯瑟琳·德·美第奇不履行职责,他决心牺牲一切,甚至他的生命,以阻止这场宗教灾难的发展,这同时威胁了法兰西和西班牙两个国家。西班牙大使佩勒诺·德·尚托内被安克蒂尔描述为"扮演法兰西国务大臣的角色",他很少给他的西班牙皇室主人写信,即便写了,在信中他也没有谴责凯瑟琳·德·美第奇对新教教徒的偏爱。由于腓力二世有意使法兰西处于混乱状态,于是向洛林派示好,许诺给洛林派人力和财力支持,但其实并不愿意慷慨解囊。虽然腓力二世和洛林派的计谋是秘密进行的,却没有逃脱凯瑟琳·德·美第奇警惕的眼睛。为了防止暴乱爆发的可能性,凯瑟琳·德·美第奇解除了巴黎市民的武装。

极端罗马天主教教徒越来越反感凯瑟琳·德·美第奇,对她的政策也越来越不满意。许多贵族对凯瑟琳·德·美第奇的宽容政策提出了抗议,神职人员高兴地抓住这次机会激起民众的狂热。其中一个煽动叛乱的僧侣布道者实际上是在告诫巴黎市民,不要让自己花钱雇来的守卫去保护异教徒。此时,罗马天主教的教士们非常残暴,特别是那些中坚分子,其残暴程度用语言都无法形容。至今仍在布道的西蒙·维戈尔在讲坛上凶狠地讲道:"我们的贵族不愿意斗争……他们说,用剑刺自己的叔叔或父亲不是很残忍吗?……现在来比较一下吧,你和你的天主教和基督教兄弟之间的关系与你和你的胡格诺派亲兄弟之间的关系相比,你和谁更近、更亲?精神的关联高过肉体的关联,所以我告诉你们,你们如果不打击胡格诺派,你们就没有宗教信仰。因此,总有一天早晨,上帝会执行正义,允许贵族被平民践踏。不是我说应当这样做,而是上帝必允准这样做。喋喋不休的克劳德·阿东宣称,在布道力度方面,西蒙·维戈尔远远超过其他所有人,并简要介绍了西蒙·维戈尔的某场布道。在这篇布道中,西蒙·维戈尔指责查理九世的政府偏袒胡格诺派,"摧毁了基督教堂"。夏尔·德·洛林门下的克劳德·德·圣克特斯在一篇著作中写道:"如果法兰西为消灭加尔文主义燃起的大火没有熄灭,加尔文教派就不会得到发展。"

这种煽动性的语言产生了预期的效果,整个王国呈现出骚乱、可怕的局面。1561年12月26日,在卡奥尔,警钟召唤人们拿起武器。天主教教徒把胡格诺派教徒关在后者集会的地方,然后放火焚烧。当这些可怜的人在火焰中艰难地前进时,他们被野蛮人群的长矛和刀剑击倒了。类似的骚乱也发生在法兰西其他地区——帕米耶、第戎、特罗耶斯、亚眠、阿布维尔、图尔、波尔多、蒙彼利埃、马赛——罗马天主教教徒决心阻止所有未经法令授权的集会。弗朗索瓦·查尼尔和路易·德·布雷佐斯,率领六百名骑兵和步兵,进入了欧里亚克,关上城门,不让任何人逃跑,开始向居民开枪,杀死了其中的一个居民。许多新教教徒因此被谋杀。士兵们未经审判就绞死了一个书商和一个袜商,他们二人勇敢地唱着第二十七首赞美诗直到死前的最后一刻:

> 神是我的坚强后盾,
> 我怕什么敌人呢?
> 在黑暗和诱惑中
> 神是我的光,拯救我的天使即将来临。

这样的"私刑"暴力不会对那些认为"迫害是通往天堂的梯子"的人产生任何永久性的压制作用。胡格诺教徒执着狂热,因为把敌人的剑也视为通往天堂的钥匙。

也许很少有城市的治安官像亚眠的治安官那样，在维护新教派和天主教派之间的和平方面表现得如此明智。大约在四年前，亚眠的异教徒估计有五百人，新教派人数众多，天主教派不敢公开骚扰。因此，亚眠的僧侣们组织了八岁至十二岁的孩子们游行，人数达到两百人。孩子们在晚上拿着玩具十字架和横幅在街上游行，有时停下来，在居民的门口唱《圣母颂》。孩子们的带头人手持长剑，指挥孩子们说："唱吧，孩子们，唱吧，别怕那些胡格诺派教徒。"雅各宾派的神父把讲道坛作为煽动叛乱的工具，使用了肯定会引发骚乱的语言。

亚眠

事实上，1561年12月7日和1561年12月8日，警钟长鸣。当时，胡格诺派教徒做完上帝崇拜仪式后，正走在回家的路上，天主教教徒袭击了胡格诺派教徒，打伤了许多人，粗暴对待一些市政官员和其他前来帮助弱势派别的人。正是这些暴力事件及爆发的类似事件促使地方法官为了防止可能爆发的骚乱，开始干扰个人自由，比如禁止四人以上的居民在街上聚集；或宵禁后，禁止离开家；禁止携带武器；禁止讨论布道；或禁止互相对骂，如"胡格诺派，路德派，教皇党人，伪善者和伪君子"，否则被判处死刑。然而，地方法官一点也不愿意容忍异端

邪说。因为无论是在城里还是在城外，也不管集会目的是讲道、阅读还是唱赞美诗，只要是与天主教会的规范背道而驰的集会活动一直都要禁止开展。虽然天主教派在市政机构中已经更加强大，但它们仍然坚持采取容忍态度。1562年5月22日，牧师们被命令在三天内离开亚眠，学校校长也被禁止向学生传授新教义。1562年5月27日，我们发现一些名人一起以各种方式迫使十八个到二十个胡格诺派教徒来装饰他们的房子以进行圣餐仪式，他们努力"避免对胡格诺派工人炫耀其宗教，因为任何的不尊重都会让工人们愤慨"。胡格诺派教徒被召集到那些名人面前，极不乐意地同意装饰他们的窗户。"工人们是有良知的人，"装修登记员说，"当被问及这样的行为会不会伤害到他们的良知时，他们拒绝给出任何解释。"然而，一些胡格诺派教徒没有遵守装饰这些名人房子的诺言，被送进了监狱。政府发布了一项公告，命令所有人必须自己装饰自家的房屋，否则将被罚款二十里弗。然而，这种做法收效甚微。到接下来的星期天为止，就有两百六十人拒绝服从命令。

19世纪，虽然思想开明的天主教教徒可能会认为这些亚眠市的改革派过于谨慎，但我们很难指责他们。改革派把科尔普斯·克里斯蒂的游行看作是一种盲目崇拜的行为，将壁毯挂在房子的墙上间接地助长了盲目崇拜的风气。就在不久以前，马耳他岛下议院也曾提出过类似的反对盲目崇拜的观点，反对主人经过门房时门卫出来迎接。

然而，胡格诺派几乎和罗马天主教派一样不安定。在许多地方，胡格诺派已经变得足够强大，可以无视针对它们的刑法。胡格诺派占领教堂，把修士赶出修道院，用十字架、神像和历史文物燃起篝火，要求增加它们的权力。1561年6月5日，在里昂举行的上帝祭游行中，一名胡格诺教徒试图从神父手中抢夺主持之位，立即引起骚乱，人们喊道："打倒异教徒！把他们扔进罗恩河！"许多人被淹死了，三一学院的校长被人强迫拖着一具尸体游街。在狂热、骚动的时刻，一些头脑发热的教派人士加剧了骚乱，阻碍了那些倾向于采取和解措施者的努力。早期的改革派教会有提倡打破旧习俗的人，每个新教国家都有提倡打破旧习俗的人。轻举妄动的改革派是温和派西奥多·贝扎畏惧的人。"我更害怕我们的朋友，而不是敌人。"西奥多·贝扎写道。在收到蒙彼利埃暴行的情报后，西奥多·贝扎说，如果他是法官，他将极其严厉地惩罚那些"疯子"。1562年1月18日，在给约翰·加尔文的一封信中，西奥多·贝扎说："你可能不会相信我们的人民是多么放纵，好像他们迫不及待地想要与我们的天主教对手做斗争。"该有必要做点什么事情了，因为两派正在发生冲突。不仅是在正统天主教派的大本营巴黎，全国的各个地方，都在流血。

　　一天，首都巴黎民众侮辱了礼拜归来时的胡格诺派教徒。改革派的绅士们决心率领两千骑兵出席下次的会议，如果这样的侮辱继续发生，他们就会占领临近的教堂并驱逐僧侣神职人员。巴黎城里经常发生冲突，在其中一场被称为圣米达尔暴动的冲突中，胡格诺派和天主教派同样暴力，同样有罪。似乎是在圣约翰节那天，在巴黎城墙外的南郊，圣米达尔教堂的神父们敲响了钟楼上的钟声，以掩盖胡格诺派教徒在隔壁一所房子里布道的声音。胡格诺派会众提出抗议，其中一人被开枪打死。胡格诺派教徒直接拔剑反抗，弗朗索瓦·德·查狄伦骑着马进入圣米达尔教堂。在随后的战斗中，有五十人伤亡。第二天，天主教教徒再次发动暴乱，他们闯入新教教徒用来敬拜的房子，把讲坛和长凳砸成碎片，然后把房子烧成平地。这件事被巴黎议会受理。1562年，在阻止亵渎教堂的行动结束时，大量市民被怀疑有异端思想，嫌疑人未经审判就被绞死或淹死。其中有卫队队长和某些弓箭手，他们的罪行是没有阻止骚乱，结果被孩子们扔东西，"其实他们有一百条命，也保护不了那些教堂，人们非常愤怒了"。这些可怜人的尸体被一些狂热分子拖着游街，然后被扔进河里。桑塔·克罗斯大使在给罗马教廷的信中写道："每天都有一些胡格诺派教徒被处死。昨天，在圣米达尔教堂犯下亵渎神明罪的人中有四人被烧死，今天胡格诺派教徒准备报复天主教教徒。"

　　法兰西著名人士就是在这种局势下在圣日耳曼集会的。米歇尔·德·洛必达变得更加宽容，向与会名人发表了充满雄辩和理智的讲话。米歇尔·德·洛必达请求大家注意胡格诺派的实际情况、人数和力量,表明有些人希望查理九世担当臣民一方的领袖且希望查理九世通过摧毁另一方来建立和平,这种做法是不讲道义和不明智的。米歇尔·德·洛必达继续说:"在这样的战争中,国王到哪里去找士兵呢?在他的臣民中找。他要带领臣民攻击谁呢?对抗他的另一些臣民。胜利或失败同样都是摧毁臣民。我把关于宗教的争论交给神学家,我们的任务不是解决信仰问题,而是管理国家。一个人即使不是天主教教徒也可能是一个好臣民。我看不出来有什么理由不与那些新教教徒和平相处,就因为他们举行的宗教仪式与我们的不同吗?"

经过长时间热烈的讨论,温和派取得了胜利。温和派起草的十六条条款成为1562年1月颁布的著名法令的基础,该法令暂停了之前的所有法令,并授权"宗教人士"在城外可以在不携带武器的情况下集会布道、祈祷和进行其他宗教活动,这样做是为了避免与天主教教徒发生冲突。该法令进一步规定,新教教徒应归还他们占领的教堂和其他教会财产;他们不应该拒绝十一税的征收,也不应该在布道、书籍或谈话中批评天主教的仪式。新教派也被禁止在没有国王许可的情况下召开宗教会议,或从一个城镇到另一个城镇传教,他们只能在一个教堂里传教。天主教传教士自然也被要求停止谩骂,"因为他们讲的东西是鼓动人们叛乱,而不是说服他们虔诚"。各议会起初拒绝登记这项法令,因为没有这道程序,法令就没有法律效力。然而,除了第戎,各议会最终同意登记该法令。在第戎,该法令被勃艮第的中将加斯帕尔·德·索克斯-塔瓦纳"英勇地抵制"了。巴黎议会的特点是顽固,它对该法令第一次的答复是不行。当巴黎议会最终屈服于武力威胁时,议员们只能极不乐意地登记了这条法令,因为"考虑到采取临时措施为时已晚"。夏尔·德·洛林接受了这一建议,并向尼古拉·斯洛克莫顿承认,有必要进行一些改革。但夏尔·德·洛林认为,改革应该来自上层,而不是来自"拥有自我权威的个人"。

胡格诺派知悉这条法令时,如果不是欣喜若狂,至少也是满怀感激。尽管被授予的权力有限,但这仍然是一场胜利。胡格诺派获得了集会的权利,为了这项权利，其殉难同胞的鲜血没有白白流掉。牧师们立即利用法令赋予他们的自由，在田野、花园或任何空地上，甚至在天气不好的时候，在他们能找到的棚子和谷仓里，比以往任何时候都更大胆地讲道。卡塞诺-查罗斯男爵说："人们对每一件新事物都充满好奇，不管是天主教教徒还是新教教徒，都蜂拥而至聆听新教牧师的讲道。"毫无疑问，罗马天主教教徒的人数占法兰西的绝大多数。他们也是最无知的一部分人，他们对这条不完善的和解法令深恶痛绝，开始摆开阵势反对查理九世。尼古拉·布鲁拉特宣称1562年1月颁布的法令"对国家的安宁和福利及安全方面是最有害的……对可怜的加尔文教派观点是完全赞同的"，与公众的看法一致。在法兰西的某些省份，该法令受到了欢迎。然而，在勃艮第，加斯帕尔·德·索克斯-塔瓦纳是不会容忍的。他将两千多名改革派教徒赶出第戎，并向附近的农民发出命令，"屠杀所有在教堂以外的地方祈祷的人，禁止为被驱逐的叛乱者提供饮料、食物和住所"。在艾克斯，新教教徒习惯于在墙外的枞树下做礼拜。几个星期以来，每天早晨都有人看见一些男人和女人被吊死在枞树树枝上。他们是在夜间被抓住的，未经审判，仅仅因为敌对者的判决就被处决了。

1562年12月，夏尔·德·洛林和弗朗索瓦·德·洛林从枢密院退休，目的是不参与已知大多数人会反对他们的任何讨论，这样的无声抗议在很大程度上增加了他们的人气，他们已经被视为反胡格诺派联盟的领导人。夏尔·德·洛林和弗朗索瓦·德·洛林将正统置于忠诚之上，并准备随时反对查理九世对异教徒的宽容态度。在此之前的近十二个月，弗朗索瓦·德·洛林在回答凯瑟琳·德·美第奇的问题时曾说，如果查理九世改变宗教信仰，天主教教徒是不会服从国王的。尽管如此，我们仍有充分的理由相信，如果不是安托万·德·波旁意志薄弱，一切都将悄无声息地继续下去。安托万·德·波旁的统治热情在于，改变他对纳瓦拉的名义主权，建立一个真正的国王和臣民的王国。弗朗索瓦·德·洛林利用了安托万·德·波旁的这个弱点。腓力二世也让安托万·德·波旁从几个宝座中做选择。教皇的使节"非常聪明"地提出让他和优秀的妻子胡安娜·达尔布雷离婚,这样他就可以和寡妇玛丽·斯图亚特结婚,但有一个条件,安托万·德·波旁必须叛教。像纳瓦拉国王安托万·德·波旁这样一个没有原则的人,很快就克服了这个小小的障碍并满足了条件。1562年2月,安托万·德·波旁将自己出卖给了敌人,佩德罗·达维拉的话语清楚地表明了安托万·德·波旁皈依天主教的动机。

  安托万·德·波旁的独立给三巨头同盟带来了更大的权力,因为三巨头将归顺的法兰西中将安托万·德·波旁的军队置于他们的支配之下。洛林家族的傲慢随着成功与日俱增,对所有不属于其家族或不是家属的人表现出来的骄傲和蔑视近乎疯狂。洛林家族不能容忍任何反对意见,认为胡格诺派只为自己着想是一种罪过,只能用死亡来赎罪。洛林家族的目标是实现政治上的霸权,尽管路易一世·德·波旁是名义上的首领,而如今已经被公认为胡格诺派首领的加斯帕尔二世·德·科利尼却已然阻碍了洛林家族的政治野心。因此,三巨头同盟决定把事情进行到底,并心甘情愿地接受了腓力二世的援助。腓力二世当时自封为罗马主义捍卫者"恶魔杜·米迪",正试图通过一场史无前例的残酷迫害来粉碎佛兰德斯的改革。他清楚地看到,如果法兰西进行改革,或者即使改革派被接受,也不可能取得成功。因此,腓力二世早在1561年10月16日就指使使节佩勒诺·德·尚托内告诉凯瑟琳·德·美第奇,如果法兰西宗教问题不解决——他的意思是说,除非废除最近颁布的法令——他将派兵援助天主教教徒镇压改革派。凯瑟琳·德·美第奇绝不是屈从于外来干预的女人,甚至不惧怕落入自己的女婿腓力二世之手。她对大使佩勒诺·德·尚托内傲慢地回答说,"她不知道他的西班牙陛下的意思。但查理九世的军队足以使臣民服从,她将严惩任何未经国王授权而寻求外国援助的行为"。毫无疑问,在这个时候,凯瑟琳·德·美第奇是真心保持宗教宽容的,即使冒着与西班牙为敌的危险。关于改革派教会能吸引多少人入会,她似乎也咨询过加斯帕尔二世·德·科利尼。但事情发展得太快了,凯瑟琳·德·美第奇当时别无选择,只好随波逐流。

安托万·德·波旁的叛变破坏了凯瑟琳·德·美第奇竭力维持的派别平衡。安托万·德·波旁过去一直拖沓和软弱，现在十分急躁和粗暴，他急忙赶到巴黎，在那里写信邀请弗朗索瓦·德·洛林加入他的队伍，联合攻击新教教徒。弗朗索瓦·德·洛林刚从阿尔萨斯的萨凡纳回来，当时正在尚帕涅的茹安维尔城堡，洛林的亲王们在那里与符腾堡公爵克里斯托弗会面。洛林家族访问德意志的目的是误导德意志的新教教徒，使他们与法国的加尔文主义者完全疏远。因为洛林家族认为，如果法兰西的加尔文主义者得不到任何外部支持，他们很快就会垮台。夏尔·德·洛林两次布道都是路德式的，人们急切地期

符腾堡公爵克里斯托弗

待他公开接受《奥格斯堡信条》。弗朗索瓦·德·洛林和夏尔·德·洛林在与符腾堡公爵克里斯托弗和大法官布伦茨的会晤中说的话非常特别,让我们怀疑他还是不是从前的弗朗索瓦·德·洛林,甚至让我们怀疑会晤报告的真实性。布伦茨恳求夏尔·德·洛林结束在法兰西的迫害运动。"我会这么做的,"夏尔·德·洛林回答道,并带着严肃的表情补充道,"我没有因自己的宗教信仰而处死过任何一个人。"弗朗索瓦·德·洛林证实了夏尔·德·洛林的话,并且说:"我们不会伤害改革派。我们等着看洛林家族的两位亲王如何信守诺言。"

布伦茨

普瓦西是尚帕涅的一个设防小镇，位于布雷斯河畔，距巴黎约六十法里。现在普瓦西的人口只有三千多一点，而在三百年前，这个数字可能还不到现在的一半。然而，改革派在普瓦西的力量一定很强大。因为据报道，1561年圣诞节那天，有多达三千人聚集在一起敬拜上帝，其中九百人参加了圣餐礼。这种思想自由的仪式极大地冒犯了老吉斯公爵克洛德·德·洛林夫人安托瓦妮特·德·波旁，她不明白臣民们——或者更准确地说，玛丽·斯图亚特的臣民们——怎么敢为自己选择一种宗教，并敦促她的儿子弗朗索瓦·德·洛林惩罚那些新教臣民的狂妄。弗朗索瓦·德·洛林尽管在萨凡纳做出过某种和平承诺，现在却不需要任何刺激就能履行这一令人愉快的惩罚职责。弗朗索瓦·德·洛林在去巴黎的路上经过普瓦西，当他在1562年3月1日星期日早晨接近普瓦西时，听到了钟声。"那是什么声音？"弗朗索瓦·德·洛林问。"他们在召唤胡格诺派教徒去听布道。"有人回答。"胡格诺派！胡格诺派！"弗朗索瓦·德·洛林咒骂道，"该死！不久我就把他们除掉。"弗朗索瓦·德·洛林骑马进了小镇，在修道院下马并用餐。餐后——因为那餐饭是在上午吃的——他命令士兵，人数在两百到三百之间，快步前进到谷仓。在谷仓那里的胡格诺派教徒，大多数是做买卖的人，聚集着聆听一个刚从日内瓦派来为他们布道的新牧师。弗朗索瓦·德·洛林的侍从们开始挑起冲突，辱骂会众为"异教徒、狗和叛乱者"，杀死了三个人，打伤了几个试图关上门的人。胡格诺派教徒竭力用能拿起的武器自卫，两个可能是绅士的人拔出剑来，其他人扔石头。弗朗索瓦·德·洛林站在门边时，一块石头打中了他的面颊。在一阵愤怒中，弗朗索瓦·德·洛林命令手下的人不要放过任何人，而这些命令都被执行了。那些逃过刀剑砍杀的人在试图穿过窗户或翻过屋顶逃跑时，被明火枪杀死。血腥的杀戮持续了一个小时，在此期间，五十到六十名胡格诺派教徒当场被杀，约有两百人受伤，其中一些人伤势严重。"留下四十二个贫穷的寡妇，背负着抚养孤儿的重担。"西奥多·贝扎写道。许多从谷仓逃出来的人在城里被继续追杀，要不是弗朗索瓦·德·洛林夫人安娜·德·埃斯特想起了安博瓦兹的血腥场面，为妇女们求情，恐怕没有一个人能幸免。当一切都结束了，有人为弗朗索瓦·德·洛林带来了一本书。他轻蔑地看了一眼，他从来没有见过这样一本书。"给，"他说着，把书递给了夏尔·德·洛林，"这是一本胡格诺派的书。""这没有什么害处。"夏尔·德·洛林回答说。这是《圣经》，它可能是用于公共崇拜的。"该死！这是怎么回事？这本书才出版一年，据说《圣经》已经有一千五百多年的历史了。""我兄弟搞错了。"夏尔·德·洛林平静地说，他转过身去，掩饰了一下对弗朗索瓦·德·洛林的无知露出的轻蔑微笑。

"普瓦西血洗"的消息像野火一样传遍了法兰西，引起了各地最强烈的骚动。这种暴行不仅违反了《一月法令》，甚至是对法令的公然违抗。法令的墨水都还没干，就有人直接予以挑衅。一个人为了达到自己的目的，就决心践踏一切法律。如果罪行不受到惩罚，以后谁也不会安全，因为没有任何法律具有约束力。屠杀的消息一传到巴黎，对胡格诺派态度友好的总督弗朗索瓦·德·蒙莫朗西便建议牧师们暂时停止讲道几天，以免发生暴动。但牧师们以其特有的固执拒绝了，因为停止布道就像"承认他们错了"一样，他们甚至要求派一个卫兵来保护他们的布道。与此同时，西奥多·贝扎去了蒙索，亲自向凯瑟琳·德·美第奇求情。叛教者安托万·德·波旁试图为弗朗索瓦·德·洛林辩护，他把责任推给胡格诺派，说西奥多·贝扎应该被绞死。西奥多·贝扎回答说，基督教堂更容易受到侵犯，而不是去侵犯别人。西奥多·贝扎补充说——这句话后来成为一句谚语——"陛下，请记住，这是一个铁砧，许多锤子都砸在上面"。凯瑟琳·德·美第奇慈祥地回答说，一定要执行这个法令。她命令安托万·德·波旁保护查理九世的安全，并把弗朗索瓦·德·洛林召到宫廷，"没有任何武装人员跟随"。雅克·阿尔本接到前往里昂政府修复关系的命令，但他拒绝前往。

巴黎的气氛非常紧张。每一方都拿起武器，宣称这样做是出于自卫。如果天主教派和胡格诺派双方都有一个鲁莽的领导人，街道上就会因为内讧而血流成河。蒙莫朗西家族和洛林家族的旅馆都变成了堡垒，由各自的卫队队员严密地把守着。作为法兰西历史最悠久的贵族代表,阿内·德·蒙莫朗西公爵受到妻子玛德琳·德·萨伏伊的敦促去履行自己的理想,并捍卫信仰。要不是他儿子弗朗索瓦·德·蒙莫朗西劝他收敛些,劝他与凯瑟琳·德·美第奇和解而不是把她逼急,阿内·德·蒙莫朗西公爵也许会采取极端的做法。

对普瓦西屠杀,无知而狂热的天主教民众为之欢欣鼓舞,而加尔文主义者为之悲叹。神父们在讲坛上宣布,弗朗索瓦·德·洛林是第二个摩西,先知耶户,他"放了恶人的血,洁净了自己的手,为耶和华争吵的事报了仇"。人们针对此事件写了歌谣,正统天主教教徒街头歌手歌颂弗朗索瓦·德·洛林,即使曲调不是非常优美,但感情足够真挚。加尔文主义者用粗鲁而有力的语言做出回应。

与此同时,弗朗索瓦·德·洛林在一千两百名骑马绅士的护送下继续他的巴黎之旅,他凯旋般地从圣丹尼斯门进入巴黎——这是一扇只允许国王进出的门。当弗朗索瓦·德·洛林走过一条又长又窄的街道时,人群大声欢呼,称他为第二个犹大·马卡巴。商界对弗朗索瓦·德·洛林进行了长篇大论,并要求他铲除异端邪说。同一天或第二天,正如其他人写的那样,西奥多·贝扎在城墙外做了一次布道。路易一世·德·波旁带着三四百人马,全副武装,带着手枪和火绳枪,参加了这次布道。路易一世·德·波旁到巴黎去支持巴黎总督弗朗索瓦·德·蒙莫朗西,为大屠杀讨回公道。他指责弗朗索瓦·德·洛林企图夺取政府,并建议凯瑟琳·德·美第奇接受新教教徒的帮助。凯瑟琳·德·美第奇不知道该怎么做,因为她害怕把自己完全托付给任何一方。最后,凯瑟琳·德·美第奇说服路易一世·德·波旁和弗朗索瓦·德·洛林离开首都,以避免一切冲突的机会。弗朗索瓦·德·洛林很乐意地答应了,因为他觉得市民们都很安全。路易一世·德·波旁清楚地预见到,如果他离开巴黎,他就会失去这座城市。但由于实力太弱,守不住自己的阵地,他退到巴黎东北部马恩河上的拉费特-苏-茹阿尔自己的庄园里去了。

凯瑟琳·德·美第奇很快发现,她敦促路易一世·德·波旁离开巴黎是一个很大的错误。她看到权力"已经从她的手中消失了,洛林家族正准备大肆利用权力"。凯瑟琳·德·美第奇害怕三巨头同盟,对自己和儿子查理九世都具有很大的威胁性。有个故事这么说,她无意中听到雅克·阿尔本提议把她扔进塞纳河,为了维护自己的行动自由,她秘密离开蒙索,带着查理九世撤到默伦去了,显然她已经下定决心要果断行动。凯瑟琳·德·美第奇呼吁路易一世·德·波旁保护她和年轻的国王查理九世"远离法兰西最大的敌人且也是你自己的死敌"。路易一世·德·波旁立即召唤加斯帕尔二世·德·科利尼、弗朗索瓦·德·查狄伦、拉·罗彻法考特和其他胡格诺派首领来莫城与他会合,并把凯瑟琳·德·美第奇写给教皇庇护四世的信考虑在内。由于新教派没有足够的力量杀回巴黎,所以它们决心设法得到查理九世,把他带到奥尔良去。因为新

拉·罗彻法考特

教派很清楚，他们的事业将因王室出现在它们的阵营中而产生巨大的力量。但三巨头同盟在这一点上同样清楚，更及时地占有梦寐以求的战利品。

　　与此同时，巴黎人开始抱怨君主的离开，并停止了抗议。因为凯瑟琳·德·美第奇在复活节时搬到了枫丹白露，那里离路易一世·德·波旁在莫城的总部更远。洛林家族怀疑她的意图，决定先发动政变。安托万·德·波旁带着一支强大的天主教绅士部队，阿内·德·蒙莫朗西公爵包括在内，被派遣护送年轻的查理九世去巴黎，理由是只要胡格诺派教徒还在莫城，查理九世就不安全。安托万·德·波旁作为嫡亲的第一亲王，在某种程度上是查理九世的监护人。毫无疑问，如果凯瑟琳·德·美第奇反对，安托万·德·波旁会坚持自己的权利。凯瑟琳·德·美第奇确实坚持了一会儿，但最后还是让步了，说道："我知道跟你谈你的职责是没用的。尽管我孤独、被遗弃、被背叛，我将捍卫我儿子查理九世——你们国王的自由。"因此，凯瑟琳·德·美第奇"被恶棍包围"，直到安托万·德·波旁下令拆除法兰西宫廷公寓，她才屈服。在那些日子里，即使是法兰西宫廷成员也享受不到多少舒适，所以当宫廷从一个地方搬到另一个地方时，地毯、挂毯、床和家具也都搬走了。凯瑟琳·德·美第奇急忙给路易一世·德·波旁送去一封快信，希望他能在路上救她，但这是徒劳的。去巴黎的旅程，或者，准确地说，去默伦和万塞讷的旅程是一段悲伤的旅程。在三天的旅程中，凯瑟琳·德·美第奇跟护送的安托万·德·波旁几乎没有说过一句话。查理九世以为他们要把自己送进监狱，就像小孩子一样，痛哭了好几次。

　　路易一世·德·波旁终于来了，但只看到查理九世和他的母亲凯瑟琳·德·美第奇离开。即使这次救援可以保证安全，路易一世·德·波旁的力量也不足以拯救他们。从此，凯瑟琳·德·美第奇就掌握在天主教派手中，反对派走到哪里，凯瑟琳·德·美第奇就跟到哪里。按照西班牙大使佩勒诺·德·尚托内的说法，天主教派以轻蔑、不礼貌的方式向凯瑟琳·德·美第奇发誓："洛林派从来没有想过要剥夺凯瑟琳·德·美第奇的政府，而且只要她伸出援助之手支持真正的宗教和国王的权威，洛林派就不会那样做。"支持真正的宗教意味着剥夺胡格诺派教徒的权力,第一步是禁止巴黎的改革派在首都内集会礼拜。在目前的情况下,这种剥夺在一定程度上情有可原。三巨头同盟之间的相互嫉妒阻止了它们对凯瑟琳·德·美第奇采取任何严厉的措施,它们互相勾心斗角,希望利用凯瑟琳·德·美第奇来达到自己的目的。三巨头都知道,如果凯瑟琳·德·美第奇被免职,自己的地位将受到其他两方的威胁。

第 6 章

第一次宗教战争
（1562 年—1563 年）

一切巨大的作用力都会有反作用力。我们已经看到，在过去的四十年中，新教是如何在法兰西蔓延的，试图摧毁新教的企图却给了新教更大的活力。我们现在正接近反革命时期。宗教改革的浪潮已经达到高潮，不久就会开始退潮，也许是缓慢地、不规则地，但肯定是在衰退。因此，在随后的政治斗争中，我们完全忽视了宗教。

有人试图把挑起内战的可怕责任强加给胡格诺派。通过精心查阅文献，很容易证实这一说法或历史上其他说法的荒谬之处。然而，目睹者和1562年春季事件的参与者提供的证据却指向了相反的结论。出席莫城会议的拉·努埃肯定地说，没有任何计划或事先的安排。"大多数贵族，"拉·努埃说，"听说了普瓦西的屠杀，一部分人出于善意，一部分人出于恐惧，决定向巴黎进发，想象着他们的上层保护者可能会在某种程度上需要他们。"从一封当代书信来看，有充分理由表明，民众确实很担心这种混乱的社会状况。这封信的作者在信中说："宫廷里每件事都处于紊乱之中，如果上帝不伸出援助之手，我担心在不到十天里你就会收到史上最可怕的大屠杀消息。"

在这种情况下，新教贵族认为有必要共同商议解决方式。这难道不好吗？我们对新教贵族的商议过程一无所知，但最后竟然达成了一项动用武力的决议。加斯帕尔二世·德·科利尼似乎退缩了，没有他的拥护和支持，成功的机会非常小。有一个关于加斯帕尔二世·德·科利尼的故事,我们希望它是真实的,尽管它与某些已知的事实不符。尽管弗朗索瓦·德·查狄伦和查狄伦枢机主教奥德特·德·查狄伦恳求加斯帕尔二世·德·科利尼出山,但他一直置身事外。当加斯帕尔二世·德·科利尼的妻子夏洛特·德·拉瓦尔也恳求他时,他描绘了一幅可怕的内战图景,以及她和孩子们可能面临的命运。加斯帕尔二世·德·科利尼请求妻子让他用三个星期的时间把这件事仔细地考虑一下。"三个星期已经过去了,"这位勇敢的夫人回答说,"你永远不会被你的敌人征服,管好你自己的事,不要把三个星期的杀戮加在你头上。"加斯帕尔二世·德·科利尼不再犹豫了,第二天就动身到莫城与路易一世·德·波旁会合。胡格诺派的绅士们在莫城碰头。路易一世·德·波旁已经非常投入到宗教斗争中,认为没有谁能够拯救新教,只有采取最大胆的措施才能自我拯救。"一切都已经结束,"路易一世·德·波旁说,"我们陷得太深了,我们要么把酒言欢,要么死路一条。"

加斯帕尔二世·德·科利尼和路易一世·德·波旁知道能否成功在很大程度上取决于行动是否迅速,所以只花了很少的时间来考虑问题。他们认为第一步必须是占据某个坚固的城镇,在那里坚守,直到援军到来。显然,出于战略和政治上的原因,加斯帕尔二世·德·科利尼和路易一世·德·波旁选择了奥尔良。因此,他们调转马头奔赴奥尔良,去和那里的两千名士兵会合。因为也许耽搁几分钟就有可能诱发危险,所以加斯帕尔二世·德·科利尼和路易一世·德·波旁像一阵猛烈的旋风似的不停赶路。就算他们中的一个不小心跌倒在路上都不会有人停下来搀扶。1562年4月2日,加斯帕尔二世·德·科利尼和路易一世·德·波旁到达奥尔良,立刻向法兰西各地的教众发出秘密命令,第一步措施取得了成功。几乎在同一天,胡格诺派就占领了诺曼底的哈弗尔、鲁昂、卡昂和迪耶普;占领了卢瓦尔河流域的布卢瓦、图尔和昂热;占领了普瓦图的普瓦捷和拉罗谢尔;占领了尚帕涅的夏隆和特罗耶斯;占领了勃艮第的梅肯;占领了多菲内的盖普和格勒诺布尔;占领了朗格多克的尼姆、蒙彼利埃、贝济耶和蒙托邦；以及占领了法兰西北部、西部和南部的大量城堡，以及里昂和图卢兹之间的塞文山脉地区。

在法兰西上述各个地区，法兰西最好的绅士们都聚集在路易一世·德·波旁周围，为他们的组织和王族王公们的权利辩护，反对洛林家族外来者的篡权和暴力行为。绅士们中的许多人都与路易一世·德·波旁有亲戚关系，查狄伦家族三兄弟是路易一世·德·波旁妻子的舅舅们；孔代亲王路易一世·德·波旁侄女的丈夫——波西恩亲王；查尔斯·德·拉罗谢福考娶了富尔维亚·皮科·德拉·米兰多拉代表多菲内的贵族；弗朗索瓦·德·查狄伦代表法兰西；格拉蒙特伯爵代表加斯科涅人；加布里埃尔·德·洛日代表诺曼人；弗朗索瓦·让利斯代表庄重勤勉的毕卡德人。以上人员的第一步是签订《联盟公约》，联合起来为恢复法兰西国王查理九世的自由而贡献自己的财产和生命，并为所有法兰西人争取宗教崇拜自由。联盟各方必须任命路易一世·德·波旁为领袖，1562年5月7日写信给所有的教会，要求它们"以上帝的名义"提供人力和财力。"我们已经拿起武器，"联盟军说，"我们要把查理九世和凯瑟琳·德·美第奇从敌人手中解救出来，确保《一月法令》得到充分执行。"路易一世·德·波旁还认为，他有责任派一个使者去见凯瑟琳·德·美第奇，去把自己采取极端措施的动机解释一下。凯瑟琳·德·美第奇没有给路易一世·德·波旁书面回复，但她希望德·拉·加尔德男爵告诉路易一世·德·波旁，"她永远不会忘记路易一世·德·波旁会为自己的儿子查理九世效忠"。

也许天主教教徒在反新教活动中行动不那么迅速，但总体来说，他们还是很积极的。1561年，作为预防措施，巴黎市民被解除了武装。现在，"传统天主教派"的每一个成员，只要有能力携带武器，都被命令拿起武器参加训练。通过这种方式，十五个步兵团，人数达到了令人难以置信的三万人——也有人说两万四千人，供阿内·德·蒙莫朗西公爵、弗朗索瓦·德·洛林和雅克·德阿尔本组成的三头同盟支配以保护首都巴黎。接替弗朗索瓦·德·蒙莫朗西元帅担任总督的查尔斯·德科斯·布里萨克元帅下了一道命令，命令所有"因信奉新教而臭名昭著"的人在二十四小时内离开巴黎,否则将被处以绞刑。至于那些只被"怀疑"是新教教徒的人,被要求写一份忏悔状。民众充分利用能得到的机会,基于个人动机或其他动机告发那些他们想赶走的人。如果胡格诺派不去拯救那些人,他们就会被劫掠和虐待。

此时又开始了一场充斥着各种宣言和抗议的舆论战争。首都的墙上挂满了胡格诺派的标语,宣称它们拿起武器是为了自卫,不是为了掠夺。天主教教徒的回应用尽了辱骂的词汇。洛林派,或称三头同盟,是一个极端党派或异党;新教派别是一个特别的国家独立的派别。胡格诺派和1642年的英格兰国会议员一样,代表着中产阶级,也许是无意识的——它们倾向民主。保皇派得到了神职人员、无知的农村人口和城镇贫困人口的支持。胡格诺派和保皇派都寻求政治权力来实现它们的诉求。

可以说,如果天主教教徒有理由在某个时间段诉诸武力,那就是现在。有利于胡格诺派的法律遭到不断地、系统地破坏。在一系列野蛮暴行中,普瓦西屠杀只是第一个惨案。在勃艮第的森斯,一名胡格诺派教徒侮辱了一支天主教游行队伍。人们敲响了警钟,全面攻击胡格诺改革派,不分年龄和性别。遇难者的尸体被扒光衣服并被绑在木板上,扔进河里,漂到二十法里以外的巴黎。其中一个是加斯科涅的官员,他被几个男孩拖着穿过几条街道,孩子们跳着喊着:"看好你的猪,因为我们抓走了养猪人。"狂热的民众摧毁了一切,甚至把加尔文主义者的葡萄园里的葡萄藤都连根拔起。可怕的杀人狂欢持续了三天,最后因为无人可杀才停止了。

1562年4月,发生了森斯大屠杀。当时,德·拉·加尔德男爵正在新教营地执行维护和平的任务。据说,森斯大屠杀是在夏尔·德·洛林的煽动下犯下的大屠杀。夏尔·德·洛林是森斯的大主教,没有采取任何措施防止杀戮。这个消息一传到路易一世·德·波旁的耳朵里,他就中止了所有的谈判,并宣布不会放下武器,"除非自己把最残酷的敌人——洛林家族赶出法兰西"。桑塔·克罗斯大使似乎暗示发生在瓦西和森斯的这两场大屠杀:"自从我在上一篇文

森斯大屠杀

章中提到森斯大屠杀以来,又发生了一场对八十名胡格诺派教徒的大屠杀。在森斯,大约三十栋胡格诺派教徒的房子被烧毁了。"西班牙驻法兰西大使佩勒诺·德·尚托内兴奋地写道:"在这个王国的许多地方,如森斯、图卢兹、卡斯特尔-纳瓦拉和维勒弗朗什,天主教教徒已经奋起反抗胡格诺派教徒,而胡格诺派教徒的处境十分糟糕。在有些地方,新教传教士在市场上被烧死。"

从英吉利海峡到地中海,法兰西各地都发生了类似的残忍暴力事件。在锡斯特隆,在下阿尔卑斯山脉的阴影之中,三百名妇女和儿童,来自普罗旺斯各地的难民,被无情地杀害了,只有男人们逃走了。有一个可怜的妇人,怀里抱着一个婴孩,被带到城外杀了,尸体被埋在过去常做礼拜的房屋废墟之下。

对这些事情的一切评论都是多余的。在这种无法无天的状态下,改革派贵族和绅士们全副武装进行自卫,这难道不好吗?阿格里帕·德·奥比涅义愤填膺地为胡格诺派的奋起自卫和起义辩护,说:"一旦新教教徒在法律形式下被消灭,他们就只能任人宰割了,没有办法反抗天主教派残酷的迫害行动。然而,当政府当局和地方行政长官从神圣的正义中脱身,把匕首交到人民手中,把每个人都扔给暴力邻居之时,当人们在鼓声和号角声中屠杀时,谁还能阻止那些不幸的受难者以眼还眼,以牙还牙?谁还能阻止新教受难者从天主教教徒的无法无天的迫害运动中激发出奋起反抗的精神力量呢?"

这种诉诸武力的呼吁完全违背了法兰西教会创始人的原则。1556年,约翰·加尔文开始担心,如果改革派受到攻击,它们会反抗,便向昂热新教教会写信说:"我祈求你们把反抗政策收起来。否则,新教教徒永远不会蒙神赐福,也不会有好结果。"约翰·加尔文又用同样的语调写信给巴黎新教教会说,"你们要像羊羔一样直面狼的攻击,要体现你们的勇敢。因为你们有上帝的承诺,他不会撇下你们。宁可我们都被毁灭,也不能让《福音书》遭诽谤,也不能引导百姓寻衅滋事。上帝必叫仆人的尸骨时常结果实。唯有强暴和放荡,必致穷乏。"

"我鼓起了巨大的勇气才敢与约翰·加尔文这样的权威人物有不同的观

点。然而，与权威相对的是反权威。"圣奥古斯丁承认，压倒一切的必要性证明天主教教徒使用武力是正当的。约翰·诺克斯的观点更加激进，他坚持认为，以神之名，一个民族的责任不仅是抵制迫害百姓的暴君，就像迫害圣母玛利亚崇拜者的个案，也要推翻凯瑟琳·德·美第奇，甚至"判她和她崇拜的神父死刑"。然而，利用这些理由让使用武力维护宗教的做法变得合情合理，在当今时代已经很难站得住脚了。1562年，胡格诺派认为只能在灭绝、伪善的顺从和反叛中产生唯一的选择。胡格诺派与无法忍受的对他们的压迫做斗争，法律对胡格诺派没有任何保护作用。在这种情况下，胡格诺派认为自己的抵抗是合理的。胡格诺派虽然有能力使用武力，但如果法律条文对他们有利，它们为什么还要反叛？为什么还要被烧死呢？这样的观点可能不符合基督教创始人的伟大理想。基督认为最大的胜利是通过苦难获得的："有人打你的右脸，连左脸也转过来由他打。"但我们不能把这样的规则应用到由普通个人组成的整个国家。对道德素质低下的人来说，迫害具有一种狂热、冷酷、报复的效果，迫害不会把受害者提升到殉道者的高度，也不会把受害者提升到受难者的精神高度。如果一个目光短浅的教派禁止出于任何原因使用武力，这一点也是可以理解的。然而，说我们用武力保卫家园和财产，而不是保卫信仰，就等于说我们认为信仰比家园和财产更没有价值。一些同情约翰·加尔文的人争辩说，午夜的刺客，或侵犯女性纯洁的人，可能会受到法律的制裁，甚至会被判死刑，强迫人们放弃信仰的人却不会被判刑，这是把肉体置于良心之上。约翰·加尔文从未经受过火刑的考验，约翰·布伦提乌斯和休伯特·朗格特都曾与敌人针锋相对，所以他们的想法不同。休伯特·朗格特谈到拉塞里萨耶的会议曾受过攻击，表示："有些人宁愿挨打也不愿拔剑反击，但我不同意他们的做法。"一种观点可能会说，罗马天主教派和胡格诺派之间的差异并不重要，不足以构成武装抵抗的理由。但持另一种观点的人是从良知方面考量的，如果男人和女人，年轻人和老人，富人和穷人，经过漫长的岁月，认为他们的信仰比生命更宝贵，我们就可以得出结论，宗教差异对宗教信徒来说是至关重要的。

然而，武装抵抗中存在一种强大的邪恶因素。当天主教教徒联合成军队时，他们太容易成为一个政党，而忽略了最初将他们联合在一起的动机和原则，即像其他组织一样为世俗的目标而斗争。在法兰西，改革派人数众多，这也许是一种缺憾。如果改革派是一个微不足道的小团体，改革派成员就不会产生如此恶毒的仇恨，并有可能避免卷入内战。然而，内战或迟或早会发生，在各党派之间不可避免。

天主教派和胡格诺派现在都在为即将到来的战斗做准备。胡格诺派为了做好准备，在军队中实施的纪律，在整个法兰西历史上都没有出现过，此后也只出现过一次这样的军事纪律。西奥多·贝扎起草的祈祷形式，实行每天早晚祷告制度，军队"要避免压迫贫穷平民"。当胡格诺派士兵在旷野行军时，"他们既不掠夺主人，也不虐待主人，只需要一点补给便可满足……他们中的大多数人都诚实地为耗费的物资付费"。拉·努埃恰如其分地将胡格诺派军队的行动描述为"有序的骚乱"。谈到军队在奥尔良附近的瓦萨多内驻扎两星期的纪律时，拉·努埃说："在这支庞大的军队中，你永远不会听到有人亵渎上帝的名字。走在军营中的任何角落，看不到一对骰子或纸牌，也看不到无休无止的频繁斗殴和盗窃行为……的确，许多人看到士兵对我这么好，觉得很奇怪。我已故的兄弟特利尼公爵查尔斯·德·特利尼和我本人在向加斯帕尔二世·德·科利尼谈到这件事时，都对士兵们大加赞赏。于是，加斯帕尔二世·德·科利尼对我们说，'士兵若能永远对你们保持善意长久，真是一件美事。但我担心士兵们会倾尽所有的善意，这样在接下来的两个月里他们就只剩下恶意了。我曾在很长一段时间里管理过这些士兵，我了解他们。他们用谚语"少壮不努力，老大徒伤悲"鞭策自己。如果失败了，我们可以在烟囱上做个十字架'。我们笑了，但没有在意加斯帕尔二世·德·科利尼的话，直到经验告诉我们，加斯帕尔二世·德·科利尼是一位先知。"加斯帕尔二世·德·科利尼不久就等到了他的预言应验。在博让西，胡格诺派军队对待未能逃脱的新教教徒的态度比对待守城反抗的天主教士兵更加残酷无情。有趣的编年史家拉·努埃继续说："我们的士兵就这样犯错并失去了童真，胡格诺派与天主教派不合法的结合导致了皮科瑞夫人的诞生。皮科瑞夫人现在已成为一个有尊严的人，她现在被称为夫人。如果内战继续下去，我怀疑她可能会成为王妃。至于天主教教徒，我要说的是，他们一开始也是秩序井然的，并没有让普通老百姓感到多少不快。"胡格诺派是第一个通过向敌人征收捐税来以战养战的组织。当加斯帕尔二世·德·科利尼的军队在诺曼底驻扎时，直到西奥多·贝扎向新教同仁们筹钱的请求完全失败后，加斯帕尔二世·德·科利尼给卡昂的天主教教徒提供一万里弗的资助。

在天主教派军队和胡格诺派军队真正发生冲突之前，凯瑟琳·德·美第奇出面调停，她清楚地知道，无论哪一方获胜，国王查理九世都要遭殃。如果听任一方消灭另一方，凯瑟琳·德·美第奇的权力会受到损害。因此，她几次尝试劝说胡格诺派放下武器。约翰·德·蒙吕克和维埃耶维尔先后被派遣到奥尔良，他们从贵族联盟那里一无所获。因此，凯瑟琳·德·美第奇决定检验一下自己的说服效果。

1562年6月2日，凯瑟琳·德·美第奇和路易一世·德·波旁在距离奥尔良十法里、位于博斯的图里举行了一次会议。拉·努埃描述道，凯瑟琳·德·美第奇和路易一世·德·波旁的武装护卫坐在马背上对视了半小时。"双方的护卫都有亲戚关系，都渴望见到自己的亲人，其中某一个人可能是自己的兄弟，另一个人可能是叔叔、堂兄弟、朋友或老伙计。"最后，护卫们得到了各自指挥官的许可，可以互相交谈，他们会面时表现出了极大的"友好"。天主教教徒认为新教教徒会迷失方向，便劝他们自己当心，不要固执地卷入这场悲惨的战争。因为在这场战争中，近亲之间免不了互相残杀。新教教徒回答说，他们讨厌战争，然而，如果他们没有自卫的办法，他们只能像在法兰西各地惨遭杀害的新教教徒一样，落得一个可悲的结局。会谈双方的护卫们互相努力促使对方平静下来，并劝说上级倾听对方的意见。一位目击者写道："1562年6月17日，凯瑟琳·德·美第奇再次非常匆忙地从万塞讷森林出发。人们相信这一次她能在回来之前达成和平协议。因为她带着使命来去匆匆，从马车上摔下来病倒了，头一天还因伤吃着药。"

在随后的1562年6月28日塔尔西会晤中，路易一世·德·波旁接受了约翰·德·蒙吕克的劝说，答应离开法兰西以示诚意，前提条件是洛林家族也同样离开。第二天又安排了一个会议，在这个会议上，就这个单一协议的条件做出安排。拉·努埃告诉我们"路易一世·德·波旁咬着牙笑着和那个全程陪同的绅士团首领回到营地。有的人假装头痒搔搔头；有的人在摇头；有些人在沉思。年轻人互相嘲笑着，每个人都在盘算着在异国他乡该从事什么职业"。1789年，法兰西的绅士们带着与来时一样的轻松心情，但没有带着同样的骑士精神，离开了法兰西。他们相信几周后就会回到这片土地，但他们中大多数人再也没有回到这片土地上。

路易一世·德·波旁手下的官员们拒绝离开法兰西。加斯帕尔二世·德·科利尼认为凯瑟琳·德·美第奇没有恶意，但认为"那些手里拿着武器的人确实是绕过她，最终背叛了凯瑟琳·德·美第奇一方"。弗朗索瓦·德·查狄伦对路易一世·德·波旁说："如果现在你抛弃了我们，人们会说你是因为害怕才这样做的。达成协议的最好办法是把我们引到敌人的视线中去，只有在一起发生过一点小碰撞之后，我们才可能成为非常合拍的朋友，可谓不打不相识啊。"布卡德公爵是战场上最勇敢的绅士，"头脑里充斥着暴力和对抗"，他宣称："我一定不愿意嘴巴里叼根牙签在外国领土上走来走去，同时看到某个谄媚、阴险的邻居占据我的房屋，用我的收入养肥他们自己。"他的意见得到了普遍的赞同，路易一世·德·波旁放弃了原来的想法，"坐在一起的绅士们彼此握手表示同意"。出席会议的西奥多·贝扎后来恳求路易一世·德·波旁"不要放弃他一开始的善行，因为这关乎神的荣耀，神会使他的善行臻于完美"。会议就这样无果而终，凯瑟琳·德·美第奇和路易一世·德·波旁道别。两人都很遗憾没有取得更好、更成功的结果。

胡格诺派在这种不成功的调解上浪费了许多宝贵的时间。巴黎的神职人员和议会，为了增强实力，发布了一项命令，让那些真正的教会信徒拿起武器，杀死"像疯狗一样"的异教徒。一个同时代的人谴责这一命令为"武装小偷、流浪汉和恶棍的手段。这一命令使农夫离开犁头，使工匠关闭店铺，又使群众变为老虎和狮子，并被鼓动攻击自己的同胞"。灾祸降临到被攻击的人身上，一种暴行诱发另一种暴行！当年的一份日记手稿描述了当时可怕的巴黎局势。日记的作者是某位宫廷工作人员。每一天都有关于用剑、绳子或水杀人的暴力故事。房屋被洗劫一空，夷为平地；坟墓被砸开，死者的遗骨随风散落。法律的声音是沉默的，政府在一旁看着，似乎无力阻止，但实际上很高兴看到敌人被消灭。有一次，一个不到六个月大的孩子在圣日耳曼欧塞尔罗伊教堂接受了重新洗礼，因为这个孩子曾由一位胡格诺派牧师施过洗礼。教堂的每个尖塔上都响起了欢乐的钟声，人群高喊："感谢上帝让这个可怜的小灵魂苏醒过来。"一万

圣日耳曼欧塞尔罗伊教堂

多名观众目睹了这一仪式。对圣洗礼仪式的亵渎不仅限于巴黎。在勒皮,"叛教者"的婴儿在唱诗班歌手、火枪手和"斗牛士"的盛大欢迎下受洗,城里的主教大人当上了教父。

1562年6月的最后一天,好几个人被谋杀了,其中有一名妇女被控十年不参加弥撒。船夫们用桨和杆子打她的头,把她狠狠地教训了一顿,然后把她扔进了塞纳河。另有两名男子被杀,并被投入河中,罪名是他们是胡格诺派教徒。其中一人的一件染了血的紧身上衣被绑在一根棍子上,由一群吵吵闹闹的孩子举着在巴黎的街道上游行。"类似的事情每天都在发生,"宫廷的历史记录者拉·努埃说,"所以没有人会受到惩罚。"群众的嗜血甚至蔓延到年轻人身上。桑塔·克罗斯在给枢机主教圣查尔斯·博罗密欧的信中写道:"只有七岁大的恩吉安先生总是说,我们不能再拖延下去了,要毫不留情地烧掉所有的胡格诺教徒。这是我从治安官阿内·德·蒙莫朗西公爵那里听到的,阿内·德·蒙莫朗西公爵听到这件事后非常高兴。"

阿内·德·蒙莫朗西公爵是最先违反法律的人之一,作为巴黎总督,应当支持法律的权威。但阿内·德·蒙莫朗西公爵以毁坏胡格诺派的礼拜场所为乐,甚至连天主教教徒都给他起了个绰号叫"烧板凳先生"。有一天,阿内·德·蒙莫朗西公爵拆掉了波宾库尔的两间议会厅,暴徒们把拆下来的木料搬到维尔旅馆前面的广场上,在广场上焚烧木料,高喊着"上帝没有忘记巴黎"。讲坛被用来煽动群众,效果很好。在上帝祭上,洛林家族的夏尔·德·洛林,告诫听众,与其让上帝的荣誉和教堂被法兰西其他非传统宗教的存在玷污,不如让异教徒流完最后一滴血。

事情变得如此糟糕,最终伊丽莎白一世命令她的大使离开巴黎,"因为大使无法目睹如此残酷的暴行"。目前还不清楚凯瑟琳·德·美第奇为了安抚胡安娜·达尔布雷说了什么或做了什么,但可以肯定的是,凯瑟琳·德·美第奇对这一局面感到非常难过。有一个关于凯瑟琳·德·美第奇采用一种东方的方式了解市民的意见的故事,她戴上意大利妇女习惯戴的面具走在街上,由胡安娜·达尔布雷陪着走进商店，假装要买东西。可想而知，她们听到了许多关于她们自己和政府的怪事。

所有调解的努力都失败了，每一方都试图通过外国联盟来加强自己的力量。我们已经看到，洛林家族、蒙莫朗西家族和圣安德烈元帅雅克·德阿尔本已经同西班牙国王腓力二世达成了一项叛国的协议。根据这项协议，腓力二世有责任用金钱和人力来帮助铲除法兰西的异端邪说。协议的整个主旨是"不能用任何借口饶恕任何异教徒"。吉斯公爵弗朗索瓦·德·洛林被特别要求"彻底清除波旁家族、种族及其名声，以免将来波旁家族有人崛起以恢复新教"。根据这一协议，腓力二世给凯瑟琳·德·美第奇写了一封信，表示将提供军事支持。庇护五世下令在各州教会募集捐款，从意大利亲王那里募集捐款，并派遣一支小规模的雇佣军翻越阿尔卑斯山脉前往援助法兰西。

为了自卫，胡格诺派被迫向国外的新教教徒兄弟求助。瑞士人、德意志人或英格兰人没有对它们的呼吁充耳不闻。根据1562年9月20日颁布的《汉普顿法院条约》，伊丽莎白一世同意提供六千名士兵，其中一半驻扎在哈弗尔，作为人力物力保障直到战争结束。胡格诺派的失策让步把许多朋友变成了敌人，必然把凯瑟琳·德·美第奇推向三头同盟的怀抱。就在几年前，弗朗索瓦·德·洛林攻占了加来，把英格兰人赶出了法兰西的"圣地"。现在，胡格诺派与洛林派对抗般地把英格兰人邀请回来。不幸的是，伊丽莎白一世的行为只会加深法兰西人民的猜疑，她公开宣称目的是"遏制洛林派阴谋者的野心，因为洛林派永远不会满足，洛林派想把苏格兰和英格兰结合成一个国家，由玛丽·斯图亚特统一领导"。在签署条约后，伊丽莎白一世立即写信给腓力二世，说她的目标是维护和平，"通过从洛林家族手中收复我们附近的港口，而无意冒犯腓力二世"。但伊丽莎白一世没有维护好和平的局面，她的行为确实冒犯了别人。

早在谈判结束之前，敌对行动就爆发了。到1562年6月中旬，天主教派军队和胡格诺派军队已进入战场，准备战斗，各自的军事规模并不大。在安托万·德·波旁手下有四千步兵和三千骑兵，在路易一世·德·波旁手下有六千步兵和两千骑兵。第一次行动对天主教派有利，在挫败了胡格诺派想要突袭天主教派的企图之后，法兰西宫廷军队准备进攻胡格诺派的大本营奥尔良，切断它与周边国家的联系。法兰西宫廷军队重新夺回了布卢瓦、图尔、普瓦捷、昂热和布鲁日，几乎不费吹灰之力，这标志着它们用残暴的手段占领了这些城市，而这些暴行只有在一帮暴躁军人的激情被宗教狂热点燃之后才会发生。在布卢瓦，有人看见一个女人和几个邻居一起祈祷，然后这个女人被扔进水里，当她漂浮在水上时，有人用棍子打她，用石头砸她，直到她死去。一位七十岁的老人在阅读《圣经》时被抓住，立即遭到杀害；另一个人的眼睛被挖了出来，然后被人敲碎脑袋；还有另外一个人被迫骑着驴在城市中游行，他的脸朝着驴尾巴，被扔石头、被谩骂，最后被淹死。根据弗朗索瓦·德·洛林的命令，查斯塞瑟夫牧师被吊死在一棵树上，没有受到任何形式的审判。在图尔发生的很多事情都激起了士兵的狂热，几个星期以来，图尔一直掌握在胡格诺派教徒手中。胡格诺派教徒占领了教堂，偷走了圣餐盘，打碎了圣像和装饰物，焚烧了圣餐簿，亵渎了圣物，并命令每一位神职人员在二十四小时内离开教堂，否则将面临监禁。同时代的记录描述了"耶稣被钉上十字架的地方——骷髅地"的毁灭，它呈现金色和天蓝色，是世界奇观之一，在六十年前，就花费了一万达克特①币。对教堂的掠夺支撑着战争继续下去，对图尔的圣马丁教堂的劫掠为路易一世·德·波旁提供了一百二十万里弗的资金，这还不包括圣坛里的珠宝。

当查理九世恢复了在图尔的权威后，人们被命令在圣马丁教堂举行弥撒。但除了唱诗班的座位和几扇漆过的窗户，教堂里的一切都被破坏了。那是1562年6月13日，在接下来的1562年7月14日和1562年7月15日，屠杀发生了。这段时间的间隔足以表明，屠杀是由那个野蛮时代非常规军事制度的原因造成的。我们将在这些事件发现一种可怕的相似之处，男人和女人，年轻人和老人，不

---

① 达克特，旧时在多个欧洲国家通用的金币。——译者注

分青红皂白地被谋杀,甚至连儿童也没能幸免,满载着人的船被沉没在河里。因此,两个多世纪以来,臭名昭著的沉船溺刑一直都存在着。有三百人被关在一座教堂里,在那里被关了三天,没有吃的。他们被两两捆在一起,被带到屠马场,在那里被杀害。"失去父母的小孩子可以卖到一克朗一个的价钱。"阿格里帕·德·奥比涅补充说。过了五六天,一直到昂热的河岸边上堆满了尸体,让·克雷斯潘说:"连野兽都被吓坏了。"在蒙庞西耶公爵弗朗索瓦·德·波旁恢复秩序之后,一位牧师因讲道不合听众的口味而被处以绞刑。由于某些房屋的正面在天主教圣体节游行时没有挂饰,一些居民被淹死,另一些人被监禁,不分青红皂白,他们的房屋都被彻底摧毁。两个女人被拖到河边,被扔到水里,水很浅,她们不会被淹死,她们就被桨和杆子打死了。1562年11月30日,图尔商会会长让·布尔若在试图乘船逃跑时被抓获,结果被淹死。因为让·布尔若不仅反对惩罚异教徒,还通过坚持新教派的错误观点及压迫天主教教徒来支持新教。

蒙庞西耶公爵弗朗索瓦·德·波旁

查理九世的军队从图尔向普瓦捷进军,普瓦捷在遭受三天的炮轰后陷落,布鲁日在遭受十天的围攻后投降。根据《一月法令》,只要居民投降,就会赦免以前的行为和允许宗教信仰自由。奥尔良现在完全与世隔绝了,但天主教的首领们在他们取得成功后没有继续向前进军,而是把军队撤回到鲁昂,因为他们担心英格兰军队会通过鲁昂涌入法兰西。鲁昂当时是法兰西最重要的城市之一。法兰西的北部没有一个城市在商业、财富和人口方面能与鲁昂匹敌。鲁昂坐落在塞纳河上,在塞纳河口和巴黎的中间地带,拥有通往内地的主要道路。最重要的是,鲁昂一旦落入敌人手中,天主教派就不可能对坚固的奥尔良城大举进攻了。由于战略和政治上的原因,现有一万八千名士兵的法兰西宫廷军队赞成进攻鲁昂。在治安官阿内•德•蒙莫朗西公爵的率领下,1562年9月25日,法兰西宫廷军队在鲁昂城前驻扎下来。加布里埃尔•德•洛日的驻军人数约四千人,其中近一半是英格兰人。战壕里可以听到音乐的声音,这在法兰西国王路易十四时代是经常发生的事情。在鲁昂城里,就像在胡格诺派军队里一样,形式很严峻。祈祷会和唱赞美诗的布道是守军的娱乐活动。胡格诺派军队和保守福音派、清教徒一样在冲锋陷阵前向上帝行跪拜礼,因此,还是拥有很强的战斗力。由于秋天的夜晚寒冷和大雨将至,法兰西宫廷军队将无法守住鲁昂城前的这片阵地,于是展开了猛烈的围攻。巴黎的市民急于收复鲁昂,因为鲁昂和大海结合起来就可以阻断所有的交通,巴黎的市民向围城部队提供了二十万克朗的补给费和食物。凯瑟琳•德•美第奇在彪悍的高等女侍卫的陪伴下——她的"飞行中队"——探访了军营,以亲自到战场来鼓励部队。据说,凯瑟琳•德•美第奇每天都到圣凯瑟琳堡,那里的战火最猛烈。当阿内•德•蒙莫朗西公爵和弗朗索瓦•德•洛林劝凯瑟琳•德•美第奇不要来,并表示她没有义务冒生命危险时,凯瑟琳•德•美第奇回答说:"我为什么要比你们更怕死呢?我是对结果没有兴趣呢?还是没有勇气?不错,我没有你们那样的体力,但我有同样的决心。"因此,士兵们叫凯瑟琳•德•美第奇"兵营之母"。

1562年10月26日,攻城开始了。疲惫不堪、不堪一击的鲁昂守军只做了微

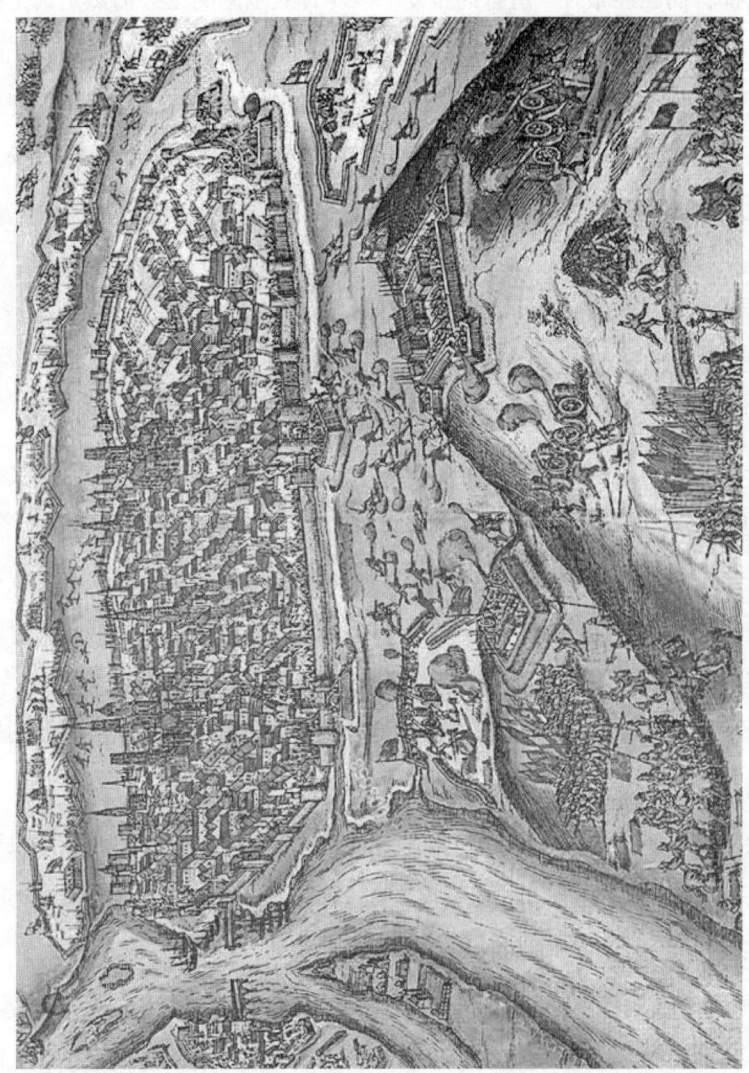

围攻鲁昂

弱的抵抗，鲁昂就被攻破了。加布里埃尔·德·洛日逃了出来，但那些留下来的人不得不承受一切城市被抛弃给一群肆无忌惮的激情士兵带来的极端后果。尽管指挥官们已经禁止了所有的抢劫——尽管被围困的士兵仍然是国王的臣民——但军队实在无组织、无纪律。瑞士雇佣兵服从命令，"但只要有东西可以带走，法兰西士兵宁愿被杀，也不愿离开"。抢劫持续了三天之后，查理九世在母亲凯瑟琳·德·美第奇和议会人员的陪同下，凯旋般地从破城口进入，结束了士兵们的暴行。

　　复仇的时刻到了。天主教教徒们还记得，1562年5月的一个星期天，胡格诺派教徒兴高采烈地洗劫并毁坏了大教堂和三十六所教区教堂。西奥多·贝扎说："他们这样做，既没有留下圣坛，也没有留下圣像，更没有留下洗礼盘和圣水盆。"这不是无法无天的暴徒行为，这也不是突发的激情导致的，而是出于冷静的思考，可能源自在同一时间、同一个省的卡昂发生的事情，牧师维克多·库赞告诉法官："我们对天主教教徒的这种盲目崇拜容忍得太久了。因此，有些盲目崇拜的对象必须被打破。"在卡昂，破坏者们把"征服者威廉"的骨灰撒了一地，打碎了风琴、圣像、讲坛和雕像。据估计，打碎的东西价值达十万克朗，破坏者们竟然还厚颜无耻地要求市议会支付他们两天的工钱，因为他们的工作已经完成了。在鲁昂，胡格诺派神职人员拒绝了提供给他们的体面投降条款，宣称即便自己所有的努力都失败了，天堂也会带来奇迹，防止人们落入天主教教徒之手。因此，天主教军队的愤怒被激化了。天堂的奇迹没有发生，天主教军队践踏了神的意志，占领了鲁昂。第一批成为受害者的有奥古斯丁·马洛拉特——鲁昂城的首席牧师，他曾是奥古斯丁的修道士，后来离开了修道院，逃到了日内瓦。在日内瓦，奥古斯丁·马洛拉特放弃了天主教教义。天主教教徒眼中的奥古斯丁·马洛拉特虽然是叛教者，但仍被允许出席普瓦西会议。直到西奥多·贝扎抵达之前，奥古斯丁·马洛拉特都在鲁昂担任新教领袖。这种宽容的例子不应该被忽视。

　　鲁昂陷落时，奥古斯丁·马洛拉特藏了起来，但他的藏身之处被告发了，

奥古斯丁·马洛拉特

他被关进了监狱。阿内·德·蒙莫朗西公爵到地牢里去看他，指控他诱导民众。"如果我引诱了民众，那么也是上帝先引诱了我，"奥古斯丁·马洛拉特回答说，"我传达的无非是上帝的道。"奥古斯丁·马洛拉特和他的两个追随者一同受苦，劝勉这两个追随者一定要坚持到最后。高级执行官发了一个毒誓，用权杖打奥古斯丁·马洛拉特，要他闭上嘴。当奥古斯丁·马洛拉特被绞死时，一个士兵砍断了他的两条腿。西奥多·贝扎记录了这些历史事件，后来不幸降临到迫害奥古斯丁·马洛拉特的人身上，西奥多·贝扎追溯了其中神力的影响因素："背叛了奥古斯丁·马洛拉特的上尉在三周后被杀；奥古斯丁·马洛拉特的两个审判官死于怪病；砍断他腿的士兵被刀剑杀死；高级执行官喝酒时和弗朗索瓦·德斯佩奥·德维耶维尔元帅吵了一架，弗朗索瓦·德斯佩奥·德维耶维尔元帅砍掉了高级执行官打殉道者奥古斯丁·马洛拉特的那只手。"除了牧师,其他受害者也倒下了,监狱里挤满了虔诚的男男女女。警察中尉布里维登特认为他有责任提出抗议:"你们为什么把地牢挤得这么满?你们想过应该做些什么吗?河流装满了吗?"

在围城的过程中,安托万·德·波旁肩膀上受了枪伤,于1562年11月17日死于安德利斯。在癫狂的胡言乱语中,安托万·德·波旁和随从谈起了向往的撒丁岛王国的橘子园,以及撒丁岛河边的金色沙滩;他妻子胡安娜·达尔布雷没有在枕边用慈爱的手安慰垂死的自己,她远在南方教养儿女,使儿女都敬畏上帝。但他的情妇路易·德·鲁埃一直陪着自己,她对自己的态度一点也不谄媚,说:"安托万·德·波旁改变宗教和政党几乎和更换情妇一样容易。"在安托万·德·波旁接受了临终涂油仪式之后,良心不安,无法安息。"给我读一章《圣经》,"安托万·德·波旁对医生说。医生读了一段经文后,安托万·德·波旁打断了他,眼里含着泪水喊道,"如果我能好起来,我将把福音传遍法兰西。"但安托万·德·波旁的坚定决心,即使是真实的,来得也太晚了。在四十四岁的时候,安托万·德·波旁逝世,天主教派和胡格诺派都未表示遗憾。加尼耶提到了这个不值得尊敬的没有王国的国王有一个令人称奇的怪癖,他惯于行窃,不可改变,以至在他上床睡觉之后,仆人会翻他的口袋,把他偷拿的物品还回去。

路易一世·德·波旁对鲁昂居民的残忍行径,特别是对奥古斯丁·马洛拉特和其他人被施以绞刑感到非常痛心。为了报复,他下令绞死三人。军队也很恼怒,把在普鲁维尔斯遇见的祭司都杀了。天主教教徒争辩说查理九世可以绞死反叛的臣民,路易一世·德·波旁回答说:"国王的名义掩盖了其他人的恶意。因此,用句谚语来说,鲁昂居民就是狐假虎威、偷梁换柱。"路易一世·德·波旁讲的笑话是众所周知的,他说,"我们的敌人给了我们两张精明的空头支票后,拿走我们的鲁昂和布鲁日。这两枚重要的'棋子'如果开战,我希望我们可以抓住它们的马。"随后路易一世·德·波旁自己却被抓住了。

鲁昂的陷落非但没有帮助恢复和平，反倒使诺曼底省比以往任何时候都更加动荡不安。天主教派和胡格诺派同样暴力，同样肆无忌惮，两派的教徒烧毁或掠夺彼此的房屋和农田。鲁昂的街道成了一片废墟，人们沦为乞丐。政府利用自己的成功表现出慷慨的态度，如果大度、慷慨是真诚的，战争可能会结束。一项王室法令承诺全面、彻底地赦免所有拿起武器的人，条件是他们停止参加新教布道，表面上皈依天主教。这种赦免行动有无数例外，不包括派别领袖，臭名昭著的煽动者，以及亵渎教会的人。少数绅士接受了这些条件，但绝大多数人认为，这项法令不过是把新教军队和它的领导人分开的一个诡计。

战斗和围攻接二连三地发生，并同时在法兰西各地展开。弗朗索瓦·德·查狄伦从德意志带来了四千名雇佣兵和三百名骑兵增援路易一世·德·波旁，在威胁巴黎后，进军诺曼底，目的是同伊丽莎白一世承诺的约三千名雇佣军援军会合。紧随其后的是弗朗索瓦·德·洛林，他在分开两军的狭长平原厄尔河岸上与路易一世·德·波旁碰面。路易一世·德·波旁麾下有五千步兵和八千骑兵的兵力，而弗朗索瓦·德·洛林麾下有一万六千步兵和三千骑兵的兵力，后者加强了小城德鲁克斯的防御工事，"以防万一"。德鲁克斯坐落在一座小山的山脚下，山顶上矗立着一座古堡；一条小溪穿过平原，平原上覆盖着树林，周围是由几所房子组成的小村庄。1562年12月19日，在那个黑暗冬天的清晨，路易一世·德·波旁准备战斗，他穿过队伍，劝诫追随者们作为天主教教徒和忠诚的臣民要履行他们的职责，因为他们不是在与查理九世作战，而是在与邪恶的查理九世的顾问们作战，并提醒他们不要忘记父母和朋友被烧死和屠杀的情景。士兵们唱完圣诗，诗中唱到以色列的上帝召唤子民为他报仇，之后跪下祈祷。牧师刚一结束，整个军队就高呼："阿门！"两小时内，两军就在大炮的射程内面对面地对峙了。"每个人都站得很稳，"拉·努埃说，"心里想，那些来攻击他们的不是西班牙人、英格兰人，也不是意大利人，而是那些最勇敢的法兰西人，其中有他们的同伴、朋友、亲戚，还有不到一个钟头就要互相残杀的人。然而，这引起了一些恐惧，但他们没有因此而退缩，而是一直

德鲁克斯战役

待到军队增援为止。"1562年12月19日13时,路易一世·德·波旁发出了进攻的信号,日落之前一切都结束了。路易一世·德·波旁亲自带队进攻,突破了敌人的防线,缴获了一些大炮,俘虏了阿内·德·蒙莫朗西公爵。然而,就像英格兰的新教将军吕佩尔亲王在埃吉希尔一样,路易一世·德·波旁追得那么急,追得那么远,将胡格诺派步兵暴露了出来。弗朗索瓦·德·洛林看到了这个机会,他冲手下士兵怒吼道:"拿下他们!拿下他们!"于是,德意志雇佣步兵冲出了阵地。现在暴露出来的本土胡格诺派步兵顽强抵抗住了敌人,也受到了一定程度的创伤。与此同时,路易一世·德·波旁正经过危险的地方返回,在一排矮树篱旁倒地,他还没来得及从被子弹击倒的马上爬起来,当维尔旅的部队就抓住了他。加斯帕尔二世·德·科利尼一直在努力挽回路易一世·德·波旁的鲁莽行为,看到一切都尘埃落定,准备打扫败军的遗留物。加斯帕尔二世·德·科利尼把所向披靡的几支部队集合在自己的周围,将自己挡在撤退者和追来的敌人之间,对敌人摆出一副决战的态势,弗朗索瓦·德·洛林的军队不敢攻击他。

有这样一个故事,当弗朗索瓦·德·洛林的朋友们劝他去追捕胡格诺派教徒时,他说:"和平,和平,我必须和一个比所有胡格诺派教徒加起来还要阴险的野兽战斗。"弗朗索瓦·德·洛林指的是凯瑟琳·德·美第奇。弗朗索瓦·德·洛林猛烈地攻击了胡格诺派的后卫部队,其中一次战斗中雅克·阿尔本被俘,随后被残忍地杀害。尽管是一场势均力敌的战斗,但根据安布罗斯·帕尔的声

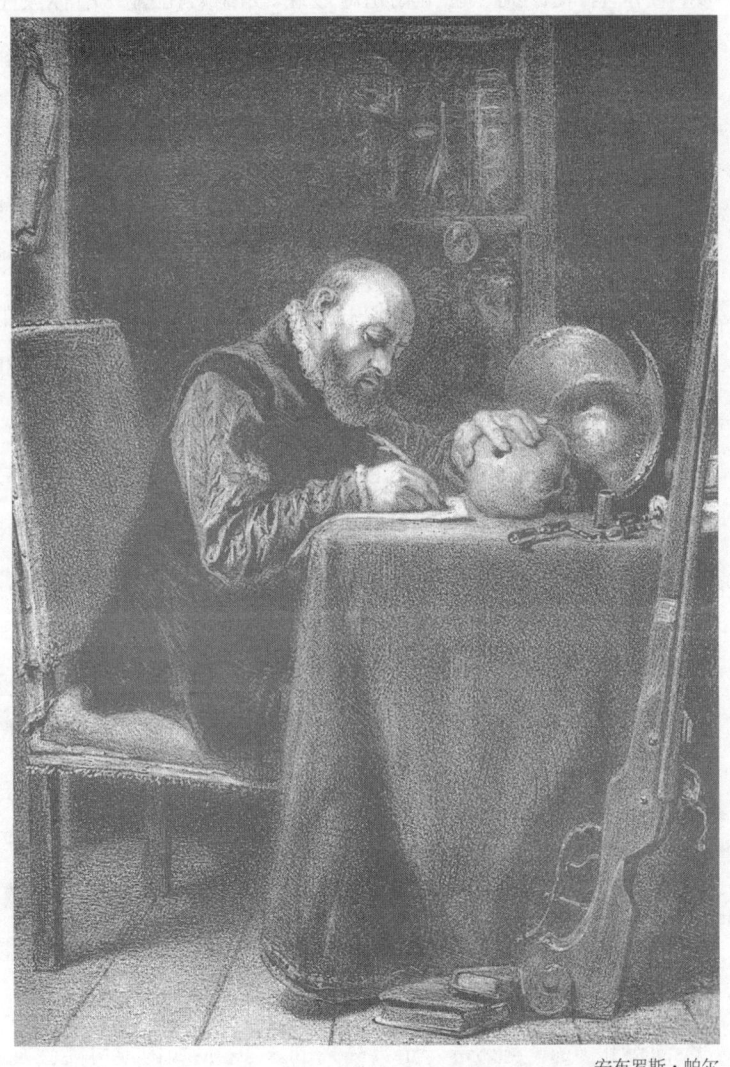

安布罗斯·帕尔

明，造成的伤亡是巨大的。"我看到地上都堆满了人，绵延方圆一法里，"安布罗斯·帕尔说，"外围的伤亡人数估计有两千五百人。这些队伍在不到两个小时的时间内就全被击败了。"1789年以前，每年在德鲁克斯都举行一次庄严的游行，以纪念天主教事业的这一胜利。

当战胜胡格诺派军队的消息传到巴黎时，市民们欣喜若狂。房子都灯火通明；教堂里唱着圣歌；巴士底礼炮连连。弗朗索瓦·德·洛林被任命为中将，并被授予圣灵勋章。凯瑟琳·德·美第奇也和大家一样高兴。当这个好消息传到特伦特的时候，议会正在开会，议员们高兴得拍手称快。天主教教徒确实有充分的理由欢欣鼓舞，因为如果胡格诺派获得胜利，法兰西的命运可能会随着其宗教改变而改变。"好吧，那么，我们还是要用法语祈祷，"凯瑟琳·德·美第奇说。此时关于战争的第一批报道把胜利归功于路易一世·德·波旁。

加斯帕尔二世·德·科利尼和弗朗索瓦·德·洛林率领的军队现在都撤退到了冬季营区。加斯帕尔二世·德·科利尼率领胡格诺派残余部队到奥尔良，弗朗索瓦·德·洛林率领两千四百名西班牙火枪手返回到巴黎。雅克·德阿尔本死了，阿内·德·蒙莫朗西公爵成了囚犯。弗朗索瓦·德·洛林发现自己成了全国最有权势的人，他重新组织了军队，并得到了强大的增援，于1563年年初出征，围攻奥尔良，因为冬天寒冷气候，对抗并未结束。加斯帕尔二世·德·科利尼非常缺钱，转移到诺曼底，与英格兰重新谈判，留弗朗索瓦·德·查狄伦独自守城。弗朗索瓦·德·查狄伦虽然患了严重的三日疟，却采取了最积极的防御措施。弗朗索瓦·德·洛林不是一个寻常之辈，他在围攻战中有着丰富的经验，通过突袭占领了一片郊区。弗朗索瓦·德·洛林的防线离奥尔良越来越近，有效切断了奥尔良的一切援助。加斯帕尔二世·德·科利尼实力过于薄弱，无力解围。因此，弗朗索瓦·德·洛林决定在1563年2月19日发起最后的攻城。在写给凯瑟琳·德·美第奇的信中，弗朗索瓦·德·洛林表达了这样的希望，如果自己把奥尔良城墙内的一切都毁了，"连狗和老鼠也不放过，"并在城市的地基上撒上盐，凯瑟琳·德·美第奇一定会高兴的。奥尔良城内很可能会发生一场可怕的

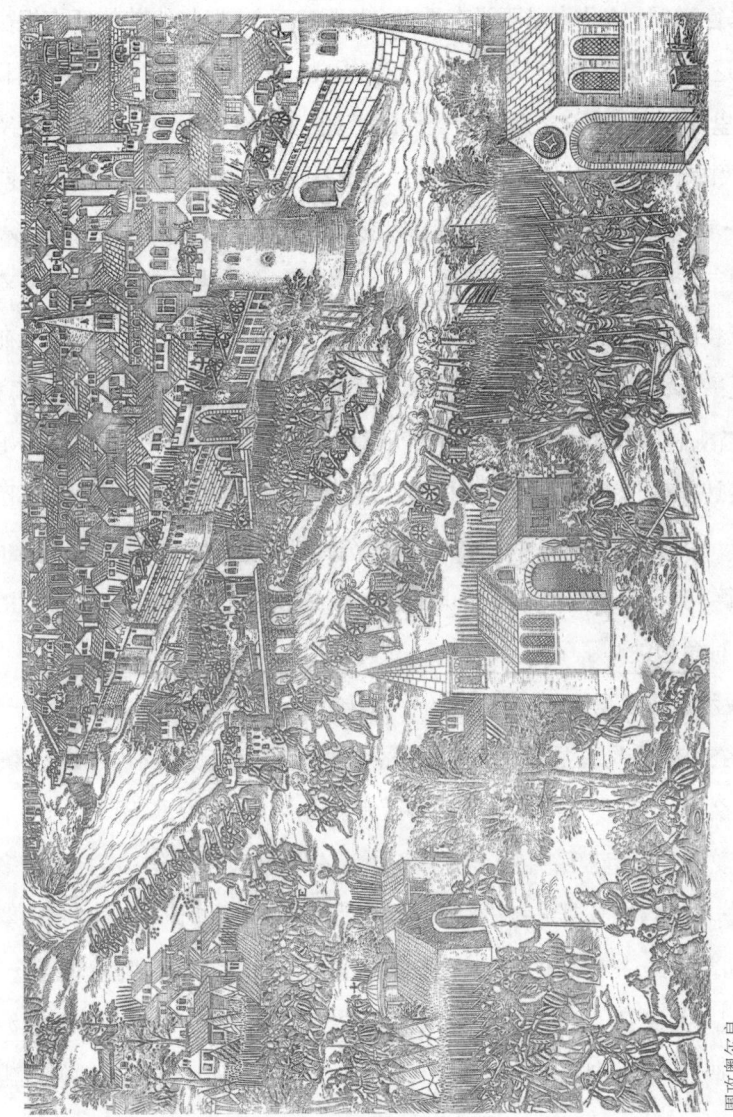

围攻奥尔良

大屠杀,但就在一切希望即将破灭时,1563年2月18日,刺杀弗朗索瓦·德·洛林事件解脱了奥尔良城。临终前,弗朗索瓦·德·洛林试图为自己在普瓦西犯下的暴行辩解,声称自己既没有预谋,也没有下令。但临终前的忏悔很少是可信的,这种忏悔经常被好事的证人报告歪曲。在这一点上,路易·曼堡和安托万·瓦里亚斯意见不一,后者确认弗朗索瓦·德·洛林祈求上帝宽恕他所有的过错,"除了在普瓦西所犯下的过错"。据报道,弗朗索瓦·德·洛林还向凯瑟琳·德·美第奇呈送一条意见,建议她立即恢复和平,并补充说,"阻止和平的人是国王和国家的敌人"。弗朗索瓦·德·洛林的临终建议表现出了他一直隐藏的智慧和冷静的思考判断,因为就在一个月前,尼古拉·斯洛克莫顿还在写到他时说:"除非新教教徒被彻底消灭,否则弗朗索瓦·德·洛林是不会同意和平的。"当凯瑟琳·德·美第奇听到弗朗索瓦·德·洛林被谋杀的消息时,她很清楚地表达了对弗朗索瓦·德·洛林的看法:"我在这个世界上最恨的人死了。"当路易一世·德·波旁把弗朗索瓦·德·洛林的死描述为一种负担的解除时,凯瑟琳·德·美第奇继续说道:"如果王国从一种负担中解脱出来,那么我的胸中就有十种负担被卸了下来。"

杀死弗朗索瓦·德·洛林的凶手是让·德·波尔特罗,昂古莱姆的一个绅士,一个皈依了改革派的人,不幸的经历使他的脾气变得不好。让·德·波尔特罗认为弗朗索瓦·德·洛林是胡格诺派取得胜利的巨大障碍,于是决定刺杀他。在观察了弗朗索瓦·德·洛林几天之后,当弗朗索瓦·德·洛林没带多少护卫经过一片树林时,让·德·波尔特罗成功地射杀了他。让·德·波尔特罗逃走了,很可能已经逃走了。但让·德·波尔特罗不了解这片区域,骑着马转了一圈又一圈,几乎又回到了他向弗朗索瓦·德·洛林开枪的地方。不久,让·德·波尔特罗就被捕了,被带到巴黎。在巴黎,让·德·波尔特罗被拷打,被迫使说出同伙的名字,然后被判处残酷的死刑。让·德·波尔特罗被拖到一个高台上的刑场,由一个强壮的警卫看着,防止他被群众撕成碎片;他的右手被砍断,他的肉体被钳子撕裂,熔化的铅灌进了伤口;他的四肢被绑在四匹马上,四匹马朝不同

弗朗索瓦·德·洛林被刺杀

的方向拉着,要把他撕成碎片,但马匹没有将他扯碎,直到刽子手用剑砍断了他的肌肉;最后,他的头被砍掉,身体被烧成灰烬。

当让·德·波尔特罗躺在刑讯室的拷问台上时,他承认是被加斯帕尔二世·德·科利尼贿赂杀死弗朗索瓦·德·洛林的。的确,让·德·波尔特罗在胡格诺派军营待过很长一段时间,加斯帕尔二世·德·科利尼给他钱买了一匹马,这似乎证实了他的供词。但草率处决了让·德·波尔特罗,既没有让他和加斯帕尔二世·德·科利尼当面对质,也没有给加斯帕尔二世·德·科利尼一个为自己辩护的机会,这引起了极大的怀疑。有些人认为凯瑟琳·德·美第奇与这起谋杀有关,因为据报道说,凯瑟琳·德·美第奇曾对加斯帕尔·德·索克斯-塔瓦纳说过:"洛林家族想登上王位,但在进攻奥尔良之前我要解决掉他们。"这两种怀疑都是毫无根据的,但洛林家族坚持指控加斯帕尔二世·德·科利尼谋杀的罪名。必须承认的是,加斯帕尔二世·德·科利尼的行为和语言并不完全令人满意。关于让·德·波尔特罗的审讯,加斯帕尔二世·德·科利尼说,"当有人在士兵中宣称将杀死弗朗索瓦·德·洛林时,自己没把这话当回事。"加斯帕尔二世·德·科利尼补充说,"自己清楚地记得最后一次会见让·德·波尔特罗,让·德·波尔特罗甚至说杀死弗朗索瓦·德·洛林很容易,"加斯帕尔二世·德·科利尼没有答话,"只觉得这仅仅是闲聊"。加斯帕尔二世·德·科利尼在给凯瑟琳·德·美第奇的信中也提到了这些话,他说:"在过去几个月里,我已不再同那些表示出刺杀弗朗索瓦·德·洛林意图的人争辩刺杀的事情,因为我得到消息说,有人指使某些人来谋害我……不过,别以为我说的话是出于对弗朗索瓦·德·洛林之死的任何遗憾。不,才不是这样,我认为这个事件是整个王国、上帝的教会,特别是我自己和我整个家族能得到的最大祝福。"毫无疑问,加斯帕尔二世·德·科利尼是同意刺杀的,如果他不同意刺杀,并不代表他不愿意从中受益,尽管他不愿做任何事来推进刺杀一事。这可能会削弱一些作家对加斯帕尔二世·德·科利尼这位新教英雄崇高道德的崇拜高度。但加斯帕尔二世·德·科利尼是人,既然是人,就会有人无法避免的缺点,尽管他可能用

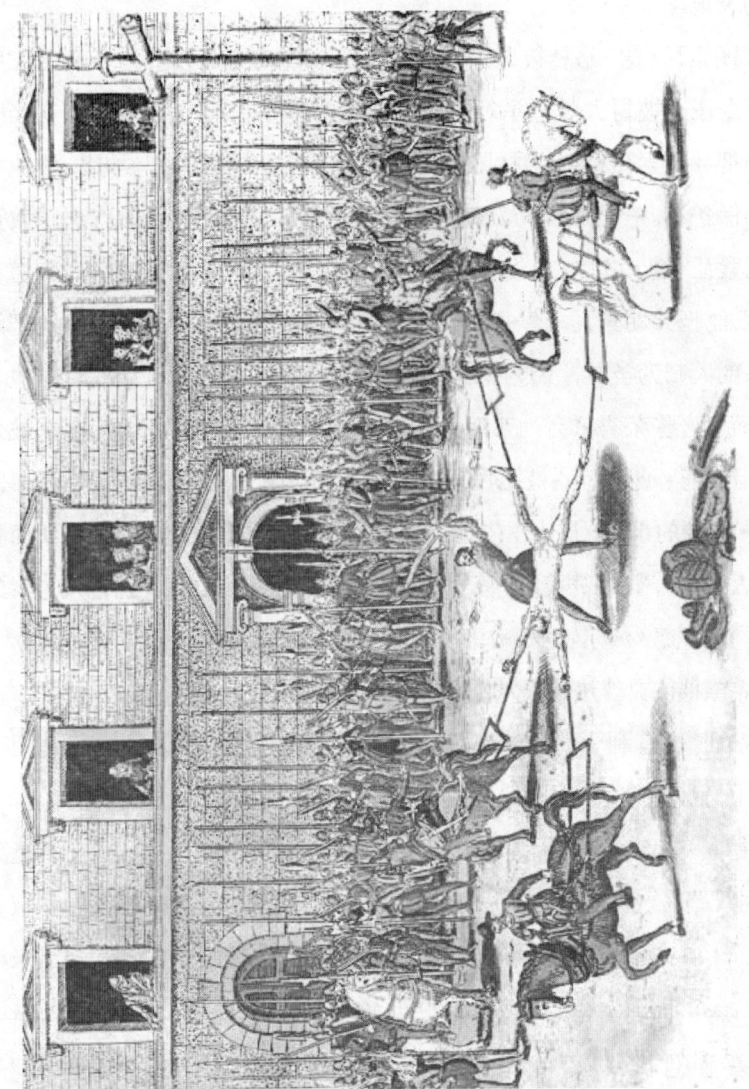

让·德·波尔特罗被处死

他的宗教原则来控制这些缺点。16世纪，暗杀一点也不被认为是懦弱或可耻的行为。直到不久以前，我们身边决斗中杀死了人的事情也不会被认为是懦弱或可耻的表现。

弗朗索瓦·德·洛林被谋杀的消息在天主教教徒中引起了一阵恐慌。庇护四世下令在圣彼得大教堂举行盛大的葬礼，朱利叶斯·波吉亚努斯在当时的布道中把弗朗索瓦·德·洛林比作古代犹太民族英雄犹大·马加比，称他为法兰西的保护神。在巴黎圣母院举行的一场葬礼上，鲁昂教区的代理主教赞扬了弗朗索瓦·德·洛林，但没有为他祈祷。"因为为殉道者祈祷是对殉道者的侮辱，"他把弗朗索瓦·德·洛林当成半神，并宣称没有什么能阻止他把这个被谋杀的人归为圣徒，不过他还得尊敬服从教皇，因为教皇还没有封他为圣徒。然而，这些荣誉只会为弗朗索瓦·德·洛林招来敌人的责骂。谋杀被公开捍卫，让·德·波尔特罗被比作犹太寡妇犹滴，让·德·波尔特罗杀死弗朗索瓦·德·洛林的事件，被比作朱迪斯①诱惑和杀死亚述统帅赫罗弗尼斯而救其人民，人们唱着歌谣赞美让·德·波尔特罗，甚至西奥多·贝扎也把殉道者的王冠授予了让·德·波尔特罗。威廉·塞西尔"听到弗朗索瓦·德·洛林殒命，非常高兴，希望他的灵魂进入天堂"。

这个时代有利于和平。弗朗索瓦·德·洛林死了，阿内·德·蒙莫朗西公爵成了囚犯，没有人来指挥法兰西宫廷军队。"我不得不自己控制它，"凯瑟琳·德·美第奇说，"因为查尔斯·德科斯·布里萨克病得很重，不能离开床。"尽管路易一世·德·波旁渴望自由，却不愿把"宫廷的柔和氛围和淑女们的微笑"换成胡格诺派军营的严厉作风。路易一世·德·波旁提议自己来充当天主教派和胡格诺派之间谈判的中间人，这一提议获得了认可，不过也遭到了支持继续战争的腓力二世的大使们和教皇的反对。托斯卡纳公爵科西莫一世·德·美第奇对谈判表示不满。凯瑟琳·德·美第奇为了安抚反对者，似乎暗

---

① 朱迪斯，一个犹太寡妇，利用自己的美丽杀死了一个亚述将军，拯救了以色列人民。——译者注

托斯卡纳公爵科西莫一世·德·美第奇

示和解只是一个陷阱。桑塔·克洛斯写道:"一旦发现任何违反本和平条约中的条款的情形,和平条约将失效……如果凯瑟琳·德·美第奇兑现她的承诺,当胡格诺派这些人被解除武装并被遣散时,将会受到某种形式的惩罚。"但维和派太强大了,很快就达成了协议。在接受协议之前,路易一世·德·波旁征求了奥尔良议会的意见。但奥尔良议会——这个不切实际的机构在为自己主张绝对自由的同时,却拒绝把自由给那些它们称之为"无神论者、自由主义者和再洗礼派"的胡格诺派人士。由于试图调和极端狂热分子之间的矛盾是徒劳无益的,1563年3月19日签署了《安博瓦兹和约》。《一月法令》承认的公众礼拜的权利受到了极大的限制,胡格诺派教徒不再被允许在城外集会,而只能在新教贵族及其仆从居住的单一辖区内的一个地方集会。还有一条款明确规定,"每个人都应在自己的家中自由生活,不受搜查或骚扰,不能因道德良心的缘故而被骚扰或约束"。虽然该条约被胡格诺派的大多数人接受,因为胡格诺派对战争越来越感到厌倦,但不是所有人都同样高兴。曾经对该和约提出抗议的加斯帕尔二世·德·科利尼用一句话来概括它:"这个和约毁灭的教堂比敌人的士兵在十年内毁掉的教堂还要多。"

桑塔·克洛斯暗示说,"只要凯瑟琳·德·美第奇高兴,她会在几个小时内平息所有的事情,"我们似乎没有任何理由怀疑凯瑟琳·德·美第奇的真诚。从某种意义上说,凯瑟琳·德·美第奇的兴趣在于让法兰西安定下来,这与教皇特使的意图截然不同。除了来自胡格诺派的敌意,凯瑟琳·德·美第奇还有更多恐惧。西班牙在一旁观望并乐于利用法兰西的不幸。无论哪方获胜,战争的继续只会给天主教派和胡格诺派带来灾难。不到一年的内乱就足以耗尽法兰西的财政,积累巨额债务,摧毁商业,使一半的土地荒芜。卡塞诺-查罗斯男爵在这件事上的证词是无可辩驳的:"农业被抛弃了;大量的城镇和村庄被掠夺、烧毁,并被遗弃;可怜的劳工被赶出家园,他们的家具和牲畜被劫掠,今天被一方抢走,明天又被另一方抢走,他们像野兽一样逃走了,把拥有的一切留给那些没有怜悯之心的人。商业完全被放弃了,没有人能保证自己的财产安

《安博瓦兹和约》签订现场

全和生命安全……因此，为宗教而进行的战争消灭了宗教和虔诚。""天主教教徒，"克劳德·哈顿补充说，"和胡格诺派教徒一样，都干过偷盗劫掠的勾当。"农夫，再也不能平平安安地耕种土地，要么参军，要么变成强盗——这只是名义上的区别，实际上军人和强盗是一丘之貉。在许多地方，农夫们联合起来保护自己，但他们很快就变成了强盗，袭击旅行者，洗劫较小的城镇和村庄。在文多摩亚省，由于农夫们极尽暴力，本省的绅士们联合起来镇压农夫们的暴行，恢复秩序，并把诗人皮埃尔·德·龙萨推上了绅士们的领袖之位。皮埃尔·德·龙萨既是一位绅士，也是一位教区牧师。"法兰西人太多了。"绰号"赤

皮埃尔·德·龙萨

脚"的土匪帮派的一个头目喊道，"我们将杀死很多人，让面包变得便宜。"这些暴徒在尚帕涅犯下了可怕的暴行，洗劫了富人和穷人的房子，杀害了男人，让女人的命运更糟糕。克雷昂奥特主要居住着新教教徒，暴徒把村民活活烧死在他们的小屋里。一个可怜的姑娘，在忍受了说不出口的强暴之后，被暴徒用稻草盖了起来，活活地烤着，就像烤死猪一样；其中一名男子被绑在一根柱子上，作为暴徒的火枪靶子。贸易受到的损害不亚于农业，因为没有和平与法律的保障，商业根本无法发展。城镇之间的交通几乎完全被切断了，因为道路不再安全，只有身强力壮的武装人员才敢通行。因此，商人和手工业工人离开他们各自的小卖铺或车间投身军营中去了；下层神职人员的收入因混乱的局势而被取消了，他们脱下长袍，穿上了铁甲。此时，法兰西的司法无法执行，各地的法庭无所作为，社会局势愈发恶化了。在巴黎，各个领域都出现了无政府状态的局面，每个人都自行其是。甚至18世纪末发生的恐怖大革命中，法兰西的整个社会秩序也没有像现在这样处于彻底崩溃的局面。

执行《安博瓦兹和约》各项规定的诏书遭到天主教教徒的强烈反对。起初，王国的所有议会都拒绝登记该和约，查理九世的直接干预后才平息了议会的抵制。巴黎议会在抗议遭干预后屈服了，第戎议会拒不让步。奥马尔公爵克洛德·德·洛林是被谋杀的弗朗索瓦·德·洛林的哥哥，也是勃艮第的总督，他支持议会的抵制，并宣称："我的政府里绝不可能出现两种宗教，除非天上出现两个太阳。"当亚眠政府收到命令应该立即遵照执行该法令时，亚眠政府声称下达的执行命令表达得不够清楚，直到查理九世用不容轻视的口气给它们写信后，当局才肯依从。狂热的天主教教徒的失望从一个"兄弟协会"在首都屠杀所有胡格诺派教徒的阴谋中可见一斑。所有不属于洛林派的人，无论是在宗教上还是在政治上都是温和派的人，都被称为"犯罪嫌疑人，"因此，被判有罪。"叛徒大法官"米歇尔·德·洛必达和"邪恶富人"阿内·德·蒙莫朗西公爵将是第一批受害者。这个阴谋被胡安娜·达尔布雷发现并挫败，一些暴力参与密谋的市民未经任何形式的审判就被吊死在他们自己家的窗户上。

罗马教皇并没有公开反对《安博瓦兹和约》，但实际上通过罗马教皇对枢机主教总调查官的训斥可以看出教皇是反对1563年4月7日的和约的，允许总调查官对异教徒及其支持者提起诉讼，甚至在总调查官司法管辖范围之外的国家也可以对异教徒及其支持者提起诉讼。西班牙宫廷的反对完全是自私的，腓力二世知道法兰西的和平局面对荷兰的暴政来说是一种威胁。由于罗马教皇的不满，西班牙的势力得以增强，公然藐视《安博瓦兹和约》。然而，法兰西政府真诚地渴望和平，凯瑟琳·德·美第奇努力地想要安抚不满者。当雅克·菲利波被派往盖普时，他要求胡格诺派交出武器，但又给予胡格诺派宗教信仰自由，允许胡格诺派以自己的形式和仪式将已故之人埋在公墓里，直到它们重新找到一个地方居住为止。但这样的宽容和仁慈只是个例，因为法兰西就像大海，在暴风雨停止很久之后，海浪还在持续上涨。

　　在战争初期，加斯帕尔二世·德·科利尼的儿子被病魔折磨了短暂的六天之后，不幸离世。加斯帕尔二世·德·科利尼感受到强烈的打击，为了安慰伤心欲绝的妻子夏洛特·德·拉瓦尔，他写了下面的这封信："尽管你对失去我们亲爱的孩子感到万分悲伤，不过，我必须提醒你，带走他是上帝的意愿，我们应该服从上帝的意愿。他是个好孩子，一个品行那么好的孩子，我们也许对他寄予了很大的希望。但亲爱的，请记住，我们在生活中不可能一点都不冒犯上帝，所以我们的孩子在无罪的年龄死去是幸福的。这是上帝的旨意，如果上帝愿意，我愿意把我其他孩子都献给他。你若想要上帝赐福给你，你也要服从神的意愿，因为我们把所有的希望都寄托在了上帝身上。永别了，我亲爱的孩子。我希望不久能见到你，这对我来说将是极大的快乐。"

第 7 章

社会混乱时期
（1562 年—1563 年）

当我们在第六章中描述法兰西西部和北部发生的第一次宗教战争时，法兰西这片美丽土地的其他地区也遭受着无政府状态和内战导致的各种可怕罪行的伤害。在我们的兄弟国家英格兰，长期以来都没有发生过什么自相残杀的斗争。即使在最艰难的日子里，英格兰人也从来没有忘记过同胞之间的手足情深。我们很难想象法兰西国王查理九世统治时期，整个法兰西的局面是多么可怕。从一些零散的事件可以窥视到恐怖事件的全貌，恐怖事件十分之一的重现会使最迟钝的读者都感到恶心和厌恶。

在残酷的场景里，在血迹斑斑的枭雄中，两个截然不同却又十分相似的人物起到了最重要的作用。除了1789年革命中血腥的刽子手，没有人能与他们相提并论，他们就是布莱兹·德·蒙吕克和阿德雷茨男爵弗朗索瓦·德·博蒙。

布莱兹·德·蒙吕克在法兰西国王弗朗索瓦一世时期的意大利战争中声名显赫，他曾在帕维亚被俘，并决定了切瑞索勒战役的走向。布莱兹·德·蒙吕克作为吉耶讷的中尉，被命令去征服吉耶讷。布莱兹·德·蒙吕克以一种非常典型的方式处死胡格诺派囚犯，却不让他们说一句话，"因为他们能言善辩"。布莱兹·德·蒙吕克常常夸口说，恐怖是自己最大的武器，任何人都能通过他在路边树上留下的"记号"知道他是从哪条路来的。布莱兹·德·蒙吕克还带着冷酷的微笑补充说："一个人被绞死，会比杀死一百个人更具威慑力。"布莱兹·德·蒙吕克的自传体小品集《评注》,是在多年疾病使他无法再使用刀剑时写的,用一种引人入胜的方式说明了一个人如果把军事纪律当作自己仅有的行动原则,这个人会处于什么样的精神状态。胡格诺派的宗教改革意味着不服从,"要么服从国王的法令,要么死亡",布莱兹·德·蒙吕克不允许任何中间路线。有一天,布莱兹·德·蒙吕克毫不迟疑地绞死了六个犯人。邻居们听了都吓坏了,说:"为什么布莱兹·德·蒙吕克不经审判就把人处死了呢?"审判有什么用?布莱兹·德·蒙吕克会回答,你在武装反抗国王。在圣米扎德,布莱兹·德·蒙吕克站在教堂的院子里,他身后的两名刽子手虎视眈眈。两名刽子手总是跟着布莱兹·德·蒙吕克,带着绳子和办公室里的其他工具,这时四名囚犯被带到面前,其中一名囚犯被指控使用煽动性语言。布莱兹·德·蒙吕克一把掐住这名囚犯的喉咙,说:"无赖,你怎么敢用那种下流的语言侮辱国王?""饶命呀,饶命呀!"那人哭喊道。"什么!你既然不饶恕国王,还想让我饶恕了你?"于是布莱兹·德·蒙吕克一怒之下,把这个可怜的人摔在地上,头撞在一块破碑上。"杀了这个坏蛋!"布莱兹·德·蒙吕克对一个刽子手吼道。话音未落,剑就落下了,砍下了一名囚犯的头,一并砍下了一块石碑石,还有两名囚犯被绞死在旁边的树上,第四名囚犯被鞭打得很惨,几天后就死了。布莱兹·德·蒙吕克得意地补充说:"这是我离开家乡以后,第一次下令执行死刑,没有经过审判,也没有判刑。因为我听人说过,在这些事情上,你应该先绞死犯人。这样做,便堵住了许多煽动者的嘴巴。"为了报复菲梅尔先生的谋杀,布莱兹·德·蒙吕克在一天之内把三十至四十个人吊死或用车轮轧死,这些人是无辜的牺牲品。卡奥尔地区的一些头脑发热的南方胡格诺派教徒为了报复,尽其所能绞死了十四名到十五名天主教教徒,这些天主教教徒曾协助布莱兹·德·蒙吕克实施暴行。在吉伦特,布莱兹·德·蒙吕克逮捕了大约八十名胡格诺教徒,其中七十人被他绞死在市场的柱子上,"没有任何审判过程"。布莱兹·德·蒙吕克描述了自己在费加罗尔斯村做的事情,他说:"我们人太少了,我们杀不了所有人,像是玩游戏那样用连发子弹将被俘虏的胡格诺派教徒扫射打死。"在一次远征中,布莱兹·德·蒙吕克偶遇到了纳瓦拉女王胡安娜·达尔布雷,她对布莱兹·德·蒙吕克非常不友好。令布莱兹·德·蒙吕克十分惊讶的是,胡安娜·达尔布雷"称他为暴君"并指责他。布莱兹·德·蒙吕克认为残暴是一种美德,并为自己的残忍辩解,说这是战胜敌人必需的素质。"考虑到我们犯下的那么多罪恶,"布莱兹·德·蒙吕克补充道,"上帝对我们一定是宽大处理了。"布莱兹·德·蒙吕克心存感激,这不无道理,因为在战争结束后,他比过去富裕了,赚了十万克朗财富。

更凶残的是,或者说,更加十恶不赦的是弗朗索瓦·德·博蒙,他的名字在南方被用来吓唬淘气的孩子。弗朗索瓦·德·博蒙表面上是新教教徒,但实

弗朗索瓦·德·博蒙

际上他只是凯瑟琳·德·美第奇反对洛林派的代理人。有时,弗朗索瓦·德·博蒙为了取乐,会让俘虏们从塔顶或高高的窗户上跳到驻扎在下面的士兵的长矛上。有一次,1562年8月,在蒙布里松,一名囚犯犹豫了,弗朗索瓦·德·博蒙责备他胆小。一个人反驳弗朗索瓦·德·博蒙说:"我看你比他勇敢百倍。"这才救了囚犯的命。在那个小镇上发生的屠杀是可怕的:八百多名男女老少被杀害;街道上到处都是尸体,"路边排水沟到处都是血,看起来就像是刚刚下过血雨,"一位同时代的人说。在其他时期,这对弗朗索瓦·德·博蒙来说属于个人历史上的不同阶段,他进军围攻瓦朗斯。在那里,改革派起义并占领了灰袍修士的教堂。改革派不顾弗朗索瓦·德·博蒙的威胁,在被征用的教堂里公开庆祝主的圣餐,多达五千人参加了圣礼。后来,改革派和弗朗索瓦·德·博蒙讲和,同意打开城门,恢复教会。然而,弗朗索瓦·德·博蒙一进城,就抓住了一些新教教徒,判处他们斩首。新教教徒受到惩罚,嘴巴被堵住,在被肢解之后,他们的四肢被绑在他们亵渎过的教堂的门上。奇怪的是,弗朗索瓦·德·博蒙却公开谴责战争的残酷为自己的野蛮行为辩解,称报复并不残忍。"率先做出某些事情是残忍的,"弗朗索瓦·德·博蒙说,"随后再做那些事情就纯粹是为了正义。"假如你在格勒诺布尔见过弗朗索瓦·德·博蒙,你能描绘出他那种朝气蓬勃、充满活力的晚年生活状态吗?那双凶狠的眼睛,瘦削而无肉的面容,像古罗马政治家苏拉的面容一样,有明显的血色红斑。

在斯特罗齐枢机主教和阿尔比主教眼皮底下犯下的暴行与弗朗索瓦·德·博蒙的暴行相比,有过之而无不及。阿尔比主教煽动加亚克大众屠杀一直与它们友好相处的新教兄弟。大约七十名胡格诺教徒在参加宗教崇拜时被捕,被关进了圣迈克尔修道院的地牢。地牢坐落在塔恩河沿岸山上的一块陡峭的岩石上。一个工人杀死了一位地方法官,然后头戴死者的法官帽,身穿其法官长袍,闹剧般的审判犯人,并判处把犯人从墙上扔到河里去。船夫们被派驻在河岸边准备敲死那些没有摔死的人。

改革派的教义在法兰西南部比在法兰西王国的其他地方传播得更广,扎根更深。造成这种差异的原因有很多。普罗旺斯和朗格多克的大城市仍然保留着许多市政特权,这可以追溯到罗马统治时期。市政特权使这些城市几乎成为城市共和国,并产生了与自治相伴而生的独立精神。此外,13世纪的阿尔比派十字军没有消灭异端思想;受到过残酷压制的思想仍然深深扎根于南方人民的心中,一代又一代地流传下来,等待着展示自己的机会。机会终于来了,随之而来的是复仇的欲望,要亲自报复那些用战火和刀剑摧毁了美丽南方的阿尔比派十字军的子孙后代。在法兰西,哪里有压迫,哪里就有反抗,父亲们犯下的罪孽必须向他们的孩子追讨。在第一次宗教战争爆发时,胡格诺派占领了教堂,清除了所有偶像崇拜的痕迹,毁坏了圣物,拿圣餐饼开玩笑。在一些城镇,胡格诺派完全禁止天主教的礼拜,把修女们赶出修道院,甚至强迫她们结婚。西奥多·贝扎在一封写给胡安娜·达尔布雷的信中,虽然不是很强烈,但明白无误地表达了关于此事的观点。他说:"关于破坏神像,我不想说什么,只是表达我的感受和我的宗教思想,这种模式的宗教改革过程完全让我高兴不起来。"西奥多·贝扎宣称对死者坟墓的侵犯是完全没有道理的。路易一世·德·波旁也下决心要惩罚这种行为。

奥兰治,荷兰小公国的首都,给过英格兰威廉三世头衔,还给过更有名的奥兰治的前任统治者以荷兰解放者的头衔。在奥兰治,胡格诺派长期以来享有一种不寻常的免受迫害的豁免权。但普瓦西大屠杀的消息,以及邻近正统教派的威胁,让胡格诺派教徒武装起来自卫,但这只会加剧危机。天主教教徒围攻了奥兰治,在顽强的抵抗之后,奥兰治被占领了,并被视为一座被暴风雨攻陷的堡垒。乔瓦尼·安东尼奥·塞贝洛尼指挥着罗马教皇的卫队,鼓动追随者去从事血腥屠杀,罗马教皇的卫队不分年龄和性别一个都没有放过。医院里所有的病人都被杀死了,有些人被楼下士兵的长矛从窗户挑了出去。妇女被吊死在房屋的阳台上,并成为射击的目标。但这只是妇女们在淫乱的士兵手下遭受的最轻微的暴行,士兵们常常以残害受害者为乐,用能想到的最持久的折磨来摧毁受害人。查尔斯·杜普伊·蒙布兰占领莫尔纳后,将藏在莫尔纳的杀人犯全部处死,把他们的尸体扔进河里,并在他们身上贴了告示,通知"阿维尼翁的收费员让这些匪徒通过,因为他们已经付了过路费"。

1562年4月25日,在弗朗索瓦·德·洛林不在时担任多菲内总督的莫特-冈德林爵士占领了瓦朗斯城的大门。但莫特-冈德林爵士的军队不够强大,不足以占领瓦朗斯城整座城市。1562年4月26日,在蒙特利马特和其他地方的胡格诺派兄弟们的帮助下,胡格诺派市民重新夺回了瓦朗斯城。莫特-冈德林爵士在自己的住处也遭到袭击,胡格诺派军队放火烧了他的住所,想把他赶出来,随后他和随从们都被杀死了。死者中有一名瓦朗斯城的教务长,在他身上发现了一封弗朗索瓦·德·洛林的密函,命令他"逮捕并处死所有追随福音的人,不分年龄和性别"。

1562年4月12日晚上,里昂的骚乱开始。当时,天主教教徒"没有发起任何挑衅",便在里昂的几个地方同时起兵。大约有十几人被杀,其中有一名妇女死于她儿子之手。总督德·索克斯下令增援。与此同时,胡格诺派则从周围的新教城镇调来两百人增援。双方都虎视眈眈,武装对峙了两周,直到1562年4月20日。这时,新教教徒的人数已经达到一千两百人,聚集在神殿中,祈求上帝保佑他们的大业,之后冲出去,占领索恩桥,并使自己成为里昂的主人。所有的修道院都被破门而入,所有的修道士和修女都被赶了出来。在整起骚乱事件中,总共只有三人死亡,三人受伤。此时,新教教徒与元老院签订了一项条约。元老院答应把教堂分配给新教教徒,允许因宗教而离开的公民返回,废除弥撒,宣布宗教信仰自由,元老院未来将由十二名新教教徒和同样多的天主教议员组成。但胡格诺派教徒似乎没有遵守条约的精神,尽管他们可能忠实地遵守了条约的文字。以下这些破坏行为会使破坏者蒙羞:教堂被毁,坟墓被砸开,棺材被剥去了铅层和金银镀层;教堂钟被打碎了,马加比人的大教堂被火药炸毁。破坏过程中似乎没有任何私人掠夺,这是暴乱中唯一的可取之处。

天主教教徒公然违反《一月法令》,激起了拉罗谢尔的胡格诺派教徒维护自己权力的情绪。因此,1562年5月31日,在证券交易所广场举行了非常隆重的

新教教徒洗劫里昂教堂

圣餐仪式——不是在城墙之外，而是在拉罗谢尔的城市中心。全副武装的人员封锁了每条大街，由四十名士兵组成的警卫在邻近街道巡逻，防止发生暴力事件。在1562年5月31日16时左右，人们被新奇的圣餐仪式和神父们的语言煽动，冲向教堂，推倒祭坛，焚烧神像。雅纳克伯爵和市长都是加尔文主义者，他们强烈谴责这种暴力行为。虽然没有起到作用，但得到了牧师的支持。一些被关在灯塔里的牧师被刺伤，其中半死不活的被扔到海里。一个叫斯蒂芬·沙穆瓦的人，是加尔默罗派的修道士，从拉罗谢尔城里逃了出来。但他在圣通日的乌奈被认出来，就被召去宣誓放弃信仰。他拒绝宣誓，当场就被杀了。

图卢兹因其居民的残暴而臭名昭著，这一特点几乎一直保留到今天。16世纪，新教教徒居民估计有两万人——尽管图卢兹是法兰西人口最多的城市之一，但这显然有些夸张。新教教徒居民的人数确实很多，足以让他们产生出很大的克制力。事情在平静地发展着，直到《安博瓦兹和约》签订。图卢兹议会收到该和约时，被指示确保和约得到合理执行。图卢兹议会抗议并派了一个代表团去面见查理九世，万一和约无法做出修改，便请求查理九世"允许他们出售

拉罗谢尔

财产,去别的地方。他们宁愿失去财产,甚至是生命,也不愿意失去信仰"。图卢兹议会的请愿没有得到回应。1562年4月,在一场葬礼上发生了骚乱。一些人丧生,凶手受到惩罚。激动的新教教徒们立刻起义,占领了城门和维尔旅馆。图卢兹议会决心不惜一切代价镇压起义,号召民众武装起来保卫宗教,维持社会秩序。民众像猛兽一样扑向猎物,他们把人抓进监狱,把胡格诺派教徒从他们家房子的窗户扔出去,扔进加龙河里。如果这些可怜的受害者想从水里爬起来,他们就会被石头和棍棒打回河里去。1562年5月,天主教派和胡格诺派达成一项协议,胡格诺派同意全体离开图卢兹,但他们不可能那么轻易离开。附近的天主教农民伏击了手无寸铁的小规模的胡格诺派教徒,杀死了三千人至四千人。查理九世三次赦免新教市民。图卢兹议会三次拒绝登记赦令,并继续采取报复措施。

法兰西的其他地方也发生了类似的自愿迁徙。锡斯特隆的居民离开了自己的城市。二十二天以来,一群男女老少在荒凉的上杜兰斯地区游荡,在遥远的沙漠山谷里过夜。许多人死于天主教教徒的刀剑,还有很多人死于饥饿和疲惫,剩下的人终于走进了友好的格勒诺布尔城,唱起了得救的赞美诗。

梅肯的教堂只有两年的历史,胡格诺派让自己成为了梅肯的主人。1562年8月19日,加斯帕尔·德·索克斯-塔瓦纳收复了梅肯。凡是能找到的东西,加斯帕尔·德·索克斯-塔瓦纳都搜刮一空。据报道,他每年搜刮的钱财足以买下一万里弗的地产。他妻子也同样不择手段,设法把一百八十只衣箱装满了亚麻布、珠宝、装饰品等。有了这样一个榜样之后,位高权重者勾心斗角,对滥用私刑情有独钟。圣普安被任命为总督,他是一位神父的儿子,西奥多·贝扎说他"非常血腥,非常残忍"。晚饭后,当女士们出去散步时,圣普安常常把囚犯们从桥上扔到索恩河里,逗她们开心,嘲笑囚犯们为自救而挣扎的样子。这种野蛮的行径被天主教教徒称为"圣普安的滑稽剧",但在历史上它更广为人知的名字是"梅肯跳跃"。圣普安总督辩解说,这些暴行只不过是对阿德雷茨男爵弗朗索瓦·德·博蒙在蒙伯里森犯下的类似暴行的回应,而弗朗索瓦·德·博蒙也以发生在奥兰治的暴行为自己辩解开脱。因此,一种极端行为导致另一种极端行为,真是祸不单行啊。

在朗格多克的利穆,骚乱如此之多,谋杀事件层出不穷。因此,1562年6月6日,德·富瓦元帅进入利穆执行法治,他把士兵不分宗教地派驻到居民身边,达到了目的。一个住在城外的天主教教徒被挖出了眼睛,割掉了鼻子;另一个人在做完弥撒离开后被杀,他的尸体赤裸着被扔在路上。德·富瓦元帅获得的战利品价值估计为三四十万里弗。在卡斯泰尔诺达里,当天主教教徒在棕枝主日列队游行时,天主教教徒们放火焚烧了新教教徒在城外做礼拜的磨坊,杀死了所有试图逃跑的人。遇难者共有六十人,其中包括凯瑟琳·德·美第奇的财务主管、三名市议员和一位牧师,他们的肠子被扯了出来,并被扔进篝火中焚烧。新教教徒在文多摩亚省的圣加来修道院建立了一个要塞,就像一个堡垒,有沟渠、城墙和侧翼的塔楼。于是,修道院修道士们向盟友请求帮助。有一天,晚祷的钟声响起后,修道士们带领盟友杀死了三十名胡格诺派教徒。随后,一场血腥的报复行动接踵而至:一支来自周边地区的铁血小队袭击了修道院,杀死了在里面能找到的几乎所有神父和修道士。1562年8月,在贝里的伊苏丹,士兵们对胡格诺派教徒的孩子们进行了再洗礼,甚至让一个十三岁的女孩赤身裸体地站在洗礼盆里接受洗礼。有一个叫菲雷的人不经审判就要被绞死了,他已经在攀爬梯子,准备接受行刑了。这时,查理九世的辩护律师建议最好办理一些司法手续。于是,菲雷被带回监狱,与证人对质,判了罪,不到一小时就被处决了。在罗克布兰,两名天主教教徒抗议在该城犯下的暴行,德·布雷宗便命令将他们的眼睛挖了出来。在奥里亚克,每所房子从屋顶到地下室都被洗劫一空。1562年8月,在欧塞尔的街头发生了一场暴乱,一名男子被杀,成为骚乱的导火索。阿瓦隆城堡堡主的妻子被众多匕首刺伤后扔进河里。她又年轻又强壮,游了一段时间,最后一个船夫用桨打死了她。随后,阿瓦隆城堡堡主妻子的尸体被拖上岸,受到了无法形容的羞辱。两个月后,新教教徒聚集在欧塞尔城外的一个榨油坊做礼拜时,遭到了袭击,但幸运地逃脱了。然而,新教教徒的房子遭到抢劫，一个人受到虐待，不久就死了。加斯帕尔·德·索克斯-塔瓦纳被派去恢复秩序，他绞死了三名天主教教徒。但作为补偿，他对五名胡格诺派教徒实施了类似的绞刑惩罚。在塞纳河畔的巴勒，查理九世的监狱长拉雷因发现自己的儿子是新教教徒而将其处死。报道这一事件的历史学家补充说，天主教教徒切开妇女和儿童的身体，吃掉妇女和儿童的心脏，记录的这些事情及其他令人憎恶的事情，很可能是夸张的描述，想树立起某种宗教精神。在小镇贝尔斯梅，一名男子因宣称圣母的服装不雅而被处以绞刑，另一名男子因拒绝参加晚祷而被枪决。在尚帕涅的埃佩尔奈，一个半死的人被扔进了马恩河，在震惊中苏醒过来。他顺着河流一直漂到一个避风的地方，在那里逃了出来。但他被人跟踪，遭抓捕后，被淹死在一个深洞里。一些旁观者是天主教教徒，因无法抑制自己的眼泪而被殴打并被判死刑。勒芒主教查尔斯·达尔根尼斯曾被胡格诺派教徒驱逐，他后来组织了一群匪徒抢劫农舍，在路上抢劫行人。一名受害者的眼睛被挖出来后，头朝下被吊了起来。查尔斯·达尔根尼斯绞死了两百人，其中有小男孩，还有两个疯了的男子，他们一面唱一面跳，直到上了绞刑架。一个女人被杀了，嘴里塞满了从《新约》撕下来的书页。查尔斯·达尔根尼斯的副官波瓦佐丹，即使在那个残酷的时代，他的残酷也令人发指，因犯下的残酷罪行而臭名昭著。两个孩子的母亲被处死，他们去求波瓦佐丹归还母亲被没收的部分财产，以免挨饿。波瓦佐丹亲切地接待了这两个孩子，让他们和自己一起吃饭。一名士兵接到暗示，把十四岁的男孩带到花园里勒死，扔进一个池塘里。然后，士兵把妹妹接了出来，妹妹高兴地出去迎接哥哥。在受到猥亵和虐待后，妹妹和哥哥的命运如出一辙，走上了不归路。1570年，罗马教皇授予查尔斯·达尔根尼斯枢机主教的称号，以奖励他犯下的暴行。

有人声称胡格诺派教徒犯下了类似的暴行，令人遗憾的是，其中很多暴力事件都是非常真实的。于是，我们发现了迪耶普人或是法兰西北部的拉罗谢尔人抢劫和毁坏教堂，熔化了教堂募集了一千两百磅重的银子的神圣器皿。那些迪耶普人两三百人一组，向邻近的厄镇和阿尔克地区发动突袭，他们从未空手而归。我们阅读后就会知道迪耶普人把绑在马尾上的牧师拖进迪耶普,在市场上应着鼓点鞭打迪耶普人。有些人穿着圣袍被扔进海里;有些人被绑缚在十字架上,脖子上拴着绳子,被拖着游街。更可怕的是,有些人被埋在土里,一直埋到肩膀,胡格诺派教徒则像玩九柱球游戏,用巨大的木球去撞击埋在土里的人的头。

战争爆发几周后,巴约的新教教徒开始反对神职人员。除了破坏坟墓和扔出腐烂的尸体,新教教徒还进行了惯常的破坏活动。他们毁坏了主教的宫殿,并在当时全法兰西藏书最丰富的教会图书馆里燃起了篝火。牧师和其他反对者被野蛮地杀害,从墙头被扔到沟里。当埃唐普公爵让四世·德·布罗斯恢复了巴约的正常秩序后,天主教教徒开始报复之前迫害他们的人。1565年3月,

埃唐普公爵让四世·德·布罗斯

胡格诺派再次占据上风。当时，加斯帕尔二世·德·科利尼领导下的军队拒绝服从投降协定中规定的条款。在私人住宅中所有能找到的金、银、铜和铅饰物都被掠夺了；反抗的牧师被鞭打，脖子上被拴上绳索并被拖着游街示众，然后被杀死。孩子们在母亲的怀里被杀害。一位叫托马斯·诺埃尔的律师被吊死在自己家的窗户上。一个不幸的女人目睹亲生儿子被杀身亡，脸上沾满了儿子的鲜血。还有很多牧师被土埋到脖子以下，他们的头被当成射击的靶子。其他人被剖腹，他们的身体里塞满了稻草。圣乌恩的牧师——我们在记录这种恐怖场面的时候都打了个寒战——被四名士兵抓住，他们像给一只阉鸡抹油一样，把牧师烤熟，切碎，然后把肉扔给狗吃。如果这些暴行只发生在诺曼底一个地方还算好，然而，整个法兰西都在发生这种野蛮行径。一位叫维罗莱奥的修士死于野蛮的残害，其他神父或天主教教徒则被绞死、刺死、饿死、锯成两半或用慢火烧死。这一切都发生在安弗莱姆。在蒙布兰，一个女人的腿和脚被滚烫的火钳烧得通红。阿诺-奥莱姆中将和妻子首先被肢解，然后被勒死，他们的尸体被拖着游街。在沙瑟讷伊，一名叫洛伊斯·法亚尔的牧师先是经过滚油泡手及将滚油灌进嘴里的折磨，而后被枪杀。圣奥扎尼的教区牧师被肢解，关在一个箱子里，被活活烧死。在里维埃尔教区，有些人的舌头被割掉，脚被烧伤，眼睛被挖了出来。他们头朝下被吊起来，或者从墙头被扔出去。还发生了其他一些暴行，描写这些暴行，难免会失礼。据说，有一个胡格诺派教徒的脖子上挂着一串牧师的耳朵。1562年，人们不停地追问这些事情是真是假。人们口口相传，彼此相信，就像现在的俗人相信任何故事。无论多么荒唐可笑，只要符合自己的特殊偏好或偏见，人们都会相信。当一位天主教教徒听到这些暴行故事时，他怒火中烧——有时是从讲道坛上听说的——因为这些暴行针对的是人类和他本人在世上最崇敬的事物。亵渎上帝也许可以得到宽恕，但亵渎圣母玛利亚——永远不准！天主教教徒们报复了势力范围内的所有胡格诺派教徒，天主教教徒更加残忍，更加顽固，狂热地认定自己是在为上帝的事业做贡献。

然而，这些场景太恶心了，不能细想。尽管很难找到更单纯美好的场面，

费拉拉公爵夫人卢克雷西亚·德·美第奇

我们还是不愿意面对野蛮的暴力场面。天主教派和胡格诺派之间的敌意在宫廷中表现为夫人之间的争吵,一方是孔代亲王路易一世·德·波旁的夫人埃莉诺·德·罗耶和费拉拉公爵夫人卢克雷西亚·德·美第奇,另一方是吉斯公爵夫人安娜·德·埃斯特。凯瑟琳·德·美第奇没能制止住她们之间的争吵,胡格诺派的夫人们也不肯让步。西班牙大使佩勒诺·德·尚托内这样描述她们:"她们在宫廷里除了讲道和唱赞美诗,几乎没有别的事可做;在所有有意愿和有能力去宫廷集会者的支持和帮助下,她们每天都在路易一世·德·波旁的寓所里祈祷。"

由于必须驱逐仍然占领哈弗尔的外国驻军,派别问题暂时搁置。胡格诺派教徒,以及天主教教徒,都很高兴有机会展示自己对抗"法兰西天敌"的能力。

胡格诺派教徒意识到他们在《汉普顿宫廷条约》中犯下的巨大错误，急于把英格兰人赶出去，而英格兰人丝毫没有离开的意思。英格兰女王伊丽莎白一世的政策可能是针对整个法兰西制定出来的，非常险恶，且不利于胡格诺派的事业。1562年的圣诞节，威廉·塞西尔写道："除了英格兰人决心帮助我们收复加来，我们还决心保住哈弗尔。"当威廉·塞西尔听说"没有考虑到哈弗尔的局势"，奥尔良的和平也已恢复时，他补充说："如果是这样，我知道最坏的情况就是，通过坚决且强有力的交易手段，来达成我们之间的约定。"然而，在说了这些大话之后，英格兰政府什么也没做，尽管哈弗尔总督华威伯爵安布罗斯·达德利紧

华威伯爵安布罗斯·达德利

急要求补给品和增援部队,这些部队和补给品直到哈弗尔投降才启航。带着伪装的顺从,E.沃纳爵士给威廉·塞西尔写信说:"哈弗尔的损失来得如此突然,这样重大的损失,我从心底里感到抱歉。没有人能违背神的意旨。"守备部队深受瘟疫之苦,它们把瘟疫带到了英格兰。据估计,伦敦和外围教区有两万人死于瘟疫。

曾在哈弗尔英勇作战的路易一世·德·波旁希望为君主政体效力并能够获得回报,即升任法兰西中将一职。该职位是他的哥哥纳瓦拉国王安托万·德·波旁驾崩后空缺出来的。凯瑟琳·德·美第奇将这一职位当作诱饵,并没有信守诺言的意思。凯瑟琳·德·美第奇可能发现,王位的权威因长期受到监护而被削弱。因此,在米歇尔·德·洛必达的认可下,期待着年轻的国王查理九世再过十二个月进入成年。一旦国王年满十四岁,就可以下令宣布其成年的消息,这样就不必任命新的中将了。查理九世的成年仪式在鲁昂举行。人们担心路易一世·德·波旁的朋友参加的巴黎议会会拒绝登记成年法令。1563年8月17日,查理九世以极好的状态进入法庭,宣布结束其未成年期,声称自己在最近战争中目睹的不服从行为不允许反复出现,希望《和解法令》的所有条款都能得以遵守。

此时的查理九世似乎成了一个亲切友善的年轻人,他具有天生良好的品行,在诗歌方面的创作能力没有给其诗歌作品的致敬对象克莱门特·马罗丢脸。查理九世早年对文学颇有鉴赏力,如果继续接受雅克·阿米约和西皮埃尔夫人路易丝·德·哈鲁因的训练,也许就配得上王位了。有像凯瑟琳·德·美第奇这样的母亲,有凯瑟琳·德·美第奇给查理九世配备的家庭教师,查理九世难免会变得奸诈残忍。我们有时会看到查理九世的较好本性被破坏,他内心邪恶的念头从未被彻底压制。大约这个时期有这么一封令人好奇的书信,是凯瑟琳·德·美第奇写给儿子查理九世的,在生活方面给了他一些指导。查理九世被告诫早起;和他的四个秘书去做弥撒;吃饭不迟于每天早上的十一时;骑马或步行三个小时;打猎;每天读信,确保准时回复;每天晚上王宫的钥匙要

雅克·阿米约

放在枕头下。还有其他一些类似的劝诫，比如让查理九世成为"当今的第一绅士"，但没有教导他成为一名优秀的天主教教徒。如果凯瑟琳·德·美第奇希望看到查理九世成为一个好男人，就应该给他配备品行端正的导师，而不是配备像被皮埃尔·德·布兰特姆描述为"狡猾、腐败、虚伪和亵渎神灵"的阿尔贝·德·贡迪那种人。

　　1563年12月，特伦特宗教会议结束，这给当时的宗教分歧带来了混乱的因素。1541年召开的议会直到1545年12月才重新召开。人们曾经希望能找到一些方法来消除教会内部的分歧，但新教派各种形式的意见被一个接一个地从新信条中剔除，实现和解变得不可能。特伦特议会的规定在每个天主教国家强制执行。但法兰西教会是非常独立，只要得到国王的同意，其信条就能生效，甚至会被当作信仰条款。但在得到国王的批准之前，这些信条不能用于法庭上的辩护。为了获得查理九世的支持和认可，西班牙国王腓力二世派出使节，由托斯卡纳和洛林地区的公爵们组成的代表团陪同，邀请查理九世派专员到

特伦特宗教会议

休伯特·朗格特

南锡参加会议。在南锡集会是为了商议消灭异教邪说采取的最佳措施。米歇尔·德·洛必达预见到这一举动的致命后果,便建议凯瑟琳·德·美第奇客气地接待西班牙大使和代表团,尽可能长时间地留住他们,最后用含糊其辞的回答把他们打发走。"政府,"休伯特·朗格特说,"无意剥夺上个法令赋予的自由权力。因为政府认为,这必会引起骚乱,因为我们的教堂比以往任何时候都要拥挤。"除此以外,我们发现桑塔·克罗斯在1564年10月12日写信给枢机主教圣查尔斯·博罗密欧说起和凯瑟琳·德·美第奇的会谈。凯瑟琳·德·美第奇耐心地听取了教皇托桑塔·克罗斯带去的关于颁布《天主教教徒律例》的意见后,回答说:"没有人比我更强烈地希望遵守特伦特宗教会议的规定。可是,事情已经到了这种地步,我不得不小心翼翼地处理,现在不可能再颁布什么新的法令了。只要情况允许,我就会按照教皇的意愿行事。"这不是什么新说法。查理九世在给自己的议会使节的指示中宣布,考虑到异教徒的数量,如果没有危及国王和国家的情况出现,自己不会去使用武力镇压新教派。

第 8 章

巴约讷会谈和第二次宗教战争
（1565 年 6 月—1568 年 3 月）

为了考察民情和对王国的大动乱采取补救措施，凯瑟琳·德·美第奇决定到法兰西南部和西部进行一次巡访。这样一来，也可以有机会让查理九世现身在臣民面前并加强民众与国王之间的情感联系。法兰西宫廷人员的每一步进展没有必要追踪。然而，一些事件可以说明天主教派具有不宽容的性格特点。在勃艮第的许多城镇，迎接查理九世的是"国王万岁"和"弥撒万岁"的呼声。在夏隆，一枚奖章被打造出来，代表查理九世铲除异端邪说，奖章的画面是喷涌而出的愤怒火焰。在里昂，一座旨在消灭居民异端倾向的集中营已经建成了。几座新教城镇的城墙被拆毁，许多人向年轻的君主查理九世呼吁，祈求他禁止除了罗马天主教之外的任何宗教形式的礼拜活动。

1565年6月中旬，法兰西宫廷人员到达西班牙边境附近的巴约讷市，在那里举行了著名的巴约讷会谈。人们普遍认为这次会谈旨在铲除新教。早在1561年4月，凯瑟琳·德·美第奇就提议过举行类似的会谈，当时她因担心寡居的玛丽·斯图亚特和卡洛斯的婚姻问题而感到不安。凯瑟琳·德·美第奇假装很想和西班牙国王腓力二世谈谈法兰西的宗教状况和纳瓦拉国王安托万·德·波旁的事情，希望通过这样的会谈来阻止苏格兰的联姻计划。

1565年的这次会面，表面原因是凯瑟琳·德·美第奇想见女儿瓦卢瓦的伊丽莎白。瓦卢瓦的伊丽莎白刚从一场重病中康复。实际上，凯瑟琳·德·美第奇还存在一定的政治动机。凯瑟琳·德·美第奇除了希望腓力二世能陪伴瓦卢瓦的伊丽莎白，她认为法兰西君主和西班牙君主之间需要考虑的事情中，要包括镇压异教。在锡曼卡斯存放的国家文件中，记录着外交官在巴约讷会谈上讨论问题的"相同理解的文字"。在这些文件中，我们可以了解到法兰西和西班牙两个大国在各自国家都不容忍改革派的宗教崇拜；认为应该执行特伦特宗教会议商议出的条款；不服从国教者都应该被剥夺在政府或军队领域的就职资格；异教徒应该在一个月内离开王国，同意出售自己的财产。尽管凯瑟琳·德·美第奇同意这些声明，但就对声明的执行而言，我们有足够的证据表明她不打算用腓力二世的方式来执行这些声明。凯瑟琳·德·美第奇与雷恩主教及法兰西使节讨论后认为应对胡格诺派教徒做出适当让步。随后，法兰西和西班牙之间进行了漫长而乏味的谈判——一场击剑比赛。双方互相欺骗，最后达成了协议。瓦卢瓦的伊丽莎白应单独去见母亲和兄弟们，阿尔瓦公爵费尔南多·阿尔瓦雷斯·德·托莱多作为特使陪同她前往。费尔南多·阿尔瓦雷斯·德·托莱多的名声还没有达到臭名昭著的程度，因为人们还不会将他的名字和嗜血杀戮联系在一起，他现在已经五十七岁了，是欧洲最成功的将军。在丰特拉维亚战役中，费尔南多·阿尔瓦雷斯·德·托莱多才十六岁，就已经用其未沾过血的剑杀敌了。他曾在神圣罗马皇帝查理五世手下服役；在梅茨围城战中拯救了西班牙步兵，让他们免于覆没；作为那不勒斯总督，他挫败了吉斯公爵弗朗索瓦·德·洛林为法兰西夺回那不勒斯掌控权所做的一切努力。费尔南多·阿尔瓦雷斯·德·托莱多曾陪同腓力二世在其短暂的求亲之旅中前往英格兰，之后又在意大利发动了一场反对弗朗索瓦·德·洛林和罗马教皇的战争，结果一无所获。作为一名政治家，费尔南多·阿尔瓦雷斯·德·托莱多的能力很强，尽管在巴约讷未能完成他的主要使命。

凯瑟琳·德·美第奇和女儿瓦卢瓦的伊丽莎白第一次见面是在比达索阿河畔的伊伦，然后从那里去了巴约讷，巴约讷是法兰西宫廷的行宫。在法兰西那个偏远的地区，游行和集会的壮观景象就连现代的类似活动都望尘莫及。瓦卢瓦的伊丽莎白骑着乳白色的驯马进入巴约讷，驯马身上的丝绒、银饰和珍珠饰物的价值估计可以达到两万五千达克特，四个市民在她头上撑起一个深红色的天鹅绒华盖，她从大门骑马到大教堂，穿过挂着花毯的街道。天快黑的时候，每家每户的房子和教堂都亮了起来，队伍里的每个人都拿着一支点燃的火把。来自卢浮宫礼拜堂的唱诗班成员、洛林枢机主教夏尔·德·洛林、枢机主教洛伦佐·斯特罗齐与多位法兰西和西班牙主教一起主持了欢迎活动，来自卢浮宫礼拜堂的唱诗班成员唱响了感恩赞美颂，同时奏响悠扬的乐曲。天气太热了，凯瑟琳·德·美第奇的护卫队中有六名士兵中暑身亡。在这个拥挤的小城——巴约讷发生了类似欢迎活动的其他伤亡事件。随后发布了一项公告，命令所有的病人、老人和身体虚弱的人都必须到指定的村庄寻求庇护，远离巴约讷。

几年后，当弗朗西斯·沃尔辛汉姆把巴约讷会晤称为反对新教教徒的"大联盟"的起源时，凯瑟琳·德·美第奇肯定会说，巴约讷会谈"没有其他目的，

弗朗西斯·沃尔辛汉姆

只是为了制造欢乐"。看来真的是这样,宴会接二连三地举办。在当天一些比较重要的社交活动结束之后,凯瑟琳·德·美第奇才抽空处理政治事务。

有一天,有一场盛大的长矛比赛,奖品是瓦卢瓦的伊丽莎白送的一颗珍贵钻石。查理九世和弟弟安茹伯爵亨利·亚历山大带领一支队伍,是一队高贵的长矛手,穿着华丽的服装;另一支队伍由内穆尔公爵查尔斯·德科斯·布里萨克率领,跟在朗格维尔公爵莱奥诺·德·奥尔良后面的骑士们则穿着金色的衣服,翅膀是银色的,模仿蝴蝶的样子。还有一天晚上,一场假面舞会在一个大厅里举行。开场场景呈现出一个巨大的城堡,许多美丽的少女被囚禁在一间施了魔法的房间里。房间的大门有一个旋转的轮子,由六个可怕的恶魔守卫着。此时,施了魔法的房间遭到以查理九世为首的一群法兰西和西班牙绅士的攻击。经历几次失败之后,他们克服了一切障碍,杀死了巨人,赶走了恶魔,把那些被囚禁的少女救了出来,并把她们作为英勇事迹的见证人带到瓦卢瓦的伊丽莎白的脚下。第二天,有一场更加精心打造的表演。开头是一个浪漫的开场白。一名信使出现在查理九世的城堡公寓里,被带到查理九世面前,讲述在最近的一次旅行中,如何偶遇英勇的骑士团及骑士们无法判断爱情和美德哪个更重要,同意将爱情和美德哪个更重要的问题交由查理九世来决断。两支分别支持爱情和美德的代表队在城堡下面等待结果,想为自己的骑士们辩护。骑士们受到欢迎并发表了演说。但争论的问题十分棘手,查理九世宣称只能靠武力来解决。比赛宣布开始,所有人都进入了竞技场,凯瑟琳·德·美第奇和瓦卢瓦的伊丽莎白在挂着天鹅绒的大厅里就座。表演开始了。首先出来的是美德女神,坐在一块岩石上,由六个仙女侍候。她穿着一件天蓝色的长袍,手里拿着一支点着的火把。美德女神的马车在竞技场上转了一圈后,停在了瓦卢瓦的伊丽莎白面前。这时,美德女神背诵了几句恰如其分的诗句,送给瓦卢瓦的伊丽莎白和每一位夫人一条粗大的金链子。美德女神一退场,爱情女神便坐着一辆由四匹花斑马拉的马车进入了竞技场,同样在瓦卢瓦的伊丽莎白面前停了下来,唱了几首歌颂爱情的欢乐颂和胜利颂。接着,比武开始,查理九世捍卫美德女神的事业，亨利·亚历山大捍卫爱情女神的事业。两支部队首先进行了肉搏战，查理九世和亨利·亚历山大一起折断了一支长矛。然后，竞技者分成四人组，直到最后形成大混战。大约半个小时后，比赛结束，喇叭响起，竞技者回到自己的方阵。查理九世和亨利·亚历山大骑马向前并拥抱对方，表示"美德和爱情是兄弟姐妹，一个人的胜利便是另一个人的荣耀"。

在其他场合，瓦卢瓦的伊丽莎白在乡村开宴会，宴会的点心用橡树的大绿叶覆盖。橡树树根处有一眼泉水，其建设花费了四百英镑。又有一天，庆典节目是捕鲸活动。一只坐着六个渔夫的乌龟顺着阿杜尔河漂流而下。然后，海神坐着一辆由海马拉的车来了。传说中的古希腊诗人和歌手——阿里翁骑着一只海豚也来了。他们登陆后，接着是一场田园芭蕾，法兰西绅士和淑女们的舞蹈使西班牙人非常开心。于是，他们跳了一遍又一遍，一直持续到午夜。

在巴约讷举行的一场化妆舞会上，有一幅奇特的图画引人注目，画中是一个"野蛮的苏格兰人"。奥弗涅皇太子及随行的六个绅士排成纵队，全都穿得像女人，鱼贯而出。弗朗索瓦·德·洛林和另外六个人跟在后面，全都穿得像"苏格兰野蛮人"。"根据野蛮的苏格兰人的习俗"，他们在用金色花边和深红色丝线绣出图案的白色缎面衬衫外面套上黄呢夹克，配上百褶短裙——苏格兰百褶短裙，镶上深红色丝绸宽边，装饰以金、银、珍珠，以及其他各种颜色的珠宝。"苏格兰人"的黄缎子长筒袜也装饰着各式各样不同颜色的珠宝，丝绸靴子上镶着银边和玫瑰花结，头上戴着古色古香的用金布制成的帽子。节目的高潮是一声雷击喷出一道香喷喷的火龙——火龙象征的雷电上空盘旋着一条栖息在绿色丝绸枕头上的大蟒蛇。每个骑士的手臂上都戴着一块苏格兰盾牌或圆盾，盾牌用金布覆盖，上面还带着一个机关。马的装饰是深红色的缎子，饰以黄色、白色和粉红色的羽毛。法兰西人对苏格兰人的想象就是这样！隆格维尔公爵带领的人马更特别：由六个长着翅膀的恶魔组成，头饰都是火焰。

当宫廷中年轻、漂亮的人沉浸在欢乐中时，凯瑟琳·德·美第奇和费尔南多·阿尔瓦雷斯·德·托莱多没有忘记更重要的事情。尽管凯瑟琳·德·美第

安托万·佩雷诺·德·格兰维尔

奇认为这些事情拖得越久越好。如果不是枢机主教安托万·佩雷诺·德·格兰维尔敦促凯瑟琳·德·美第奇采取主动,她很可能会完全回避这些事情。1565年6月19日,在一次私人会见中,瓦卢瓦的伊丽莎白力劝母亲凯瑟琳·德·美第奇把这件重要的事说出来,说这件事必须让腓力二世或者自己知道。凯瑟琳·德·美第奇回答说:"没有用的,因为我已经被告知,教皇对我和查理九世不信任,不久后将不可避免地发动战争。"这句话其实是在转移话题。瓦卢瓦的伊丽莎白不能让母亲凯瑟琳·德·美第奇谈别的事情,于是中止了谈话,说:"太后陛下,请原谅我。因为我的国王丈夫腓力二世没有命令我积极参与谈判,所以我必须把您介绍给使节们。"在两天后的第二次会议上,费尔南多·阿尔瓦雷斯·德·托莱多出席。这时,凯瑟琳·德·美第奇提出想要通过瓦卢瓦的玛格丽特和卡洛斯的联姻使法兰西和西班牙王室形成更紧密的联盟,这是"调和不同政见的最佳手段,也是将宗教事务置于稳定基础之上的最佳手段"。弗朗西斯科·阿拉瓦将这次访问的具体情况写信告诉皇室主人:"从来没有哪位王后比凯瑟琳·德·美第奇更尴尬。一个人建议凯瑟琳·德·美第奇这样做,另一个人则相反。凯瑟琳·德·美第奇自己不敢做决定,甚至不敢表示出任何偏爱……宫廷的核心罗马天主教教徒表现出极大的热情,但他们都是言而无信的人。"1565年6月23日晚上,费尔南多·阿尔瓦雷斯·德·托莱多再次被召唤到凯瑟琳·德·美第奇面前,他发现凯瑟琳·德·美第奇和她女儿瓦卢瓦的伊丽莎白独自走在一条长长的走廊里。瓦卢瓦的伊丽莎白催母亲凯瑟琳·德·美第奇把米歇尔·德·洛必达打发走。"我相信,"瓦卢瓦的伊丽莎白说,"只要米歇尔·德·洛必达还留在现在的岗位上,您的善良的臣民就会害怕和恐惧,坏人就会得到庇护和支持。"凯瑟琳·德·美第奇回答说:"我不能接受你观察到的事实。"费尔南多·阿尔瓦雷斯·德·托莱多为瓦卢瓦的伊丽莎白申辩,并补充道:"西班牙王后——我的女主人已经向陛下您施加了这么大的压力,是因为西班牙国王——我的男主人希望能得到太后陛下和贵国国王的肯定回复。太后陛下,您和您的国王儿子是不是有意镇压异教徒,因为在这两种情况下我的主人将决定如何部署行动。"凯瑟琳·德·美第奇毫不客气地回答说:"议会一定会给我的儿子查理九世一个恰当的答复。"

1565年6月28日举行的巴约讷会晤的最后一次会议,查理九世、凯瑟琳·德·美第奇和纳瓦拉女王胡安娜·达尔布雷、亨利·亚历山大、费尔南多·阿尔瓦雷斯·德·托莱多、朱昂·芒里克、弗朗西斯科·阿拉瓦、蒙庞西耶公爵弗朗索瓦·德·波旁、波旁地区和吉斯地区及洛林地区的枢机主教们,以及阿内·德·蒙莫朗西公爵都出席了会议。在发表了一些关于接受特伦特议会主要精神的言论之后，讨论转向了解决宗教分歧的最佳方式的讨论。费尔南多·阿尔瓦雷斯·德·托莱多对查理九世说："在我看来，现在不是用刀剑铲除邪恶的时候，也不是用温和与掩饰来对待邪恶的时候。因为一方面，我的主人很难同意陛下召集并率领一支军队来对付您的臣民。另一方面，似乎没有理由不惩罚那些过于胆大妄为的人。我不会把宗教建立在可能爆发战争的不稳定社会环境之中。在战争中，一场邪恶的意外可能会把所有人都置于最大的危险之中……据我所知，有些人建议陛下拿起武器反对宗教人士。我到法兰西来，并不是为了做恶毒的事，我的主人派我来这里，也不是出于邪恶的目的。"安托万·佩雷诺·德·格兰维尔也持有同样的看法，要摆脱麻烦的敌人，还有比战争更安全的方法：政府只需要抓住五六名胡格诺派头目，砍掉他们的头即可。我们从腓力二世对威尼斯驻西班牙大使西吉斯蒙德·卡瓦利耶的讲话中了解到，腓力二世也持有类似的观点。法兰西之所以陷入困境，是因为法兰西没有听从多年前腓力二世提出的建议。查理九世和凯瑟琳·德·美第奇没有做出承诺，他们认为法兰西的情况令人满意，但还是愿意听取任何建议，会非常认真地予以考虑。巴约讷会晤中有一个小插曲，纳瓦拉的亨利·德·波旁被允许访问巴约讷。"我们要感谢他的到来，"腓力二世也说，"他仍然是一个孩子，上帝不会允许他继续无知。"一天，费尔南多·阿尔瓦雷斯·德·托莱多和凯瑟琳·德·美第奇在一起交谈，前者用古罗马的末代君主塔尔坎的杀人手势暗示后者除掉胡格诺派的贵族，之后一切都会变得简单。"一万只青蛙，"费尔南多·阿尔瓦雷斯·德·托莱多说，"不值一条大马哈鱼。"亨利王子无意中听到了费尔南多·阿尔瓦雷斯·德·托莱多的话，这句话深深地警醒了他，他把这句话复述给了自己的一个侍从索弗里·德·加里侬，由索弗里·德·加里侬把这句话转达给了胡安娜·达尔布雷。这句话很快被胡格诺派的首领们得知，并引起了他们的怀疑。如果胡格诺派的首领重视这件事，这对胡格诺派来说是有好处的。这些话给凯瑟琳·德·美第奇留下了深刻的印象，她不止一次地想把这些话付诸行动。最后，她非常成功。1569年，威尼斯特使乔瓦尼·科列罗给他的政府写信了,让我们对凯瑟琳·德·美第奇对这一时期的看法有了一些了解。一天,凯瑟琳·德·美第奇怀着一种坦诚的心情对她的同胞说:"从巴约讷回来的路上,我在卡尔卡松读了一本关于十一岁男孩圣路易的母亲的编年史手稿,这位母亲不得不与不满贵族斗争。但随着时间的推移,圣路易长大并当上了国王,将敌人全部击败了。我把这个案例应用到了自己身上。"乔瓦尼·科列罗说:"陛下一定在这里找到了安慰,因为现在是过去的写照,所以你可以确定结局会是一样的。"凯瑟琳·德·美第奇笑了起来。每当她听到让她高兴的事,她就会习惯性地大笑起来。她说道:"但我不想让任何人知道我读过那个故事,因为他们会说,我在把卡斯蒂尔的布朗什皇后当成我的学习榜样。"当机会来临时,这个学习的榜样不太可能会被遗忘。

  可以肯定的是,在巴约讷会晤上什么也没有解决。凯瑟琳·德·美第奇想通过在两个敌对党派之间保持平衡来维持自己的权力的决心十分坚定。"她承诺创造奇迹,"1565年8月20日,安托万·佩雷诺·德·格兰维尔写道,"但她什么也不会做。"查理九世虽然年轻,但同样不为所动。"很容易看出查理九世受到了操控。"费尔南多·阿尔瓦雷斯·德·托莱多满怀不屑地对腓力二世写道。因此,各方十分期待的会谈就这样结束了。会谈给胡格诺派教徒留下了非常痛苦的感受,尽管他们就像议员对英格兰国王查理一世表忠心那样,声称会对查理九世保持极大的忠诚,不会干涉政府事务。但胡格诺派教徒相信某种邪恶的阴谋已经被设计出来准备陷害他们,会逐渐将他们从查理九世身边赶走。一旦瓦卢瓦的伊丽莎白重返西班牙境内,法兰西将派人前往加斯科尼的纳拉克拜访安托万·德·波旁的遗孀胡安娜·达尔布雷。安托万·德·波旁背叛胡格诺派的时候,也要求胡安娜·达尔布雷背教,但她拒绝了,躲进了贝阿恩。安托万·德·波旁命令布莱兹·德·蒙吕克拦截并抓住胡安娜·达尔布雷,她幸运地逃过一劫。同时,胡安娜·达尔布雷的一些天主教臣民密谋将她抓住,将她交给腓力二世。在胡安娜·达尔布雷的世袭州,她废除了罗马天主教并没收了教会财产,使新教神职人员和教育事业受益。为此,1564年,罗马教皇庇护四世召胡安娜·达尔布雷到罗马出面回应一项异端指控,否则将其逐出教会并剥夺其领地。在这一点上,庇护四世弄巧成拙了,他的行为危及欧洲每一个有冠冕的人。同时,他还对查狄伦枢机主教奥德特·德·查狄伦、瓦朗斯主教约翰·德·蒙吕克和其他四位主教发出了传唤书。罗马教皇的传唤书严重侵犯了法兰西天主教会的特权,一个特使被派往罗马劝诫教皇。从凯瑟琳·德·美第奇写给驻神圣罗马帝国使节雷恩主教的信中可以了解到她对罗马教廷执政的看法:"我们不承认教皇对拥有国王或女王头衔的人有任何权威或管辖权,教皇无权将国家和王国交给后来的入侵者……请让我知道教皇是如何看待国家管辖权这件事的。所有的统治者都应该明白,教皇是否有权对他们行使权力和管辖权,是否应该掠夺他们的领土和自治权,这关系到所有的统治者。就我们而言,我们决不屈服。"罗马教皇退让,撤销了对主教的指控,撤销了对胡安娜·达尔布雷的指控。但不久之后,一个比这种指控更可怕的危险威胁到了胡安娜·达尔布雷。腓力二世和布莱兹·德·蒙吕克商量好了一个计划,要把胡安娜·达尔布雷和她的两个孩子抓起来,带到西班牙去,让他们在那里接受宗教裁判所的残酷审判。这样的阴谋使胡安娜·达尔布雷的信仰更坚定了。她在其领土上肃清了所有残留的罗马天主教,拒绝给予她的天主教臣民宗教自由,并声称会给予法兰西的新教教徒宗教自由。

  法兰西宫廷人员途经的加斯科尼在某些方面比法兰西其他地区经历了更多战争之苦。新教徒成功地压制了罗马天主教,无论查理九世做什么事情,都会被提醒天主教遭受的暴行。查理九世恢复了过去的崇拜方式,但当时目睹的景象似乎永远挥之不去。在查理九世和陪他到布卢瓦去的胡安娜·达尔布雷一起骑马前行的过程中,查理九世指了指那些荒废的修道院、破碎的十字架和被破坏的教堂,让她看了残缺不全的圣母和圣人画像、被亵渎的墓地和散落在四面八方的圣物。那天骑马看到的情景久久萦绕在这位信奉新教的女王——胡安娜·达尔布雷心头,使她对查理九世和凯瑟琳·德·美第奇充满了不信任感,这种感觉一直存在。

1565年年底，查理九世召集了一群知名人士在穆兰城开会，目的是为了平息最近取得的进展引起的许多不满，同时也为了调和敌对派系首领间的关系。《安博瓦兹法令》中的一些条款含糊其辞及其在许多地方无法执行，催生了若干解释性的法令。1564年8月，其中一项法令已经在多菲内的鲁西永地区发布，限制了迄今为止在私人住宅中不受限制的自由礼拜的权利。贵族们只允许家庭成员或仆从进入他们的礼拜堂；神殿里不举行任何宗教仪式，也不搞任何宗教收藏；牧师们被禁止在自己供职的地区以外的地方开办学校或讲道；恢复了关于已婚牧师和修女返回修道院或是离开王国的命令——后者通常更受欢迎。

波旁的穆兰城是法兰西最干净、最漂亮的城市之一。在查理九世和凯瑟琳·德·美第奇坐在一起开会的宏伟的城堡里，除了一座叫马尔科菲这么一座名字奇特、高高耸立在砖房之上的残缺不全的塔楼及凯瑟琳·德·美第奇建造的一个小亭子，几乎什么也没有留下。欢快流淌的阿列河河岸上，修了好多不规则的街道。街道的两边建造了许多色彩斑斓的红白砖块房子，其历史可以追溯到16世纪中叶以前，这里居住着嫡亲亲王、几个枢机主教和主教、主要贵族及法兰西议会的主要官员。穆兰城会议采纳的决议仅仅是管理层面的，改革了许多司法上的弊端。但在之后的法兰西大革命推翻所有法律之前，这些决议仍然是法兰西法律体系的一个里程碑。然而，法律改革只是凯瑟琳·德·美第奇的次要目标，她一心希望能继续保持和平。凯瑟琳·德·美第奇明白，除非敌对的领导人同意放下私人恩怨并成为朋友，否则和平是不可能达成的。只要洛林家族坚持认为加斯帕尔二世·德·科利尼是已故弗朗索瓦·德·洛林谋杀案的主谋，他们之间就不可能有什么友谊。在签订《安博瓦兹和约》时，孔代亲王路易一世·德·波旁挺身而出为加斯帕尔二世·德·科利尼辩护，用了一句著名的盎格鲁-撒克逊话语，宣称加斯帕尔二世·德·科利尼是无辜的。洛林家族仍然不满意。有一天，宫廷所在的默朗大街上举行了一场出殡仪式。出席仪式的有被谋杀的弗朗索瓦·德·洛林的母亲安托瓦妮特·德·波旁，弗朗索瓦·德·洛林的妻子安娜·德·埃斯特和四个孩子，以及洛林家族的朋友和护卫队员。洛林家族的朋友和护卫队员穿着长长的丧服，蒙着脸，要到查理九世那里去伸张正义。安托瓦妮特·德·波旁和安娜·德·埃斯特的啜泣声打破了阴郁的寂静，两位女士走进宫殿，跪倒在查理九世的脚下，要求伸张正义。查理九世彬彬有礼地把她们扶起来，答应了她们的要求。她们的案子提交给了巴黎议会，由巴黎议会转交给各派联席议会，命令三年内不得再采取进一步的行动。在这段时期，进行了各种和解的努力。因为这一血仇与圣巴塞洛缪大屠杀有很大的关系，因此，具体阐述弗朗索瓦·德·洛林被谋杀事件的进展情况应该不是浪费时间。1563年12月，奥尔良主教，也是驻罗马大使莫维利耶斯写信给雷恩主教，说：“人们很愿意在关系紧张的两个家族之间谋求一种和解。但考虑到宿怨的伤害程度和特殊性，这种调解是非常困难的，几乎是不可能行得通的。宿怨应该会在某种刺激下爆发出来，一方为了复仇或另一方为了安全，它们会尝试做一些事情。”十一天后，莫维利耶斯继续写道，"洛林家族和加斯帕尔二世·德·科利尼对弗朗索瓦·德·洛林的死亡有着不同看法，我们陷入了巨大的麻烦之中，许多人会乐于看到一场骚乱。凯瑟琳·德·美第奇尽其所能来阻止这件事。这个可怜的女人不停地观察着，不停地操劳着。"在1563年12月23日之前，莫维利耶斯再次写道，"查理九世和凯瑟琳·德·美第奇总是因洛林家族和加斯帕尔二世·德·科利尼之间的不和而陷入麻烦。没有法庭能解决这个问题。因为加斯帕尔二世·德·科利尼反对议会，其他人则反对全国大议会。"

几个临时的安排已经准备好了。最后，在三年即将结束的时候，因受到压制而更加渴望复仇的洛林家族成员出现在穆兰城，重新发出了伸张正义的呼声。1566年1月12日，查理九世发表了一份声明，宣称："他希望对过失杀人案持有不同意见的各方能够达成一致的意见，禁止洛林家族和加斯帕尔二世·德·科利尼相互攻击。"加斯帕尔二世·德·科利尼是一名勇敢的士兵，他更像一位擅长辩论的律师。在经过一系列令人厌烦的解释之后，加斯帕尔二世·德·科利尼当着查理九世的面宣布："他没有犯下谋杀或教唆谋杀的罪，他也从来没有批准过这件事，无论是过去还是现在。"弗朗索瓦·德·洛林的遗孀安娜·德·埃斯特和夏尔·德·洛林听了这番话，都表示满意，宣布不再怀有复仇的念头。于是，双方拥抱在了一起。然而，弗朗索瓦·德·洛林年轻的儿子吉斯公爵亨利·德·洛林仍然不满意。当着凯瑟琳·德·美第奇的面，亨利·德·洛林向加斯帕尔二世·德·科利尼发起挑战，要与他单挑。"加斯帕尔二世·德·科利尼指控我密谋暗杀他，"亨利·德·洛林说，"我不否认这一点，我认为最好把我和他关在一个房间。我要向他证明，我完全有能力为自己辩护，我不需要别人解决我的争议。"

到目前为止，凯瑟琳·德·美第奇的计划还没有成功。在协商弗朗索瓦·德·蒙莫朗西元帅和夏尔·德·洛林之间的不同意见方面，她也没有取得更进一步的成功。由于天主教派和胡格诺派之间的斗争，巴黎严格禁止拥有和携带武器，特别是枪炮。弗朗索瓦·德·蒙莫朗西，"一个有智慧且热爱和平的人"，在布里萨克元帅查尔斯·德科斯·布里萨克死后被任命为巴黎总督，他以国王从未想过的方式执行了这条关于武器的禁令。夏尔·德·洛林从特伦特议会返回，由几位绅士和亲戚护送到巴黎。1565年1月8日，他们到达巴黎的城门，但他被禁止入城，除非他们放下长矛和火绳枪。夏尔·德·洛林不理睬这条命令。于是，弗朗索瓦·德·蒙莫朗西在圣丹尼斯街清白公墓攻击了夏尔·德·洛林的护卫队，杀死一些人，打伤了另外一些人。夏尔·德·洛林非常害怕，从马背上跳下来，躲进附近的一间屋子，然后在夜晚从那里安全抵达自己住的旅馆。

夏尔·德·洛林说，根据查理九世的授权，他可以带一名武装随从出行。"那么他应该把授权书给我看看，"弗朗索瓦·德·蒙莫朗西说，"我就会让他过去的。"弗朗索瓦·德·蒙莫朗西对洛林派在巴黎的专横跋扈感到不安，便请了加斯帕尔二世·德·科利尼来协助他。加斯帕尔二世·德·科利尼率领一千两百名绅士一同进入巴黎，市民们非常害怕，担心街道会变成战场。但加斯帕尔二世·德·科利尼行事十分谨慎，受到了大学和行业协会的赞扬。

然而，查理九世和母亲凯瑟琳·德·美第奇做的一切都不能有效地消除天主教教徒和胡格诺派教徒之间的互不信任。人们对每一种行为都持怀疑态度。新教教徒的疑虑在很大程度上是有道理的，因为宽容敕令对他们是不利的。"对胡格诺派来说，"对胡格诺派不友好的艾蒂安·帕基耶说，"和平时期的法令比战争时期的武力让它们损失更大。"

在里昂，胡格诺派被指控企图用火药炸掉这座城市。由于这一毫无根据的指控，巴黎总督弗朗索瓦·德·蒙莫朗西阻止胡格诺派的公众进行礼拜集会。只要是新教教徒，就会被逐出阿维尼翁，里昂城里和周边地区都被戒严。在富瓦，许多胡格诺派教徒被杀害。在图卢兹，许多人被依法处死。这些事件只不过是新教遭受的苦难的一小部分而已。

曼恩省宗教改革运动的贵族们向查理九世提出的抗议书，展示了这个省动荡不安的可怕景象。盖南迪尔夫人和儿子、三个女儿、两个侍女被勒芒的一伙匪徒杀害了。勒芒教区的主教是一个生活极不检点的人，常常带着一百五十名带着手枪或火绳枪的随从，骑着马四处游荡并惹是生非。一个叫赫利的神父被指控对九名小女孩犯下了难以形容的暴行。这本呈交给查理九世的一百多页的小册子写满了上面叙述的事件和其他许多类似的恐怖事件。但通常情况下，犯下暴行的人都逃脱了惩罚。

天主教教徒也有抱怨。在帕米尔，胡格诺派教徒袭击了游行队伍，杀死了一些神职人员，烧毁了他们的房屋。在苏瓦松，胡格诺派教徒洗劫教堂，拆毁漂亮的彩绘窗户，砸烂风琴，熔化大钟，剥去屋顶上的铅层，掠夺圣坛上的金银珠宝，焚烧圣人的遗物，撕毁神父的特许状和所有权契据。类似的骚乱也发生在蒙托邦和其他城镇。在天主教教徒势力最强大的地方，天主教教徒袭击了胡格诺派教徒。在胡格诺派势力最强大的地方，胡格诺派教徒攻击天主教教徒。有一段时间，谣传有人企图暗杀查理九世。还有一段时期，有人谣传一位新教牧师叙罗·杜·罗齐耶写了一本倡导以暴制暴的书，书中大胆肯定了一个教义："杀死一位抗拒福音改革的国王或王后是合法的。"之后，在凯瑟琳·德·美第奇的卧室门口发现了一封匿名信，威胁说如果她不给予改革派完全的宗教信仰自由，米纳尔会长和弗朗索瓦·德·洛林就会被处死。

我们记录的许多暴行都是由于法兰西中央政府的软弱导致的。我们必须记住，法兰西的好几个省都是处在总督的统治之下，他们的统治权几乎是世袭的，国王没有足够权力维护和平，即使他有维护和平的意愿。几乎没有人可以效仿野蛮勇士布莱兹·德·蒙吕克，他让加斯科尼省变得平静，三年内"骑兵或步兵连只小母鸡都没有偷过"。布莱兹·德·蒙吕克绞死了两名违反法令的天主教士兵，两名犯了类似罪行的胡格诺派教徒"很快就被处以绞刑，与其他被处死的天主教教徒做伴去了"。布莱兹·德·蒙吕克说："当善良的人们看到，无论双方中的哪一方犯了错，都不会受到任何纵容时，便会开始喜欢彼此并纵容彼此。我相信，如果每个人都这么做，不偏袒任何一方，我们就不会有那么多的麻烦了。"

查理九世对"宗教人士"的厌恶不需要任何外部的刺激，他偶尔会勃然大怒。因为查理九世太年轻了，无法克制自己。有一天，当加斯帕尔二世·德·科利尼针对最后一项法令的限制条款向查理九世提出抗议时，查理九世回答说："不久以前，你还能接受天主教教徒的宽容，现在你想和他们平等。过不了多久，我想你会想一个人呆着，把我们都赶出法兰西王国。"加斯帕尔二世·德·科利尼没有回答，因为闭嘴才会让愤怒的查理九世平息怒火。查理九世冲进母亲凯瑟琳·德·美第奇的房间，把事情的经过告诉了母亲，然后补充说："费尔南多·阿尔瓦雷斯·德·托莱多说得对，这样的人在国家实在太高傲了，我们必须用武力镇压他们。"凯瑟琳·德·美第奇似乎对加斯帕尔二世·德·科利尼非常不客气，在写给女儿瓦卢瓦的伊丽莎白的信中，她说："加斯帕尔二世·德·科利尼虽然还在宫廷，但就像死人一样。因为在上帝的帮助下，我不会让自己受任何一方支配；因为我知道各派对上帝、国王和你的母亲的热爱都不及各派对自己的利益和野心的热爱；因为各派很清楚，我不会允许国王或王国被他们毁掉，他们对我的爱戴只是口头上说说而已。"

萨克森公爵约翰·弗雷德里克二世

与此同时,几位神圣罗马帝国的亲王,包括莱茵河的宫廷官吏,萨克森公爵约翰·弗雷德里克二世和符腾堡公爵克里斯托弗,向查理九世派遣了一个大使团。这个使团为了法兰西同道新教教徒的利益而来到法兰西宫廷进行斡旋。大使团成员表达出了对过去和平局面的怀念,祈求查理九世遵守《和解法令》,允许新教牧师们在巴黎和其他地方讲道,允许不限人数地听新教牧师讲道。查理九世厉声回答说,只要神圣罗马帝国的几位亲王不干涉法兰西王国的内政,就可以和他们做朋友。沉默了一会儿,查理九世用更加愤怒的语调继续说:"我也可以请求神圣罗马皇帝允许天主教教徒在德意志的城市里自由礼拜。"这是一个机智的反驳。因为就公众崇拜而言,在信奉新教的德意志和瑞士的许多地区，如果有罗马天主教教徒，他们的处境也不会比法兰西胡格诺派的处境好多少。

一切似乎就像火山一样即将爆发了。胡格诺派和天主教教徒，就像同一片土地上的两个敌对民族一样，随时准备互相攻击。休战期间，暴乱和暗杀取代了公开战争。这样的休战既不可靠，也不会持续太久。不过，如果不是因为出现与荷兰有关的突发状况，胡格诺派和天主教之间关系的真正破裂可能会推迟。荷兰的新教教徒因遭到臭名昭著的腓力二世的迫害而发动叛乱。奥兰治亲王威廉一世充当叛军的领袖。叛乱虽然没有成功，但这场运动被认为具有极大的威胁，以至凶悍而不妥协的费尔南多·阿尔瓦雷斯·德·托莱多奉命去彻底粉碎这场运动。为了平息叛乱，西班牙必须在佛兰德斯增加军队。由于反叛者在海上占优势，通过海路增兵是不可能做到的，所以一支由一万名经过精挑细选的老兵组成的部队从卡塔赫纳被运送到热那亚，从热那亚穿过塞尼斯山关口，进入勃艮第和洛林地区。凯瑟琳·德·美第奇不信任腓力二世，认为密切关注西班牙军队的行程是明智的。为此，她召集了所有能召集的力量，组成一支观察部队。这些都不足以达到目的，路易一世·德·波旁和加斯帕尔二世·德·科利尼建议招募六千名瑞士雇佣兵。凯瑟琳·德·美第奇很高兴可以在不刺激到胡格诺派教徒脆弱神经的情况下招募士兵，于是立即采纳了这个建议。但当路易一世·德·波旁要求以王国中将军衔统领部队时，阿内·德·蒙莫朗西公爵因为年龄关系驳回了他的要求。凯瑟琳·德·美第奇回避问题、闪烁其词，尽管任命路易一世·德·波旁早已承诺过。凯瑟琳·德·美第奇最宠爱的儿子亨利·亚历山大也想担当这一职位，听到路易一世·德·波旁的请求，亨利·亚历山大对路易一世·德·波旁说："如果我发现你对我不尊敬，我会让你想要成就一番大事业的愿望如同镜花水月。"听了这些话很惊讶，路易一世·德·波旁愤然离开了宫廷。

西班牙军队越过边界进入荷兰后，胡格诺派预料法兰西宫廷军队将会被解散。但相反，宫廷军队被带到了巴黎附近。这举动本身就足以引起胡格诺派领袖的警惕，他们听到有人要密谋逮捕路易一世·德·波旁和加斯帕尔二世·德·科利尼的消息，吓了一跳；还听到有人要把路易一世·德·波旁囚禁终身，把加斯帕尔二世·德·科利尼处死；在有利于改革派宗教的城镇设立驻军；在全国范围禁止信奉改革派宗教。胡格诺派的领袖立即与加斯帕尔二世·德·科利尼在查狄伦城堡召开会议，双方的商议是漫长而认真的。人们对这篇报告的真实性毫无疑问。巴约讷会议引起的怀疑，再加上密谋在穆兰城进行屠杀的传闻，由于胡格诺派教徒人数众多而未能成为现实。胡格诺派的怀疑又因亨利·亚历山大的傲慢无礼和凯瑟琳·德·美第奇的不真诚而得到加强。《宽容敕令》没有得到公正的执行，新的法令解释条款侵犯了改革派的特权。费尔南多·阿尔瓦雷斯·德·托莱多在佛兰德斯协助执行他几个月前提出的计划。惊慌失措的人从来没有好好地推理过真相，也从来没有真正地调查过真相，因为谣言引起了他们的恐慌。在目前的情况下，有武力倾向的一方说："我们要不要等天主教派来把我们的手脚绑起来，把我们拉到天主教派在巴黎的断头台上，用我们的死亡来满足别人的残忍呢？难道我们没有看到外国敌人带着武器向我们走来，威胁要为德勒地区向我们复仇吗？难道我们忘记了，自和平以来，我们的宗教中大约有三千人得到了惨死的结局，难道我们不能为他们申冤吗？如果是我们国王的意愿让我们受到了这样的伤害，也许我们只能忍受它。但那些以国王的名义掩盖自己的真实目的，并且企图使国王与我们疏远的人，我们能容忍他们的傲慢无礼吗？四十多年来，我们的祖先秘密地信奉真正的宗教，用无尽的耐心忍受着各种各样的折磨和伤害。如果我们这么多人，本该公开表明我们的宗教信仰，却以可耻的沉默和不合时宜的让步背叛正义的宗教事业，我们就会堕落为叛徒，不配获得新教教徒和绅士这两个好头衔。我们不但没有为自己负责，也没有为神负责。此外，如果我们做了违背良心的事情，那么也可能导致伤害他人。"加斯帕尔二世·德·科利尼建议胡格诺派教徒要有耐心，他说："我清楚地知道我们该如何才能重新燃起革命之火，但我们不知道从哪里能找到水来浇灭它。"弗朗索瓦·德·查狄伦赞成采取更有力的措施,说:"如果我们等到被关进监狱才开始行动,我们的耐心对我们有什么好处?如果我们给敌人先下手为强的优势,我们将获得失败的结局。"在做出最后的决定之前,胡格诺派贵族的一个代表团拜访了凯瑟琳·德·美第奇,请求她对新教宗教伙伴更公正一些。新教受到如此不友好的待遇,除了拔剑使用武力,似乎别无选择。

使用武力是一个不明智的决定,因为并没有事实证明其合理性。虽然胡格诺派同时代的人认为胡格诺派的行为非常明智,但胡格诺派首领犯下的错误是显而易见的。兰斯洛特·沃伊辛·德·拉·波佩里埃在使用武力这一点上的证据是很有分量的,他谈到了"以阻止西班牙国王和英格兰女王入境为幌子被征召的瑞士雇佣军的动向。被征召来之后,这些雇佣军又没有了用武之地,于是,查理九世在尚帕涅的副官巴巴济约向瑞士的雇佣兵宣布,他们将被派去对付宗教人士"。1567年6月28日,费尔南多·阿尔瓦雷斯·德·托莱多给他的法兰西主人主人写了一封信,证实西班牙驻军可以令驻军所在的法兰西地区满意。1567年10月22日,休伯特·朗格特从斯特拉斯堡发出消息说,胡格诺派的首领完全知悉了一个事实——罗马教皇和其他密谋对付新教的亲王已经决定,一旦在德意志低地地区清剿完新教教徒,也要在法兰西消灭新教教徒。为此,查理九世征集了一支强大的瑞士雇佣兵部队。

胡格诺派的对策是抓住布里的蒙索城堡里的查理九世和凯瑟琳·德·美第奇,正如1562年,洛林派抓住胡格诺派教徒一样。新教起义的传闻传到了宫廷,一位信使被派去监视加斯帕尔二世·德·科利尼。这位信使回来报告说,发现加斯帕尔二世·德·科利尼正忙着摘葡萄。1567年9月28日,整个法兰西陷入火海。五十个城镇被胡格诺派占领,胡格诺派一支强大的骑兵部队正准备猛攻巴黎以东十法里的莫城。之前,法兰西宫廷一接到战争爆发的消息,就已经赶往莫城了。莫城现在一片混乱,凯瑟琳·德·美第奇不敢离开莫城,生怕被胡格诺派截住。瑞士雇佣军虽然距离莫城不远,却不及路易一世·德·波旁麾下的骑兵离得近。瑞士军队奉命全速前进。但米歇尔·德·洛必达建议,更明智的做法是解散瑞士雇佣军——这一让步将使胡格诺派教徒满意,诱使他们放下武器。"你能保证他们除了效忠国王没有别的目的吗?"凯瑟琳·德·美第奇问。"我可以,"米歇尔·德·洛必达回答说,"如果我确信宫廷没有欺骗他们的意图。"不过,凯瑟琳·德·美第奇像米歇尔·德·洛必达暗示的那样,正在思忖背叛胡格诺派,如果不这样做,就要面临很大的风险。瑞士雇佣军最终抵达了莫城,在他们的保护下,查理九世在十二小时内到达了巴黎。"要不是查尔斯·德科斯·布里萨克和我的瑞士好伙伴,我可能会失去自由和生命。"查理九世说。因为查尔斯·德科斯·布里萨克与被谋杀的弗朗索瓦·德·洛林的遗孀安娜·德·埃斯特的联姻,查尔斯·德科斯·布里萨克受到洛林家族的极大尊重。他统帅一支由宫廷绅士组成的志愿者部队,武装成轻骑兵守护查理九世的寝宫。查理九世不止一次向追兵们发起进攻,率领骁勇善战的近卫军精英上阵杀敌。阿内·德·蒙莫朗西公爵发现本方军队暴露在不必要的危险之中,于是勒住了马的缰绳,拦住了查理九世,说:"陛下不应该像这样冒着生命危险参战,我们面临的风险太大,因而不能允许你只带着一支不到一万名法兰西绅士的队伍来作战。"

路易一世·德·波旁带着五百骑兵也无法对抗六千名瑞士雇佣兵,"他抵挡了一阵,然后赶紧撤退,边退边转过头回望,就像猎人追赶的野猪一样"。路易一世·德·波旁错过了时机,当他和被凯瑟琳·德·美第奇派来询问军事动机的阿内·德·蒙莫朗西公爵进行非正式会晤时,瑞士雇佣兵正以最快的速度赶赴莫城。路易一世·德·波旁的优柔寡断是他的一个很大的缺点。他不应该试图抓住查理九世,也不应该冒着一切危险攫取战利品。路易一世·德·波旁的失败让自己成了叛国者和造反派,这激起了查理九世对胡格诺派的愤怒。假如路易一世·德·波旁的军事行动成功了,查理九世会不顾实际发生的情形,认为胡格诺派是忠诚可靠的臣民,而且会有最好的证据表明,即使在胡格诺派手中,他们也没有危及自己的生命和自由。事实上,查理九世从来没有原谅胡格诺派有想抓住自己的企图,他像往常一样发毒誓,总有一天要报复他们。

夏尔·德·洛林知道一旦落入胡格诺派首领之手，便没有生存的希望了，于是调换方向逃跑。夏尔·德·洛林在路上扔掉了行李，安全抵达兰斯，联系腓力二世并向他投诚，答应把几个边境城镇交到他手里，以自己妻子的名义支持他夺取法兰西王位。但夏尔·德·洛林的计划因事态的发展而受挫。

现在，天主教派和胡格诺派都尽了最大的努力来增加兵力。查理九世在给多菲内总督西米安·德·戈尔德的信中，指示他召集军队，镇压异端邪说。信中使用了可以用来描述圣巴塞洛缪事件的残酷语言："你要把他们劈成碎片，不留一个。因为敌人死得越多，剩下的敌人就越少。"在爆发敌对行动之前，温和派曾试图实现两派的和解。路易一世·德·波旁要求在全国范围内完全接受宗教改革，不分地域和个人。查理九世通过弗朗索瓦·德·蒙莫朗西回答说，他不能容忍他的王国有两种宗教。没有办法，必须用剑在两派之间做个了断。巴黎的民兵队被召集起来了；新税开始征收；牧师们自愿捐赠了二十五万克朗的贡奉，在威尼斯筹集了十万克朗的贷款，在佛罗伦萨也筹集了一笔类似数额的贷款。

尽管胡格诺派兵力不足，只有一千两百名步兵，一千五百名骑兵。但首领们还是勇敢地向巴黎进军。他们希望能在距离更远的省份的援助抵达之前封锁巴黎，断绝它的粮食来源，迫使它屈服。但凯瑟琳·德·美第奇出色的谈判才能又一次被发挥出来，控制了新教领袖们，直到增援部队——从各个地区急匆匆地召集起来——匆忙地赶到巴黎。路易一世·德·波旁曾在巴黎的墙上张贴标语，抗议说他拿起武器只是为了把国王的臣民从得势的意大利籍外臣的压迫中解救出来。但路易一世·德·波旁不是狡猾的意大利人的对手。意大利人现在感到安全了，于是终止了谈判。1567年11月10日，胡格诺派教徒在圣丹尼斯大平原上发现了法兰西宫廷军队。那时候，圣丹尼斯大平原是非常开阔和非常适合耕作的区域。圣丹尼斯大草原上仅有的建筑物是独栋农舍和几个风车。一条宽阔的道路横穿圣丹尼斯草原，从北方来的旅客过去常沿着这条道路走，后来修建的铁路迫使这条繁忙的主要道路改了道。阿内·德·蒙莫朗西公爵手下的部队比路易一世·德·波旁手下的人手多了五倍，而且有大炮的优势。战场距离巴黎大约一英里,在蒙马特尔、庞坦和圣丹尼斯之间。蒙福孔的绞刑架就竖立在田野边缘,因为距离巴黎的城墙很近,有一大群包括妇女在内的游手好闲的人前来参观。民谣歌手们已经在庆祝阿内·德·蒙莫朗西公爵的胜利,站在颤动着的讲台上的庸医们在吹嘘治伤的药膏;骗子、恶棍和流氓以作恶为生,或以利用社会漏洞为突破口——大城市里所有的寄生虫——成群结队地聚集在蒙福孔;僧侣们混在人群中,唱着祷文,卖着念珠;乌合之众比战场上的食肉鸟还要多。

在军事行动方面,胡格诺派不能再错失良机了,因为白天即将结束。路易一世·德·波旁疯狂地冲向敌人,横扫面前的一切敌人。旁观者都非常钦佩他,大声地为勇敢的胡格诺派鼓掌。"如果我的主人像那些穿白衣战袍的军队一样只有六千名骑兵,但依然拥有充沛的战斗力,"在城墙上观看战斗的苏丹国使者大声说道,"那么他很快就能主宰世界。"然而,胡格诺派兵力过少,逐渐被很多敌人包围,被迫撤退。夜晚的到来使胡格诺派免遭更大的灾难。

圣丹尼斯战役

在被击中的瞬间，阿内·德·蒙莫朗西公爵用残剑击伤对方

这场战斗对阿内·德·蒙莫朗西公爵来说是致命的，他似乎成了私人寻仇的目标。在激烈的冲锋中，阿内·德·蒙莫朗西公爵受伤并与部队走散，他看见一个叫罗伯特·斯图亚特的人骑着马向他走来并举枪瞄准他。阿内·德·蒙莫朗西公爵以为会被俘，便大声喊道："你不认识我！""我举枪瞄准你是因为我确实认识你。"苏格兰人罗伯特·斯图亚特答道。他随即开了一枪，子弹打在了阿内·德·蒙莫朗西公爵的肩膀上，把他打倒在地。不过，就在倒地之前，好战的阿内·德·蒙莫朗西公爵手里还握着那把残剑，打伤了罗伯特·斯图亚特的下巴。阿内·德·蒙莫朗西公爵去世时，就如同他刚来到这个世界一般，此时一位神父前来安慰他，阿内·德·蒙莫朗西公爵微笑着请求让自己平静地离开这个世界。他补充说："如果我知道如何活到八十岁，却不知道如何在片刻的时间内去见上帝，那将是一件不体面的事情。"凯瑟琳·德·美第奇在阿内·德·蒙莫朗西公爵临死前去探望他，俯身在床边安慰他。阿内·德·蒙莫朗西公爵劝凯瑟琳·德·美第奇尽快平息事态，还说："尽快纠正错误的行为是最佳的做

法。"弗朗索瓦·德斯佩奥·德维耶维尔元帅也有同样的看法。"赢得胜利的不是陛下,"他对查理九世说,"更不是路易一世·德·波旁!""那是谁获得胜利了呢?"查理九世问。"西班牙国王。"弗朗索瓦·德斯佩奥·德维耶维尔元帅答道。因为对双方来说,很多英勇的指挥官和士兵献出了自己宝贵的生命,这股力量足以征服佛兰德斯和低地国家。双方损失的总兵力达到六百人左右。

阿内·德·蒙莫朗西公爵的死对温和派而言是一个沉重的打击,尽管他实际上不属于温和派。随着年龄的增长,阿内·德·蒙莫朗西公爵逐渐积累了智慧,这使他成了一个罕见的人物——在任何时候都是罕见的,特别是在16世纪——能够适应变化了的新环境。阿内·德·蒙莫朗西公爵对国王的忠诚使他怀疑洛林派,他与路易一世·德·波旁和查狄伦家族的良好关系削弱了他对正统宗教的热情。阿内·德·蒙莫朗西公爵清楚地看到,除了法兰西的敌人,没有人能从这场战争中获益。休伯特·朗格特补充说,根据经验教训,阿内·德·蒙莫朗西公爵已经懂得,消灭胡格诺派,就是毁灭法兰西王国。阿内·德·蒙莫朗西公爵竭尽全力执行《安博瓦兹和约》,这让罗马教皇和腓力二世十分反感。

1567年年底以前,费尔南多·阿尔瓦雷斯·德·托莱多派遣一支由两千名步兵和一千五百名骑兵组成的部队由阿雷姆贝格伯爵让·德·莱恩率领,从佛兰德斯出发,并由低地国家的天主教贵族组成的一支精锐部队随行。以上两支部队共同加入了巴黎的王室阵营。与此同时,胡格诺派正期待着来自德意志的增援部队,为了迎接它们,路易一世·德·波旁离开了夏隆的大本营。在三天的时间里,路易一世·德·波旁冒着大雨,在泥泞的道路上行进了二十多法里,队伍既没有损失马车,也没有损失大炮。有些人怀疑,在德意志人加入胡格诺派之前,法兰西宫廷部队是否会拦截他们。"万一他们不来接头地点,你该怎么办?"路易一世·德·波旁手下有人问道。"我想我们应该往手指上吹气暖和一下,"路易一世·德·波旁开玩笑地回答,"因为天气太冷。"但胡格诺派军队并没有被逼到山穷水尽的境地,而是成功地与德意志人会合,指挥者是德意志负责选举的宫廷官吏西梅尔恩的弗雷德里克三世的儿子约翰·卡齐米尔。这支

西梅尔恩的弗雷德里克三世

约翰·卡齐米尔

部队由七千名骑兵和四千名步兵组成,这些士兵都是雇佣兵,只为钱和掠夺而战。德意志雇佣兵采取下一步行动之前,要求十万克朗的赏金。由于军队的金库空空如也,法兰西军队自愿捐赠了价值三万克朗的东西,其中包括金钱、珠宝、戒指、金链和其他装饰品。德意志雇佣兵对此暂时感到满意,法军对德意志雇佣兵的自我克制倍感惊讶。即使是士兵、仆役和童子军也贡献了一些财力,"拉·努埃说,"所以最后,如果只贡献一点点会被认为是一种不光彩的事情。"拉·努埃利用为军队募捐这件事提供的机会,描述了胡格诺派首领们不得不面对的一些困难,并说明需要"很多治理军队的技巧和顽强的精神来率领一支两万多人的义务军队"。加斯帕尔二世·德·科利尼对军需部门的一切安排都非常用心,并按照一句老话的精神行事,即"士兵要吃饱肚子才有力气战斗"。每当需要组建军队时,加斯帕尔二世·德·科利尼总是说:"让我们从肚子开始构造这个军事怪物吧。""这只吞噬一切的军事巨兽,"拉·努埃继续说,"经过了许多省份,仍然只能找到一些草充饥,有时必须把穷人的衣服和朋友的衣服混在一起吃,极度迫切的捕食欲望激励着那些想要随心所欲地占有战利品的士兵。"

到目前为止,法兰西各地的内战愈演愈烈。虽然天主教派和胡格诺派主力部队没有再发生冲突,但几乎在每个省和每个大城市都有一些小的派系斗争。在这一时期,尼姆成了被称为"米歇莱德大屠杀"的可怕悲剧的发生地。米歇莱德大屠杀发生在1567年的米迦勒节上。新宗教学说在古老的罗马城取得了巨大的进步,于是在1562年,市议会决定大教堂和其他教会应该转交给改革派,还命令把修道院的钟铸成大炮,"为了国家的利益"将修道院出租出去,文物和神殿出售,不皈依新教的人必须离开尼姆。阿内·德·蒙莫朗西公爵的次子达姆维尔元帅亨利一世·德·蒙莫朗西时任朗格多克总督,被派到尼姆去恢复秩序,他采取了严厉和独断专行的措施,成功地恢复了秩序。在于泽斯,一个叫穆顿的人大胆指责专横的秩序,结果未经任何形式的审判就被当场绞死。这只是一个开始,我们可以大胆想象改革派今后会遭受什么苦难。最后一件小事引起了暴乱。1567年9月30日6时左右,也就是米迦勒节的第二天,达姆维尔元帅卫兵中的一些阿尔巴尼亚人懒洋洋地站在城门外,拦住了几个把蔬菜带到市场去卖的妇女。他们只是胡乱地打翻了篮子,把里面的东西踩了一脚,便立刻引起了一阵骚动:妇女们尖叫起来,邻居们跑过去帮忙,从乡下来的农民越来越多。阿尔巴尼亚人看到人们摆出威胁的姿势,就拔剑自卫。突然,有人喊道:"拿起武器!拿起武器!杀了罗马天主教教徒!"数百人冲出家门,聚集在广场上。领事居伊·罗谢特试图使新教教徒平静下来。但新教教徒群情激昂,拒绝了居伊·罗谢特的建议。当城门口发生骚动的消息传到尼姆主教那里时,他喊道:"这是撒旦降临!"主教开始跪下来祈祷,期待着殉难。然而,主教成功地从暴民手中逃脱了,暴民既愤怒又失望,洗劫了主教的宫殿,杀死了代理主教。许多天主教教徒,包括领事和领事的兄弟,都被关在主教官邸的地下室里。大约在午夜前的一个小时,领事和领事的兄弟被拖了出来,被带到了那个灰蒙蒙的旧庭院里。现在到那里去,人们还能想象到那次残酷屠杀的痕迹。受害者们一个接一个地走了出来,走了几步,就被刀剑或长矛刺穿了。有些人与凶手搏斗,试图逃跑,但只是延长了他们的痛苦。在火把发出的火光下,七八十个不幸的可怜人被冷血地屠杀了。他们的尸体被扔进院子一角的水井里,有些人还有气息,但难逃厄运。水井的不远处有一棵橙树,按照当地的传统说法,大屠杀之后的橙树叶上永远带有这场大屠杀的血迹。

米歇莱德大屠杀与圣巴塞洛缪大屠杀形成了对比。但两种罪行之间存在着一定区别:前者是无视牧师劝诫而犯下的,没有人试图为其辩护。《隆珠莫条约》签订后,图卢兹议会起诉了所有参与谋杀的人。超过一百人被默认判处绞刑,并支付二十万里弗罚金,其中六万里弗用于修缮教堂,六千里弗分配给居伊·罗谢特的遗孀,其余的罚金分给受害者家属。四个人被抓住了,他们被绑在马尾巴上拖着游街示众,后被砍头,他们的尸体被悬挂在城门上。1568年9月,残酷的暴力场面再次出现:城市被掠夺,街道被天主教教徒的鲜血染红。总督圣安德烈中枪后被扔出窗外,他的尸体被无法无天的暴徒撕成了碎片。

米底莱德大屠杀

天主教教徒被杀死后扔进旁边的水井里

在尼姆周围的乡村，四十八名不抵抗的天主教教徒被杀害；在阿莱，胡格诺派屠杀了七名天主教神父、两名灰袍修士和其他几个神职人员。甚至在遥远的阿尔卑斯山脉上的盖普小镇里，天主教派和胡格诺派宗教的信徒以前一直友好地生活在一起，如今也在相互寻仇。冲突爆发的原因是天主教教徒试图佩戴白色十字架，这是罗马天主教教徒最近采用的一种荣誉徽章。天主教派和胡格诺派打了起来，宗教历史学家说，"他们针锋相对、冷酷无情"。天主教派和胡格诺派走到哪里，他们就斗争到哪里。"我们的人民，"休伯特·朗格特写道，"烧毁了所有的修道院，摧毁了所有能找到的教堂，德意志雇佣兵的掠夺甚至不分敌友。"卡塞诺-查罗斯男爵证实了这一说法，说："当布卢瓦投降时，由于天主教教徒狂妄地说不要信守对胡格诺派教徒的承诺，总督和居民们都没有守信。因此，两派民众的权利都遭到毫不留情的侵犯……胡格诺派教徒收藏的东西都遭到了天主教教徒的掠夺。"连埋在地下的逝者也得不到安息，许多尸体被掘出并遭到了残暴野蛮的虐待。

然而，这些零散的恶意行为虽然增加了法兰西的苦难，却对天主教派和胡格诺派斗争的主要进程几乎没有什么影响。只要路易一世·德·波旁和加斯帕尔二世·德·科利尼在战场上，胡格诺派新教事业的独立自主性就是有保证的。年轻的亨利·亚历山大，作为法兰西王国的中将，曾被任命为法兰西宫廷军队的统帅，他根本无法战胜经验丰富的敌手，他也没有能力解决经验丰富的将军之间的纠纷。将军们名义上受亨利·亚历山大的指挥，实际上是各自为政，各自指挥手下军队的军事行动。胡格诺派领导人看到了有利的机会，出乎意料的谨慎和迅速。路易一世·德·波旁下令让自己的军队向沙特尔进发，希望拿下该城作为进攻巴黎的军事行动基地。但保皇派来得太快了，路易一世·德·波旁还没来得及到达沙特尔，沙特尔就加派了守军。加斯帕尔二世·德·科利尼决心不顾一切危险夺取沙特尔——因为它是巴黎与法兰西西部和南部之间的交通要道。加斯帕尔二世·德·科利尼坚持围攻。正在这时，凯瑟琳·德·美第奇看到事情已经到了危急关头，大胆地出现在敌人的军营里。

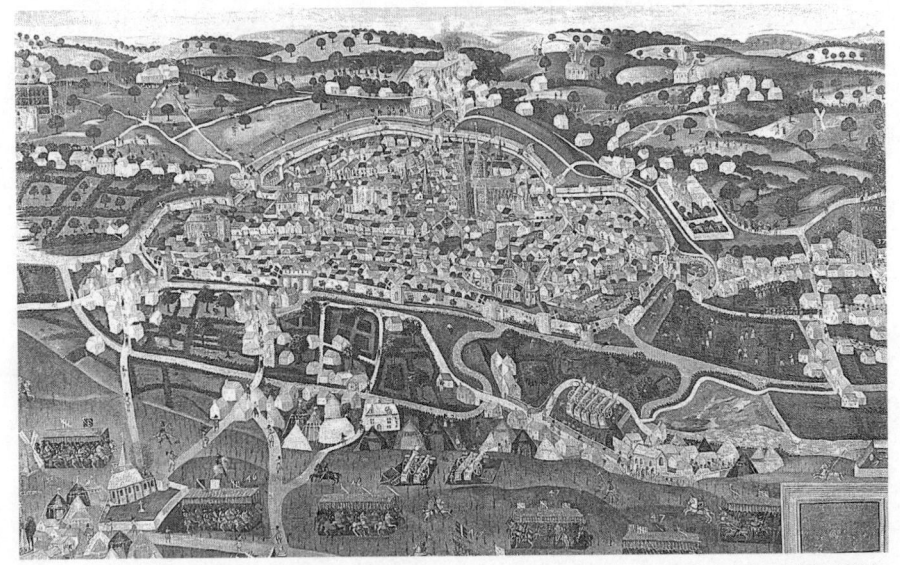

围攻沙特尔

米歇尔·德·洛必达及时发表了规劝书,使人民的思想转变到维护和平的方向上。米歇尔·德·洛必达从比较胡格诺派和天主教的区别开始,他说:"胡格诺派不是匆忙聚集在一起的乌合之众,而是好战、坚定、无路可走的一群人……已经准备好了为了妻子和孩子而拿出男人最珍视的东西去冒险。天主教内部机构腐败,所有人都厌倦了战争,甚至普通民众也会发牢骚……消灭敌人是不可能的,除非你使全国闹瘟疫、闹饥荒。看看尚帕涅——一片荒漠,它是如此悲惨,可怜的居民一无所有,死于饥饿和绝望……倘若我们能把胡格诺派都消灭,你们拿他们无辜的儿女怎么办呢?你若饶恕他们,长大后的胡格诺派不会为他们的父辈报仇雪恨吗?如果国王输掉了一场战斗,他将被成千上万因害怕掠夺或热爱掠夺而追随他的人抛弃。这将毁掉他的王权。"有些人认为国王必须惩罚叛乱者且不能向臣民投降。在反驳了这些言论之后,米歇尔·德·洛必达建议查理九世"动用仁慈,因为他将从上帝那里得到宽恕;忘记他对臣民的怨恨,臣民就会忘记自己对国王的邪恶诉求;忘记私心,尊敬和服从国王"。

凯瑟琳·德·美第奇没有受到这些言论的影响,因为她认为是时候结束战争了。凯瑟琳·德·美第奇常常自夸说,她的口才和文笔比敌人的长矛还要厉害。胡格诺派的力量从来没有像现在这样这么强大,凯瑟琳·德·美第奇提出赦免所有人过去犯下的罪行,无条件地接受对国王"忠诚但被误导的臣民"提出的要求。加斯帕尔二世·德·科利尼起了疑心,有些拿不定主意。"国王没有原谅我们对莫城的突袭,"加斯帕尔二世·德·科利尼说。"但所有人对和平的渴望,"拉·努埃说,"就像无法抗拒的旋风。"与此同时,胡格诺派军队没有经过组织商议就解散了。1568年3月20日,路易一世·德·波旁签署《隆珠莫条约》,恢复《安博瓦兹法令》,要求法兰西支付外国雇佣军的援助服务费。弗朗索瓦·欧代·德·梅泽雷说:"路易一世·德·波旁留下改革派任凭敌人摆布,除了意大利女人凯瑟琳·德·美第奇的口头承诺,没有别的任何保障。"

当加斯帕尔二世·德·科利尼商谈《隆珠莫条约》时,他的妻子夏洛特·德·拉瓦尔正在奥尔良这个拥挤而不宜居住的城市里做慈善工作,突发高烧,病逝了。在加斯帕尔二世·德·科利尼的妻子夏洛特·德·拉瓦尔生命垂危之际,她给丈夫写下了一封令人伤感的信:

> 我临死时离你这么远,真不快乐。我一直爱你胜过爱我自己。我知道你们离开我,是出于好意,我得到了安慰。我恳求你,带着你对我的爱,把我留给你的孩子们作为我爱的信物,为服务上帝和宗教进步事业战斗到最后一刻……要用纯正的新教精神培养我们的儿女。倘若你未能完成既定的事业,总有一天他们会来接替你的事业。既然敌人还不能放过你,你就不要过多暴露自己的生活。提防洛林家族,我不知道我是不是也应该提醒你提防凯瑟琳·德·美第奇,因为我无权说邻居的坏话。但凯瑟琳·德·美第奇的雄心壮志已经显露无遗,所以有一点点怀疑是情有可原的。

再过两三天,加斯帕尔二世·德·科利尼才能离开军队。当他到达奥尔良时，一切都结束了，他的妻子已经死了二十四小时，只给他留下三个儿子和一个女儿。失去妻子的加斯帕尔二世·德·科利尼伤心欲绝。"哦，上帝，我做了什么？"加斯帕尔二世·德·科利尼满怀痛苦地喊道，"我做了什么事，竟受到如此严厉的惩罚，遭受如此深重的灾难？"最后，加斯帕尔二世·德·科利尼的悲伤情绪在宗教信仰的慰藉下得到安抚。"我是不是可以过一种更圣洁的生活，树立一个更好的榜样！我的圣父，求你垂顾我。如果你愿意，用你的慈爱，救我脱离苦难！"情况一旦允许，加斯帕尔二世·德·科利尼就退休回到了他在查狄伦的庄园。但没过多久，加斯帕尔二世·德·科利尼就不能享受他寻求的休息和隐私了。因为他家成了一个小法庭的中心。人群来来往往，"当两位绅士从一个门离开后，二十个人从另一个门进来"。加斯帕尔二世·德·科利尼深受爱戴，收到的礼物多得让他应接不暇。改革派成员不顾加斯帕尔二世·德·科利尼的谢绝，硬逼他收下礼物。改革派成员催促道："帮助这个为爱我们而毁灭自己的人，这是唯一正确的选择。"和平使王国的财政处于入不敷出的状态：开支是一千八百万里弗，而收入还不到这个数目的一半。除此之外，还有拖欠外国雇佣兵的尾款——不仅是路易一世·德·波旁招募的那些援军，还有萨克森公爵麾下的一大批援军。尽管他们没有参战，也几乎没有进入法兰西领土，但他们仍然索要了五个月的薪水。这些德意志雇佣兵对法兰西来说是一种可怕的祸害，必须不惜一切代价赶走他们。佩德罗·达维拉把这些德意志雇佣兵描绘成横扫法兰西的可怕飓风和风暴。德意志雇佣兵全副武装，排成十六列纵队，前锋有三十人，在法兰西骑兵的薄弱防线上冲锋陷阵。他们举止粗鲁，十分野蛮且顽固不化。无论对朋友还是敌人来说，德意志雇佣兵都不受欢迎。他们是贪得无厌的掠夺者，他们满载掠夺物品的长马车队常常拖慢胡格诺派军队的行军过程，造成无法补救的战机延误。没有人比德意志雇佣兵更懂得如何讨价还价，卡塞诺-查罗斯男爵对他与德意志雇佣兵之间的谈判做了一个有趣的描述：这些人本着雇佣军士兵的真正精神，只要有人付钱，他们随时准备用武器攻击任何人。法兰西筹集资金的唯一办法是出售教堂的财产，以支付对国库的各种索偿要求。尽管罗马教皇庇护五世已经同意了这种转让,并要求这笔钱用来铲除异端邪说。但巴黎议会长期拒绝登记批准出售教堂财产的法令,理由是"神圣的东西是不能触碰的"。

第 9 章

第三次国内战争
（1568 年—1570 年）

　　战争虽然短暂，却非常恐怖。天主教军队和胡格诺派军队行进到法兰西哪个地区，哪里就变成一片废墟。城里的人有城墙的保护相对安全些，但农民们被夹在两军之间，他们除了逃到树林里，不去耕种田地，别无他法。这样做的后果是法兰西面临饥荒和瘟疫。用弗里德里克·席勒生动的语言说："人类变得像他们的国家一样野蛮。"在宣布和平之后，一些总督尽其所能控制法兰西宫廷军队给各自省份带来的混乱。达姆维尔元帅亨利一世·德·蒙莫朗西在吉耶纳、普瓦图和多菲内担任司令，他颁布了许多条例，以平定国家内乱，控制士兵特许状的发放。因为一些士兵通过驱逐地方法官及用军事法庭代替普通法庭的方式，担任了几个城镇的行政长官。这些士兵侵吞了城市的财物，唯一能限制士兵巧取豪夺的因素就是市民们没有足够的支付能力。许多大城市基本上已经被居民遗弃了。绝望的居民组成了宗教队伍，在全国各地游荡，威胁道路交通安全，不加区分地掠夺敌友。城市居民处于一种粗暴的军事纪律之下，在这一点以及其他许多方面，就像现代希腊和意大利南部的强盗集团一样。为了解决这一严重的社会弊端，亨利一世·德·蒙莫朗西命令军官和士兵们允许流亡者返回，条件是流亡者必须交出武器，绅士和其他享有佩剑特权的人除外。

　　法兰西国王查理九世也经常抱怨说，各省的总督没有执行《隆珠莫条约》。1568年3月31日，查理九世写信给孔代亲王路易一世·德·波旁，对《宽容敕令》

没有像自己希望的那样得到充分执行表示遗憾,宣布自己的愿望是所有臣民,无论宗教信仰如何,都应受到同样的保护。令查理九世感到悲哀的是,公正司法没有得到应有的、彻底地执行——他会尽其所能纠正这种状况。

如果有人强调查理九世写的这些书信仅仅是些文字,而查理九世不需要为此付出任何代价,那么人们对查理九世在1568年4月30日给德·乌梅雷斯写的那封信则不可能再次做出负面评价。查理九世指出,根据法令,那些在困境中被迫离开家园的人不应该被阻碍重享自由生活。现存的其他书信证明了查理九世确实有和解的愿望。因此,1568年5月9日,查理九世写信给图尔市长,下令将改革派的礼拜场迁到距离图尔尽量远的地方。但对宗教改革派的支持到此为止。还有几封关于改革派问题的书信,都是别人写给图尔市长的,那些书信的作者对改革派的命运充满关切。

尤其值得一提的是,1568年6月15日,蒙庞西耶公爵弗朗索瓦·德·波旁写给图尔市长的那封信,信中提到了为即将到来的"上帝祭"做的图尔城里的巡逻安排。信中说:"然而,新教教徒可能会很顽固,拒绝服从。到目前为止,只有关于街道和房屋的装饰问题可能会冒犯新教教徒。如果你用自己的做法弥补这些不足,就不会产生什么不良后果,不会显示某一个教派比另一个教派更受青睐。你要保证你能合理地安排好各项工作,但结果可能是你做的努力得来的荣耀会被人归于神。"

无论《隆珠莫条约》对胡格诺派有多么不利,胡格诺派的教徒都希望自己生活在和平中,这是毋庸置疑的。胡格诺派通过武力赢得了法兰西的宽容对待。若要以夺权为目标,胡格诺派可能会葬送自己的一切既得利益。战争对胡格诺派没有任何好处。在和平时期,胡格诺派可能希望继续默默地拓展新教的征服范围。然而,如果整个天主教派或者说天主教派的所有首领都希望永久停止敌对行动,这就是非常值得怀疑的事情。对洛林家族雄心勃勃的计划来说,和平可能是致命的。路易一世·德·波旁和加斯帕尔二世·德·科利尼是洛林枢机主教夏尔·德·洛林和凯瑟琳·德·美第奇的意大利追随者的强大对手。《隆珠莫条约》是法兰西宫廷议会中温和派努力的成果,弗朗索瓦·德·蒙莫朗西元帅为促成该条约的签订做出了自己的贡献。《隆珠莫条约》是由温和派成员米歇尔·德·洛必达起草的,得到了奥尔良和里摩日主教们的支持。这些主教的任务并非没有难度,因为单凭关于和平的传言就引发了罗马教皇和西班牙大使的强烈抗议。他们几乎是以威胁的口吻说,如果与异教徒达成任何协议,就要发动战争。但据报道,查理九世的回答让罗马教皇庇护五世和西班牙大使们非常吃惊。这正是我们期待凯瑟琳·德·美第奇做的事情,因为她一生的目标就是把西班牙人赶出法兰西。胡格诺派是真正的民族党,是民族独立的坚强捍卫者。胡格诺派是第一个主张不干涉理念的人,尽管胡格诺派没有实现自己的理念。但就是这种理念将胡格诺派与天主教温和派联系在了一起。然而,胡格诺派的对手更尊重吉斯公爵弗朗索瓦·德·洛林和西班牙国王腓力二世及罗马教皇,而不是尊敬自己的国王。胡格诺派教徒是典型的法兰西人,他们是最忠诚的,就像英格兰天主教教徒在一位天主教海军上将的指挥下,将西班牙无敌舰队从海上赶走。

然而,通常被称为"政客"的胡格诺派操之过急了:和解的时机还没有到来。夏尔·德·洛林仍然大声疾呼要把胡格诺派消灭,凯瑟琳·德·美第奇和查理九世的自尊心都因逃离莫城的不体面举动而受到了极大的伤害。腓力二世害怕看到法兰西处于和平状态,继续与查理九世最顽固的顾问们密谋。阿尔瓦公爵费尔南多·阿尔瓦雷斯·德·托莱多也提醒凯瑟琳·德·美第奇说:"在为上帝和国王保住王国的过程中,宁愿用战争毁掉王国,也不要为了保其完整而放弃战争,使恶魔及其异教追随者受益。"除此之外,和平甚至使凯瑟琳·德·美第奇在自己的宗教信徒中也不受欢迎。很荒谬的是,她和查理九世都被怀疑有异端思想。克劳德·哈顿补充说:"可以肯定的是,凯瑟琳·德·美第奇和查理九世是胡格诺派叛军的支持者和主心骨。"谈到1568年的四旬斋布道,克劳德·哈顿说,"讲坛上的神职人员向查理九世、凯瑟琳·德·美第奇和议会征税,说所谓的和平是整个王国和天主教灭亡的原因。"查理九世和凯瑟琳·德·美第奇听到这些话后，立即命令神职人员传福音，不能滥用职权，否则将受到最严厉的惩罚。然而，如果神职人员对查理九世和凯瑟琳·德·美第奇的态度缓和下来，他们对胡格诺派的攻击就会更加猛烈。每一个讲坛上，狂热的神职人员都在刺激本来就已经十分热心的听众去做更多流血事件。神职人员不仅宣称信仰不应该与异教有联系，而且宣称杀死异教徒是一种值得称道的行为。强迫洗礼的制度仍在继续。1568年查理九世统治时期，跟17世纪末路易十四的统治时期一样，个人的权利几乎没有受到重视。在普罗旺斯，一个六周大的婴儿被抱到教堂受洗，母亲也被带到教堂，由警察看管，父亲由士兵控制，直到仪式结束。在塔拉尔的市政档案中，我们读到："盖普副执行官发布命令，要求接受过新教受洗仪式的儿童应该重新接受天主教的洗礼。人们需要向盖普副执行官派来的一名法兰西宫廷中士支付六索尔。"在迪耶普，助产士必须在每一名胡格诺派婴儿出生后两小时内申报，这些婴儿则会被带走并公开受洗。

  改革派受到的琐碎的窝囊气和苦恼，有时比实际的迫害还要难以忍受。在一种情况下，骄傲和良知可能使最严厉的折磨变得可以忍受；在另一种情况下，殉道者无须受到足够多的伤害就可以唤起别人的同情。普罗旺斯市政当局对当地胡格诺派教徒的骚扰，比任何肉体上的痛苦更加令众人难以忍受。胡格诺派教徒在夏天19时以后和冬天17时以后被禁止接受投宿者，或以任何方式集会，或离开自己的房子；他们在白天、黑夜都不得在城墙上行走，否则就会被处死；没有守卫城门的军官的书面通行证，他们也不能到乡下去散步。在亚眠，胡格诺派开旅馆的特权被剥夺了。因为胡格诺派教徒的房屋距离城墙或城门不远，他们便从自己的房屋中被赶出去了。胡格诺派教徒一次最多只能与三个人会面，如果在19时到第二天6时之间在街上被发现，有可能会被绞死。

  在这段"不是真正的和平"期间，正如拉·努埃说的，两千多名胡格诺派教徒在亚眠、布鲁日、鲁昂和其他地方被处死，这个数字显然有些夸张。神职人员的教导产生了预期的效果。迪耶普总督西格涅斯捏造罪行，逮捕了他怀疑的所有人，或者把他们赶出了城。士兵们去妇女集会的地方侮辱她们。男人们为了保护妇女阻止这些士兵，不幸发生了暴动。总督总是站在士兵一边。公开的战争似乎比不知道什么时候会爆发战争而终日提心吊胆要好。德·西皮埃尔先生在三十六名同伴和随从的陪同下经过普罗旺斯时被人谋杀了。人们向政府提出的要求司法公正的抗议和诉求到头来都是徒劳的，政府的表现比之前更无能为力。在这种情况下，胡格诺派教徒再次拿起武器自卫，也就不足为奇了。这些武器是胡格诺派教徒根据条约放下的，于是他们在愤怒中又一次玷污了祭坛，毁坏了教堂，犯下了上千次报复性的暴行。胡格诺派的领袖之一弗朗索瓦·布里克莫的脖子上戴着一串牧师的耳朵，鼓励胡格诺教徒去杀人。天主教领导人弗朗索瓦·德·波旁的野蛮程度远远超过其他人，甚至连查理九世本人也感到厌恶，因为查理九世在野蛮方面并不过分。弗朗索瓦·德·波旁以发明了一种惩罚而自豪。这种惩罚肮脏而可怕，令我们不敢说出它的名字。威尼斯大使乔瓦尼·科列罗形容全体人民处于愤怒状态。

罗马教皇庇护五世积极支持狂热的天主教教徒反对1568年的《隆珠莫条约》，给了他们建议信和金钱援助。1568年7月5日，庇护五世写信给内穆尔公爵查尔斯·德科斯·布里萨克，祝贺他是第一个在里昂和格勒诺布尔拒绝遵守《隆珠莫条约》的人，"因为该条约对天主教是致命的，而且有损国王的尊严"。庇护五世又说："向上帝祷告，愿贵国中的大人物和各省总督，都能效仿你。"

与此同时，法兰西宫廷议会发生了巨大的变化。亲意大利派逐渐恢复了它们的统治地位，并主张采取最暴力的措施。温和派听都听得不耐烦了。"连查理九世也不敢再发表意见了。"米歇尔·德·洛必达说，他觉得自己需要辞职，而不是去支持自己不赞成的措施，奥尔良主教让·德·莫维利耶斯接替他的职位还只有一小段时间。1568年6月，强大的亲意大利派联盟已打下了根基，动摇了王位，把法兰西带到了毁灭的边缘。1568年6月25日，基督教联合会和尚帕涅省法兰西宫廷联盟召开会议并庄严宣誓"捍卫法兰西的天主教会，只要瓦卢瓦王朝根据罗马天主教的教义来管理朝政，就能够捍卫国王在朝中的权威和地位"。1638年，一个著名的联盟为了"捍卫宗教"而成立了，该联盟还将一位国王送上了断头台。那些赞赏《苏格兰盟约》的人不应该因为罗马天主教联盟残忍地驱使法兰西两位国王走向断头台而指责它。

  图卢兹成立了一个有点类似的联盟并发出告示打击新教的追随者。某份文件以1568年3月庇护五世发表的无稽之谈为基础，把新教教徒描述为"无神论者，上帝没有在其心中的人、没有信仰的人、没有法律意识的人"。这份文件还说，耶稣基督本人激励所有虔诚的天主教教徒"接受十字架，拿起武器，像玛他提亚和其他马卡比人一样做好战争的准备"。这种说法使天主教教徒们想起了在法兰西南部地区被杀死的异教徒——阿尔比派达到了六万人，同时又怂恿天主教教徒们要用同样的热情追杀那些"耶稣基督的新仇敌"，不能怜恤他们。如果十字军士兵在远征中阵亡，"他们的血将作为第二次洗礼，洗去他们所有的罪恶，他们将和其他殉道者一起直奔天堂"。在圣战中，拿起十字架的资格是"承认有罪，用耶稣基督的身体和鲜血武装自己"，这份文件认为，光有精神武器还远远不够。"如果地方长官们能借我们几门大炮，情况就会好得多。1568年9月21日，在图卢兹解决了这个问题，以上都是凭借我们的圣父教皇的权威完成的。"神父是"有信仰的神圣军队"的首领。军队的座右铭是：让我们行动起来，我们誓与基督同在。

  《隆珠莫条约》签署之后，新教军队立即被解散，德意志雇佣兵回到德意志，一路上挥霍无度。但在各种借口下，法兰西宫廷军队，包括瑞士雇佣兵和意大利援助雇佣部队，继续步行行军。其动机很快就显现出来：反动派大胆地策划了一次反击，即使不能完全摧毁胡格诺派，至少也会削弱它的势力。路易一世·德·波旁、加斯帕尔二世·德·科利尼和其他几位首领都将被逮捕。毫无疑问，这是他们中的一些人注定的命运。就在两个月前，费尔南多·阿尔瓦雷斯·德·托莱多的"铁血议会"判决埃格蒙特伯爵拉莫拉尔和霍恩伯爵菲利普·德·蒙莫朗西死刑。早在1568年5月，卢瓦尔河上的所有桥梁都有人把守，这也许是该地区在混乱状态下为了维护治安采取的措施。但胡格诺派

埃格蒙特伯爵拉莫拉尔和霍恩伯爵菲利普·德·蒙莫朗西被判处死刑

教徒用合理的方式推论这是控制他们行动的一种手段，当有危险威胁到他们时，可以防止他们逃跑。胡格诺派的领导人与胡格诺派的教徒之间彼此隔离，相距很远。弗朗索瓦·德·查狄伦住在布列塔尼；拉·罗什福科住在昂古莱姆；雅克·达西耶住在朗格多克；布吕尼凯和蒙特格拉斯住在加斯科尼；弗朗索瓦·让利斯和穆埃住在皮卡第；加布里埃尔·德·洛日住在诺曼底；加斯帕尔二世·德·科利尼住在唐莱；路易一世·德·波旁住在勃艮第的诺耶斯城堡。唐莱和诺耶斯城堡离得非常近，甚至有传说称它们之间有一条地下通道。唐莱位于坦内尔和蒙巴尔之间的一个僻静的地方。在唐莱大厅里华丽的壁炉上，仍然可以看到一个戴着羽毛头盔的加斯帕尔二世·德·科利尼的图像，它是用色彩鲜艳的大理石精雕细琢而成的。

　　加斯帕尔二世·德·科利尼已经到达美丽的布列塔尼，弗朗索瓦·德·查狄伦的家就在这里，两人在此地会合。事态的发展越来越具威胁性，加斯帕尔二世·德·科利尼和弗朗索瓦·德·查狄伦从宫廷里的朋友得到的一些消息及部队向卢瓦尔河进发的消息，足以使他们产生怀疑。在五十名骑兵的陪同下，加斯帕尔二世·德·科利尼和弗朗索瓦·德·查狄伦骑马向诺耶斯疾驰而去。在诺耶斯，他们截获了一封发自塔瓦纳的书信。在信中可以看到，塔瓦纳的总督使用的含糊其辞但寓意颇深的语言，比如"鹿在画布上，猎物已经准备好了"，这让加斯帕尔二世·德·科利尼和弗朗索瓦·德·查狄伦对自己的安全开始警觉起来。胡格诺派的领导人准备秘密逃跑，尽管妇女和儿童拖慢了逃跑的步伐，但他们还是在1568年8月成功地逃到了拉罗谢尔。桑塞尔附近的一个渡口没有人看守，逃跑的人就从这个渡口进入卢瓦尔河，因卢瓦尔河河水突然上涨而没有受到追击。马蒂厄·奥里说："看到嫡亲的第一亲王路易一世·德·波旁的悲惨境地，所有人都感到由衷的同情。天气炎热，路易一世·德·波旁的夫人埃莉诺·德·罗耶怀着孩子仍仓促出行，路易一世·德·波旁还有三个尚在摇篮里的小孩。除此之外，还有加斯帕尔二世·德·科利尼和家人，弗朗索瓦·德·查狄伦和妻子，以及许多孩子和用人。然而，护卫只有一百五十人。"敌人紧紧地跟在了胡格诺派领导人的后面，虽然看见了逃跑的人，但被汹涌的河水挡住了去路。当时，查狄伦枢机主教奥德特·德·查狄伦住在博韦的主教宫殿里，因及时收到了警告而逃到了英格兰。纳瓦拉女王胡安娜·达尔布雷在自己的领地里受到过威胁，也在自己的地盘上庇护了避难的路易一世·德·波旁。胡安娜·达尔布雷独自带着十五岁的儿子亨利·德·波旁并组织了一支四千人的主力军队。这支主力军队很快扩张到比几个月前解散时还要庞大的规模，指挥权被授予亨利·德·波旁。但他优雅地拒绝了，并支持路易一世·德·波旁掌管指挥权。

　　胡格诺派首领的处境十分危险。但他们清楚地知道，他们处于新教发展的十字路口上，不仅要为自己而战，也要为各国的宗教改革派而战。在佛兰德斯，费尔南多·阿尔瓦雷斯·德·托莱多不仅用铁骑践踏了新教教会，还篡夺了新教忠实的支持者奥兰治亲王威廉一世的权利。还有件事使路易一世·德·波旁不能平静下来，因为他被污名化，被称为"南方恶魔"。的确，所有的贵族或多或少都受到了路易一世·德·波旁争夺权力的传闻的影响。但大多数人故意视而不见，因为巴约讷会谈正在取得成果。1568年2月，西班牙宗教裁判所郑重宣布，将所有的荷兰居民定为异端并判处死刑——只有少数几个叫得出名字的人幸免。这个判决可不是表面上的形式，因为十天后，腓力二世发布公告，批准了该判决并命令执行判决时，无须考虑性别、年龄或其他条件。荷兰共和国雄辩的历史学家告诉我们西班牙国王是如何镇压民众的，并揭露了西班牙的背信弃义。法兰西胡格诺派强烈怀疑这些判决的真实性，我们没有机会读到腓力二世和大臣们的密信，但路易一世·德·波旁和加斯帕尔二世·德·科利尼知道的情况足够让他们产生怀疑。他们知道如果佛兰德斯的新教教徒被镇压，接下来就会轮到法兰西新教教徒了。路易一世·德·波旁他们阻止法兰西政府援助费尔南多·阿尔瓦雷斯·德·托莱多，他们的态度也使腓力二世不愿意派遣援军到低地国家。但费尔南多·阿尔瓦雷斯·德·托莱多非常需要这些援军帮助他征战。只要路易一世·德·波旁他们阻止费尔南多·阿尔瓦雷斯·德·托莱多得到援军，就会赢得所有新教教徒永远的感激。此时，费尔南多·阿尔瓦雷斯·德·托莱多无法行动，这使欧洲大陆上的改革派得救了。我们甚至可以说，我们的自由依赖于这次胡格诺派运动。法兰西领导人听说信奉新教的英格兰女王伊丽莎白一世受到威胁，要对她提出严厉的逐出教会的起诉，一百把匕首准备插进她的心脏。虽然伊丽莎白一世没有真心诚意地帮助过胡格诺派，甚至用高傲的君主姿态冷眼看待胡格诺派和佛兰芒派，认为它们是叛逆者，但共同的敌人和共同的危险把他们团结在一起，在一段时间内消除了所有的分歧。伊丽莎白一世给拉罗谢尔提供了六门带弹药的大炮和十万把宝剑，承诺还可以提供更多，允许沃尔特·罗利爵士的近亲、时年十七岁的亨利·尚佩侬筹建一支由百名绅士志愿者组成的队伍，穿越边境到达法兰西。雅克·奥古斯特·德·佑将他们描述为"一群英勇的人，穿着华丽的衣服，骑着高贵的

沃尔特·罗利爵士

马匹,口号是让勇气来解决争端",他们在雅纳克、蒙孔图尔作战。但除了沃尔特·罗利爵士自己说的情况,历史上没有他们的踪迹。

狂热的一方不满足于只携带宝剑,纷纷扔掉了剑鞘,准备动武。宫廷最缺乏的就是金钱。1568年7月——《隆珠莫条约》是在1568年3月签订的——凯瑟琳·德·美第奇获得庇护五世的诏书,只要金钱是用于消灭胡格诺派的,就允许她转让教会财产一百五十万法郎。然而,钱不是全部按照庇护五世规定的那样花掉的。为了隐藏挪用金钱的真相和满足庇护五世的紧急需求,1568年9月,查理九世发布了几项法令,完全废除了《一月法令》,禁止公众举行改革派崇拜仪式,否则将被判处死刑,还命令新教牧师在两周内离开法兰西王国。在废除宗教特权的过程中,我们很容易追踪到各派联席议会中十分暴力的成员——夏尔·德·洛林和勒内·德·比拉格的影响。安茹公爵亨利·亚历山大,一个只

勒内·德·比拉格

有十五岁的年轻人,再次被任命为法兰西宫廷军队的首领,加斯帕尔·德·索克斯-塔瓦内斯在身边帮助他指挥军事行动。加斯帕尔·德·索克斯-塔瓦内斯的目标是把新教教徒的活动范围限制在普瓦图和圣东日。胡格诺派的计划是潜入勃艮第,与奥兰治亲王威廉一世征召的部队会合,以获得他们的支持。1568年冬天,没发生什么大事件,就这么过去了。胡格诺派军队因疾病和严寒损失了五千人。天太冷了,火炉前的大锅里靠近火炉一侧的水还在沸腾,另一侧的水已经结了冰。就连河流也已经结了坚固的冰,厚厚的冰甚至可以让车辆运输通行。葡萄酒在酒桶里冻得非常坚固,只能被切碎装在麻袋里带走。

天气一转晴,天主教军队和胡格诺派军队就再次进入战场。1569年3月13日,天主教军队和胡格诺派军队在夏朗德河岸边的雅纳克,也就是在昂古莱姆和科尼亚克之间发生了冲突。在那片广阔的处于耕作期的平原,某一处角落里很多相连的房屋,很容易变成一个可以设障的堡垒。堡垒靠近一座小山,小山的脚下仍有一条缓缓流淌的小溪,主要的战斗就发生在这条小溪的两岸。胡格诺派部队分散式的部署很不明智。亨利·亚历山大的部队则有莱茵格雷夫和克里斯托弗·德·巴索皮耶尔指挥的两千两百名骑兵增援。亨利·亚历山大的计划是要阻止路易一世·德·波旁的部队联合作战。然而,令亨利·亚历山大非常失望的是,路易一世·德·波旁突然前往尼奥尔,从那儿经圣让丹格利到科尼亚克,1569年3月14日又到达雅纳克,在那里同带着先进骑兵卫队的弗朗索瓦·德·查狄伦会合,增加了四门大炮。1569年3月15日早晨,路易一世·德·波旁在加斯帕尔二世·德·科利尼和弗朗索瓦·德·查狄伦的陪同下,率领所有的骑兵前去侦察亨利·亚历山大的阵地,随后大胆地发起了进攻。查理九世的弟弟亨利·亚历山大拒绝了别人的提议,朝科尼亚克的方向转移。在科尼亚克,再次与率领第二师的路易一世·德·波旁相遇。加斯帕尔二世·德·科利尼则率领第一师团留在了雅纳克。这些行军和逆行军的结果是,胡格诺派的骑兵在其步兵无法救援的情形之下,遭到了突袭。路易一世·德·波旁英勇地驻守在阵地。但一千五百人的队伍做些什么才能对抗两倍于自己的兵力呢?尽管路易

雅纳克战役

一世·德·波旁的腿被侍从骑的马踢断了，但他还是不顾一切地想从密集的敌军队伍中杀出一条血路来。最后，路易一世·德·波旁的马倒下了，自己则躺在敌人的手下听天由命。路易一世·德·波旁被两位绅士认了出来，便对其中一位喊道："嗨! 达恩斯，我的朋友，希望你救我一命，我愿给你十万克朗作为回报。"达恩斯答应了，把路易一世·德·波旁从地上扶了起来。路易一世·德·波旁看见亨利·亚历山大走近，便说："安茹公爵的军队来了，我要死了。""不，亲王大人，"达恩斯回答说，"遮住你的脸。"因为路易一世·德·波旁早已摘下了他的头盔。这时，亨利·亚历山大的瑞士卫队队长孟德斯鸠骑马走了过来，认出了这个俘虏，粗暴地开枪，击中了路易一世·德·波旁的后脑勺。"现在，我希望你满意了。"路易一世·德·波旁喊道。这成了他的最终遗言。据说，法兰西宫廷下令不宽恕任何一个胡格诺派的领袖。在这场战斗中被俘的著名的拉·努埃，把他的生命归功于"无所畏惧的勇士"老兵马尔蒂盖的保护。在圣丹尼斯战役中，杀死治安官蒙莫朗西公爵的苏格兰人马尔蒂盖也遭遇了类似的结局，其他像他一样的囚犯也被残忍地杀害了。这场兵力对比悬殊的斗争中的一小段插曲显示了胡格诺派军队的优秀品质。当路易一世·德·波旁从马上摔下来时，在那些用身体组成人体屏障的人中有一位老人，叫拉韦涅·德·特雷森，他与二十五名年轻男子一起，包括他的儿子、孙子和侄子，英勇战斗，直到自己和这个英勇集体中的十五人一起战死沙场。

路易一世·德·波旁的尸体遭到了非常粗暴的虐待。"我们找到路易一世·德·波旁了，"弗朗索瓦·德·波旁的传记作家说，"他躺在一头驴的背上，马格纳克男爵问我是否认识他，由于他的一只眼睛被打掉了，其他地方也被打得面目全非，我不知道该怎么回答。路易一世·德·波旁的尸体被抬到所有亲王和贵族面前。亲王和贵族们命令把他的脸洗一洗，确认是路易一世·德·波旁。于是，路易一世·德·波旁的尸体就被裹在被单里，由一个骑马的人把他运到雅纳克城堡去了，那里正是路易一世·德·波旁要去下榻的地方。"在雅纳克城堡，这位不幸的亲王的遗体被移送到教堂里，交给了他的朋友们。拉·努埃非常了解路易一世·德·波旁,在墓志铭中写道:"在勇气和礼貌方面,同一时代没有人能超越路易一世·德·波旁。路易一世·德·波旁具有雄辩的口才,与其说是练就的,不如说是天生的。他对所有人都宽宏大量,和蔼可亲。他虽然热爱和平,但依然是一位出色的战斗指挥家。他在逆境中比在顺境中表现得更优秀。"1818年,在雅纳克的土地上为路易一世·德·波旁竖立起了一座纪念碑。

当胜利的消息传到宫廷时,宫廷里一片欢腾。名义上的征服者,亨利·亚历山大,被人们口口传颂。那种语言即使用在第一代马尔博罗公爵约翰·丘吉尔或拿破仑·波拿巴身上,也显得太过夸张。亨利·亚历山大仗打得很好,把一匹马都压死了。但当查理九世质疑加斯帕尔·德·索克斯-塔瓦内斯和比隆男爵阿尔芒·德·孔陶是不是那个时代真正的英雄时,查理九世也并没有错。人们为

比隆男爵阿尔芒·德·孔陶

雅纳克的胜利欢唱庄严的赞美颂,并把缴获的十二面旗帜作为礼物送给庇护五世。庇护五世早期在伦巴第曾担当过总审判官一职,他致函祝贺查理九世的胜利,要求他:"每次祈祷时要冷酷无情、充耳不闻,切断血缘和感情的纽带,消灭异端,斩草除根。"庇护五世以以色列联合王国的第一位君主扫罗王屠杀亚摩利人为例,指责所有大发慈悲的行为都来自撒旦的诱惑。正是这位庇护五世,派遣军队援助法兰西天主教,指责指挥官"没有服从立即杀死每一个被俘的异教徒的命令"。但庇护五世也会真诚地诉说:"如果没有来自祷告的精神支持,对法兰西天主教的忧虑将是我无法承受的。"当代作家告诉我们:"庇护五世虔诚地履行着宗教职责,常常热泪盈眶。"庇护五世总是起身确定

双桥的沃尔夫冈·冯·普法尔兹－兹韦布里登公爵

他的祈祷是否已经被听到了。这就是人类内心的矛盾啊！

当胜利的消息传到普罗旺斯时，这里完全像是在过节：商店都关门了，房屋也装饰起来了，牧师和老百姓举着圣物和横幅，穿过拥挤的街道，来到雅各宾派的修道院，聆听神父的四旬斋布道。这个神父是满嘴脏话的修道院院长伊沃的聪明学生，神父用洪亮的声音和激动的手势宣布路易一世·德·波旁的死是神的审判，把路易一世·德·波旁描述为"法兰西强盗、杀人犯、小偷、叛乱者、胡格诺派教徒和异教徒不良分子的头目；一个失去了祖先美德和宗教的亲王；一个做伪证的人；对神和国王犯有叛逆罪的人；神殿的亵渎者、神像的破坏者、祭坛的捣毁者、圣礼仪式的蔑视者、和平的破坏者、叛国者和变节的法兰西人"，这是史学家克劳德·哈顿可以容忍并拿出来引用的措辞。

考虑到路易一世·德·波旁的地位和影响力，他的去世对法兰西新教教徒来说是一个巨大的打击。但新教教徒自我安慰似的认为这"对他们的事业来说是一个进步而不是阻碍"。正如沃尔特·罗利爵士说的，这是由于路易一世·德·波旁"对自己的勇气过度自信"造成的结果。加斯帕尔二世·德·科利尼自然而然地接替了胡格诺派的指挥权。胡格诺派很快就从雅纳克的灾难中恢复过来。正当胡格诺派教徒在尼奥尔集会和重新集结时，胡安娜·达尔布雷突然出现在他们的营地里，带着两个十五岁的年轻人，其中一个是亨利·德·波旁，被谋杀的路易一世·德·波旁的儿子；另一个是她自己的儿子，来自贝阿恩的亨利·德·波旁。经过多次努力，亨利·德·波旁注定要成为法兰西的亨利四世。胡安娜·达尔布雷用一种非常想要提升低落士气的语气对聚集在这里的军官们说："我把我的儿子献给你们，他满腔热情，要为令我们大家都感到惋惜的路易一世·德·波旁复仇。看哪，路易一世·德·波旁的儿子，现在也成了我自己的孩子，他继承了他父亲的名誉和荣耀。愿上天保佑这两个孩子，让他们都能证明自己对得起祖先！"

胡格诺派军队热烈地欢迎年轻的亨利·德·波旁为它们的总司令和教会的保护者。勇敢的男孩——亨利·德·波旁接受了这个危险的任务，走上前大声说:"士兵们,你们的事业就是我的事业。我发誓捍卫我们的宗教,坚持到底,直到死亡或胜利让我们恢复自由。"在《内维尔回忆录》中,有几封1567年由波尔多地方长官写的信,信中有关于亨利·德·波旁的性格和举止的一些有趣的细节,"亨利·德·波旁是个迷人的青年。十三岁时,他就具备了十八九岁时才能拥有的成熟品质。他和蔼可亲,彬彬有礼,乐于助人,对每一个人都很有礼貌,充满魅力,无论走到哪里,身边总是人山人海。亨利·德·波旁的谈话非常明智和谨慎,说话总是目的明确,碰巧谈论到宫廷主题时,很容易看出他非常非常熟悉宫廷事务,对正在讲的话题从来是讲得不多不少刚刚好。我将终生憎恨新教,因为它抢走了我们如此优秀的一位青年才俊……亨利·德·波旁的头发有点红,可是淑女们都认为这并不讨厌。他的脸型很好,鼻子既不太大也不太小,眼睛非常迷人,皮肤是棕色的,但很有光泽,脸上洋溢着青春的活力"。

胡格诺派在雅纳克的损失不算大,最多损失四百人。分散的部队很快就集结在一起,在敌人面前摆出了一条防线。亨利·亚历山大不愿意冒着失去新获得的荣誉再次与敌人对战,他似乎失去了所有精力。加斯帕尔·德·索克斯-塔瓦内斯提议毁掉"胡格诺派的财源"——普瓦图市。但年轻的亨利·亚历山大没有听从他的建议,认为结束战争的最好办法是占领胡格诺派行动的真正基地拉罗谢尔。如果迅速向拉罗谢尔进军,处于风雨飘摇中的拉罗谢尔肯定抵抗不了这种致命奇袭,自己的计划很可能会胜利。但亨利·亚历山大采取的方法除了使敌人的兵力有机会得以加强,没有别的用处。当亨利·亚历山大率军围攻科尼亚克时,双桥的沃尔夫冈·冯·普法尔兹-兹韦布里登公爵率领一支一万四千人的预备役部队,打破查尔斯·德科斯·布里萨克和奥马尔公爵克洛德二世·德·洛林的阻拦,成功地穿越法兰西全境,与加斯帕尔二世·德·科利尼的军队会合。在其他方面,法兰西宫廷部队也同样失败。亨利·亚历山大被迫发起对科尼亚克的围攻,该城由雅克·达齐尔率领一千五百人誓死捍卫。在佩里戈尔一座小堡垒的城墙前,亨利·亚历山大失去了最好的军官之一查尔斯·德科斯·布里萨克。查尔斯·德科斯·布里萨克虽然是凯瑟琳·德·美第奇的宠臣,但无论是生前还是死后,他对事态的发展几乎没有什么影响。如果查尔斯·德科斯·布里萨克不是生来残忍的人,那么他就是法兰西内战让人变得心狠手辣的鲜活例证。一位与他同时代的人对他很了解,形容他"杀人下手快,而且非常喜欢杀人。他会用匕首攻击一个人,被刺者的鲜血都能溅到自己脸上"。

沃尔夫冈公爵和弗朗索瓦·德·查狄伦的死亡是由疲劳和焦虑造成的。前者未能活着见到加斯帕尔二世·德·科利尼,接替他的是曼斯菲尔德伯爵;后者由雅克·德·克吕索尔接替。更广为人知的是雅克·达齐尔,他是法兰西南部胡格诺派的骑士领袖。加斯帕尔二世·德·科利尼对弗朗索瓦·查狄伦的去世深感悲痛,他说,弗朗索瓦·德·查狄伦是"上帝最忠实的仆人,也是最优秀、最著名的领袖"。加斯帕尔二世·德·科利尼在给自己的孩子及失去父亲的亲属的信中写道:"在军械领域,没有人能超过弗朗索瓦·德·查狄伦。我从未见过比他更公道更虔诚的人。我向上帝祈祷,希望我能像他那样虔诚而快乐地结束这一生……你们要将他的美德重新在心里激活,以此来减轻我的悲痛。"

由于德意志雇佣兵的到来和朗格多克省的增援,加斯帕尔二世·德·科利尼的兵力得到了加强。现在,他向法兰西宫廷军队的驻地进军,法兰西宫廷军队的人数仍然占优势,但力量由于疾病及权力的分裂而遭到削弱。胡格诺派的部队和法兰西宫廷部队在罗彻-阿比勒相遇。胡格诺派有两万五千人的兵力。亨利·亚历山大率领的法兰西宫廷部队则通过补充各地区的预备役部队而增加到三万人。罗马教皇庇护五世派遣了一支由四千名步兵和八百名骑兵组成的部队,由桑塔·菲奥雷伯爵指挥,他是当时最有经验的领袖之一。托斯卡纳公爵派遣了两千两百人。费尔南多·阿尔瓦雷斯·德·托莱多从佛兰德斯抽调了三百名长矛手和一支超过三千人的瓦隆军队。罗彻-阿比勒周围的乡间树木繁茂,地势不规则。法兰西宫廷军队驻扎在一座崎岖山脉的山顶上,山脚下有一条小溪。一条狭窄的道路穿过一片沼泽,这片沼泽保护着胡格诺派的阵地。查理九世的军队后方有里摩日城,给养充足。加斯帕尔二世·德·科利尼发现他身后的山区和贫瘠的土地很难给军队提供充分的给养，他应该挨饿，撤退，还是战斗？脱离危险的唯一方式是战斗，因为德意志人已经开始抱怨了。天亮的时候，胡格诺派武装起来，带着六门大炮、两个连的骑兵和两个旅的步兵，准备进攻亨利·亚历山大的阵地。法兰西步兵的新上校洛伦佐·斯特罗齐在营地周围修筑了一些简陋的防御工事，给大炮装上先进的炮弹，用大炮把敌人必经的沼泽路线轰炸了一遍。胡格诺派率先进攻英勇的德·派尔兹的军队，一开始就被击退了，并受到四股意大利骑兵的严重骚扰。这四股骑兵是从山上冲下来的，当时德·派尔兹正试图撤走固定在地上的大炮。德·派尔兹从沼泽中挣脱出来，重新发起进攻，赶走了意大利骑兵。加斯帕尔二世·德·科利尼命令从侧翼进攻亨利·亚历山大的阵地，同时向其驻守在前方的炮兵连发起猛烈的炮击。很快，法兰西宫廷军队的战线被打开了一个缺口，胡格诺派的骑兵像湍急的河流一样涌了进来。1569年6月23日，胡格诺派在这一天胜利了，洛伦佐·斯特罗齐被俘虏了。六百名法兰西宫廷军人，包括三十位军官，永远留在了战场上。胡格诺派对被称为"反基督士兵"的意大利军队毫不留情。如果不是加斯帕尔·德·索克斯-塔瓦内斯纠正了亨利·亚历山大一些战略上的错误，法兰西宫廷军队的结局会更加糟糕。尽管加斯帕尔二世·德·科利尼取得了成功，可他还是被迫退到一个更有利的位置。不久，查理九世的法兰西宫廷军队解散了，因为天气太过炎热，法兰西宫廷军队无法进行野外作战。佩德罗·达维拉提到，这个决定是由凯瑟琳·德·美第奇参加的一个议会同意的，议会还建议胡格诺派与法兰西宫廷军队和解。"除非万不得已，"凯瑟琳·德·美第奇说，"一般情况下，我们不会采取消灭胡格诺派这种不寻常的做法。"

加斯帕尔二世·德·科利尼利用他在罗彻-阿比勒的成功，提出了和平的建议，在给查理九世的信中写道，胡格诺派"除了和平地生活，在安宁中追求自己的爱好，在安全中享用自己的财产，别无所求"。在宗教问题上，胡格诺派只要求在召开全国议会之前保持对他们的宽容。信是通过弗朗索瓦·德·蒙莫朗西元帅递送的。弗朗索瓦·德·蒙莫朗西元帅答复说："在胡格诺派表示臣服之前,查理九世什么也不会听。"加斯帕尔二世·德·科利尼清楚地知道,毫无条件地放下武器将使自己处于危险之中。因此,他在答复弗朗索瓦·德·蒙莫朗西元帅的信中说:"胡格诺派已经尽了自己的力量,避免对国家造成破坏,现在比以往任何时候都有必要寻求自己的解决之道。"因此,加斯帕尔二世·德·科利尼又恢复了敌对行动,他的计划是清除普瓦图的保王派军队。这个计划遭到了军官们的否决,于是加斯帕尔二世·德·科利尼同意先进攻普瓦捷,这就重复了"亨利·亚历山大在科尼亚克城前犯下的错误"。加斯帕尔二世·德·科利尼在围攻普瓦捷两个月后失败了,自己的军队会遭受损失的不祥预感也变成了现实。胡格诺派部队损失了三千人的兵力,德意志雇佣军的不和也导致了分裂。与此同时,加斯帕尔二世·德·科利尼在蒙孔图尔附近广阔的、没有树木掩护的亚色平原上又一次遇到了亨利·亚历山大的军队。亨利·亚历山大的增援部队正在去往卢丹的路上,旨在破坏胡格诺派的弹药补给。加斯帕尔二世·德·科利尼猜到了亨利·亚历山大的计划,于是向卢丹和普瓦捷道路上的拉乔西村左侧的圣克莱尔平原推进,在那里驻扎下来准备战斗。但由于没有敌人出现,加斯帕尔二世·德·科利尼下令向蒙孔图尔撤退,把枪支和装备都运送到了蒙孔图尔。蒙孔图尔会战尚未结束时,弗朗索瓦·德·波旁突然出现,突袭了胡格诺派殿后部队,把殿后部队打得狼狈不堪。加斯帕尔二世·德·科利尼继续往前行军,以为整个法兰西宫廷军队都在他后面追击。但当他发现那是弗朗索瓦·德·波旁的部队时,他调转马头,将其击退,夺下了敌人的两面旗帜。这一行动给了加斯帕尔二世·德·科利尼一个安全渡过戴夫河的机会,敌人试图过河追赶,但没有成功。趁着夜色,加斯帕尔二世·德·科利尼抓紧时间继续前进,于1569年10月2日到达了蒙孔图尔,在那里举行了一次战争会议。加斯帕尔二世·德·科利尼提议撤退到艾尔沃,但大多数人希望可以立即开战。德意志雇佣兵表示,在拿到钱之前,他们是不会参战的。但资金的筹集遇到了困难。由于浪费了太多宝贵的时间,加斯帕尔二世·德·科利尼无法占据一个有利的阵地来弥补兵力不足的劣势。

蒙孔图尔战役

1569年10月3日8时到1569年10月3日15时,胡格诺派军队和法兰西宫廷军队猛烈炮击对方。亨利·亚历山大在一座山上部署的两个炮兵连拥有巨大的杀伤力,迫使胡格诺派的一些军队转移阵地。亨利·亚历山大看到这一点,下令向前推进,同时加强右翼力量,以便把敌人的左翼吸引过来。第一轮攻击过后,加斯帕尔二世·德·科利尼左右两翼的阵地都丢了。加斯帕尔二世·德·科利尼把部队重新召集起来,开始猛烈回击,打得亨利·亚历山大的第一道防线节节后退。亨利·亚历山大立即拉起第二队人马,胡格诺派的指挥中心开始动摇起来。这时,亨利·亚历山大的德意志雇佣骑兵像飓风一样向加斯帕尔二世·德·科利尼的军队冲来。不到半小时,一切战斗都结束了。胡格诺派有一万八千多人参加了战斗,在夜幕降临之前,召集一千人掩护加斯帕尔二世·德·科利尼等将领撤退到帕尔特奈都变得异常困难。征服者几乎没有表现出丝毫的怜悯。一队德意志雇佣兵放下了武器,乞求宽恕,但被拒绝了,他们高喊着"不忘罗彻-阿比勒"。一群法兰西步兵也遭遇了同样的命运。这场战争中的一件小事值得从尘封已久的旧历史中被发掘出来:当一切都陷入混乱的时候,圣西尔伯爵,一个八十五岁的老兵,雪白的胡须垂到腰间,设法召集了三个骑兵连,想让这三个骑兵连掩护他们撤退。牧师在圣西尔伯爵身边骑着马,建议他说几句话来鼓励他的小部队。"勇敢的人无须多言,"圣西尔伯爵喊道,"你看我怎么做,你就怎么做。"接着,圣西尔伯爵用武器刺马,让马跑得飞快,超过了其他人二十码左右,跌倒了,与追上来的敌人战斗到最后。两百条生命被夺走,"这场屠杀比几百年来的任何一次战争的损失都要大"。据估计,幸存的胡格诺派教徒不到六千人。撤退由拿骚的路易伯爵掩护,他凭借自己的能力拯救了溃不成军的队伍。"我目睹了这一切。"沃尔特·罗利爵士说,自己有充分的理由为此感谢拿骚的路易伯爵。

加斯帕尔二世·德·科利尼的处境最令人担忧:他失去了一半的兵力;他的下巴被枪击中,并骨折;他被宣布为卖国贼;被悬赏五万里弗买他的项上人

拿骚的路易伯爵

头；在巴黎他的雕像被吊了起来；他的房子被烧毁及财产被掠夺；他的残余部队发生兵变；他的许多朋友辱骂并离弃了他。然而，尽管有这么多麻烦，我们发现加斯帕尔二世·德·科利尼在两个星期之内就从病床上起来，给他的孩子们写了下面这封信。信的日期是1569年10月16日：

> 我们不能指望所谓的繁荣，也不能寄希望于世界信赖的任何实物，应该寻求我们双眼看不见、双手触及不到的更美好的东西。我们要追随早已离开我们的耶稣基督的步伐，对手已经从我们身边夺走了一切。因此，如果耶稣基督乐于目睹这种局面，我们就可以安心了。令我们感到安慰的是，我们没有对伤害我们的人做任何错事，挑起伤痛。相反，因为我受耶稣基督之命去捍卫基督教会，对手的仇恨发泄到了我身上。因此，我不想再多说什么了，我只是以基督之名劝诫你们，恳求你们勇敢地坚持学习，用行动去实现基督教的一切美德。

当胜利的消息传到法兰西宫廷时，喜悦之情甚至超过了雅纳克大捷带来的喜悦。亨利·亚历山大受到的赞美之词激起了哥哥查理九世的嫉妒。有一天，查理九世对母亲凯瑟琳·德·美第奇说："我应该扮演懒惰国王吗？让亨利·亚历山大做我的首相掌管王宫？我要像我祖父法兰西国王弗朗索瓦一世一样，带领自己的军队奔赴战场。"庇护五世写信祝贺查理九世取得胜利，并告诫他不要阻拦对被征服的人施以上帝的复仇，"因为没有什么比这样的怜悯更残忍了，凡拿兵器攻击过上帝的人，都要接受惩治"。腓力二世写过类似的信，但显然没有对法兰西宫廷议会产生什么影响。加斯帕尔·德·索克斯-塔瓦内斯再次敦促亨利·亚历山大果断行动。然而，浮躁的年轻人亨利·亚历山大又一次在围攻中浪费了宝贵的时间，他本应该在围攻中向加斯帕尔二世·德·科利尼分散的且灰心丧气的部队施加更大的压力。亨利·亚历山大在圣东日小镇圣让丹格利前被迫停留了两个月。圣让丹格利位于布托讷河岸边的一个山谷里。

围攻圣让丹格利

布托讷河是"缓缓流淌的夏朗德河"的一条支流。1569年12月2日,圣让丹格利最终还是陷落了,四千名士兵和最优秀的将领之一塞巴斯蒂安·德·卢森堡-马蒂格阵亡。围城期间,查理九世冒着生命风险一直在战壕里,就像一名普通的士兵。他着迷于激烈的战争,甚至宣布如果可以轮流指挥军队,他很乐意与弟弟亨利·亚历山大分享王权。

冬天来了,夜越来越冷,下起了雨。庇护五世和腓力二世召回了他们各自的军队,亨利·亚历山大病倒了。由于在春天之前并无战事,查理九世遣散了大

塞巴斯蒂安·德·卢森堡 – 马蒂格

部分军队，退回了昂热。昂热在不久前刚被弗朗索瓦·德·波旁"这个野蛮的屠夫"收复。昂热的天主教历史学家列举了五十二名遭受暴力死亡的人，其中十人被暴徒杀害。现在昂热全省都投降了，只有一个叫德马雷的粗犷老兵例外，他坚守在罗什福尔的破城堡里。德马雷被围困在罗什福尔破城堡里，但形势不错，有一段时间，他用频繁的出击打退了敌人。由于缺少人手、食物和火药，德马雷越过了敌人的防线，到达了索穆尔。德马雷的朋友们坚持把他扣留在索穆尔，因为他的失败是不可避免的了。"我答应回去和罗什福尔的守军们一起死。"德马雷说，并准备带三十个人回去，那些人都因害怕而抛弃了他。在一次轰炸之后，守军中的每一个人都受伤了，一个叛徒打开了城门，所有的人都被杀了，只有德马雷除外，他的命被留了下来。然而，弗朗索瓦·德·波旁宣称异教徒不能有信仰，拖着德马雷到了昂热。在昂热，他的四肢在十字架上被折断，然后他被绑在一个车轮上。在一群残忍、外强中干的暴民的辱骂和嘲笑声中，德马雷与死亡搏斗了十二个小时。

蒙孔图尔会战的灾难一结束，胡安娜·达尔布雷和胡格诺派的首领就写信给他们在英格兰、德意志和瑞士的朋友，表示蒙孔图尔的失败并不是彻底的失败，要求得到更多帮助，因为法兰西王国胡格诺派的失败将是所有接受宗教改革运动的国家的失败。胡格诺派的处境确实令人绝望。该派的军队被分割得如此支离破碎，以至在开阔的战场上不可能进行任何抵抗，也不可能在敌人面前重新组织起来。因此，胡格诺派的军队决定退出开阔地带，前往尼奥尔、昂古莱姆、圣让丹格利和拉罗谢尔避难。与此同时，加斯帕尔二世·德·科利尼率军向南移动并招募新兵，希望能够诱使一部分法兰西宫廷军队跟着南下，缓解留守驻军的压力。于是，加斯帕尔二世·德·科利尼就开始了穿越法兰西的著名征途，这在现代历史上几乎是史无前例的。加斯帕尔二世·德·科利尼的目标是到达上朗格多克的群山，在那里过冬，从而避开法兰西宫廷军队的骚扰并招募新兵。

加斯帕尔二世·德·科利尼带着三千人，主要是骑兵，从圣提斯出发，轻装上阵，穿过多尔多涅河，穿过吉耶纳、鲁埃格和凯尔西，经过卡迪纳克以南的洛特。加斯帕尔二世·德·科利尼在蒙托邦停留了两天，来自贝阿恩的加布里埃尔·德·洛日和两千名老兵也加入了他的行列。贵族出身的加布里埃尔·德·洛日曾在贝阿恩省镇压过天主教教徒的起义，他以野蛮而残酷的方式镇压了那次起义。奥尔泰兹遭到了大扫荡，许多居民不分年龄和性别被处死，加夫河里的尸体多到在河里可以筑起堤坝。男修道院和女修道院皆被烧毁，没有一个人逃脱——估计共屠杀了三千人。奥尔泰兹堡被攻陷后，每一个被证明携带了武器的神职人员——证据也不是最严格的——都被绑上手脚，扔到桥下的河里。加斯帕尔二世·德·科利尼从蒙托邦出发，沿着加龙河向图卢兹进发。在图卢兹，加斯帕尔二世·德·科利尼为查理九世的信使拉宾遭受的暴行报了仇。拉潘曾作为查理九世的信使带来了查理九世在1568年发布的和平休战的消息。加斯帕尔二世·德·科利尼继续向地中海挺进，把军队驻扎在纳博讷周围的冬季营地。

让我们看看休战时期法兰西其他地方发生了什么事情。布洛塞上尉在欧塞尔教区的雷基恩拥有一座小城堡，城堡被附近的天主教教徒包围，他被迫投降。布洛塞上尉设法逃走了，但所有的守军都被残忍地杀害了。1569年8月，在奥尔良关着两百个胡格诺派教徒的房屋被暴徒纵火，暴徒最后拼命逃离了火场。一位同时代的人说："有人看见被烧的屋子里一部分人在火中紧握双手，呼叫耶稣基督的名字。"一些人从窗户跳出来，立即被街上的人"用棍棒打"，其他人则像游戏一样被射杀。一些妇女也被杀害，她们被杀害之前，不顾自己的房屋被洗劫，为自己的丈夫、兄弟和其他人的死亡而痛哭，目睹所有的亲人被无情地烧死。寡妇玛丽·德·巴班孔的故事更令读者惊讶，她在自己的博尼贡城堡为逃亡的新教教徒提供庇护。这座只有五十人防守的小城堡遭到了一支配备大炮并由三千骑兵和步兵组成的部队的袭击，这支部队连续十五天攻城。但这个勇敢的女人仍然坚守，直到寡不敌众的守军全部伤亡，她才投降。尼斯城是以一种独特的方式被攻下的。尼斯城里住着一个胡格诺派教徒，他经过十五个夜晚的不懈努力，把横跨一条小溪的桥梁的铁门铁栏杆锉断了，二十个被放逐的新教市民从这个大门重新进入尼斯城，几分钟之内就完全控制了尼斯城。

在加纳附近的科尼亚特，奥弗涅的加尔文主义者在庞塞纳克和瓦尔贝拉克斯的指挥下，战胜了天主教教徒。在加尔文主义者的队伍里，勒皮主教戴着头盔，穿着铁甲，像中世纪的英雄人物奥森那样拿着沉重的武器战斗。在迪耶普，胡格诺派教徒被命令离开该城或者去做弥撒，所有出逃者都被要求返回，否则他们的财产将被没收，但没有一个人服从命令。天主教教徒不允许市民留胡格诺派教徒当仆人。所有反抗者都受到了绞刑的惩罚，或者进行全城的忏悔示众。反抗者有时在市场上被鞭打，大多数情况下是被绞死，暴力并不局限于一个地方。欧里亚克附近的胡格诺派教徒突袭了欧里亚克。为了报复天主教教徒在1562年犯下的暴行，胡格诺派教徒洗劫并摧毁了这座城市。他们活埋了一些天主教教徒，让泥土一直埋到天主教教徒的下颚，"在一系列肮脏的暴行之后，用天主教教徒的头作为步枪的靶子"。四百人被处死，其中有一百三十人是族长。

1570年早春，胡格诺派军队向北挺进。1570年4月，胡格诺派军队在尼斯停了下来。加斯帕尔二世·德·科利尼把战争的新计划摆在军队面前，提议沿着罗恩河前进，穿过勃艮第，以便在东部包围巴黎，法兰西宫廷军队在法兰西的西部，崎岖的山脉会将法兰西宫廷军队和巴黎隔开。这种大胆的计划震惊了南方的新教教徒，他们拒绝被带到离家这么远的地方。只有大约五千人同意跟随加斯帕尔二世·德·科利尼，其中三千人为火枪手且是骑兵。加斯帕尔二世·德·科利尼带着这支部队快速地向罗恩河挺进，还派遣了一支小分队到右岸的维瓦莱和塞文尼去招募新兵，自己则和剩下的人一起进入多菲内。多菲内的戈尔德的兵力实在太弱了，无力进行有效的抵抗。连续不断的小冲突和小规模的围攻使加斯帕尔二世·德·科利尼的前进受到了骚扰，但没有中断。军队遭受了巨大的苦难，加斯帕尔二世·德·科利尼患病迫使军队在福雷的圣艾蒂安停了下来,这被认为是一场灾难。有一段时间,加斯帕尔二世·德·科利尼的徘徊于生死之间,这是士兵第一次从害怕失去他的恐惧中认识到他的价值。在三个星期内,部队一直没有行动,这段宝贵的时间被用来修复军队在征途中遭受的一些损失。部队在弗朗索瓦·布里克莫的率领下得到了一千五百名骑兵的增援。在圣艾蒂安,被派往维瓦莱的部队也加入了远征的队伍。部队必须艰难地越过崎岖的峰顶并沿着可怕的悬崖摸索前进,呈现出"一派世界即将陷入毁灭、死气沉沉的衰败景象"。在干涸的陨石坑的石壁上,除了栗树什么也不长,栗树结出的果实还没有成熟。在更高的地方,雪很厚,就像在夏天经常出现的情形,马匹和骑马的人经常迷路,就此失踪。即使是现在,在这些野地里也几乎找不到城镇,甚至连村庄也找不到,农民因他们的绵羊和山羊食料匮乏而生活艰难。黑暗的峡谷,其中许多峡谷被叫作地狱或魔鬼。黑色险峻的岩石非常突兀,激流穿越其中,经常在夏季干旱,冬季河水泛滥导致人们无路可走。军队从这些黑暗的峡谷突然进入晴朗美好的山谷,山谷呈现出一派欣欣向荣的景象!

加斯帕尔二世·德·科利尼一恢复体力,军队就重新出发。经过近一千两百英里的行军,1570年6月,军队抵达了勃艮第的阿尔奈勒迪克。在这里,查尔斯二世·德·科塞元帅试图用一支由一万两千名步兵和四千名骑兵组成并配备火炮的部队来抵抗加斯帕尔二世·德·科利尼的进攻。胡格诺派部队的人数刚刚超过六千人,大多数是骑兵,没有大炮,从1569年秋天离开普瓦图后损失惨重。战斗开始于天主教教徒试图穿过的一条小溪,之后查尔斯二世·德·科塞元帅的所有进攻,无论是从正面还是从侧面的进攻,都没有成功。1570年6月27日,在漫长的夏日里,查尔斯二世·德·科塞元帅一次又一次地尝试,但每一次行动都会遭到迅速且强烈的抵抗。终于,夜幕降临了——胡格诺派这一小撮人总算松了口气,他们的人员损失从数量上看虽然不多,但加斯帕尔二世·德·科利尼依然不能承受。1570年6月28日,两军仍然面对面地对峙。查尔斯二世·德·科塞元帅显然害怕加斯帕尔二世·德·科利尼这样一个令人绝望

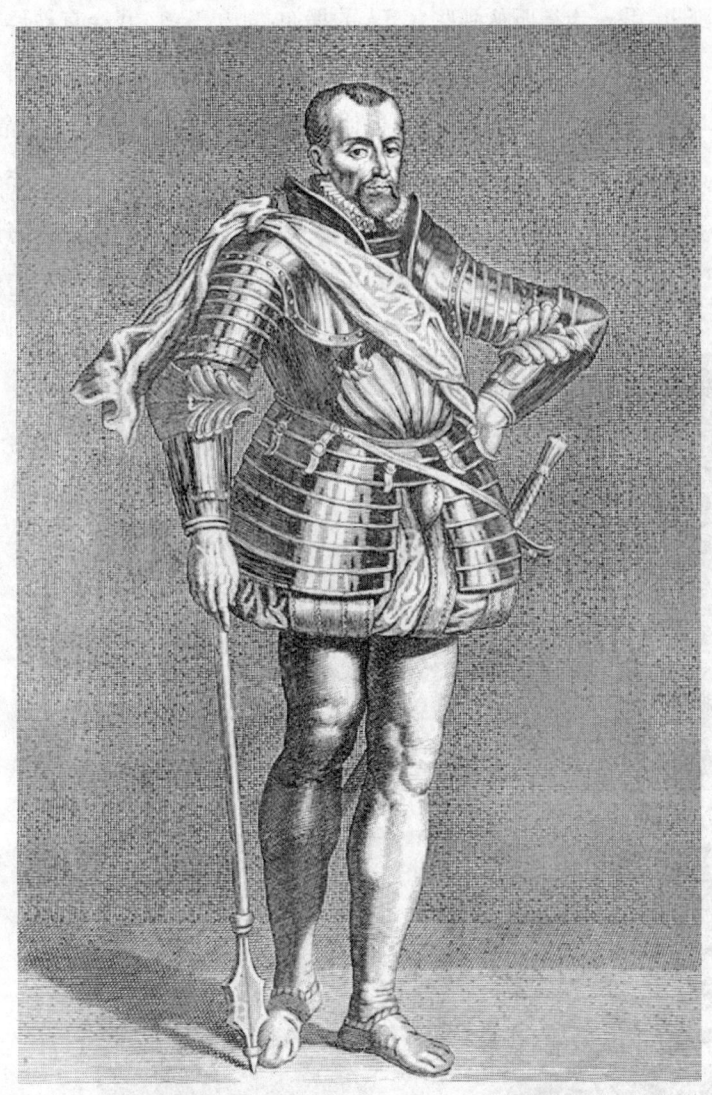

查尔斯二世·德·科塞元帅

的敌人。"这里,"纳瓦拉王子亨利·德·波旁说,"这是我第一次带兵打仗,问题是我应该战斗还是躲藏?我最近的躲藏地离这儿有四十英里远,如果我躲藏在那里,我一定得听从那些乡下人的摆布。如果开打,我会有被俘或被杀的危险,因为我没有大炮,而查理九世的军队有大炮。在距离我不到十步远的地方,有一位绅士被大炮炸死了。但他曾把每一天的成功归功于上帝,很高兴每一天都有收获并过得愉快。"加斯帕尔二世·德·科利尼赞扬了年轻的亨利·德·波旁,并给了他一些建议。亨利·德·波旁在很多年后也没有忘记这些建议:"不要问有多少人阵亡了?他们也是法兰西人,我希望在不久后你和我

纳瓦拉王子亨利·德·波旁

在作战时可以不再让法兰西人流血……如果我通过我的坚强教会了你要去克服最残酷的困难，那么你还要从我这学会一个更有价值的教训——要不惜任何代价避免内战。"

阿尔奈勒迪克距离巴黎只有一百四十九英里。加斯帕尔二世·德·科利尼正以一种很快的速度向巴黎前进，被击败、累垮了的查尔斯二世·德·科塞元帅的军队即使急于赶超加斯帕尔二世·德·科利尼的部队，也是心有余而力不足。一批新的增援部队正从德意志赶来增援亨利·德·波旁。拉·努埃不仅救了拉罗谢尔，而且收复了普瓦图的大部分地区。这时，加斯帕尔二世·德·科利尼已经到了他的世袭封地——沙蒂永科利尼，这足以引起法兰西宫廷的警惕，使它们的思想转向和平。在拉罗什拉贝耶战役之后，法兰西宫廷曾尝试有过一次和谈安排，在蒙孔图尔战役之后也有过一次，但查理九世和议会的说法都令人沮丧。然而，在这个关键时刻，温和派已经恢复了自己的优势地位。西班牙大使佩勒诺·德·尚托内说："八人中有五人是无神论者或胡格诺派教徒。"在温和派的影响下，查理九世和凯瑟琳·德·美第奇倾向于和解，同意任何合理的条件。因为国库是空的，瑞士的雇佣部队威胁说，除非他们的欠款得到偿还，否则就要回国。胡格诺派也好不到哪里去，它们的军队已经有一段时间没有得到任何报酬，武器和装备都已经破旧不堪，财力也远远不足。拉·努埃告诉我们，任何一方的极端党派都不看好停止敌对行动的结局。天主教教徒宣称与异教徒和平相处是一种不能接受的行为，异教徒应该受到严厉惩罚。胡格诺派认为和解等同于叛变。加斯帕尔二世·德·科利尼本人起初似乎有些犹豫，认为谈判可能不会带来任何好处。但他对这件事的感受可能来自忠诚的拉·努埃。拉·努埃报告说，在《停战和约》签署之后自己曾大声喊道："我宁死也不愿再陷入类似的混乱，眼睁睁地看着那么多灾难在我面前发生。"

经过一些初步的讨论后，双方教派任命了五名谈判代表——查尔斯·德·特利尼、弗朗索瓦·德·博韦、拉诺德、阿尔诺·德·卡瓦涅和拉恰塞蒂尔——他们很快就为查理九世和同盟的亲王们准备好并送上和约的相关条款

阿列山德里诺枢机主教卡洛·米歇尔·博内利

庇护五世派出的罗马教廷大使阿列山德里诺枢机主教卡洛·米歇尔·博内利和西班牙大使佩勒诺·德·尚托内再一次运用他们所有的影响力来延长战争，甚至用他们主人的不快来威胁查理九世。但一心追求和平的查理九世什么也不听，1570年8月在圣日耳曼签署了条约。条约同意对过去犯下的罪行实施全面大赦，释放所有战俘，归还所有被没收的财产，被征用的教堂将归还给天主教神父，没有人会再因自己的宗教信仰而烦恼。在一定的限制条件下，宗教改革派获得了公开礼拜的权利。胡格诺派教徒享有与天主教教徒平等的权利，有资格担任法兰西的任何职务。省议会的申诉权得到了扩大。令天主教派难堪的是，胡格诺派的驻军将在拉罗谢尔、蒙托邦、科尼亚克和拉查里特这四个城市驻扎,时间是两年,以保证条约规定的履行。

条约签署后,胡格诺派立即解散了自己的军队。德意志的雇佣军费用通过向新教教堂征税偿还。胡格诺派的领袖来到拉罗谢尔,胡安娜·达尔布雷在那里拥有一个小院落。法兰西宫廷军队被命令到各个城镇驻防,然后解散了部分法兰西宫廷军队。在法兰西宫廷军队向北行进的路上,发生了一件事,这件事表明人的生命如同草芥,得不到一丝关怀。法兰西内战已经使人变得心狠手辣、铁石心肠。当菲利波·迪·皮埃罗·史特罗齐率领部队穿过卢瓦尔河时,发

菲利波·迪·皮埃罗·史特罗齐

现因有大批女兵不愿遵守退伍的命令而使部队行军变得十分拖沓,他于是下令把八百名女兵从昂热桥扔进了卢瓦尔河。

查理九世接下来要统治的这两年的社会氛围在很大程度上取决于我们对《圣日耳曼和约》的看法。法兰西宫廷对胡格诺派的政策是真心诚意的?还是旨在引诱胡格诺派进入圈套,然后一举将其干掉?这是许多人的意见,特别是佩德罗·达维拉的意见,他肯定地说和平只是一个陷阱。但他有时太狡猾了,他属于这样一类历史学家——认为国王和政治家是通过高瞻远瞩的宏大策略来调节自己的政策的,而不仅仅是像表面看起来那样单纯地求生存。用一个恰当的法语词来说,"意外"在人类事务中扮演的角色比一些历史学家愿意相信的重要得多。《圣日耳曼和约》——我们有弗朗西斯·沃尔辛汉姆的明确证词——是政治家们的杰作,以下的这些政治家都是虔诚的天主教教徒,比如查尔斯二世·德·科塞元帅、亨利一世·德·蒙莫朗西和弗朗索瓦·德·蒙莫朗西元帅。弗朗西斯·沃尔辛汉姆补充说,查理九世严厉谴责了那些叛逆的巴黎人,并告诉他们,他打算"适当遵守"条约。查理九世进一步解释了为什么应该追求和平,"比如他自己的性格,需求,希望。他不赞成自己的某些议员,而是支持其他某些人"。弗朗西斯·沃尔辛汉姆已经看到即将笼罩法兰西的那一小片不祥的乌云冉冉升起:"亨利·亚历山大已经享有国王般的声誉,他几乎无法忍受扮演臣民的角色。"休伯特·朗格特的说法对查理九世的平和性格同样具有决定性的影响。孔塔里尼对条约持怀疑态度,尽管他说"和平是查理九世和凯瑟琳·德·美第奇的目标和愿望"。的确,凯瑟琳·德·美第奇打压胡格诺派教徒并不是她的真正目的,她需要胡格诺派与洛林家族相抗衡。因为洛林家族当时在宫廷里很不受欢迎,但在狂热的天主教教众中也许受欢迎。

必须注意的是,在凯瑟琳·德·美第奇政策变化的转折点上,她不但没有征求庇护五世的意见,法兰西宫廷在缔造和平条约时也直接违反了庇护五世的指令。1570年1月,庇护五世强烈建议延续战争,当他听说《圣日耳曼和约》

时，便写信给洛林枢机主教夏尔·德·洛林和波旁枢机主教奥代·德·科利尼，说他"担心上帝将会审判查理九世及所有参加了臭名昭著的《圣日耳曼和约》谈判的人。当我们一想到《圣日耳曼和约》对所有好人来说是那么可悲时，我们禁不住要流泪；多么危险的条约啊，多么令人惋惜，多么令人痛苦啊！"

要平息罗马教皇庇护五世的愤怒是很容易的事情，直接告诉他《圣日耳曼和约》是个圈套就可以了。但法兰西宫廷没有这么做。相反，查理九世和凯瑟琳·德·美第奇都向庇护五世表明和平的必要性。庇护五世很愤怒。法兰西宫廷回复说，查理九世在自己的领土上是主人，可以为所欲为。西班牙试图以某种类似的方式阻挠谈判，腓力二世甚至提议给查理九世派遣一支由三千名骑兵和六千名步兵组成的部队，前提是查理九世永远不得与异端叛乱分子讲和。然而，西班牙延长战争的阴谋失败了。我们从弗朗西斯·沃尔辛汉姆的报道中了解到，西班牙和法兰西宫廷之间出现了漫长的冰封期。

1570年12月10日，即《圣日耳曼和约》签署四个月后，有人写了一封信，很清楚地表明了法兰西政府的感受。图尔的神职人员投诉位于梅勒的新教集会地点，请求将该新教集会地点移到蒙道布洛或其他地方。查理九世回答说，如果转移新教集会地点的做法没有触犯法令，他便同意请求。查理九世决心采取神圣不可侵犯的姿态来维护《宽容敕令》。查理九世答应和纳瓦拉及孔代家族商量此事，如果他们同意，查理九世便同意这个请求。1571年2月13日，查理九世写信给老朋友佩龙内总督胡米埃雷斯，表达了他对国家和平状态的满意及打算裁减军队的意愿。

他们反对该条约而不是支持条约。如果他们知道这是给胡格诺派设计的圈套，他们几乎不会采取那么强烈反对的做法。夏尔·德·洛林甚至希望离开法兰西宫廷，强烈反对《圣日耳曼和约》。福尼耶在自己未出版的关于洛林家族的书中确实说过正是夏尔·德·洛林提出"政变"提案——有关和平与大屠杀的抉择问题。在一次有凯瑟琳·德·美第奇、亨利·亚历山大、弗朗索瓦·德·洛林和枢机主教德·雷斯参加的会议中，查理九世批准了"政变"提案。弗朗索瓦·德·洛林当时并不赞成,这种说法完全没有依据。同样肯定的是,亨利·亚历山大非常不支持"政变"提案。

有人认为所有这些人的表现都是阴谋的一部分——亨利·亚历山大的不支持、弗朗索瓦·德·洛林的缺席及查理九世的狂热。也许事实是他们一直在策划阴谋,但这种假设比另一种假设更能让我们陷入更大的困境。如果我们认为法兰西政府是真诚的,在接下来的两年里,一切都会变得明白无误。如果我们采取相反的意见,则直至大屠杀前夕事态的发展仍是一个解不开的谜。很难说凯瑟琳·德·美第奇是否接受了《圣日耳曼和约》且不带任何背后的想法。因为凯瑟琳·德·美第奇什么都能接受,除了掌控法兰西这一最大的爱好,她对什么都不真诚。为此,凯瑟琳·德·美第奇不仅让一方对抗另一方,而且习惯性地轻率对待意见相左的方案,一会儿在这方耍阴谋诡计,一会儿去那方耍阴谋诡计,最后欺骗和背叛所有人。宗教改革派对政府的诚信问题最厉害的反对方式就是改革派首领不愿意且羞于去宫廷,甚至不愿拜访官员的府邸。但如果改革派怀疑法兰西宫廷背信弃义,为什么要签署《圣日耳曼和约》或者其他条约,从而为自己设下圈套呢?改革派宁可死在争取自由的战场上,也不愿意像捕鼠器里的老鼠那样不明不白地死去。罗杰·萨利在一定程度上消除了刚才提出的疑问,在其《法兰西宫廷经济》一书中,他说:"为了给宗教改革派事业提供更坚实、更持续的发展基础,改革派决定永久定居在拉罗谢尔城。在城墙之内,改革派才会相信自己的安全是有保障的。"

第 10 章

暴风雨前的宁静
（1570 年 8 月—1572 年 8 月）

《圣日耳曼和约》对经常进出法兰西宫廷的外国人来说是一个沉重的打击，因为他们的利益与法兰西的利益完全相反，他们的"伟大目标"是使自己的国家强大起来，无论使用多么卑鄙无耻的手段。那些外国人无处不在——遍布富人的庭院、富有的教区及宫廷场所——在那里可以获得金钱而不危及生命安全，也无需辛苦劳作。驱逐外国人似乎是拯救法兰西的唯一办法，并可确保"政治家"达成的永久和睦局面以支持最近签署的《圣日耳曼和约》。

那些外国人中，比较有名的人有阿尔贝·德·贡迪、勒内·德·比拉格和菲利波·迪·皮埃罗·史特罗齐。阿尔贝·德·贡迪在历史上更广为人知的名字是德·雷斯元帅，他出身低贱，母亲是凯瑟琳·德·美第奇孩子的奶妈。因此，可以说阿尔贝·德·贡迪和法兰西国王查理九世是一起长大的兄弟，他们之间自然而然产生了强烈的感情。法兰西国王亨利二世驾崩后，阿尔贝·德·贡迪职位提升非常迅速，加入圣迈克尔骑士团和圣灵组织，成为后宫第一绅士、智囊团成员、海军上将、公爵、贵族、元帅、普罗旺斯总督。在普罗旺斯，阿尔贝·德·贡迪成功接替了坦达元帅的职位。"引起了贵族的极大愤慨。"雅克·奥古斯特·德·佑说，"就是这个人被年轻的查理九世任命为普罗旺斯总督，且毁掉了自己的所有潜质。"阿尔贝·德·贡迪最后的日子非常悲惨，他活了二十年，但这二十年一直在受苦受难。1602年，阿尔贝·德·贡迪去世，这说明

阿尔贝·德·贡迪

上帝是公平的。皮埃尔·德·贡迪是凯瑟琳·德·美第奇的大法官、主教、朗格勒公爵和巴黎公爵，是四座修道院的拥有者，是圣灵骑士团的指挥官，也是枢机主教。他还有一个弟弟查尔斯·德·贡迪，担任的职位也非常多。

勒内·德·比拉格继承了德高望重的米歇尔·德·洛必达的大法官职位，他是米兰人，先后担任律师、士兵、朝臣、神父、大法官和枢机主教。勒内·德·比拉格是一个完完全全的意大利人、一个没有宗教信仰的人、一个不择手段的人、一个喜欢玩弄阴谋诡计的人、一个趋炎附势的人、一个对国王的反复无常完全服从的奴性十足的人。弗朗索瓦·欧代·德·梅泽雷将勒内·德·比拉格描述为"一个没有学识和能力的地方法官，像风中的墙头草完全没有立场"。就是勒内·德·比拉格建议查理九世除掉胡格诺派，不是动用士兵，而是通过厨师的帮助——换句话说，就是通过下毒。菲利波·迪·皮埃罗·史特罗齐是勇敢但不幸的元帅彼得罗·史特罗齐的儿子。菲利波·迪·皮埃罗·史特罗齐在他二十二岁的时候，成了法兰西卫兵的事务长和法兰西步兵的上校，这几乎给了他无限的权力。法兰西士兵因必须听从他的命令而低声嘀咕表示不服气。

彼得罗·史特罗齐

路易·迪·贡扎加是意大利群体里的一个成员。一位历史学家称他为"一位值得尊敬的王子",但他突出的特点是胆小,而不是诚实。这些人都是凯瑟琳·德·美第奇的主要心腹,他们唯一的目的就是保护自己拥有的一切不被夺走。现阶段,洛林家族的首领是亨利·德·洛林,姓"勒巴拉夫雷"。他不像父亲吉斯公爵弗朗索瓦·德·洛林那样是个好士兵,但他是一个英俊的人,眼光敏锐,蓄着淡淡的胡须,留着鬈发,心胸宽广,慷慨大方,说话随和,广泛阅读古罗马元老院议员塔西陀的著作,进行全面的身体训练和军事训练。只不过亨利·德·洛林的优秀品质被自己对荣耀永不满足的渴望和对权威的欲求玷污了。当亨利·亚历山大问亨利·德·洛林是如何使每个人对他着迷时,得到的回

路易·迪·贡扎加

答是:"自己对所有人都行善,从不说任何人的坏话。"亨利·德·洛林继承了父亲弗朗索瓦·德·洛林的大部分重大职责,如卫队长、高级大臣和香槟总督。

《圣日耳曼和约》被胡格诺派的大部分人接受。许多胡格诺派教徒从第一次宗教战争爆发以后就没回过自己的家,他们的事业几乎遭到了毁灭性的打击,变得十分混乱。号角和战鼓声淹没了更安静的属于宗教的声音。新教教堂日渐衰败,纪律松弛,教义变得不健全,需要召开宗教大会来厘清这些问题。经查理九世的许可,在西奥多·贝扎的主持下,1571年4月,在拉罗谢尔召开了第七次宗教大会。纳瓦拉女王胡安娜·达尔布雷、贝阿恩的年轻王子们和孔代亲王路易一世·德·波旁的儿子,即第二代孔代亲王亨利一世·德·波旁及海军上将拿骚的路易伯爵出席了开幕式。这次会议的主要工作是修订1559年的《忏悔录》,发布了一份权威版本的文本,其中三份是用羊皮纸抄写的:第一份权威文本将存放在拉罗谢尔,第二份存放在日内瓦,第三份存放在贝阿恩。然而,第一份和第三份文本在法兰西内战期间丢失了。

宫廷的日常活动是与众不同的。我经常咨询的一位历史学家形容宫廷"比法兰西国王弗朗索瓦一世时期更放荡,没有收敛过分的激情行为,没有表现出一点绅士风度"。凯瑟琳·德·美第奇喜欢安逸,意大利式奢侈淫逸的天性使她喜欢舞会、化妆舞会及各种宴会,她现在可以再一次放纵自己了。在《圣日耳曼和约》签订后的这段时间,我们发现凯瑟琳·德·美第奇忙于在杜伊勒里宫的新宫殿里布置花园,和有名望的贝尔纳·帕利西谈话,或者和让·比朗谈话。让·比朗的名声与上一任长官菲利普·德·洛尔姆的名声相比相形见绌。无论凯瑟琳·德·美第奇走到哪里,都有一群漂亮放荡的女人陪伴着她。这些女人通过魅力把凯瑟琳·德·美第奇的敌人变成朋友,或是探听敌人的秘密。"舞会还在继续。"粗鲁的老兵布莱兹·德·蒙吕克咆哮着说。

查理九世的婚姻是延续胜利的欢乐的机会。据说,查理九世缔结《圣日耳曼和约》的动因之一是,法兰西当时处于内乱状态,神圣罗马帝国皇帝马克西米利安二世不愿与女儿奥地利的伊丽莎白分离。联姻的耽搁还有其他原因,比

贝尔纳·帕利西

神圣罗马帝国皇帝马克西米利安二世

如关于查理九世的健康和性格的不利报道发布到了国外。查理九世的性格在其统治期间没有太大的改变：他依旧喜欢体育运动，擅长跳跃和网球；他喜欢给马钉马掌；喜欢在铁匠铺里干活，就像个铁匠；他沉溺于"近乎疯狂"的追逐，整日整夜地在森林里度过，这使他"对野兽残忍，对人却不残忍"。有时，查理九世和疯狂的伙伴们会骑马狂奔，砍掉遇到的所有不幸驴子的头，或者用狩猎长矛刺死四处游荡的猪，然后仿佛被血液冲昏了头脑，像个屠夫一样在猎物的内脏里摸索。查理九世喜欢恶作剧，晚上常常闯进年轻同伴的卧室，把他们从床上拖起来，把他们当成小学生似的鞭打。查理九世并不放荡不羁，玛丽·图谢是他真诚热情追求的对象。在查理九世看来，伪证只不过是一种表达技巧而已，而不是犯罪。因此，他常常违背诺言，因为这样做对他来说似乎是

玛丽·图谢

有益的。但幸运的是，对人类来说，"男人并不都是邪恶的"。查理九世在清醒的时候，有时相当疯狂，他表现出对正义的热爱和渴望。在巴约讷的时候，查理九世非常讨厌不择手段的阿尔瓦公爵费尔南多·阿尔瓦雷斯·德·托莱多，说拿起武器攻打自己的臣民是不可能的事情，结果只能是一起完蛋。查理九世说虽然自己不是士兵，但在布鲁日、鲁昂、哈弗尔和圣让丹格利的围城战役中看到了士兵的表现，自己也拥有法兰西民族具备的所有抱负并愿意去拓展王国的疆域。有几次，查理九世向文人圈子示好，把自己关起来与"他的朋友们"皮埃尔·德·龙萨、让-安托万·德巴伊夫、让·帕斯拉和西奥多·高乃依一起创作诗歌。查理九世本人对诗歌写作不是一无所知，如果那些署他名字的片段确实出自其笔下，那么关于法兰西宫廷狩猎的文章可以说明他拥有很好的写作技

让·帕斯拉

查理九世和奥地利的伊丽莎白

巧。胡格诺派将自己的财产和生命托付的对象正是查理九世，也是神圣罗马帝国皇帝马克西米利安二世把女儿奥地利的伊丽莎白托付的对象。也许大家希望温柔的奥地利的伊丽莎白能够驯服查理九世，正如若干年后，在另一个国家俄罗斯，出生低微的叶卡捷琳娜二世主宰了沙皇彼得三世的命运一样。

1571年10月22日，查理九世和奥地利的伊丽莎白在教堂的尖顶层举行了订婚仪式。1571年11月20日，两人的婚礼在梅齐埃尔举行。婚礼的庆祝活动持续了整个冬天。1572年3月，新王后奥地利的伊丽莎白从一个田园风格的大门进入巴黎，大门"比以往任何时候都要漂亮，看上去很自然。因为门上画着草药、蜗牛和蜥蜴"。我们可以想象到这是贝尔纳·帕利西的创意。奥地利的伊丽莎白坐在一辆没有顶棚的轿子里,轿子里外都挂着银色的布幔,驮着轿子的骡子也都身披同样的装饰。奥地利的伊丽莎白浑身珠光宝气,头上戴着一顶耀眼的王冠。巴黎的市政当局照例发表了一番令人生厌的长篇大论,接着又送给年轻的王后一套镀银的餐具,请她到维尔旅馆去参加一个茶点会,茶点会上的茶点都是上等货。"有来自全世界的各种各样的水果,各种各样的肉和鱼,都是用糖做的,看起来很自然。"这些展示出了厨师技艺的糕点的盛装器皿也是银制的。诗人和音乐家在各自负责的岗位上为茶点会锦上添花,查理九世对他们的表演非常满意。因此,有人希望他们——尤其是让-安托万·德巴伊夫和西奥多·高乃依——牵头成立一个音乐和诗歌研究院。

让-安托万·德巴伊夫

圣母院桥的装饰显示出了这个时代的辉煌和法兰西宫廷对最近的和平怀有的感情。每条路的尽头都立了一座凯旋门，道路上方支起了顶棚，上面用鲜花和常青树排列出这对王室夫妇的姓名首字母和新婚祝福。"看上去就像天堂乐园。"在房屋一楼的每扇窗户之间，有拿着水果和鲜花的美少女半身像。窗户上面是月桂花的花冠，旁边挂着几个王室成员的盾牌，盾牌上面有具有象征意义的图案。在每个拱门的顶部，都立着一尊一般位于祭坛之上的雕像。有一个地方放着一尊与一棵橄榄树为伴的胜利女神像，"寓意着查理九世和奥地利的伊丽莎白的婚姻保障臣民的幸福和安宁"。在房屋基座的一块面板上，画有一座祭坛，旁边站着一位身穿圣衣的祭司，祭司的旁边是一只献祭的羔羊。这是为了表明，无论谁违反了《和解法令》，都将遭受羔羊的命运。祭坛的四角上站着四个武装人员，代表法兰西的四个元帅，被授权执行和保障法令。"永远的盟约"是座右铭。还有一个展板上，蜜蜂在一堆武器中采蜂蜜，配了两行来自奥维德的文字，显示了和平带来的欢乐。

在其他面板的画面中，人们还看到一只蜘蛛在一堆剑、铁手套、无面甲的头盔上面织网，还看到有希腊诗人忒奥克里托斯的题词，解释这是一个和平的象征，表明过去的争端已经被遗忘了。在婚礼庆典上，查理九世以朱庇特的形象出现；奥地利的伊丽莎白以密涅瓦的形象出现；凯瑟琳·德·美第奇以朱诺的形象出现；胡格诺派以巨人堤丰的形象出现。其中一个形象很明显地暗示着即将到来的背叛。然而，从一个宫廷诗人不权威的话语中悟出重大的政治属性，这可能是不公平的。与这些欢庆活动有关的一件小事也许可以印证巴黎人民的顽固脾气，他们对宫廷在四旬斋期间举行舞会、宴会和其他庆祝活动来取乐感到愤慨。

欢乐的庆祝活动似乎欠缺点什么——没有一个新教领袖在场。拉罗谢尔的新教派仍然保持冷静，竭力使宗教事业保持一致性。"胡格诺派很聪明，"佩劳神父在他的《加斯帕尔二世·德·科利尼的一生》中说，"因为有命令下来，只要新教领袖一到就立即将其逮捕。"这一说法虽然得到《法兰西政府回忆录》的编纂者的证实，但还是受到质疑。到处充满了猜疑，其中一些猜疑的话语显然已经传到了德意志新教教廷。为了表示德意志新教教廷对法兰西新教教徒境况的关心，萨克森和勃兰登堡的选举官、巴伐利亚、不伦瑞克和符腾堡的公爵们及其他一些人决定派一个大使团来祝贺查理九世的大婚。查理九世在弗朗索瓦一世建造的富丽堂皇的宫殿维莱科特雷接见了大使团成员。大使团一开始就恭维查理九世说："我们的主人知道，陛下这么年轻，不是最近战争的始作俑者。这是某些残忍邪恶的人干的，他们喜欢混乱。所以请陛下继续保持那最威严的头衔——和平缔造者，并严厉惩罚每一个企图在您的王国里制造任何新骚乱的人。正如《旧约》箴言第十四章里的智者说的：众民之中，有君主的尊荣。神和自然对君主和王子的主要要求，就是要他们保护臣民。那些引诱您放弃信仰的人说，那些诱使您背信弃义的人说，一个国家不可能允许多种宗教并存的局面。那些人心口不一，或者说他们刻意无视在许多繁荣伟大的国家里发生的一切。"大使们向查理九世表明，奥斯曼土耳其帝国允许基督教教徒在它的领土上和平生活。查理五世与德意志新教教徒也达成了这样的协议，甚至罗马教皇庇护五世也允许犹太人在他的国家定居。查理五世和庇护五世都说："唯有神能掌控人的良心。请放心，陛下，那些是您最好的臣民，也是您最好的朋友。他们敦促您遵守您在《圣日耳曼和约》中做出的一切承诺。"查理九世对大使们的友好表示感谢，表示自己热切地希望维持所有臣民之间的和平用来作为王国繁荣的唯一手段。查理九世以最礼貌的方式把大使们打发走，拥抱他们，给他们装上礼物。1571年3月，查理九世在巴黎议会发表演讲时也使用了类似的语言。"我感谢上帝，"查理九世说，"苦难已经过去，我最希望的是能坚定地建立和平，这样我的子民就不会再次陷入现在已经摆脱的灾难之中。我要谨慎行事，相信你们会支持我。"

这样的呼吁是十分必要的，因为《圣日耳曼和约》仅仅是对既有和平条约条款的重复——并不总是能得到严格执行。法令能否得到严格执行在很大程度上取决于总督对法令的看法。一些总督通过自己对法令的诠释方式认定法

查尔斯·德·蒙莫朗西-丹维尔

令毫无价值,也有一些总督是不一样的看法。因此,1571年2月10日,在盖普发表的《条例》中,查尔斯·德·蒙莫朗西-丹维尔根据《条例》第十三条,禁止改革派在新教教徒的葬礼上集会人数超过十人。然而,这一禁令被认为有助于宗教和解。查尔斯·德·蒙莫朗西-丹维尔还指定盖普以北五英里的绍尔日镇为上阿尔卑斯山脉的法定礼拜场所。改革派们每个星期天为了做礼拜都要走很远的路。但这是一个宗教狂热的时代,胡格诺派教徒在两地之间来来回回,边走边唱赞美诗,完全忘记了路途中的疲惫。

在许多地方,讲坛上的天主教神职人员为无知教众的反宗教改革情绪推波助澜。查理九世和凯瑟琳·德·美第奇被谴责为叛徒——一个是犹大,另一个是耶洗别^①——因为他们没有下令屠杀"卑鄙的异教徒"。所多玛和蛾摩拉^②的烈火被引向了胡格诺派教徒的身体。"约书亚啊，起来，用刀摧毁麦加。"约书亚代表的是亨利·亚历山大，麦加代表的是拉罗谢尔。1571年3月4日星期天，鲁昂的新教教徒在城墙外进行宗教礼拜时，遭到袭击和殴打，十五人死亡。1571年2月，奥兰治发生了更残酷的暴行，谋杀持续了三天。在这三天里，公众的愤怒足以杀死每一个人，就连妇女和儿童也未能幸免于难。这样的事情自然会使胡格诺派首领产生怀疑，持久地使人民分裂成两个敌对的阵营。

制定《圣日耳曼和约》的政治家们的伟大目标是使法兰西在国内独立，在国外受到尊重。最重要的是，让法兰西摆脱西班牙对国内事务的影响。法兰西爱国派人士很了解西班牙国王腓力二世是如何煽动法兰西的国内纠纷的。他们明白，除非能除掉外国的阴谋集团，否则维持长久的和平是没有希望的。查理九世自己也看出了这一点，他非常嫉妒弟弟亨利·亚历山大拥有的地位。凯瑟琳·德·美第奇表示，她不喜欢腓力二世的态度。可是，凯瑟琳·德·美第奇一点儿也不诚实，她说的任何话都靠不住。没有必要重提1559年的《卡托-康布雷西和约》，该条约没有什么特别屈辱的条款，而且该条约在随后的两国交往中已经取得双方谅解。但屈从于他国征服的经历——对任何一国都是如此——对法兰西的尊严来说，一定是很屈辱的一页。西班牙对法兰西政治的积极干预始于洛林家族的犯罪阴谋。我们已经看到，洛林家族狂热而虚假的正统学说得到了腓力二世的大力支持，他从未停止亲自或通过大使敦促彻底消灭胡格诺派教徒。腓力二世甚至不止一次地威胁说，如果法兰西宫廷对异教徒做出任何让步，他就会发动战争。我们甚至可以预想到腓力二世发动战争的结果：法兰西在内战中四分五裂、划块出租，新教则一如既往地强大。对此，西班牙提出了如下看法：难道转换政策后结果不会变吗？法兰西还有机会，因为还有一些民怨需要再次化解。佛兰芒人仍然在公开反抗，嗜血的费尔南多·阿尔瓦雷

---

① 耶洗别，恶毒女人的代名词，源自《圣经》中以色列王之妻耶洗别的名字。——译者注
② 《圣经》中的两座城市，上帝为惩罚市民的淫荡行为而将其毁灭。——译者注

斯·德·托莱多的残忍加深了他们对西班牙的仇恨,只有彻底消灭他们才能消除这种仇恨。让费尔南多·阿尔瓦雷斯·德·托莱多做得太过分是不明智的。如果法兰西的一句话能激发叛乱者做出更大的牺牲,腓力二世这个邻居的威胁将不复存在。我们不能忘记,当时西班牙是欧洲的第一强国。费尔南多·阿尔瓦雷斯·德·托莱多的成功,摩尔人被驱逐,勒班陀大捷,以及北非被征服,都表明西班牙的力量依旧强大。之前西班牙虽然遭受过耻辱,但此时没有任何迹象表明其财力有任何损失。西班牙就是但以理①的化身:全身遍布金、银、铜、铁,但有个致命弱点,脚是泥做的。因此,注定有不起眼的力量要利用其弱点重创西班牙。这股不起眼的力量也许是欧洲的某个小国。如果法兰西能看到了自己的真正利益之所在,消灭威胁自己的异教派,平定各种叛乱活动,那么法兰西可能会变成一个世界强国,疆域和势力范围遍布整个地球。

威尼斯驻西班牙大使乔瓦尼·科列罗写了一篇关于与西班牙开战前景的文章。佛兰德斯问题是西班牙人和法兰西人之间存在的许多仇恨的来源之一,乔瓦尼·科列罗表示佛兰德斯属于法兰西,一场收复佛兰德斯的战役将为贵族家庭参军的人提供表现机会。只要法兰西能保证"自己的臣民享有同样的宗教信仰自由",那么不需要受一点伤就可以轻松获胜。除此之外,查理九世遭到了西班牙的羞辱:"西班牙似乎不重视查理九世,这使他产生了强烈的复仇欲望。但他缺乏财力来支持他公开宣战。"

这些不仅是新教教徒的思想,也是天主教教徒的思想。天主教教徒的正统观念是不容置疑的。米歇尔·德·洛必达曾经是温和派的精神领袖。然而,自从淡出公众视野后,治安官阿内·德·蒙莫朗西公爵的长子弗朗索瓦·德·蒙莫朗西就成了温和派的领袖。腓力二世对弗朗索瓦·德·蒙莫朗西很了解,把他看作法兰西最可怕的敌人。弗朗索瓦·德·蒙莫朗西的弟弟达姆维尔元帅亨利一世·德·蒙莫朗西、查尔斯二世·德·科斯元帅、比隆男爵阿曼·德·贡陶和其他

---

① 得到过上帝保护和指引,并在被抛入狮穴时得到神的保护的青年。——译者注

勘班陀大捷

人都支持他。据加斯帕尔·德·索克斯-塔瓦内斯说，正是弗朗索瓦·德·蒙莫朗西在蒙孔图尔阻止了敌人的追击，才救了胡格诺派。据弗朗西斯·沃尔辛汉姆说，《圣日耳曼和约》也是弗朗索瓦·德·蒙莫朗西的成果。弗朗索瓦·德·蒙莫朗西仅仅凭借个人的性格魅力，已经成为一个非常有影响力的人，查理九世也很看重他。有一天，当查理九世参观弗朗索瓦·德·蒙莫朗西在尚蒂伊的城堡时，弗朗索瓦·蒙莫朗西告诉查理九世不可能有持久的和平，除非新教教徒和天主教教徒能被说服和谐生活在一起或者消灭其中一方，这是仅有的选择。然而，目前的敌对状态该如何化解呢？可以通过联合两派对抗它们共同的敌人西班牙。大家都热切地想知道，联合两派共同对抗西班牙的主意是谁想出来的，是弗朗索瓦·德·蒙莫朗西还是查尔斯二世·德·科斯元帅？但查理九世热切地接受了这项提议，他希望在即将到来的战争中，能够获得足够多的荣誉，让弟弟亨利·亚历山大蒙羞。

一段时间以来，法兰西和西班牙之间出现了一种不安和不信任的氛围。当费尔南多·阿尔瓦雷斯·德·托莱多请求允许在法兰西为佛兰德斯战争招募志愿兵时，该请求遭到了拒绝，胡格诺派认为这是"一种威胁自己的手段"。西班牙要求某些部署在拉罗谢尔对付西班牙的船应该被扣押。费尔南多·阿尔瓦雷斯·德·托莱多的法兰西代表克劳德·蒙杜塞特说："一些船是为了对付出没于英吉利海峡的海盗，至于那些属于私人的船，查理九世不能干涉。驻马德里的法兰西大使圣戈尔也被要求做出回应。其实，法兰西代表的回应不过是一种回避的做法，因为法兰西国王的权力在法兰西从来没有受到过如此大的限制。由于奥兰治亲王威廉一世需要资金在佛兰德斯开展英勇斗争，他的弟弟拿骚的路易伯爵试图从佛罗伦萨的科西莫·德·美第奇那里获得一笔贷款。查理九世支持这一计划，提出承认科西莫·德·美第奇拥有托斯卡纳大公的头衔，在科西莫·德·美第奇试图夺取科西嘉岛的过程中提供帮助，条件是他要向佛兰德斯起义军提供资金援助。科西莫·德·美第奇拒绝了。但查理九世没有放弃对西班牙发动战争的想法，在这一时期的外交书信中反复提及此事。

在这段时间里,加斯帕尔二世·德·科利尼一直在积极地和弗朗索瓦·德·蒙莫朗西通信。根据加斯帕尔二世·德·科利尼的建议,查理九世和拿骚的路易伯爵安排了一次私人会面,地点在鲁米尼城堡的一个花园里,距离丰特奈-昂布里约有一英里。查理九世借口去那里猎兔子,其目的是不想让法兰西宫廷顾问知道此事。因为查理九世知道,如果法兰西宫廷顾问知道了这件事,会把此事告诉西班牙宫廷。我们可以想象,拿骚的路易伯爵谈到了最近和加斯帕尔二世·德·科利尼的谈话。作为一个新教教徒,加斯帕尔二世·德·科利尼不会反对任何帮助同胞的计划。查理九世也可能是这么想的。拿骚的路易伯爵将宝贵的佛兰德斯和阿托伊斯两省作为对法兰西的回报,虽然他哥哥奥兰治亲王威廉一世没有授权他这样做,但他为获取法兰西的援助加重了砝码。拿骚的路易伯爵暗示在法兰西的下一个选举期,还是会选择查理九世。拿骚的路易伯爵成功地使查理九世相信,以前的顾问为他制订的计划是错误的,使他险些落入腓力二世为佛兰德斯臣民布下过的类似圈套里。查理九世答应认真考虑一下拿骚的路易伯爵对自己说的所有话。在真正采取行动之前,查理九世有权否决任何提交给自己的计划方案。这次秘密会见很快就被人知道了,西班牙大使弗朗西斯科·阿拉瓦以其法兰西宫廷主人要生气相威胁。查理九世和凯瑟琳·德·美第奇闪烁其词,说:"说到害怕我们发动战争,你可误会我们了。各人按照各人的想法行事吧。"事情进展得比查理九世预料的还要快,西班牙威胁要发动战争,而且没有做任何准备。亨利·亚历山大和英格兰女王伊丽莎白一世之间的婚姻联盟非常关键,这将使英格兰的资源为法兰西支配。但伊丽莎白一世虚与委蛇,拒绝给一个明确的答复。没有与英格兰联盟成功,法兰西是不可能与西班牙开战的。因为英格兰也对佛兰德斯觊觎已久,对法兰西在该地区的征服行动表示质疑。该怎么办呢?查理九世应该让步,还是勇敢地面对后果?在这一点上,法兰西只有一个人有资格提出意见,他便是拿骚的路易伯爵,他住在拉罗谢尔并依然保持着冷静的态度。

当拿骚的路易伯爵离开拉罗谢尔与查理九世商谈之时,他提供了一封来自加斯帕尔二世·德·科利尼的信,信中抱怨有人想使胡格诺派教徒的处境比之前更糟,没有惩罚奥兰治和鲁昂的暴力犯罪分子的行动。然后,加斯帕尔二世·德·科利尼为自己的怀疑和缺席宫廷事务辩护,说:"宗教人士看到身边骚乱的始作俑者,便很难相信陛下希望一切顺利。"接着,加斯帕尔二世·德·科利尼对洛林家族进行了旁敲侧击,表示如果查理九世能惩罚在鲁昂和奥兰治犯下暴行的人,所有疑虑都会烟消云散。查理九世听从了这个建议,派了一个调查委员会去鲁昂。许多暴乱者被绞死,罪魁祸首却逃脱了,甚至在天主教教徒中找到了庇护所。天主教教徒似乎把罪魁祸首当作英雄而不是当作罪犯对待,就像一个杀人犯仍然藏匿在爱尔兰农民中间一样。查理九世对他的弟弟亨利·亚历山大也表现出极大的不满,公开侮辱亨利·亚历山大。亨利·亚历山大别无选择,只能离开宫廷。

拿骚的路易伯爵回到拉罗谢尔,查理九世的彬彬有礼给他留下了深刻的印象,于是,拿骚的路易伯爵敦促加斯帕尔二世·德·科利尼接受查理九世的宫廷邀请。拿骚的路易伯爵谈到英法两国中的婚姻联盟,认为这是对西班牙的对抗,会加强胡格诺派的势力。拿骚的路易伯爵也谈到了与查理九世达成的计划方案,表明查理九世承诺攻击佛兰德斯一侧,奥兰治亲王威廉一世则攻击另一侧。"政要"之一的查尔斯二世·德·科斯元帅证实了这一说法。加斯帕尔二世·德·科利尼的女婿查尔斯·德·特利尼也带着对查理九世风度的溢美之词从宫廷归来。这个时候人们对查理九世的看法都是正面的。很明显,查理九世和蔼可亲的妻子奥地利的伊丽莎白对他的性格产生了潜移默化的影响。查理九世不那么沉迷于娱乐活动了,脾气也不那么变幻无常了,似乎把过去的事都忘了。事实上,查理九世对胡格诺派表现出的很大程度的善意,竟使人怀疑他是在故意支持胡格诺派以反对母亲凯瑟琳·德·美第奇、弟弟亨利·亚历山大和洛林家族。"我不再那么年轻幼稚了,"查理九世说,"不再需要人管了。我愿意听劝告,但不接受命令。我厌恶战争,我要和平。关于胡格诺派,我一直是受了欺骗的,因为将来我要使各派系保持秩序。"查理九世对查尔斯·德·特利尼产生了强烈的好感，他向查尔斯·德·特利尼抱怨母亲凯瑟琳·德·美第奇把他束缚起来，他母亲更喜欢亨利·亚历山大而不是他，凯瑟琳·德·美第奇统治国家的方式与自己无关。为了解决这个问题，查理九世决定把凯瑟琳·德·美第奇和亨利·亚历山大都撵出宫廷。查理九世想听听加斯帕尔二世·德·科利尼的意见，特别是关于计划中的佛兰德斯战争的建议。事实上，似乎每件事的决定都取决于在宫廷现身的加斯帕尔二世·德·科利尼了。

拿骚的路易伯爵和查理九世会晤期间，在拉罗谢尔的胡格诺派小法庭举行了一场婚礼，加斯帕尔二世·德·科利尼娶了第二任妻子雅克利娜·德·蒙贝尔·德昂特勒蒙，把自己的女儿路易丝·德·科利尼嫁给了查尔斯·德·特利

路易丝·德·科利尼

雅克利娜·德·蒙贝尔·德昂特勒蒙

尼。加斯帕尔二世·德·科利尼的婚姻有一种难以预料的浪漫色彩。雅克利娜·德·蒙贝尔·德昂特勒蒙是在德勒被杀的安东男爵克劳德的遗孀,后来被加斯帕尔二世·德·科利尼的英雄主义气质迷住了,她把手递给了加斯帕尔二世·德·科利尼,说自己有雄心成为新加图[①]的玛西娅[②]。加斯帕尔二世·德·科利尼有部分皇室血统,必须通过代理人来操办婚礼。当新娘在五十名同族绅士的陪同下快抵达拉罗谢尔时,新郎加斯帕尔二世·德·科利尼的代理人走出

① 老加图指古罗马政治家,新加图指加斯帕尔二世·德·科利尼。——译者注
② 原指老加图的妻子。——译者注

拉罗谢尔一英里来迎接她。当这位高贵的妇人到达拉罗谢尔时，现场点燃了加农炮用来欢迎新郎新娘，教堂的尖塔上响起了胡格诺派教徒保留下来的大钟欢快的声音。为了表示对加斯帕尔二世·德·科利尼的尊敬，市民们全副武装集结起来，从城门口沿街排列，一直排到加斯帕尔二世·德·科利尼的寓所。一大群贵族和绅士聚集在那里向他表示敬意。尽管与普通的求爱方式相反，但这段婚姻是幸福的。后来，雅克利娜·德·蒙贝尔·德昂特勒蒙再次成为寡妇后，她回到了萨伏伊，在那里因巫术指控而被监禁。其实，她的财富才是她被指控的真正根源。亨利四世为雅克利娜·德·蒙贝尔·德昂特勒蒙求情，但徒劳无功。1599年，雅克利娜·德·蒙贝尔·德昂特勒蒙在尼斯城堡死于精神失常。

　　加斯帕尔二世·德·科利尼过着幸福的家庭生活，不愿意离开拉罗谢尔到宫廷中去。但查理九世不能没有他，伊丽莎白一世认为他的存在对微妙的英法双边谈判的顺利进行非常有利。弗朗西斯·沃尔辛汉姆给伊丽莎白一世写信，建议她应该提示法兰西使节拉·莫特-费内隆，自己希望看到查理九世"宣召亲王们和加斯帕尔二世·德·科利尼到宫廷，像加斯帕尔二世·德·科利尼这样少有的臣民不应该屈尊生活在拉罗谢尔这样的角落里"。弗朗西斯·沃尔辛汉姆补充说，查理九世现在"很受加斯帕尔二世·德·科利尼的影响"。在另一封信中，弗朗西斯·沃尔辛汉姆说要去布卢瓦，那里是亲王们和加斯帕尔二世·德·科利尼会面的地方，"所有反对都是徒劳的"。我一直深信，查理九世认为加斯帕尔二世·德·科利尼是他能想到的最好的臣民。查理九世将在重大的事情上利用他，这是查理九世获胜的最大希望。因为查理九世开始看到别人的不足：有些人更依赖别人，而不是靠自己。还有一些人，他们更像西班牙人而不是法兰西人……凯瑟琳·德·美第奇看到儿子查理九世受到加斯帕尔二世·德·科利尼那么大的影响，想尽办法使查理九世对自己有好感。凯瑟琳·德·美第奇向查尔斯·德·特利尼和拿骚的路易伯爵保证，自己热切地希望《圣日耳曼和约》得到遵守，以保证法兰西王国的安宁和幸福。查理九世需要加斯帕尔二世·德·科利尼的建议，嫡亲亲王远离宫廷是一件悲哀的事。加斯帕尔二世·德·科利尼终于让步了。当胡安娜·达尔布雷规劝他时，他回答说："夫人，我完全信任我的国王陛下。生活不应伴随着无休止的长鸣警钟。我宁愿在一次拼搏后死去，也不愿在恐惧中苟且活上一百年。"出发前，加斯帕尔二世·德·科利尼收到了许多善意的安全提醒，但他都置之不理。

加斯帕尔二世·德·科利尼在五十名绅士的护送下离开了拉罗谢尔，"如果不是因为他怀疑查理九世，那就是为了保护自己不受私敌的伤害"。1571年9月12日，加斯帕尔二世·德·科利尼抵达布卢瓦，在那里受到了最殷勤的接待，他被领进了听众席，跪了下来。查理九世把他扶起来，拥抱着他说："前辈，我们终于找到你了。你再也不要随心所欲地逃走。今天是我一生中最快乐的一天。你比我这二十年来见过的任何人都更受欢迎。"凯瑟琳·德·美第奇亲了加斯帕尔二世·德·科利尼一下，把他带进了亨利·亚历山大的房间，因为年轻的亨利·亚历山大当时"有点不舒服"。加斯帕尔二世·德·科利尼被年轻的君主查理九世深深地吸引，他们在一起待了很久，还经常私下里谈话。凯瑟琳·德·美第奇吃醋了。"国王看加斯帕尔二世·德·科利尼的时间太久了，"她说，"看我的时间太少了。"查理九世和加斯帕尔二世·德·科利尼谈话的主要话题是佛兰德斯战争。加斯帕尔二世·德·科利尼有句格言：除非发动一场对外战争，否则法兰西是不可能平静下来的。当皮埃尔·德·布兰特姆在拉罗谢尔的时候，他对爱说三道四的神父说："如果胡格诺派教徒不在国外逍遥快乐，那么他们肯定会在国内重新开始争斗。他们是那么不安分的家伙，又那么喜欢掠夺。"在低地国家，皮埃尔·德·布兰特姆看到过胡格诺派教徒破坏过的场所，当他想起佛兰德斯的新教教徒忍受了这么长时间的苦难时，他变得激动起来。他向查理九世详述了奥兰治亲王威廉一世表现出的英勇和耐心，还有西班牙曾经让法兰西遭受的苦难，现在报复西班牙的极好机会就摆在面前。查理九世听完这番雄辩的呼吁后十分激动，他身上爆发出了法兰西民族特有的尚武热情，说："我也将以自己的名义——用自己的宝剑去赢得战斗。"查理九世全身心地投入到这个计划中来，并许诺将给予奥兰治亲王威廉一世有效的帮助，因为他已经把在罗恩河畔的小公国归还给了奥兰治亲王威廉一世。查理九世也没有忘记加斯帕尔二世·德·科利尼，他的财产之前被没收了。现在，他被重新安置在议会的席位上，收到了一份十万克朗的礼物，"与其说是结婚礼物，不如说是对这个时代第一任新教领袖的敬意"。查理九世进一步承诺要利用自己对萨伏伊公爵查尔斯·艾曼纽一世的影响力来恢复加斯帕尔二世·德·科利尼的第二任妻子雅克利娜·德·蒙贝尔·德昂特勒蒙被扣押的财产，他还为某些沃多伊人求情。沃多伊人因在加斯帕尔二世·德·科利尼手下作

萨伏伊公爵查尔斯·艾曼纽一世

战而被剥夺了财产,被逐出了家园。"我想向你提出一个请求,"查理九世给查尔斯·艾曼纽一世写了一封信,"这件事我非常关心。在我真诚的祈祷和建议下,求你使这些可怜的人蒙恩,使他们回归自己的家和拿回财物。我的理由是那么公正,那么恳切,我相信你一定会听我的。写于1571年9月28日,布卢瓦。"

在宫廷中短暂停留后,加斯帕尔二世·德·科利尼去了查狄伦。在查狄伦,加斯帕尔二世·德·科利尼试图恢复自己的工作安排。查理九世定期与他通信,主要是关于查理九世最喜欢的话题——与西班牙的战争。与此同时,亨利·德·洛林在巴黎,谣传他针对加斯帕尔二世·德·科利尼的诉讼行动和言论变得如此具有威胁性,以至加斯帕尔二世·德·科利尼请求派一队士兵保护自己。查理九世亲自回复说,很高兴看到加斯帕尔二世·科利尼"竭尽全力保障自我的人身安全",允许加斯帕尔二世·德·科利尼得到需要的警卫。加斯帕尔二世·德·科利尼在查狄伦待了五周。关于法兰西宫廷背叛了自己的问题,他收到过许多警告,但都没有在意。在离开拉罗谢尔前,关于所有问题,他给妻子雅克利娜·德·蒙贝尔·德昂特勒蒙都是同样的回答:"在没有任何证据的情况下,我不能怀疑查理九世对我们怀有的美好情感已经转变成仇恨。"1571年10月月底,加斯帕尔二世·德·科利尼被召到巴黎去了。凯瑟琳·德·美第奇拥抱了他,并吻了他。查理九世接待了他,对他的尊重超出其他所有臣民。加斯帕尔二世·德·科利尼的此次巴黎之行的目的是就纳瓦拉王子亨利·德·波旁与查理九世的妹妹瓦卢瓦的玛格丽特的联姻问题进行磋商。

当查理九世访问尚蒂伊时,弗朗索瓦·德·蒙莫朗西曾建议,调和敌我各方的最好办法是让国王陛下的妹妹瓦卢瓦的玛格丽特和亨利·德·波旁联姻。王室的两个分支家族进行联姻并不新鲜。亨利·德·波旁还是个孩子的时候,他就被介绍给了亨利二世。亨利二世对这个男孩非常满意,就问男孩愿不愿意做自己的儿子。"这是我的父亲,"孩子指着纳瓦拉国王安托万·德·波旁,用贝阿恩的方言答道。"那么,"亨利二世说,"你愿意做我的女婿吗?"从那时起,亨利·德·波旁和瓦卢瓦的玛格丽特,一位四岁的公主,就定下了童婚。安托万·德·波旁很高兴，写信给妹妹讷韦尔公爵夫人波旁的玛格丽特说："联姻是这个世界上我最渴望得到的东西。从这以后，无论是我休养生息还是建功立业都有了一个安全可靠的基础。"胡安娜·达尔布雷还写信给一位老朋友说："为了在你生病时安慰你，我把这个消息告诉你……亨利二世陛下很乐意赐给我这个恩惠，对此我不会掩饰我的喜悦和满足。"这是1557年发生的事情。1560年，法兰西国王朗索瓦二世驾崩后不久，凯瑟琳·德·美第奇就写信给胡安娜·达尔布雷，敦促她访问宫廷并提议通过贝阿恩的"小凯瑟琳"凯瑟琳·德·波旁和亨利·亚历山大之间的婚姻，把两个家族联系得更紧密。"这样的联姻，"凯瑟琳·德·美第奇说，"将使我们的联盟牢不可分。"然而，联姻未

凯瑟琳·德·波旁

能实现。但在1562年，当凯瑟琳·德·美第奇担心安托万·德·波旁会摆脱自己的控制时，我们发现联姻计划又重新提上了日程。

曾经有人提议把瓦卢瓦的玛格丽特嫁给葡萄牙的塞巴斯蒂昂，后来这位浪漫的国王在与非洲摩尔人的英勇作战中驾崩。由于腓力二世的敌意，这场联姻失败了。腓力二世曾经粗暴地侮辱过法兰西宫廷，这样只能在离家更近的

葡萄牙的塞巴斯蒂昂

地方寻求联姻了。瓦卢瓦的玛格丽特告诉我们联姻这件事最初是如何提出的，她的说法是："我恳求母亲凯瑟琳·德·美第奇记住，我是个天主教教徒。"胡安娜·达尔布雷后来采纳了改革派的建议，便不再像从前那样渴望联姻了。胡安娜·达尔布雷非但没有因纳瓦拉家族的继承人亨利·德·波旁如此美好的联姻前景而变得盲目乐观，反倒说："我宁愿屈尊成为法兰西最卑微的女人，也不愿牺牲我的儿子亨利·德·波旁或儿子的灵魂去追求高贵的地位。"对亨利·德·波旁来说，如果联姻过程中遇到的困难确实无法克服，那就顺其自然好了。联姻遭到了洛林家族的反对，反对的真正理由不是像有些人写的那样，因为亨利·德·洛林渴望与瓦卢瓦的玛格丽特联姻，毕竟后来亨利·德·洛林已经和克利夫斯的卡特琳结婚好几个月了。这位新娘是波西恩亲王安托万三

克利夫斯的卡特琳

世·德·克罗伊的遗孀。其实，洛林家族之所以反对联姻是因为联姻能巩固查理九世的王权，使胡格诺派的势力占据法兰西的主导地位。罗马教廷大使卡洛·米歇尔·博内利和西班牙大使佩勒诺·德·尚托内也反对这场联姻，但查理九世的注意力并没有集中在这上面，没有偏离自己既定的目标。

1571年夏天就这样过去了。一方面，西班牙、罗马教皇和洛林家族竭力阻止天主教和新教和解；另一方面，政客们——加斯帕尔二世·德·科利尼和英格兰大使亨利·诺里斯，试图促成两段婚姻，希望能抵消天主教势力的影响。

亨利·诺里斯

凯瑟琳·德·美第奇非常真诚，和查理九世急于做正确的事。在无助的时候，查理九世依靠加斯帕尔二世·德·科利尼做决定，已经学会了信任他，就像孩子信任父亲一样。加斯帕尔二世·德·科利尼身上有许多吸引查理九世的地方：加斯帕尔二世·德·科利尼是一个正直且有信用的人，没有什么卑鄙或自私的意图，对伟大的法兰西怀有最纯粹的热忱。查理九世以前从未拥有过这样的朋友，他对身边人的看法可以从他的话语中推敲出来。有一天，他对查尔斯·德·特利尼说："加斯帕尔·德·索克斯-塔瓦内斯元帅是个很好的顾问，但他忌妒别人盖过他的声誉；弗朗索瓦·德斯佩奥·德维耶维尔元帅除了好酒什么也不爱；查尔斯二世·德·科斯元帅是个吝啬鬼，他什么东西都要卖十克朗；弗朗索瓦·德·蒙莫朗西是个好人，但他总是带着猎鹰和猎狗到处跑；德·雷斯元帅从内心情感上认同自己是西班牙人。最后，我想说，宫廷里和议会里的其他人都是傻瓜。我的大臣们都是叛徒，所以我不知道该相信谁。"这种指责太过笼统，但这些话显示出查理九世对他的老顾问们是多么厌倦，他是多么渴望拥有新顾问。还有一次，当查理九世和加斯帕尔二世·德·科利尼谈论佛兰德斯战役时，他说："前辈，还有一件事你必须小心注意。你知道，我的母亲总是爱管闲事，这件事千万不能告诉她，至少不能告诉她详情，她会破坏我们的计划。""听从您的旨意，陛下。不过，我认为太后陛下是一位好母亲，即使把一切都告诉了她，她也不会阻拦我们；相反，她自然会帮助我们实施计划，我认为要隐瞒这件事有许多困难。""你完全错了，"查理九世回答道，"把这件事交给我吧，我母亲是世界上最大的捣蛋鬼。"

　　如果这件轶事得到证实，就可以表明查理九世和加斯帕尔二世·德·科利尼实际上背着政府密谋一些事情。无论加斯帕尔二世·德·科利尼是作为查理九世的私人顾问还是其他什么，他并不是大臣，在议会中他也没有担任任何职务。可是，凯瑟琳·德·美第奇有那么大的影响力，又有那么多打听消息的手段，这件事她竟会被蒙在鼓里，这简直不可置信。此外，从凯瑟琳·德·美第奇和西班牙大使佩勒诺·德·尚托内的话语中，很明显可以看出她对拟议中的战争了如指掌,她也从来没有表示过反对。如果说与英格兰的婚姻联盟是凯瑟琳·德·美第奇政策的关键,那么对西班牙的战争就是一个不可避免的趋势。16世纪,法英两国的联合必然意味着将要武装起来反对腓力二世。

1571年冬季发生的一件事使这段历史复杂化。查理九世到卢瓦尔河上的布尔格伊去接见新教教徒代表团,那里离索穆尔大约十英里远。新教的首席发言人弗朗索瓦·布里克莫抱怨天主教派违反了《圣日耳曼和约》,与其说天主教是一时疏忽,不如说是故意为之。弗朗索瓦·布里克莫又大胆地补充说,除非胡格诺派的冤屈得到伸张,否则本方恐怕会采取拼死一搏的策略,再次拿起武器。查理九世平静地听着,彬彬有礼地解散了代表团。可是,新教派代表团一走,查理九世就勃然大怒,发起了血腥的威胁。利尼奥勒斯,亨利·亚历山大的"心腹"之一,走上前来,对查理九世耳语道:"耐心点!陛下!再多待一会儿,你就可以把新教教徒们都抓到你的网里来了。"查理九世听到一个人说出了自己的秘密想法,吓了一跳。他决定把这个人除掉,因为他怀疑这个人知道某个阴谋的详情。这个阴谋是查理九世精心策划的,目的是一举除掉加斯帕尔二世·德·科利尼和胡格诺教派的首领。这个记述得非常详尽的故事的真实性是非常值得怀疑的。我们能肯定的是,利尼奥勒斯是被谋杀的。杀人凶手因大屠杀阴谋被干预而被释放出去,他们没有被监禁起来,也没有受到惩罚。目前有五个版本的故事,其中最有可能的是弗朗西斯·沃尔辛汉姆的版本。也就是说,利尼奥勒斯是洛林派用来阻止法兰西与英格兰联姻的工具。弗朗西斯·沃尔辛汉姆认为他的死亡"对事业有不小的推动作用",但他为什么会被谋杀?也许凯瑟琳·德·美第奇给驻英格兰的法兰西大使拉·莫特·费内隆写的信中的这段话可以给我们答案:"我们强烈怀疑维勒奎尔、利尼奥勒斯和萨雷这三个人可能是亨利·亚历山大拒绝娶伊丽莎白一世的始作俑者。我如果可以肯定,告诉你们,我一定要让他们后悔。"

如果这次邪恶的谋杀对查理九世不利,加斯廷十字架事件应该被看作他想要安抚新教臣民的证据。在巴黎的圣丹尼斯街住着一个富有的商人,叫菲利普·加斯廷,他和儿子理查德·加斯廷被指控犯有异端罪,因借钱给叛乱分子而被绞死。1569年6月30日,菲利普·加斯廷的二儿子被判终身监禁;三儿子被流放。菲利普·加斯廷的房子被推倒了,取而代之的是一个巨大的十字架,上面刻着这样的题词:"加斯廷一家在这个地方举行了圣餐仪式。"根据《第三和解敕令》第三十二条款,这个十字架将被销毁。查理九世下达了必要的命令,商会会长克劳德·马塞尔担心遭到反对,在1571年12月的一个漆黑的夜晚开始拆除这个十字架。克劳德·马塞尔被民众阻止,他们走上街头,号召大家拿起武器。"对老百姓来说,"弗朗西斯·沃尔辛汉姆说,"只有说些煽动性的话,才能使自己的心里舒服些。"然而,民众的所作所为大大超出了言论自由的范围,一场激烈的骚乱最终爆发,暴徒烧毁了两所房子,杀死了一名"布道者"。商会会长克劳德·马塞尔在这件事上表现得十分懦弱。议会写信抗议查理九世没有信守诺言。1571年12月15日,查理九世当时正待在安博瓦兹,给出了一个语气非常生硬的回答:"我已经收到了你们的规劝。只要你们对我表现出应有的服从,我将永远优雅地聆听你们的规劝。但看看我即位以来你们的所作所为,你们以为我会允许我的命令被人轻视吗?我要让你们知道,从来没有一个国王比我更坚决地要求臣民的服从。"联防队的队长被派到安博瓦兹去做解释工作,结果发现查理九世非常激动。"我非常恼火,"查理九世说,"那十字架既没有被拆掉,也没有被移走。我不会耽搁的,是时候结束了。如果你抓到任何暴徒,立刻绞死他,脖子上挂上叛乱者的牌子。"议会向查理九世道歉,假惺惺地说自己与暴乱没有任何关系。1571年12月19日晚,十字架被拆除,重新竖立在无辜者的墓地里。但人民处于一种暴动的状态,要维持和平非常困难。因此,1571年12月21日,弗朗索瓦·德·蒙莫朗西率领一支强大的军队赶到巴黎镇压暴动者。一些人被杀,许多人逃跑了,暴徒们最终被一个杀鸡儆猴的惩罚吓住了。受罚者是一个叫卖小贩,被吊死在他刚刚抢劫过的一所房子的窗户上。

一份来自克劳德·马塞尔给查理九世的报告显示了1571年冬天巴黎的情况:"宵禁之后,街上到处发生刺杀事件。大量尸体在圣克劳德被打捞上来,或者在柴洛附近的河岸上被发现。由于这种骚乱行为,贸易几乎停滞,制造商们被我们的政府部门吓跑了,他们翻山越岭去意大利定居。天主教教徒想要结束这一切……陛下,请您想一想,您的王位受到了威胁,只有巴黎才能拯救您的王位。"但查理九世很了解巴黎人,希望自己能得到比巴黎不守规矩的民众更可靠的支持者的鼎力相助。

1571年年底前,加斯帕尔二世·德·科利尼又去了布卢瓦,佛兰德斯战争和亨利·德·波旁的婚礼再次成为主要的讨论话题。加斯帕尔二世·德·科利尼的观点很有说服力,他认为没有必要讨论所有事情,因为最紧迫的事情是联姻问题。在这个问题上,加斯帕尔二世·德·科利尼写信给胡安娜·达尔布雷,祈求她支持改革派主导的结盟。"这将是,"加斯帕尔二世·德·科利尼说,"与查理九世的友谊之印。你可能犯的最大错误就是表现出怀疑。"查理九世对这件事也很认真。"我已经决定,"他对胡安娜·达尔布雷的一个代表说,"把我的妹妹瓦卢瓦的玛格丽特许配给亨利·德·波旁。因为我希望通过这种方式把天主教和新教团结起来。"当时有人再次反对说,只要洛林家族继续在宫廷里进出,这个建议就很难被认为是真诚的。"洛林家族的成员也是我的臣民,"查理九世回答说,"我将使他们服从我的命令。"凯瑟琳·德·美第奇写信给胡安娜·达尔布雷说:"我请求你满足我们在宫廷见到你的极度渴望,你会得到应有的爱和尊重。"阿曼·德·贡陶是这封信的信使,胡安娜·达尔布雷终于让步了。1572年2月,她动身前往布卢瓦,旅途漫漫。1572年3月月初,胡安娜·达尔布雷才抵达布卢瓦。查理九世热情地接待了胡安娜·达尔布雷,叫她"亲爱的好婶婶,最亲爱的人,心肝宝贝",就像他儿时的习惯那样来称呼胡安娜·达尔布雷。查理九世一直守在胡安娜·达尔布雷身边,他的感情流露得那么露骨。据爱编排八卦新闻的编年史家说:"每个人都感到惊讶。"晚上,胡安娜·达尔布雷走后,查理九世转身对凯瑟琳·德·美第奇笑着说:"现在,妈妈,承认我演得不错吧。""是的,你演得很好,但你必须坚持下去。""相信我,"查理九世说,"你会看到我将如何引导他们。"这些故事中,有许多不过是街头的闲言碎语，而其中的一些故事，是多年后为了论证长期预谋的阴谋论而编造出来的。然而，即使这些话被准确地报道出来，也难以被证明出自法兰西统治者之口。这些话可能指的是那桩尚未了结的婚姻，也可能指的是计划中的大屠杀。此外，查理九世封锁了利尼奥勒斯的死亡原因，是因为那个可怜的人被认为掌握了查理九世的秘密。但以查理九世公认的狡诈和沉默的性格，他会这样公开地说出他想要隐瞒的秘密吗？

布卢瓦小镇从来没有像1572年的春天这么热闹过。宴会、舞会和宗教庆典接二连三地举行，这使胡安娜·达尔布雷感到很不舒服，她的原则和严肃的品位与这样的欢乐并不协调。查理九世很高兴年轻的王后奥地利的伊丽莎白也能参加这些娱乐活动，他自己是宫廷里最活跃的人之一，而且被认为是最有人缘的。

如果亨利·德·波旁和瓦卢瓦的玛格丽特的联姻是引诱胡格诺派走向灭亡计划的一部分，那么在1572年3月完成这一联姻计划的可能性是微乎其微的。即使这只是谣言，但也引起了西班牙和罗马的全面敌对。从现在看来，这是肯定无疑的了，那些强国想尽一切办法来阻挠联姻计划。罗马教皇庇护五世命令他的侄子，当时在葡萄牙宫廷担任使节的阿列山德里诺枢机主教卡洛·米歇尔·博内利尽快前往法兰西，阻止这桩联姻。卡洛·米歇尔·博内利在路上粗鲁地超过了胡安娜·达尔布雷，比她先到达了布卢瓦。卡洛·米歇尔·博内利对查理九世的会谈详情是由几位同时代的作家提供的，但显然是同一来源。卡洛·米歇尔·博内利是他那个时代最有成就、口才最好的人之一。他敦促查理九世按照曾经的提议把瓦卢瓦的玛格丽特嫁给塞巴斯蒂昂，加入当时反对奥斯曼土耳其人的神圣联盟。这些建议之间的联系不是很清楚，但卡洛·米歇尔·博内利也许希望战争的刺激会给法兰西带来领土的扩张，能让查理九世疏远臣民。"与胡格诺派结成任何联盟，对你的国家和天主教会都是毁灭性的。"卡洛·米歇尔·博内利敦促道。

在其中一次会谈结束时，卡洛·米歇尔·博内利比往常更有压力。查理九世拉着他的手说:"你说得很好,我感谢你和罗马教皇庇护五世。如果我有其他方法来向我的敌人复仇,我就不会继续这样的联姻。但我没有。"当卡洛·米歇尔·博内利听说1572年8月的大屠杀时,他惊呼道:"那么,这就是查理九世正在准备的。感谢上帝,他遵守了诺言。"会谈结束的时候,查理九世从手指上抽出一枚珍贵的戒指,要求卡洛·米歇尔·博内利接受它,作为自己忠诚和服从罗马教廷的保证。令查理九世感到不悦的是,卡洛·米歇尔·博内利谢绝了,带着伤感的口气说:"陛下最珍贵的珠宝在虔诚的信徒眼中不过是泥土,因为您对天主教的热情是如此的冷淡。"住在布卢瓦的托马斯·史密斯爵士曾写信给伯格利勋爵威廉·塞西尔说:"愚蠢的卡洛·米歇尔·博内利,他走

托马斯·史密斯爵士

时跟来时一样什么都没弄明白。他既没能阻止法兰西宫廷和纳瓦拉家族的联姻，也没能得到一分钱……最愚蠢的是，他拒绝了查理九世给他的价值六百克朗的戒指。"

有人强烈反对上述说法——尤其值得一提的是，反对卡泰纳的故事版本——这与所有不容置疑的官方文件相矛盾。其中一份文件是查理九世写给他的罗马大使德·费雷尔的信，信中就联姻问题做了指示。1572年7月31日，查理九世向德·费雷尔重述了罗马教皇格列高利十三世同意上述联姻的四个条件，表示亨利·德·波旁绝不会让步。查理九世接着说："这桩婚姻将是让亨利·德·波旁归顺的最好方式，希望罗马教皇格列高利十三世，不要在属于国家事务而非宗教性质的事务上过于严苛，以免招致危险。"查理九世还威胁说，"假如有人胆敢在法兰西国内和平和联姻方面对我施加压力，我将抛开特许状单独行事。"查理九世在一份附言中补充说，"我刚刚见到了教皇使节萨尔维亚蒂，已向他转达了发往罗马的快件信的具体内容，请他给罗马教皇格列高利十三世写一封信说明这个情况。"萨尔维亚蒂按照要求写了吗？他确实这样做了。他所有的信表明了一件事：直到圣巴塞洛缪大屠杀发生的那天，查理九世还完全不知道有人在策划阴谋，意图背叛他。圣巴塞洛缪大屠杀当天，查理九世给要去罗马的博维尔指令，大意是：联姻是有道理的，因为联姻将会把胡格诺派教徒和国王联系在一起。查理九世还在同一天写信给德·费雷尔，说联姻是必不可少的一环。因此，不用等待联姻特许状，便已经隆重庆祝法兰西宫廷与纳瓦拉王国的联姻了，令所有臣民十分满足。在这些急件中没有提到阴谋，这就证明没有阴谋存在。因此，我们不能过分强调奥萨特的信，它毕竟只是在重复传闻。支持卡洛·米歇尔·博内利说法的最有力证据是在一封神秘信的结尾，卡洛·米歇尔·博内利在信中暗指了他和查理九世之间发生的事情，而且他只给罗马教皇格列高利十三世一个人讲了此事。这个谜团的神秘面纱——如果真的有什么秘密——从来没有被揭开过。

胡安娜·达尔布雷抵达布卢瓦后，没有像预期的那样加快了联姻谈判的进程。近来，凯瑟琳·德·美第奇对这桩联姻，即使不是反对，至少也是漠不关心了，一切可能的障碍都显现了出来。凯瑟琳·德·美第奇的谋略遇到了胡安娜·达尔布雷真诚个性的严峻考验。凯瑟琳·德·美第奇本来可以成为一个具有自己特色的外交家，但她不明白诚实也是一种外交手段。"当然，"一位老作家说，"太后陛下虚情假意的程度达到了令人咂舌的地步。"胡安娜·达尔布雷打心眼里讨厌凯瑟琳·德·美第奇，最后拒绝同她谈判。谈判几乎中断了。因此，凯瑟琳·德·美第奇和胡安娜·达尔布雷都同意各任命三个专员，由他们做出最后的安排。瓦卢瓦的玛格丽特的《回忆录》读起来需要极其谨慎，她本人对这段婚姻并不感兴趣。

在那个时代，年轻的姑娘，无论地位高低，在选择丈夫时几乎都没有发言权。1572年3月8日，胡安娜·达尔布雷在写给儿子亨利·德·波旁的信中，关于未来的儿媳，这样写道："瓦卢瓦的玛格丽特很清秀，很优雅，也很谨慎。但她是在我们想象不到的最邪恶、最腐败的宫廷中长大的。你的表妹克里夫斯的玛丽被这种宫廷生活改变得如此之深，以至到目前为止，既没有任何宗教信仰，也不去做弥撒。她的其他生活方式，除了偶像崇拜，她的做派和罗马教皇一样。我的义妹埃莉诺·德·鲁西·德·罗耶的生活方式更糟。"埃莉诺·德·鲁西·德·罗耶在怀孕期间描述过宫廷生活的腐败本质："这里不是男人引诱女人，而是女人引诱男人。"凯瑟琳·德·美第奇和她"飞行中队"的快乐少女们把宫廷带到了这种堕落地步。胡安娜·达尔布雷是一个严格的加尔文主义者，她对宫廷娱乐的看法十分严肃。还有一次，胡安娜·达尔布雷写信给亨利·德·波旁说："瓦卢瓦的玛格丽特尽她所能向我致敬，坦率地告诉我，你给她留下了平易近人的好印象。凭借瓦卢瓦的玛格丽特的美貌和智慧，她对凯瑟琳·德·美第奇和查理九世产生了巨大影响。"

长期以来，宗教信仰的差异几乎是一个无法逾越的鸿沟。凯瑟琳·德·美第奇代表女儿瓦卢瓦的玛格丽特假装在宗教道义方面有顾虑。胡安娜·达尔布雷对联姻确实很着急，她十分犹豫。直到1572年3月29日，联姻还没有确定下来。"我现在已经骑虎难下了，"胡安娜·达尔布雷说，"因为无论这桩联姻能否成功，我都看到了各种各样的危险。""然而，"英格兰使节拉·莫特·费内隆补充道，"我确定几乎没有任何原因会让瓦卢瓦的玛格丽特和亨利·德·波旁分开——这么多必要的原因表明联姻应该继续。"胡格诺派的神职人员，像不食人间烟火的神仙，看起来比贵族和绅士更加冷漠地对待这桩联姻。贵族和绅士则把这桩联姻看成是一个伟大的政治举措。还有一些人预示会发生不祥事件，赫赫有名的罗杰·萨利之父罗尼拒绝参加婚礼，宣称"婚礼将带来血光之灾"。他的派别坚决主张亨利·德·波旁应该与伊丽莎白一世联姻。如果法兰西和英格兰这两个国家能团结起来，它们的命运又会怎样呢？

最终，所有谈判都结束了，双方的全权代表起草了《和解协议》。1572年4月11日，双方签署了合约。几天后，查理九世向拉·莫特-费内隆表示，自己对这桩枯燥乏味的交易的圆满结局感到满意，并补充说："如果凯瑟琳·德·美第奇能坚强一些，克服女人常有的小毛病，婚礼的日子早就定下来了。我们要离开布卢瓦，到巴黎枫丹白露去，我妻子就住在那儿。"现在唯一的障碍是庇护五世的联姻特许状。庇护五世拒绝颁发该特许状："我宁可去死，也不愿对一个异教徒颁发婚姻特许状。"查理九世不顾庇护五世的反对，决心继续推进联姻，说："如果庇护五世做得太过火，我就拉着瓦卢瓦的玛格丽特的手，看着她在公开的宗教集会上结婚。"

查理九世给庇护五世的书面答复也是同样的意思，只是语气更有礼貌些。他表达了对天主教的真诚热爱，同时也强调了国家和财政因内战而耗尽亏空。关于联姻和异端邪说，查理九世继续说："在治疗这种疾病方面，温和的疗法通常比尖锐的疗法更有效，特别是在亲王们的心目中。我相信亨利·德·波旁会成为你希望的样子，有一天还会为天主教会增辉添彩并帮上大忙。如果说亨利·德·波旁现在是流浪者的首领，那么他是时候被接回到上帝的身边了，这是多么有利的时机啊！"查理九世继续乐此不疲地说着那种模棱两可的话，让这段历史变得如此难以理解，"我承认必要时不得不忍受很多不愉快的事。

但我发誓,我宁愿拿我的王国冒险,也不愿让针对上帝的暴徒逍遥法外。我的计划是什么还不能说。"查理九世对当时在罗马的洛林枢机主教夏尔·德·洛林写信道,不管庇护五世的答复是否有利,自己都将继续推动这场联姻。查理九世对朋友们重申了自己的决定,把妹妹瓦卢瓦的玛格丽特嫁给亨利·德·波旁,也是嫁给整个新教派。"这将是我的臣民之间最强大的纽带,"他说,"这也明确表明了我对新教教徒的善意。"胡安娜·达尔布雷希望在布卢瓦举行婚礼,因为巴黎的居民都是宗教狂热分子。但由于查理九世反对在巴黎以外的任何地方举行庄严的国家仪式,胡安娜·达尔布雷让步了。巴黎人也同样反对在自己的城市里庆祝联姻,这是一个奇怪的巧合。"巴黎人担心,"克劳德·哈顿说,"他们会在自己家里遭到胡格诺教派的暴乱分子的抢劫和掠夺。"

第 11 章

联姻与阴谋
（1572 年 8 月）

《圣日耳曼和约》对西班牙在法兰西的影响是一个沉重的打击。我们看到，法兰西各方缔结和约以反对西班牙国王腓力二世，同时，这位西班牙君主也经历了几次法兰西国王查理九世对自己的冷眼相待。即使腓力二世是冷血的人，他也一定深受打击。随着加斯帕尔二世·德·科利尼的忠诚和能力逐渐显露，法法兰西和西班牙两个宫廷之间原来的亲密关系变得越来越疏远。法兰西"政客们"看到这一变化，越来越确定与西班牙开战是一个正确的选择，他们试图通过外国联盟来增强法兰西的实力。但他们的做法不是很合适。罗马绝不会帮助一个为了支持佛兰德斯的异端而与西班牙开战的大国。神圣罗马帝国皇帝马克西米利安二世将保持中立，因为按兵不动，当参战国精疲力竭或厌倦战争时，他将能够有效地在参战国之间进行调停。意大利北部的天主教国家将会加入西班牙主导的联盟，在阿尔卑斯山脉边境威胁法兰西。瑞士不分敌友，会把军刀卖给参战的任何一方。那么只剩下英格兰和信奉新教的德意志，在它们的帮助下，法兰西可以冒险进攻西班牙。西班牙的君主政体被认为是世界上最强大的君主政体，其实它不像表面上看起来那么强大，它正在迅速衰落。但从前的光辉仍然照耀着它。

法兰西与德意志的谈判极不顺利，毫无结果。正如我们看到的，法兰西与英格兰的谈判是讨论英格兰女王伊丽莎白一世和安茹公爵亨利·亚历山大的联姻事宜。凯瑟琳·德·美第奇相信一个古老的预言,即她所有儿子都应该成为国王。她对这件事非常认真。胡格诺派教徒感到焦虑,他们被误认为是联姻计划的发起者。在法兰西宫廷的英格兰代表写的信充满希望和忧虑,他们知道英法两个宫廷的结合将会使英格兰更加强大,有利于保存过去奋斗的果实。但代表们同样害怕失败,因为失败会使温和派颜面扫地,会使洛林家族重返宫廷,也许会使英格兰再次陷入最近才摆脱的内战的痛苦之中。英法两国的谈判持续了好几个月。伊丽莎白一世是否一直真心实意地想要联姻值得怀疑。但可以肯定的是,随着一个又一个反对意见被消除,伊丽莎白一世似乎更倾向于支持这门亲事。亨利·亚历山大变得越来越冷静,对异端邪说深恶痛绝,声称良知不允许自己分享伊丽莎白一世的王位。不过,亨利·亚历山大没有完全拒绝这门亲事。英格兰的牧师们都很害怕,害怕伊丽莎白一世会先于亨利·亚历山大采取行动,宣布自己更喜欢独身生活而毁掉英格兰的一切安排。如果伊丽莎白一世拒绝联姻,胡格诺派的希望就破灭了。要不是玛丽·斯图亚特策划种种阴谋使伊丽莎白一世保持沉默和谨慎,伊丽莎白一世很可能早就把拒绝联姻这件事说出来了。只要有来自西班牙的危险,伊丽莎白一世就会和法兰西宫廷谈论联姻事宜。但亨利·亚历山大从不缺少邪恶的顾问,他听从了西班牙宫廷的甜言蜜语,在罗马教皇庇护五世大笔贿赂的诱惑下,两次拒绝娶伊丽莎白一世这样一个三十八岁的成熟女子。凯瑟琳·德·美第奇感到很困惑,但仍保持理性。因为西班牙已经疑心重重,法兰西已经疲惫不堪,单凭一己之力是不可能抵挡住针对性进攻的。还有一种危险来自伊丽莎白一世,因为伊丽莎白一世很敏感,很容易受别人的影响。尽管她可能自始至终都不真诚,但她的虚荣心可能会受到极大的伤害,她会毫不犹豫地为自己的虚荣心报仇,加入西班牙一方参战。法兰西的温和派陷入了绝望。但幸运的是,谈判是由谨慎的人负责的。弗朗西斯·沃尔辛汉姆和拉·莫特-费内隆都清楚这场危机的重要性,在经历了一些困难之后,1572年3月29日,英法两国成功地签订了《防御条约》。虽然条约很明显是针对西班牙的,但为了不伤及法兰西天主教教徒的感情,条约内容的表述不太具有针对性。法英双方都承诺用六千名步兵和六艘战舰互相支援。英格兰政治家也许比法兰西同僚更担心这个条约，因为玛丽·斯图亚特，此时是在英格兰避难的一名阶下囚，她正积极参与与西班牙有关的复杂阴谋，任何阴谋的成功都将危及新教事业。弗朗索瓦·德·蒙莫朗西元帅，"和法兰西的任何男人一样热爱英格兰"，被派去接收签署好的条约。如果弗朗索瓦·德·蒙莫朗西元帅认为合适，将为阿朗松公爵弗朗索瓦·德·瓦卢瓦向伊丽莎白一世正式求婚。弗朗索瓦·德·蒙莫朗西元帅——或者更确切地说，是他领导的温和派——深信，为了遏制天主教反动派，为了压制西班牙重新挑起已经结束的法兰西内战的企图，法兰西比以往任何时候都需要来自外国的支持。西班牙躁动不安且摇摆不定。1572年6月22日，圣戈尔在马德里写道："我相信腓力二世会竭力避免两国关系破裂。"1572年7月1日，圣戈尔又说，"腓力二世向我保证，愿意维护和平，但担心来自法兰西的攻击。"查理九世在1572年6月25日的一封信中告诉圣戈尔："如果确信西班牙不会对法兰西采取任何措施，就不要参与外交谈判。"

1572年5月5日，与纳瓦拉联姻和与英格兰签署条约的重要事宜达成，查理九世就离开了都兰。查理九世经枫丹白露前往巴黎，再从巴黎前往圣莫尔。海军上将加斯帕尔二世·德·科利尼与其说是以伟大的国家官员的身份，倒不如说是以朋友的身份来侍奉查理九世的。洛林家族几乎使宫廷陷入绝望。1572年1月28日，诺森伯兰伯爵夫人安妮·珀西的电报被截获，如果说此事件发挥了什么作用，那就是人们发现吉斯公爵弗朗索瓦·德·洛林和阿尔瓦公爵费尔南多·阿尔瓦雷斯·德·托莱多长期进行秘密会晤。凯瑟琳·德·美第奇否认了这一点，但这也许是真的。虽然这种秘密会晤更可能是与玛丽·斯图亚特的事情有关，但我们可以肯定，法兰西的局势和亨利·亚历山大的联姻没有被遗忘。到目前为止，还不清楚洛林家族何时失势。但在费尔南多·阿尔瓦雷斯·德·托莱多写给腓力二世的一封信中，可以清楚地看到两人在1572年春天讨论过洛林家族在法兰西宫廷中的地位。腓力二世曾写信建议费尔南多·阿尔瓦雷斯·德·托莱多与弗朗索瓦·德·洛林、洛林枢机主教夏尔·德·洛林保持友好关系。费尔南多·阿尔瓦雷斯·德·托莱多一直知道这样做的重要性,回答说:"1572年春天,有两件事需要考虑,即除了夏尔·德·洛林,洛林家族的其他成员都无权参与公共事务的管理。夏尔·德·洛林在得势的时候,是傲慢无礼的,把谁都不放在眼里。失势的时候,他就无所作为了。"费尔南多·阿尔瓦雷斯·德·托莱多好像是给夏尔·德·洛林定了叛逆罪并说明巴黎和马德里宫廷之间不友好关系的本质,继续说,"夏尔·德·洛林已经通过来自里贝拉的弗雷·加西亚·德·里贝拉警告我要注意安全,因为他预见到了法兰西的麻烦,坚信在拉罗谢尔集结的舰队目标是对低地国家发起攻击。"1572年5月,当小吉斯公爵亨利·德·洛林和加斯帕尔二世·德·科利尼在巴黎一同出现时,前者被禁止对查狄伦家族采取任何行动。对此,亨利·德·洛林回答说:"如果加斯帕尔二世·德·科利尼有什么抱怨,我随时准备同他单挑。1572年5月12日,查理九世发现亨利·德·洛林如此铁石心肠,要求他彻底、正式地放弃对加斯帕尔二世·德·科利尼实施的每一个暴力计划。尽管亨利·德·洛林很不情愿,但最终还是答应了。还有一种说法是,查理九世没有强迫亨利·德·洛林放弃攻击加斯帕尔二世·德·科利尼,因为他对亨利·德·洛林好高骛远的性格还是很了解。但查理九世对亨利·德·洛林看似易于管教的弟弟奥马尔公爵克劳德二世·德·洛林说:"有点耐心,你很快就会看到一场漂亮的好戏。"如果这个故事是真实的,也不能说明存在一个消灭胡格诺派的阴谋。

  对佛兰德斯战争的讨论比以往任何时候都要频繁。计划中的入侵正逢其时。在佛兰德斯,1572年第一阶段的显著标志就是一系列胜利。"带着一种强烈的热情,"荷兰共和国雄辩的历史学家说,"荷兰挣脱了锁链。"费尔南多·阿尔瓦雷斯·德·托莱多病了,焦急地等待着自己的继任者。查理九世瞅准时机,去掉所有伪装,开始行动,此时行动既安全又有战略性。"当你占领了两个边境城市后,查理九世将再次召开战争会议。"加斯帕尔·德·索克斯-塔瓦内斯对拿骚的路易伯爵说。1572年5月月底以前,蒙斯和瓦朗谢讷都已经落入拿骚

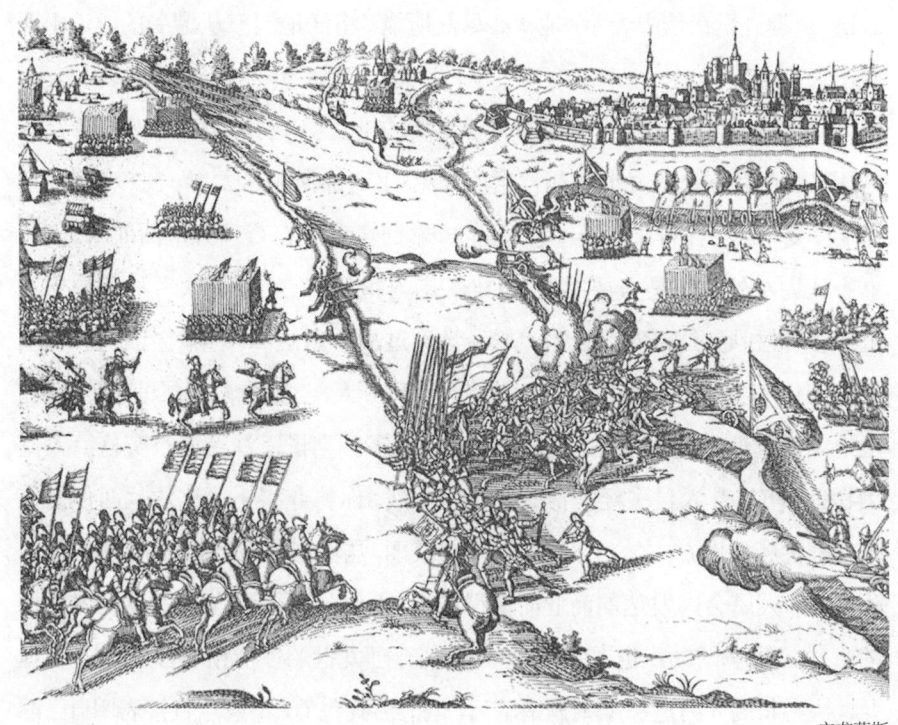

突袭蒙斯

的路易伯爵手中。在法兰西政府的纵容下，拿骚的路易伯爵召集了一些胡格诺派的绅士，包括弗朗索瓦·让利斯和拉·努埃，另外还有大约一千五百名士兵。拿骚的路易伯爵带着这些部队突袭了蒙斯。不久之后，拿骚的路易伯爵得到了近五千名法兰西士兵的增援。费尔南多·阿尔瓦雷斯·德·托莱多非常确定是何方发起的袭击，威胁说要用凯瑟琳·德·美第奇的钱来报复她，立即准备收复蒙斯。除非拿骚的路易伯爵得到增援，否则他不可能抵抗得住费尔南多·阿尔瓦雷斯·德·托莱多的攻击。因此，弗朗索瓦·让利斯被派往法兰西征召更多部队。加斯帕尔二世·德·科利尼强烈建议查理九世用大量兵力支持拿骚的路易伯爵。然而，查理九世仍然不愿意公开宣战，尽管他承认一切已经无法挽回。阿尔博内兹在写给卡亚斯秘书的信中说道："你会大吃一惊的，你能相信我手中有查理九世写给拿骚的路易伯爵的信吗？"这封信的日期是1572年4月

27日，查理九世在信中表示，他决心尽其所能"将低地国家从遭受的压迫中解救出来"。

在关键时刻，胡格诺派领袖加斯帕尔二世·德·科利尼"每天都待在宫廷里，尽心服务查理九世和胡格诺派兄弟们"。加斯帕尔二世·德·科利尼把著名的夏洛特·杜普莱西斯-莫内写的一本回忆录放在查理九世面前，作者在书中认为对外战争是必要的，可以维护国内和平。"法兰西人，"加斯帕尔二世·德·科利尼对查理九世说，"曾经尝到过战争的滋味。他们会因为没有别的敌人，同自己的同胞和朋友作战。""西班牙人，"加斯帕尔二世·德·科利尼继续对查理九世说，"因军队分散，兵力受到了削弱。法兰西有英格兰人提供援助，英格兰人过去经常帮助法兰西征战。你将夺得一个比法兰西任何一个省都优越的地方，它的土地肥沃，城市美丽，居民富裕。德意志人会害怕你，你自己的人民会因发达的商业而变得富裕。而你，陛下，会从征服中获得不朽的荣誉。"战争的动机也许并不高尚，但与查理九世的性情相吻合。因此，查理九世决心将高尚的道德准则抛诸脑后。但他仍犹豫着，不愿意直接表明自己的立场，一会儿倾向于支持加斯帕尔二世·德·科利尼，一会儿又倾向于支持天主教会。与此同时，弗朗索瓦·让利斯成功地召集了一批志愿兵，带着约四千名士兵向蒙斯进发，在路上遇到了托莱多的弗雷德里克领导的一支西班牙军队。1572年7月19日，弗朗索瓦·让利斯的军队被弗雷德里克领导的西班牙军队打败。法兰西人在战场上损失了一千两百人，更多人在逃跑时被农民杀害了。在这一点，加斯帕尔·德·索克斯-塔瓦内斯是位值得信赖的权威人士。他说，有叛徒向弗雷德里克告密，透露了弗朗索瓦·让利斯带领部队的行军路线。

这种可耻的背叛行为在法兰西宫廷上引起了异常的骚动。有些人惊慌失措，以为西班牙人已经打到了巴黎的城门口。直言不讳的加斯帕尔二世·德·科利尼则宣称，灾难发生在那些劝阻查理九世不要发表宣战声明的人的家门口。法兰西政府在罗马、维也纳、布鲁塞尔和马德里等地都在高调地宣称渴望和平，对弗朗索瓦·让利斯进攻蒙斯毫不知情。蒙杜塞向费尔南多·阿尔瓦雷斯·德·托莱多表示祝贺，祝贺他战胜了侵略者。圣戈尔则向腓力二世保证，查理九世因看到手下人参加了低地国家的反抗军而表示遗憾。费尔南多·阿尔瓦雷斯·德·托莱多和腓力二世都不相信这一点。但他们决定不解释法、西友好关系破裂的真正原因。因此，当西班牙军队俘虏了大约六十名试图进入蒙斯的法兰西人时，费尔南多·阿尔瓦雷斯·德·托莱多只绞死了其中一部分人，把其余人带到鲁佩尔蒙德并将其秘密淹死在河里。

弗朗西斯·沃尔辛汉姆在书信中详细地叙述了胡格诺派教徒此时的情感状态。1572年7月26日，弗朗西斯·沃尔辛汉姆在给伯利勋爵威廉·塞西尔的信中写道："那些以前安然入睡的新教教徒，现在开始觉醒，认识到危险。新教教徒得出了结论，除非在低地国家新教事业取得彻底的成功，否则他们的事业将走向失败。因此，新教派人去见身处宫廷之外的查理九世，向他表明，如果奥兰治亲王威廉一世退缩了，查理九世便不能再凭借自己的法令来约束奥兰治亲王威廉一世。因此，新教派希望查理九世能立即拿出一种行之有效的办法，新教教徒愿意奉献出自己的生命、土地和财产。"同一天，弗朗西斯·沃尔辛汉姆写信给莱斯特伯爵罗伯特·杜德利，提到："宗教人士向查理九世表明，倘若奥兰治亲王威廉一世的事业不成功，这样他便没有权力继续维护陛下的相关法令了。"这句话的言外之意是，如果佛兰德斯的叛军被制伏，西班牙将再次变得强大。容忍胡格诺派挑衅腓力二世是危险行为。弗朗西斯·沃尔辛汉姆接着补充说，"改革派希望查理九世好好权衡一下，究竟是有利的对外战争好？还是毁灭自己和财产的对内战争更好？"这也是凯瑟琳·德·美第奇后来恐吓查理九世并使他卷入八月大屠杀的一段不幸的经历。这些话的意思很清楚。但一个不择手段的拥护者很容易把这些话理解为对国王的反叛和对国王权威的威胁。

法兰西人刚从弗朗索瓦·让利斯战败的消息引起的第一波震惊中恢复过来，就气得直冒烟，开始谈论复仇。费尔南多·阿尔瓦雷斯·德·托莱多轻蔑的表情使法兰西人的敌对情绪更加强烈。每一件事都预示着法兰西和西班牙之间的关系即将破裂。不久,战争的谣言甚嚣尘上。威尼斯议会匆忙派出一名全权大使,在愤怒的两国政府之间进行调停。1572年7月,乔瓦尼·米切利在写给自己上级的信中说到法兰西志愿骑兵和步兵每天都掀起远征浪潮:"四五天来,巴黎人都认为法兰西已经宣战,人们都在公开谈论战争。"

1572年7月23日,托斯卡纳大使彼得鲁奇写信给自己的托斯卡纳公爵科西莫一世·德·美第奇,说法兰西宫廷议会一直在考虑释放囚犯的问题,但"不知道查理九世如何能在不让自己这个天主教国王遭到怀疑的情况下批准这一要求。查理九世一直对这件事表现出极大的兴趣"。

伊丽莎白一世在反西班牙运动中发挥了自己的作用,向法拉盛派兵。托马斯·史密斯爵士写信通知弗朗西斯·沃尔辛汉姆:"汉弗莱·吉尔伯特爵士和一

汉弗莱·吉尔伯特爵士

支由英格兰人和一些法兰西人组成的部队被派遣进军法拉盛地区，他们抓住了路易斯并包围了法拉盛城堡。"

就在这个时候，凯瑟琳·德·美第奇碰巧在洛林照顾生病的女儿瓦卢瓦的玛格丽特，凯瑟琳·德·美第奇听到战争爆发的消息，急忙赶回巴黎。凯瑟琳·德·美第奇太聪明了，她没有公开反对查理九世的好战天性。但她动摇了查理九世的决心，把同西班牙开战的议题交给了议会解决。凯瑟琳·德·美第奇有许多理由反对法西战争，但主要的原因是她确信，如果加斯帕尔二世·德·科利尼打了胜仗，他对查理九世的影响力将超过她自己的影响力。凯瑟琳·德·美第奇不知道查理九世和加斯帕尔二世·德·科利尼的关系已经到了何种地步。加斯帕尔二世·德·科利尼总是与查理九世在一起，甚至待到很晚。1572年8月11日，加斯帕尔二世·德·科利尼写信给奥兰治亲王威廉一世，说查理九世的决心已定，并希望在几天后带一万两千名火枪手和三千名骑兵去帮助奥兰治亲王威廉一世。然而，就在1572年8月10日这一天，弗朗西斯·沃尔辛汉姆写道："人们普遍认为，查理九世将不再干预佛兰德斯问题……但我确信，一旦他将某些问题想清楚，一定会开始行动的。因为奥兰治亲王威廉一世一旦退缩，危险就会降临到查理九世身上。"弗朗西斯·沃尔辛汉姆这位英格兰大使的情报手段十分完备，对议会中发生的事情，他比加斯帕尔二世·德·科利尼知道得更多。

穷凶极恶的天主教教徒聚集在一起，竭尽所能摧毁胡格诺派在宫廷中的优势地位。查理九世原本很坚定的决心一天比一天摇摆不定。为了能稍微平复一下心情，查理九世突然动身前往蒙皮帕。蒙皮帕是一个很惬意的打猎场所，他打算在那里一直住到瓦卢瓦的玛格丽特结婚的前夕。与此同时，坏消息传到了法兰西宫廷。凯瑟琳·德·美第奇发现伊丽莎白一世一直在假装热心与法兰西结盟对抗西班牙，实际上却与西班牙接洽往来。德·福伊和贝特朗·德·萨利尼亚克·费内隆透露了一个保密信息：有人建议凯瑟琳·德·美第奇从佛兰德斯撤回军队，不要和西班牙闹翻。1572年8月10日，弗朗西斯·沃尔辛汉姆写道：

"于是凯瑟琳·德·美第奇陷入了恐惧之中。如果没有英格兰的帮助,计划必然失败。"这封汇报书信是不真实的,很可能只是英格兰议会中一些叛徒捏造出来的。但这吓坏了凯瑟琳·德·美第奇,她决定再努力一次,恢复她对查理九世的控制。凯瑟琳·德·美第奇急匆匆地赶赴蒙皮帕,两匹马累死在了路上。凯瑟琳·德·美第奇泪流满面地指责查理九世忘恩负义,说自己作为母亲"为了他的幸福牺牲了自己,为了他的利益冒了一切风险"。"你躲着我,"凯瑟琳·德·美第奇继续说,"和我的敌人商议。你要让你的王国和西班牙打一场战争,你信赖的英格兰却对你不忠。如此强大的敌人,只有你一个人是抵挡不了的。你只会使法兰西成为胡格诺派的牺牲品。胡格诺派为了自己的利益,渴望颠覆国家。你若不听从我的话,就容我回到自己的故乡,免得我目睹这样的耻辱。""这番工于心计、义愤填膺的谴责,"加斯帕尔·德·索克斯-塔瓦内斯说,"把查理九世吓坏了,他想着自己的秘密计划已经被母亲全揭露出来了,于是干脆全承认了,请求母亲的宽恕并答应服从母亲的命令。"加斯帕尔·德·索克斯-塔瓦内斯对当时的时局状况的权威表述令人怀疑,因为他当时并不在场。加斯帕尔·德·索克斯-塔瓦内斯暗指当时的常见谣言是说,查理九世的秘书德·索维先生将"秘密计划"泄露给了妻子夏洛特·德·博纳,由她传给了情人亨利·亚历山大,然后由亨利·亚历山大传达给他的母亲凯瑟琳·德·美第奇。无论谁泄露了什么秘密,计划中的佛兰德斯战争肯定不是秘密。因为如果向凯瑟琳·德·美第奇封锁这条信息,那么在宫廷里就只有她一个人不知道法西战争的事情了。凯瑟琳·德·美第奇对法兰西明显被孤立的处境感到震惊。我们可以看到,在发现所有手段都无法避免战争的情况下,凯瑟琳·德·美第奇没有放弃自己的清除异己计划。毫无疑问,凯瑟琳·德·美第奇的"装腔作势"与她清除异己的决心有很大关系。但她可能认为加斯帕尔二世·德·科利尼是一位危险的顾问,在一个不择手段的年代,除掉这样一个人并不难。

蒙皮帕会谈的确切日期尚不得而知。但它可能发生在1572年8月的第一周,因为弗朗西斯·沃尔辛汉姆在其1572年8月10日的信中已经明显提及了:"关

夏洛特·德·博纳

于佛兰德斯战争,英格兰议会更加倾向于支持西班牙,这使凯瑟琳·德·美第奇非常害怕,她用眼泪暂时劝阻查理九世放弃对西班牙的开战计划,否则查理九世的开战决心会非常坚定……在这种压力之下,加斯帕尔二世·德·科利尼拥有战无不胜的意志,且能预测即将发生的事情,他没有放弃,可奥兰治亲王威廉一世一旦退缩,危险就摆在了查理九世面前。"弗朗西斯·沃尔辛汉姆又说,"查理九世变冷静了,他以前是个非常冲动的人,没有什么比他母亲凯瑟琳·德·美第奇的眼泪更能打动他……加斯帕尔二世·德·科利尼非常困惑,他预见到了随之而来的灾难,罗伯特·杜德利很容易猜到这种结局。加斯帕尔二世·德·科利尼从来没有像现在这样宽宏大量,也从来没有像现在这样受到宗教人士的爱戴和尊敬。这一点使所有敌人都感到不安,他在国王和议会面前说明自己的家园面临的危险。加斯帕尔二世·德·科利尼虽然不能得到自己想要的东西,却能从查理九世那里得到一些东西。"这是加斯帕尔二世·德·科利尼的致命武器,查理九世听他的话而不听母亲凯瑟琳·德·美第奇的话。"在你和加斯帕尔二世·德·科利尼的长谈中,你学到了什么?"一天,凯瑟琳·德·美第奇问。"我知道,"查理九世回答,"你是我最大的敌人。"凯瑟琳·德·美第奇看到自己的影响正在消失,自己最喜爱的儿子——亨利·亚历山大正处于危险之中。因为凯瑟琳·德·美第奇知道一旦查理九世被唤醒,他会变得多么狂暴。一切都是因为加斯帕尔二世·德·科利尼的存在!16世纪,像凯瑟琳·德·美第奇这样的意大利人是不能容忍他人阻挠自己实现心愿的。必须除掉加斯帕尔二世·德·科利尼。这样,凯瑟琳·德·美第奇就会恢复她的权势;这样,这桩令人费解的佛兰德斯事件就可以告一段落了。胡格诺派首领纳瓦拉王子亨利·德·波旁娶了凯瑟琳·德·美第奇的女儿瓦卢瓦的玛格丽特为妻,凯瑟琳·德·美第奇不用再担心内乱会卷土重来。

然而,目前的政治谈判和讨论不能拖延联姻的准备工作。因为联姻本来是要把天主教教徒和改革派联合起来形成一个统一的整体。

1572年5月6日,纳瓦拉女王胡安娜·达尔布雷离开了布卢瓦,八九天后到

香水商勒内送给胡安娜·达尔布雷一副手套

达巴黎。这就是皇室成员长途旅行的行进速度,现在不需要那么多时间了。胡安娜·达尔布雷住在沙特尔主教让·吉亚尔特的一所房子里,他是1563年因主张自由主义而被逐出教会的教士之一。对胡安娜·达尔布雷来说,来到巴黎是致命的,不到一个月的时间,她就开始生病。1572年6月9日,胡安娜·达尔布雷去世了。凯瑟琳·德·美第奇的香水商勒内送给胡安娜·达尔布雷一副手套,有人怀疑手套里有毒药。这种怀疑根本站不住脚,因为六月的气候对健康不利。"很快,巴黎不断有人死去,"孔代公爵夫人弗朗索瓦丝·德·奥尔良写道,"因此,我没有把我的孩子们叫来。"那又有什么好奇怪的呢?胡安娜·达尔布雷本来就心神不宁,所以在巴黎炎热、污秽的街道上憔悴不堪,最后生病去世了。德·佑说胡安娜·达尔布雷死于过度疲劳引起的脓肿。胡安娜·达尔布雷虽然很痛苦,但她坚强忍受着痛苦,没有说一句不耐烦或抱怨的话。当弥留之际的胡安娜·达尔布雷看到女人们围着她的床哭泣时,她说:"不要哭,上帝在召唤我过上更好的生活,这是我一直渴望的。"胡安娜·达尔布雷非常担心自己的孩子——儿子亨利·德·波旁和和蔼可亲的女儿卡特琳·德·波旁。"我相信上帝会照顾、保护好他们的,因为上帝在我最痛苦的时候来到了我身边。我把孩子们交托给上帝,相信上帝会养活他们。"说完这句话,胡安娜·达尔布雷就离开了人世,享年四十四岁。在贝阿恩的群山中,胡安娜·达尔布雷留下了一个至今仍被人们津津乐道的评价:有些人对她的死公开表示高兴,称这是"来自天堂对毒妇胡格诺派王后的审判"。虽然胡安娜·达尔布雷缺乏一些女性天生的温柔,但她坚硬的性格可以蔑视任何无情的论断,"因为她并不缺乏男性的美德",伏尔泰如是描述她。一个与胡安娜·达尔布雷是同时代的人借用昆图斯·库尔修斯的话,说胡安娜·达尔布雷没有任何女性特征,除了女人的名字,她根本不像女人。在胡安娜·达尔布雷皈依新教之后,她把所有精力都投入到宣传新教信仰的事业上。据说,胡安娜·达尔布雷的宣传甚至到了讲道的程度,尽管她登上讲坛最有力的证据是不那么可靠的讽刺漫画作品。伊丽莎白一世喜欢胡安娜·达尔布雷女王的性格和作风反映了她自己自负和利己主义的天性。亨利·德·波旁深知维持纳瓦拉宫与法兰西宫廷之间友谊的重要性,于是写信宣布自己的母亲亨利·德·波旁去世,请求继续保持友谊:"我和我的母亲——已故纳瓦拉女王怀有同样的愿望,她也向伊丽莎白一世女王陛下表示过这种愿望,我非常谦恭地恳求你将给予过她的那份友谊和善良传递给我。在很多情况下,我们都能感知到这种善良和友谊的影响力。因此,我总是对你们心怀感激。只要我有能力,我将做好大家吩咐我做的每件事情,以证明我对大家的感激之情。"胡安娜·达尔布雷之死增加了许多胡格诺派人士对宫廷友好态度的不信任程度。加斯帕尔二世·德·科利尼不断地收到从四面八方传来的背叛的警告和警示,他却因自己的正直和善意,把这一切都放在一边。许多朋友劝加斯帕尔二世·德·科利尼提高警惕,拉罗谢尔人民向他寄来了不止一份关于国外谣言和可疑情况的报告。但1572年8月7日,加斯帕尔二世·德·科利尼回信告诉拉罗谢尔人民没有理由害怕。还有一次,加斯帕尔二世·德·科利尼说:"如果一个人认为每一个行为都是对自己不利的,他就永远不会感到自在。我宁可死一百次,也不要老是提心吊胆。我受够了这种警告,我已经活得够久了。"加斯帕尔二世·德·科利尼对建议自己离开巴黎的人说,"这样做将使我表现出恐惧或不信任。我的名誉会被一个人损害,查理九世会被另一个人伤害。我将不得不再次诉诸内战。我宁可死一千次,也不愿让法兰西再次目睹我亲眼见过的苦楚,不愿让法兰西再次经受我遭受过的苦难。"还有一次,加斯帕尔二世·德·科利尼说,"我不能离开巴黎,不能让法兰西陷入新的战争。我宁愿被拖着穿过水沟,也不愿意逃跑。"有人给加斯帕尔二世·德·科利尼送来一封截获的枢机主教佩尔夫写给夏尔·德·洛林的信,佩尔夫刚刚动身去罗马。加斯帕尔二世·德·科利尼读道,"事业成功的希望很大。加斯帕尔二世·德·科利尼什么都相信了。与佛兰德斯的战争只是一场骗局。腓力二世了解这一切。"这封信显然是伪造的,是为了阻止亨利·亚历山大和伊丽莎白一世的这桩联姻。加斯帕尔二世·德·科利尼对它不屑一顾。他收到的许多警告就像预言的梦——当预言得到证实时,加斯帕尔二世·德·科利尼才会相信。加斯帕尔二世·德·科利尼这样一个高尚、慷慨的人怎么能怀疑对自己那么好,那么尊重的查理九世呢?查理九世终于了解到,腓力二世不断地在法兰西激发起人们的骚动。查理九世不像他母亲凯瑟琳·德·美第奇认为的那样一无是处。凯瑟琳·德·美第奇虽然有很多手段,却无法有效地压抑查理九世那些不时迸发出来的宽宏大量的气概。这些光芒只会让我们感到遗憾,因为查理九世没有得到与自己的高贵身份相匹配的更好的教育。当查理九世写信邀请加斯帕尔二世·德·科利尼离开查狄伦来巴黎时,由于巴黎人民的敌意,加斯帕尔二世·德·科利尼拒绝了。"你没有理由害怕,"查理九世说,"民众不会做任何违背我意愿的事。"与此同时,查理九世命令商会会长克劳德·马塞尔,确保不会因为加斯帕尔二世·德·科利尼的到来而发生"骚乱",否则克劳德·马塞尔将对此负责。

加斯帕尔二世·德·科利尼需要拿出所有耐心和忠诚，因为他今天积累的东西，凯瑟琳·德·美第奇第二天就会把它毁灭。凯瑟琳·德·美第奇对威尼斯特使乔瓦尼·米切利说，除非腓力二世强迫她，否则她不会向西班牙宣战。"向威尼斯的贵族们保证，"凯瑟琳·德·美第奇补充说，"我的言行将证明我的决心是坚定的。"几个小时后，正如我们看到的，通过查理九世，凯瑟琳·德·美第奇恢复了属于自己的君权，查理九世虽然身体很健壮，但在道义精神方面没有勇气，他不敢把已经调整过的行动计划告诉加斯帕尔二世·德·科利尼，没有人敢这样做。因此，有人建议，由于查理九世收到的某些情报，应该要求加斯帕尔二世·德·科利尼把他的计划在议会委员会面前公开，议会委员会包括蒙庞西耶公爵弗朗索瓦·德·波旁、路易·迪·贡扎加、查尔斯二世·德·科斯元帅和其他人。议会委员们肯定会谴责加斯帕尔二世·德·科利尼的计划，因为议会委员们一致反对战争。加斯帕尔二世·德·科利尼试图使查理九世改变主意，但以失败告终。之后，加斯帕尔二世·德·科利尼转向凯瑟琳·德·美第奇说："夫人，查理九世拒绝和西班牙开战。上帝保佑，他也许不会做出其他选择，因为他也许会发现，放弃一种选择并不是那么容易。"话语间充满失望，但又非常不甘心，听起来更像一种威胁。也许其中的语气有一种辛酸，赋予这些话语某种原本没有的意义。加斯帕尔二世·德·科利尼只是想说，正如他以前经常说的那样，治愈战争对交战双方留下的创伤的最好方式是让交战双方并肩作战，共同对抗一个敌人。但加斯帕尔二世·德·科利尼的敌人曲解了他的话，他的死由此被注定。查理九世很容易受到影响，如果允许他再次与加斯帕尔二世·德·科利尼磋商，加斯帕尔二世·德·科利尼过去的优势地位可能会恢复。加斯帕尔二世·德·科利尼会倾向于合理地使用自己的新权力吗？法兰西必须立即做出反应。但首先必须通过亨利·德·波旁和瓦卢瓦的玛格丽特的联姻来巩固纳瓦拉家族和法兰西宫廷的联盟。

　　1572年7月8日，新纳瓦拉国王亨利·德·波旁进入巴黎，陪同他的有小孔代亲王亨利一世·德·波旁、夏尔·德·波旁、加斯帕尔二世·德·科利尼和法兰西最勇敢的八百位绅士。他们都穿着丧服，与出来迎接亨利·德·波旁的天主教绅士穿着的艳丽服装相比对比鲜明。在圣雅克城门口，亨利·亚历山大和一大批跟宫廷有关的贵族和官员迎接亨利·德·波旁，行会的人都穿着红袍。亨利一世·德·波旁和他的侯爵兄弟骑马排在亨利·德·洛林和昂古莱姆骑士之间。亨利·德·波旁在查理九世的两兄弟亨利·亚历山大和弗朗索瓦·德·瓦卢瓦之间。一千五百名骑兵组成的联合队在非同寻常的寂静中穿过拥挤的街道，走向卢浮宫。没有人高声向胡格诺派的亲王们打招呼，但群众低声的话语表达了他们的情感，他们不时地喊着"吉斯"或"安茹"。窗口的女士们直白地表达出了自己喜悦的心情。亨利·德·波旁拥有英俊的面容和迷人的微笑，他频频点头，或者将目光偶尔转向比普通百姓更有吸引力的人群。那些在阳台上或窗户边的人正好吸引了他的目光。多年以后，亨利·德·波旁常常回忆起这一天，并把这一天看作是一生中最快乐的日子。

巴黎民众玩世不恭的本性只收敛了片刻，在护卫队开始分成小组穿街过巷去投宿后，又恢复了厚颜无耻的本性。"来看这些该死的胡格诺派教徒吧，该将他们逐出天堂！"新教教徒在巴黎行走，经过街角的十字架或神像时，他们没有脱帽致礼，这极大地冒犯了巴黎市民们的宗教戒律。"上帝的不敬者！"固执的神父们嘟囔着，用轻蔑和怜悯的目光瞪着从自己身边走过的人。胡格诺派被准确地定义为"怪人"——在语言、服饰和宗教上都很怪异。多年来，赞美诗的声音没有引起巴黎人的反感。现在，巴黎人又在街道上听到克莱门特·马罗那些令人讨厌的话了。此时此刻如果发生了频繁打斗，打得头破血流，胡格诺派被彻底孤立等事件，这一点都不奇怪。克劳德·哈顿说："天主教派和胡格诺派全副武装，好像随时要开始一场战斗。"新教教徒面临着潜在的巨大危险，其中一些顽固分子和狂热分子似乎是在期待战争的爆发。

亨利·德·波旁和瓦卢瓦的玛格丽特的婚礼原定于1572年6月10日举行，但由于结婚特许状发放方面的困难，再加上胡安娜·达尔布雷生病去世，婚礼被推迟了。我们清楚地知道，庇护五世一直反对这门婚姻。因为双方信仰不同的宗教，两家关系通过联姻会变得密切，庇护五世于是拒绝授予结婚特许状。但新教皇格列高利十三世似乎愿意出具结婚特许状，否则那封说教皇特许诏书还在寄送路上的信一定是伪造的。联姻不能再推迟有很多理由。由于年轻的瓦卢瓦的玛格丽特身体虚弱，不久就要做母亲了，所以最好尽早让她从巴黎的喧闹声和疟疾病疫中解脱出来。因此，婚礼定于1572年8月18日举行。1572年8月17日，在卢浮宫隆重举行了订婚仪式。晚饭和舞会后，新娘瓦卢瓦的玛格丽特由查理九世及其王后奥地利的伊丽莎白、凯瑟琳·德·美第奇、洛林公爵夫人丹麦的克里斯蒂娜和其他高官和贵妇们陪同前往巴黎主教宫殿。根据应该履行

洛林公爵夫人丹麦的克里斯蒂娜

瓦卢瓦的玛格丽特与亨利·德·波旁的婚礼

的仪式，瓦卢瓦的玛格丽特要在那里住上一晚。1572年8月18日，亨利·德·波旁前去迎接瓦卢瓦的玛格丽特，陪同他前往的有亨利·亚历山大、弗朗索瓦·德·瓦卢瓦和一大群天主教派和新教派的高官显贵。查理九世、亨利·亚历山大和亨利一世·德·波旁穿着同款服装，以显示他们之间的亲密。"人人都恨我，除了亨利·德·波旁，"查理九世曾说，"他爱我，我也爱他。"陪同人员的服装是用淡黄色的缎子做的，上面绣着银丝，装饰着珍珠和宝石。其他贵族按照自己的喜好穿着华丽服装。同时代的人对贵族们佩戴的昂贵饰品感到震惊。乔瓦尼·米切利表示："你不会相信法兰西王国有任何危难。查理九世的帽子、战马和服装价值五六十万克朗。亨利·亚历山大戴着镶满珠宝的帽子，其中有一个帽子镶着三十二颗珍珠，是为参加这次婚礼花了两万三千枚黄灿灿的金币买来的。一百二十多位贵妇穿着用华丽的丝绸、锦缎和天鹅绒及金银丝制成的服装，让旁观者眼花缭乱。"瓦卢瓦的玛格丽特得意扬扬地描述着自己那件长长的蓝披风，裙摆有四厄尔长。根据公主结婚的习俗，婚礼仪式将在圣母院大教堂前空地上建起的一个亭子里举行。那是一个美丽的夏日，炮声隆隆，令人愉悦的钟声从每一个尖塔上响起，每一个屋顶、每一扇窗子、每一个可以看到游行队伍的地方，都挤满了人。然而，当盛大的游行即将开始时，观众们并不像往常那样高兴。这桩婚姻并不受欢迎，不时传来反对异端邪说的不祥之声。有一条抬升的有顶棚的步道平台从主教宫殿一直延伸到亭子，穿着金色棉布长袍领路的主教和大主教们沿着平台走过来，接下来走过来的是穿着华丽红袍的枢机主教、圣迈克尔骑士团的骑士们，以及所有国家官员。他们的位置和他们之间的间隔都是由最严格的礼仪规定的。时年二十二岁的亨利·德·洛林也在其中，他是最英俊的男人之一。无数的手指指向他，人们对他的反应，与后来对查理九世的反应相比，使我们想起伟大的戏剧诗人独一无二的描述：

> 你会以为是窗户在说话，
> 那么多贪婪的老老少少的面孔
> 他们渴望的目光从窗户里射出来
> 落在他的脸上；所有墙，
> 用彩绘的意象，立刻说：
> 耶稣保佑你！欢迎光临！

当"那个有魅力的演员离开了舞台"，人们的眼睛会"懒洋洋地耷拉着眼皮看"其余队伍。但队伍中有宫廷里最美丽的贵妇和少女，为首的就是瓦卢瓦的玛格丽特了，她的美丽值得所有诗人大肆抒发自己的兴奋之情。皮埃尔·德·龙萨称她为希腊神话中的海洋女神"美丽优雅的帕西忒亚"，把她的手比作"年轻的曙光女神奥罗拉的手指，如同玫瑰染色，露珠浸润"。在教堂里，瓦卢瓦的玛格丽特令人头晕目眩的美貌扰乱了礼拜者的虔诚。她刚满二十岁，皮肤白皙，头发乌黑，眼睛炯炯有神。不过，她有时也显出一种梦幻般的倦怠，给了她一种妖艳温柔的气质，仿佛表明她有一颗为爱而生的心。瓦卢瓦的玛格丽特的一举一动都充满优雅和威严，她在舞蹈方面是无与伦比的，她边弹诗琴边唱歌也很有品位。然而，这幅迷人的图画却有一个可怕的反面形象。瓦卢瓦的玛格丽特不诚实、虚荣、奢侈，希望通过虔诚恪守宗教戒律来弥补自己日常生活中犯下的错误。不过，公正地说，对瓦卢瓦的玛格丽特而言，这些缺点并不是她自己特有的，也不是16世纪才有的。我们也不敢肯定，宗教信仰和世俗生活之间的这种妥协在16世纪是否比19世纪更普遍些。

瓦卢瓦的玛格丽特结婚那天穿的服装在很长时间里都是宫廷八卦的主要话题。在这种事情上，瓦卢瓦的玛格丽特的品位是奇特而高雅的：她的头发里闪耀着明亮的星光；她的胸衣上点缀着珍珠，像一件银白色的铠甲；她的衣服是金布做的；她的手帕和手套上都镶嵌着同样贵重的金属做成的稀有花边。

在亭子里举行完婚礼后，亨利·德·波旁领着新娘进入圣母院教堂听弥撒，然后和亨利一世·德·波旁、加斯帕尔二世·德·科利尼及其他贵族一起离开。趁着此时有空，他们便在教堂附近来回散步。当时还在上大学的历史学家德·佑参加了结婚仪式。新娘的车队离开教堂后，他跳过栅栏，发现自己已经接近了加斯帕尔二世·德·科利尼。加斯帕尔二世·德·科利尼正在向达姆维尔元帅亨利一世·德·蒙莫朗西展示在雅纳克和蒙孔图尔缴获的作为战利品挂在墙上的旗帜。"我听见加斯帕尔二世·德·科利尼说，"雅克·奥古斯特·德·佑说，"不久以后，这些会被取下来，取而代之的是一些看着更合意的物件。"

亨利·德·波旁领着新娘瓦卢瓦的玛格丽特来到主教宫殿，那里已经为他们准备好了丰盛的晚餐，不过没有跳舞，倒不是主教们反对这种娱乐活动，而是因为主教们没有时间。在盛大的晚宴过后，要在卢浮宫举行更加盛大的婚礼派对。接下来的三天是庆祝活动、舞会和宴会、化妆舞会和比武大会，胡格诺派教徒和天主教教徒都参加了，旧日的仇恨似乎已经被忘却。在所有这些娱乐活动中，亨利·德·波旁出尽了风头，他对每一个人都亲切地说了几句话，随时准备着开玩笑和玩幽默，他的殷勤举止使淑女们为之倾倒。因为亨利·德·波旁去营地多过去宫廷,他的殷勤举止虽然不是那么温文尔雅,但由于清新脱俗,所以更讨人喜欢。查理九世比以往任何时候都更喜欢亨利·德·波旁,对亨利·亚历山大的厌恶感也随之增加。

1572年8月20日星期三晚上,一场华丽的假面舞会在巴黎举行。一些历史学家认为,即将到来的悲剧实际上早已被预言。在卢浮宫旁边的波旁旅馆的大厅里,一幅壁画以一种非常奇特的方式描绘了善恶之间的永恒斗争。这幅壁画的右边画的是天堂,由三个全副武装的骑士保卫,这三个全副武装的骑士是查理九世和他的两个兄弟亨利·亚历山大、弗朗索瓦·德·瓦卢瓦。壁画的左边画的是地狱。天堂和地狱之间流淌着冥河,冥府渡神凯伦①在上面摆渡。天堂的后面是极乐世界的田野和闪耀着星星的华丽天堂。一群骑士,从头到脚,全副武装,披着各式各样的斗篷,戴着各种各样的饰物,试图进入天堂。但他们都被打败了,被拖进了地狱。令魔鬼和小魔鬼们高兴的是,骑士们被他们关在了地狱里。此时,天堂打开了大门,希腊神话中诸神的使者墨丘利和罗马神话中的爱神丘比特从天上下来了。由当晚的第一位歌手艾蒂安·勒·罗伊扮演的墨丘利为三位得胜的骑士唱了一首歌后,重新坐上了车。那辆车由一只不停高声啼叫的公鸡驾着,被带回了天堂。接着,表演了芭蕾舞剧,然后是投掷比赛。我们可以推测,参赛者是步行的。在大厅中央的喷泉周围,焰火被一圈圈地点燃。此后,这场娱乐活动结束。这种讽喻式的表达方式在当时很流行,很可能是宫廷诗人为了执行公务而精心准备的。如果有什么秘密,肯定是不会让别人知道的。但在大屠杀之后,天主教教徒常常吹嘘查理九世把胡格诺派教徒赶进了地狱。1572年8月21日星期四,其他节目还在不断上演。加斯帕尔二世·德·科利尼十分厌恶,便想离开巴黎,但他做不到,因为他要等到与查理九世处理完某些非常重要的事情之后才能离开。查理九世在婚礼庆祝活动上花费了很多时间,投入地参与其中,几乎没有时间睡觉,更没有时间处理

---

① 希腊神话中将亡魂渡到阴界去的冥府渡神。——译者注

公务。"再给我三四天的休息时间,"查理九世说,"在那之后,我向你保证,我向你发誓,你一定会满意的。"如果不是为了胡格诺派代表团,加斯帕尔二世·德·科利尼一定会马上离开,甚至可能早早就离开了。因为胡格诺派代表团请求他留下来,直到胡格诺派代表团的事情得到令他们满意的安排。加斯帕尔二世·德·科利尼渴望待在家里,在亨利·德·波旁结婚的那天,他给妻子夏洛特·德·拉瓦尔写了她这辈子收到的最后一封丈夫的书信。

我最亲爱的、最敬爱的妻子:

今天,瓦卢瓦的玛格丽特和亨利·德·波旁举行了婚礼。在接下来的三四天里,他们将举行宴会、化妆舞会和其他娱乐活动。这些事办完后,查理九世答应花几天时间调查来自全国各地的关于违反法令的投诉。根据法令,我应该努力工作。虽然我很想见到你,可是如果我不能最大限度地完成自己的理想,我一定会非常难过,我相信你也会感到难过的。无论如何,这次耽搁不会太久,我希望下周动身。如果我只考虑自己的利益,我宁愿和你在一起,也不愿意在宫廷里多待些时间,原因我可以告诉你。但我们必须把公众利益置于自己利益之上。我有许多事想要当面告诉你。告诉你一个最新的消息,1572年8月18日16时举行了婚礼弥撒。之后,亨利·德·波旁和陪同他的宗教信徒们在宫廷院子里散步。其他事情,我留到我们见面时再谈。与此同时,我向上帝祈祷,愿你,我挚爱的妻子,能得到上帝的佑护。

附注:三天前,我腹绞痛发作,持续了八到十个小时。但我感谢上帝,因为他的仁慈,我现在完全摆脱了绞痛。要知道,在这些宴乐之中,我肯定不会生事端。再见,您挚爱的丈夫查狄伦。

1572年8月18日

于巴黎

1572年的查理九世

1572年8月21日星期三，加斯帕尔二世·德·科利尼拜会了查理九世。在会见的过程中，查理九世向他谈到了洛林派，说对他们没有把握。洛林派全副武装，成群结队地来参加婚礼。为了使洛林派循规蹈矩，查理九世提议把"自己的火枪手"派到巴黎城里去，由加斯帕尔二世·德·科利尼指定的几个军官指挥。加斯帕尔二世·德·科利尼感谢查理九世，说："我虽然相信自己很安全，但我愿意把这件事交给您处理。"当天，一千两百名卫兵进入巴黎，驻扎在卢浮宫及其附近地区，这是一种预防措施。街上很有可能发生冲突，必须有一股强大的力量来赢得天主教派和胡格诺派的尊重。查理九世逐渐从母亲凯瑟琳·德·美第奇在蒙皮帕恳求的阴影中恢复过来，越是见到加斯帕尔二世·德·科利尼将军，就越对这位老胡格诺派勇士的忠诚而感到高兴。亨利·亚历山大和凯瑟琳·德·美第奇仔细地观察着这种变化。大家都相信，亨利·亚历山大对他的一个侍从说过那段不同凡响的话："我们已经注意到，如果我们中的任何一个人胆敢在查理九世和加斯帕尔二世·德·科利尼进行频繁的长时间谈话之后与查理九世交谈，我们会发现他会奇怪地发脾气。查理九世看上去很生气，他的回答没有像过去那样尊重凯瑟琳·德·美第奇了。在大屠杀前不久的一天，我特意去见查理九世。当加斯帕尔二世·德·科利尼离开的时候，我走进了他的衣帽间。可查理九世一看见我，就怒气冲冲地在房间里踱来踱去，斜视着我，玩弄着他那柄短剑，我以为他会随时攻击我。当查理九世继续这样暴跳如雷的时候，我开始后悔进房间，费了好大的劲才没有引起他的注意悄然离开了。我直接去见母亲凯瑟琳·德·美第奇，告诉她发生了什么事。把发生的事情做了比较之后，我们得出的结论是，加斯帕尔二世·德·科利尼已经促使查理九世对我们产生了邪恶的看法。因此，我们决定除掉加斯帕尔二世·德·科利尼。我们还决定与内穆尔公爵夫人安娜·德·埃斯特一起协商对策。安娜·德·埃斯特是我们冒险接收进密谋行动中的唯一人选，因为她与加斯帕尔二世·德·科利尼有着不共戴天的仇恨。"有一种说法是，在蒙皮帕，亨利·亚历山大、加斯帕尔·德·索克斯-塔瓦内斯、德·雷斯元帅、德·索维和凯瑟琳·德·美第奇共同演出了那场戏，之后不久在蒙索举行了一次会议，在会议上，他们决定刺杀加斯帕尔二世·德·科利尼。凯瑟琳·德·美第奇把这件事告诉了安娜·德·埃斯特，然后率领宫廷官员回到了巴黎。这与亨利·亚历山大的叙述并不矛盾，虽然与他的叙述不完全一致。

查尔斯·德科斯·布里萨克的夫人是已故吉斯公爵弗朗索瓦·德·洛林的夫人安娜·德·埃斯特。弗朗索瓦·德·洛林死后，安娜·德·埃斯特就改嫁了。但对杀害她第一任丈夫弗朗索瓦·德·洛林的凶手仍然怀有最强烈的仇恨，她的儿子亨利·德·洛林也被允许参与这一阴谋。亨利·德·洛林建议她在宫廷庆典期间当着查理九世的面亲手杀死加斯帕尔二世·德·科利尼。当安娜·德·埃斯特拒绝如此激进地参与谋杀加斯帕尔二世·德·科利尼的行动时，洛林派便派人去找号称"国王杀手"的刺客莫里韦尔。这个人是在已故的弗朗索瓦·德·洛林的家里长大的。当有人悬赏索要加斯帕尔二世·德·科利尼的人头时，他企图杀死加斯帕尔二世·德·科利尼，却误杀了雅克·德·莫埃。然而，莫里韦尔误打误撞的效忠行为得到了回报，他不仅得到了两千克朗，还在查理九世的明确命令下，被授予了骑士团的勋章。这就是亨利·亚历山大和亨利·德·洛林雇来谋杀胡格诺派领袖加斯帕尔二世·德·科利尼的刺客。莫里韦尔接到确切的指令后，开始实施自己的刺杀行动。当莫里韦尔时时刻刻地注视着自己的攻击目标时，凯瑟琳·德·美第奇正在为庆祝女儿瓦卢瓦的玛格丽特结婚而设计新的娱乐节目。

第 12 章

暗 杀
（1572 年 8 月 22 日—1572 年 8 月 24 日）

1572年8月22日星期五清晨，加斯帕尔二世·德·科利尼因公务去了卢浮宫。在回家的路上，他遇见了从教堂出来的法兰西国王查理九世。加斯帕尔二世·德·科利尼暂缓回家，陪着查理九世来到网球场，在那里站了一会儿，观看查尔斯·德·特利尼和另外一个人与查理九世和小吉斯公爵亨利·德·洛林的比赛。当加斯帕尔二世·德·科利尼离开的时候，已经过了10点，快到吃午饭的时间了。加斯帕尔二世·德·科利尼要回到位于干树街和贝蒂西街交会处的旅馆，必须经过圣日耳曼福斯街。由德·盖尔奇和德·普吕诺分别在左右两侧陪同着加斯帕尔二世·德·科利尼，他们正要转过街角时，右边德雷斯旅馆的格子窗飞射出子弹。这间旅馆毗邻圣日曼欧塞罗修道院。加斯帕尔二世·德·科利尼正在看手里的一份请愿书。突然，他跟跟跄跄地后退了几步，喊道："我受伤了！"然后就倒在了德·盖尔奇的怀里。加斯帕尔二世·德·科利尼被两颗子弹击中：一颗子弹打断了他右手的大拇指，另一颗子弹打伤了他的左臂。他指着枪响的那间屋子，吩咐侍从约莱特去见查理九世，告诉他这里发生的事情。德·普吕诺匆忙用手帕绑住加斯帕尔二世·德·科利尼受伤的手，扶他回到旅馆。幸运的是，回旅馆的距离不超过一百码。与此同时，加斯帕尔二世·德·科利尼的一些侍从闯入德雷斯旅馆，却发现除了负责打扫的老妇人和

加斯帕尔二世·德·科利尼遇刺

马童,没有其他人。从马童口中得知刺客莫里韦尔已经通过邻近的修道院逃走了。德雷斯旅馆是卡农·维尔米的资产,他以前是亨利·德·洛林的家庭教师。莫里韦尔逃走时骑的那匹马来自亨利·德·洛林的马厩。火绳枪还架在窗户上,经检查证明是安茹公爵亨利·亚历山大手下一位骑士的枪。

　　侍从们带着这个重要但不令人满意的消息回到了加斯帕尔二世·德·科利尼那里,发现他正躺在床上。查理九世的御用外科医生安布罗斯·帕尔已经切除了加斯帕尔二世·德·科利尼受伤的大拇指,从他的手臂里也取出了子弹。但手术很痛苦,因为那位著名的外科医生的手术器械不太好。加斯帕尔二世·德·科利尼比自己的朋友更能忍受这种折磨,因为朋友们看到加斯帕尔二世·德·科利尼的痛苦之状时都禁不住流下了眼泪。加斯帕尔二世·德·科利尼对朋友们说:"为什么哭?我已经很幸运了,因为我是为了宗教改革事业受的伤。求上帝使我刚强。"加斯帕尔二世·德·科利尼又转向非常难过的牧师梅林,"你为什么不安慰我呢?""对你来说,"梅林回答说,"什么安慰都比不上您自己的这种想法更抚慰人心了,您不停地想,上帝给了你莫大的荣耀,认为您为了宗教改革事业而遭受的苦难是一件有价值的事情。""不,亲爱的梅林,如果上帝按照我应得的罪来惩罚我,我将会忍受更多痛苦。"接着,话题转到谋杀未遂上。"我真心实意地想要宽恕那个想要杀死我的人和那些怂恿他这么做的人,"加斯帕尔二世·德·科利尼说,"因为我知道他们害我是没有天理的,就算是杀了我,天理也不在他们那边。"

令人愤怒的消息立刻传遍了巴黎。加斯帕尔二世·德·科利尼离开后,查理九世继续在网球场打网球。这时,一个侍从气喘吁吁地冲进网球场,喊道:"上将阵亡了!海军上将被杀了!"查理九世急切地问发生了什么,然后突然转过身去,扔下球拍,离开网球场时气愤地喊道:"死啦!难道我就不能安宁片刻吗?我必须每天都有新的烦恼吗?"查理九世回到自己的公寓,宣布自己将为加斯帕尔二世·德·科利尼报仇。几小时后,查理九世写信给弗朗索瓦·德·曼德洛说,"我已经派人去抓凶手并严惩他,这是他应得的惩罚。"然后,查理九世继续发话,语言真诚,不容置疑,"鉴于消息可能会激发许多臣民支持一方或另一方,我祈祷你要四处告知事情的经过,让大家了解我的意图,即严格遵守《和平法令》,严厉惩罚违反法令的行为。这样人民才能相信我的真诚,以我为榜样。"查理九世在给拉·莫特-费内隆的信中表示,自己将调查这一"可耻的行为",不允许自己的法令遭到践踏。查理九世命令查尔斯·德·特利尼骑马去追赶刺客,派人去巴黎监察官那里,命令他对任何动乱的爆发采取预防措施。查理九世的信使到达时,市议会正在开会,议会毫不迟疑地采取了维护公共和平必需的措施。当时,愤怒的胡格诺派比惊讶的天主教教徒对公共和平的威胁要大得多。国民卫队被召集起来,维尔旅馆的岗哨得到加强,大门前的哨兵增加了一倍。市民被强制关闭商店,任何人都不准携带武器上街。

与此同时,新纳瓦拉国王亨利·德·波旁在大约六七百名胡格诺派绅士的陪同下,拜访了加斯帕尔二世·德·科利尼,声称要报复暗杀者。达姆维尔元帅亨利一世·德·蒙莫朗西和查尔斯二世·德·科斯元帅也来了。"在我的一生中,"亨利一世·德·蒙莫朗西说,"从来没有遭受过如此沉重的打击,请告诉我能为您做些什么。我不知道是谁想出了这样卑鄙的暴行。""我想没有人,"加斯帕尔二世·德·科利尼停了一会儿,补充说,"除非是亨利·德·洛林,我不敢肯定。我躺在床上,心里很难过,因为我想让查理九世知道,我是多么愿意为他做许多事情啊。但愿上帝让我跟查理九世说几句话,因为有些事他应该知道,可是没有人敢告诉他。"查尔斯·德·特利尼立刻向卢浮宫走去,在那里遇见了亨利·德·波旁和刚刚离开王宫的小孔代亲王亨利一世·德·波旁。他们是去请求查理九世允许他们离开宫廷的,理由是他们的安全受到了威胁。查理九世非常激动,恳切地请求他们留下来。随后,查理九世勃然大怒,像往常一样破口大骂,宣布要为加斯帕尔二世·德·科利尼血债血偿。他会惩罚所有参与暴行的人,"让未出生的孩子也为今天的卑鄙报复而懊悔"。就连凯瑟琳·德·美第奇也被这突如其来的愤怒吓了一跳,她含着眼泪叫道,如果不能抓住凶手,查理九世在宫中也不会安全。查尔斯·德·特利尼转达了加斯帕尔二世·德·科利尼的话,加斯帕尔二世·德·科利尼希望在死前见查理九世一面。查理九世答应去拜访这位老朋友。很明显,查理九世对这起刺杀来自何人之手已经有了怀疑对象。对查理九世对刺杀事件的反应,瓦卢瓦的玛格丽特的记忆是可信的。她说:"如果那天亨利·德·洛林没有躲藏起来,他可能已经被查理九世送上绞刑架了。"

在这段时间里,凯瑟琳·德·美第奇和亨利·亚历山大一直处于一种可怕的激动状态。这次行动失败了,如果受害者从创伤中恢复过来,自己参与的阴谋就无法掩盖。亨利·德·洛林说:"我们那桩引人注目的行动失败了,我母亲安娜·德·埃斯特和我自己在一天的大部分时间里都在思考,感到不安。"天主教派还有指望,因为子弹可能会带毒,或许伤口会致命。周围到处都有危险,巴黎正处于可怕的骚动之中。胡格诺派教徒既愤怒又怀疑。他们说,纳瓦拉女王胡安娜·达尔布雷中了毒,现在他们之前的领袖加斯帕尔二世·德·科利尼又被暗杀了。下一个受害者是谁?街上挤满了愤懑不平的人群,看起来几乎不可能阻止动乱的爆发。

1572年8月22日14时左右,在母亲凯瑟琳·德·美第奇和弟弟亨利·亚历山大的陪同下,查理九世去看望了加斯帕尔二世·德·科利尼。几个小时后,许多人都来了,他们的手沾满了无辜者的鲜血。查理九世在忧郁的沉默中走着,完全沉浸在自己的思绪中,连在街角的圣母像面前脱帽致敬都顾不上了。街道上的人们向查理九世致意时,他几乎都没有理睬。旅馆里也挤满了焦虑不安的朋友。查理九世一行沿着宽阔的楼梯拾级而上,楼梯上并排站满了在战场上为加斯帕尔二世·德·科利尼浴血奋战的老兵们。查理九世经过客厅,胡格诺派贵族皱着眉,轻蔑地看着凯瑟琳·德·美第奇和亨利·亚历山大。这两人对加斯帕尔二世·德·科利尼的敌意是显而易见的。随后,查理九世一行进入那间窗户可以俯瞰庭院的大房间,开始进行正式会晤。查理九世走到加斯帕尔二世·德·科利尼的床边,亲切地叫他"前辈",问他感觉如何。"我衷心地感谢陛下,"加斯帕尔二世·德·科利尼回答说,"感谢您给予我的一切荣耀,以及您为我做的一切。"查理九世希望加斯帕尔二世·德·科利尼振作起来,希望他很快就会痊愈。"有三件事我很想和陛下谈谈。首先,是我对陛下的忠诚。但愿我能得到上帝的恩宠和怜悯,因为我一向对陛下和王位怀有一颗忠诚的心,这次不幸的遭遇可能会使我坐在上帝的审判席上。可是我很清楚,有一些恶毒的人把我告到了您那儿,把我定罪为这个国家的捣乱分子。但上帝必定会在我和诽谤者中间进行审判,按上帝的公义审判……其次,说到佛兰德斯的事,在你们的秘密会议里,几乎没有任何挽回的余地了。但消息很快就被送到阿尔瓦公爵费尔南多·阿尔瓦雷斯·德·托莱多那里去了。陛下,我非常希望您能处理好这件事……最后,我希望您同样可以关心的事,就是遵守《和解法令》。我知道,你们屡次起誓,要确保《和解法令》得到执行。我也知道不是只有外邦人,就连你们的邻舍和朋友也已经见证过这反复出现的相同誓言。陛下,您的誓言若被当作笑料或嘲弄的对象,那将多么不得体啊。前几天,一个护士在某个村庄参加完布道会,从距离尚帕涅的特罗耶斯不远的洗礼处带回家一个小孩。这次布道也是由您委托去宣传遵守《和解法令》的,这时有些人在半路上杀死了那位护士和小孩。其中有些暴徒曾经受邀参加过洗礼活动,我恳求您考虑一下,那起谋杀案是多么可怕,在您的王国里,犯下如此大的暴行而得不到报应、不受惩罚,受害人如何认同如此荣耀如此高贵的您呀!"查理九世回答说,他从来没有怀疑过加斯帕尔二世·德·科利尼的忠诚,一直把他当作一个优秀的臣民和优秀的领袖,在全国没有与之匹敌的人。"即使我对您有别的看法,"加斯帕尔二世·德·科利尼嚷道,"我也绝不会干出这种不义之事来的。"加斯帕尔二世·德·科利尼没有提到佛兰德斯战争,而是承诺会忠实而严格地遵守《和解法令》。为了这个目的,加斯帕尔二世·德·科利尼派专员到全国各地去,请求凯瑟琳·德·美第奇批准此事。"大人,没有比这更真实的了,"凯瑟琳·德·美第奇说,"委员们已被派往各地。""是的,夫人,我知道,"加斯帕尔二世·德·科利尼答道,"就是悬赏五万克朗买我人头的那帮人。"查理九世插嘴说:"我的上将大人,我们将派其他人去,你太激动了。你最好保持安静,因为你受了伤。我很明智,我以上帝之名发誓,将采取可怕的报复行动,让复仇行动永载史册。"查理九世补充说已有两人被拘留,并询问加斯帕尔二世·德·科利尼希望自己的哪些朋友参与调查行动。"我完全相信陛下的谨慎和公正,但既然您问我的意见,我倒想让阿尔诺·德·卡瓦涅、亨利·马斯帕罗特和另外一个人参与调查。当然,不需要因罪犯而耗费大量人力物力。"听到这里,查理九世和凯瑟琳·德·美第奇走近加斯帕尔二世·德·科利尼的枕头

凯瑟琳·德·美第奇,查理九世等人探望加斯帕尔帕尔二世·德·科利尼

边，低声和他说话，屋里没有人能听见他们说了什么。最后，凯瑟琳·德·美第奇说："我认为此事必须尽早调查清楚。"

亨利·亚历山大对这段会谈的描述有些不同："由于加斯帕尔二世·德·科利尼想和查理九世私下里交谈，陛下向我母亲和我做了个手势，要我们回避。于是，我们离开了床边，站在房间中间，充满了猜疑和不安。我们看到自己被两百多名胡格诺派领袖包围着，他们挤满了隔壁的大厅和楼下的大厅，表情是忧郁的，从手势中可以看出他们是多么不满。他们没有向我们表达应有的敬意，仿佛怀疑是我们造成了加斯帕尔二世·德·科利尼的创伤。我们开始非常担心，我母亲决定阻止查理九世和加斯帕尔二世·德·科利尼之间的谈话。"凯瑟琳·德·美第奇走近查理九世，说："陛下允许加斯帕尔二世·德·科利尼讲话激励自己是不对的，请把剩余的事情推迟到明天去做吧。"查理九世极不情愿地停止了谈话，临走时，他提议让加斯帕尔二世·德·科利尼搬到卢浮宫去，以免巴黎全城发生骚乱。外科医生们对这一提议提出了异议。关于可能引起的骚乱，有一个人，也许是查尔斯·德·特利尼，回答说："只要陛下继续对加斯帕尔二世·德·科利尼怀有真诚的善意，巴黎人和妇女一样不可怕。"然而，查尔斯·德·特利尼对这个动乱城市——巴黎的居民的脾气知之甚少。

在离开房间之前，查理九世要求看看取出的子弹，赞扬了加斯帕尔二世·德·科利尼忍受手术痛苦的坚强意志。凯瑟琳·德·美第奇接过子弹，把它握在手里，慢慢地且意味深长地说："我很高兴子弹没有继续留在伤口里面，因为我记得老吉斯公爵弗朗索瓦·德·洛林在奥尔良城前被杀时，外科医生告诉我，如果子弹被取出来，即使中了毒，他的生命也不会有危险。"为什么凯瑟琳·德·美第奇扯到弗朗索瓦·德·洛林被谋杀的话题上？难道是为了提醒加斯帕尔二世·德·科利尼，他曾被怀疑对让·波尔特罗·德·米尔的刺杀阴谋了如指掌，而让·波尔特罗·德·米尔这个男仆只不过是加斯帕尔二世·德·科利尼实施报复的帮凶？在回王宫的路上，凯瑟琳·德·美第奇让查理九世告诉她,加斯帕尔二世·德·科利尼私下对他说了些什么。查理九世被她的纠缠激怒,用惯常"简短而愤怒"的发誓方式回答说:"夫人,海军上将只是对我讲了些实话。他说在法兰西,国王长久以来受到尊重,所以国王有权奖励和惩罚臣民。整个王国的权力和政府都落入你手中,这种局面终有一天会对我和我的王国不利。作为一个忠心耿耿的仆人和臣民,他希望在死前提醒我这一点。现在,你已经知道海军上将对我说了些什么。"亨利·亚历山大和凯瑟琳·德·美第奇都很烦恼。在去卢浮宫的路上,亨利·亚历山大和凯瑟琳·德·美第奇一直试图掩饰自己的感情,为自己辩解。亨利·亚历山大把查理九世送回房间,然后去找母亲凯瑟琳·德·美第奇。他发现母亲非常激动,担心加斯帕尔二世·德·科利尼的建议会导致自己的地位和公共事务管理权发生变化。凯瑟琳·德·美第奇通常很有手段,现在却十分狼狈。凯瑟琳·德·美第奇想不出什么办法,也想不出任何妙计将自己从困窘的处境中解救出来。于是,两个阴谋家道别各自回去睡觉,指望明天能想出自我救赎的方法。

查理九世一行离开加斯帕尔二世·德·科利尼的房间后不久,沙特尔副伯爵费雷尔走进来,祝贺加斯帕尔二世·德·科利尼,因为敌人不敢公开攻击加斯帕尔二世·德·科利尼:"你是幸运的,你是幸福的。对你英勇事迹的歌颂已经传播到了很远的地方。""不,"受伤的加斯帕尔二世·德·科利尼回答说,"我想自己是幸运的,因为上帝已经把他的幸运倾注在我身上。因为上帝赦免我们的罪,我们很幸福了。"德·费雷尔立刻回到楼下的房间里。亨利·德·波旁、亨利一世·德·波旁和其他胡格诺派贵族曾在这里开会,商议采取什么对策。"让我们武装起来,守卫这座房子。因为可能还有很多不好的事情在等着我们。"一些人说。"走,骑马离开巴黎,"另一些人说,"我们还要带上加斯帕尔二世·德·科利尼。"医生们宣称这是不可能的,除非你们想直接杀死他。比较理智的绅士们认为,除了要求查理九世将凶手绳之以法,再采取更多行动是不明智的。查尔斯·德·特利尼对此表示认同。"我完全了解查理九世的想法,"查尔斯·德·特利尼说,"如果你有怀疑他要伸张正义的想法,你只会冒犯他。"在很长一段时间里,胡格诺派中的好战分子不肯让步。最后,议会没有达成任何一项一致的决定,只是决定应该向查理九世请教,究竟是免去加斯帕尔二世·德·科利尼的职务,还是让胡格诺派教徒紧紧团结在其身边。当胡格诺派教徒以行军队列在街上游行,威胁洛林家族、亨利·亚历山大、凯瑟琳·德·美第奇,甚至查理九世本人,像战争前唱军歌那样高唱胡格诺派赞美诗时,很多深思熟虑的观察家知道武装冲突已经不可避免。这种局势非常危险,随时都可能爆发冲突。事实上,在天主教派和胡格诺派各自最激烈的争论中,唯一的疑问是什么时候开始内战。1572年8月22日晚上,一群胡格诺派绅士,由"笨手笨脚的蠢货"德·皮勒斯和帕尔代朗的男爵领头,吵吵闹闹地穿过街巷,走向卢浮宫。当他们经过马莱地区的吉斯旅馆时,他们大声抗议,挥舞着刀剑。据报道,一些人向窗户开枪。当查理九世吃晚饭时,胡格诺派教徒被允许面见查理九世。他们强烈要求复仇,从表情看,他们没有原谅此时站在查理九世身边的亨利·亚历山大。他们喊道:"国王若不给我们主持公平和正义,我们只好自己解决问题。"

  1572年8月22日晚上是凯瑟琳·德·美第奇政策的转折点。胡格诺派的威胁使凯瑟琳·德·美第奇惊慌失措,她十分紧张,无论她走到哪里,危险的景象都似乎在她面前出现。凯瑟琳·德·美第奇是个背信弃义的人,她也许相信关于胡格诺派阴谋的那些传说,后来就利用这些传说来激怒冲动的查理九世,她的"救火式"政策似乎不再可行。1572年8月23日早上,亨利·亚历山大又去见母亲凯瑟琳·德·美第奇。黑夜带来的不是智慧,而是怀疑。凯瑟琳·德·美第奇仍然在两个不同的方案之间摇摆不定。她曾一度下定决心,既然莫里韦尔不幸失败了,无论付出多大的代价也要除掉加斯帕尔二世·德·科利尼。凯瑟琳·德·美第奇想,如果莫里韦尔的子弹击中了要害,自己的麻烦就结束了。胡格诺派没有了领袖,自己对胡格诺派就没有什么可害怕的。亨利一世·德·波旁和亨利·德·波旁都还年轻,他们在自己的掌控之中,什么也做不了。亨利·德·洛林的护卫队和加斯帕尔二世·德·科利尼的军队之间可能会发生冲突,也许亨利·德·洛林本人会在冲突中丧命。但现在,如果莫里韦尔被抓,他的幕后主谋极有可能会被供出来。不过,严酷折磨不是也没有逼着让·波尔特罗·德·米尔招供出加斯帕尔二世·德·科利尼吗?那么,凯瑟琳·德·美第奇深爱的亨利·亚历山大会怎么样呢?查理九世已经对他恨之入骨。亨利·德·洛林不可能忍受这种麻烦事,也不可能默默忍受查理九世的不快。亨利·德·洛林太强大了,不可能成为别人犯罪的替罪羊。巴黎人很喜欢他,放弃他对自己和后代来说都可能是危险的。由于凯瑟琳·德·美第奇没有力量控制和约束天主教派和胡格诺派,她必须站在其中一边。然而,无论怎样都会有危险——即使她的手上没有染上加斯帕尔二世·德·科利尼的鲜血。胡格诺派的胜利可能导致共和国的建立。亨利·德·洛林的胜利可能会导致她儿子亨利·亚历山大被革职。凯瑟琳·德·美第奇被自己的罪恶困住了,没有办法逃脱。莫里韦尔没有完成的刺杀事业必须完成。但如何完成?"诡计和手腕,"亨利·亚历山大说,"现在是不可能的了。"刺杀必须公开进行,实施过程肯定会遇到巨大的障碍。加斯帕尔二世·德·科利尼受到查理九世的保护,查理九世怎么能被说服牺牲"朋友兼父亲的加斯帕尔二世·德·科利尼"呢?

对1572年8月23日星期六在卢浮宫举行的会议,有三种不同的说法。在《法兰西政府回忆录》中给出的加尔文主义的解释,根本不可能获得民众的认可;瓦卢瓦的玛格丽特的说法同样靠不住;会议什么也没留下,只留下亨利·亚历山大的名字。即使有亨利·亚历山大的帮助,也很难追溯事件的真实发生顺序或使他的叙述与巴黎市官方登记的大事记条目保持一致。只有一件事是清楚的,那就是亨利·亚历山大没有说出全部真相。

为了逃避监视,凯瑟琳·德·美第奇召集心腹顾问到杜伊勒里宫。卢浮宫太拥挤太公开了,有利于胡格诺派的监控。但在城外乡间凯瑟琳·德·美第奇自己别墅的私家花园里,与会者可以自由、安全地发表言论。亨利·亚历山大、加斯帕尔·德·索克斯-塔瓦内斯、勒内·德·比拉格、德·雷茨元帅、阿尔贝·德·贡迪和讷韦尔公爵路易·迪·冈萨加都出席了会议。但他们的讨论没有记录，只能从结果推断出来。与会者一致认为时局刻不容缓，加斯帕尔二世·德·科利尼一旦脱离了危险，第二天就有可能会被转移到他们找不到的地方去。就在1572年8月23日当天晚上，加斯帕尔二世·德·科利尼必须被除掉，如果他和其他五六名胡格诺派首领被除掉，一切都会变得顺利。有一个毫无价值的故事，说的是一份征兵名单已经起草完成，名单的最前面是亨利·德·波旁和亨利一世·德·波旁的名字。年轻的纪尧姆·德·索克斯-塔瓦内斯为父亲加斯帕尔·德·索克斯-塔瓦内斯申请拯救胡格诺派生命的荣誉。但胡格诺派教徒的安全应该归功于凯瑟琳·德·美第奇。凯瑟琳·德·美第奇担心胡格诺派教徒的死会让洛林派过于强大。然而，没有查理九世的授意，任何事情都不能做，要得到查理九世的认可并非易事，因为"瓦卢瓦的玛格丽特说查理九世非常喜欢加斯帕尔二世·德·科利尼、拉·罗什福科、查尔斯·德·特利尼、拉·努埃和其他胡格诺派领袖，查理九世希望在佛兰德斯战争中任用这些人"。

1572年8月23日一整天，巴黎人仍然处于非常焦躁不安的状态。人们害怕发生大灾难，然而，大灾难没有立刻出现。空气中弥漫着猜疑，流传着最荒诞的故事。"巴黎城里处于喧嚣与混乱的状态中"，岗哨设置在了一些往常不设岗的地方，"来来回回运输了大量武器及盔甲"。因此，胡格诺派认为"应该尽早商讨对策，这样的骚乱局面肯定不会带来什么好事。"安娜·德·埃斯特在自己的旅馆里举行了一次盛大的集会。对胡格诺派来说，最可能发生的事莫过于亨利·德·洛林要对加斯帕尔二世·德·科利尼发起突然袭击，结束天主教派以前出师不利的局面。因此，加斯帕尔二世·德·科利尼的朋友们派科尔纳东去拜见查理九世，请求查理九世派一名卫兵到加斯帕尔二世·德·科利尼家里去站岗。查理九世不相信那个送信的人，很想见到凯瑟琳·德·美第奇。凯瑟琳·德·美第奇刚走进房间，查理九世就勃然大怒，怒吼道："这是什么意思？这个人告诉我，我的臣民正处于混乱之中，正在武装自己。""他们没有那样做，"凯瑟琳·德·美第奇平静地回答道，"你知道你曾吩咐各人待在自己的地盘，免得出现骚乱。""那倒是真的,"查理九世说,他显然不相信母亲的背弃,"但我下过命令,任何人不得拿起兵器。"在宫廷回归卢浮宫之前,巴黎人已经被解除武装一段时间了。然而,那些被拿走的武器现在正从兵工厂的仓库搬到维尔旅馆去,以便在需要的时候随时取用。如果像胡格诺派的叙述暗示的那样,武器搬运是在1572年8月23日早些时候进行的,这样的武器搬运活动也许是一种无害的预防措施。但无论如何,武器搬运活动背后的想法是值得怀疑的。如果武器搬运是在当天晚些时候进行的,那很可能与计划中的大屠杀有关。

　　加斯帕尔二世·德·科利尼的信使科尔纳东重复了一遍要派人看守的请求,和母亲凯瑟琳·德·美第奇一起进来的亨利·亚历山大说:"好吧,带上科斯桑和五十名火枪手。"科尔纳东说:"不,陛下,只带六个卫兵就够了。因为六个卫兵对民众的威慑力会和大量卫兵守卫的效果一样好。"查理九世回答说:"带上科斯桑,你找不到比他更棒的人了。"科斯桑是加斯帕尔二世·德·科利尼的死敌,他也与洛林家族有矛盾。大家都认为,一旦洛林家族弄出事端,弗朗索瓦·德·蒙莫朗西元帅就不会善罢甘休。科尔纳东离开后,弗朗索瓦·德·蒙莫朗西元帅的兄弟托雷·德·蒙莫朗西在他的耳边轻声说:"科斯桑这个卫兵应该是最不可靠的。"弗朗索瓦·德·蒙莫朗西元帅回答道:"我能怎么办呢?你刚才也看到了,国王下命令时多坚决啊。我们已经把自己奉献给了国王的事业,你也见证过以前国王给我下达任务时我做出的承诺,一切得服从国王的命令。"几个小时后,科斯桑将五十名士兵安置在加斯帕尔二世·德·科利尼家附近的两所房子里。查理九世的命令到了——其他权威人士称是亨利·亚历山大的命令——命令居民离开街道,以便让加斯帕尔二世·德·科利尼的朋友住下。尚不清楚查理九世的这一命令要执行到什么时候,可能查理九世根本就没有下达这样的命令。该命令通常被认为是一种狡猾的诡计,把所有胡格诺派教徒聚集在一起,这样他们就更容易被杀死。该命令还有一个好处:加斯帕尔二世·德·科利尼周围集结一些胡格诺派的驻军,会比他独自住在街边寓所更安全。如果一开始有一点点阻力,这个计划就会失败。亨利·亚历山大和凯瑟琳·德·美第奇都不可能如此软弱,以至在自己通往成功的道路上设置绊脚石。

与此同时,政府正忙着向全国各地和国外发送紧急消息,描述1572年8月23日发生的事情。最重要的是要防止胡格诺派的兴起,胡格诺派的怀疑已被企图杀害加斯帕尔二世·德·科利尼的残酷行动证实了。为了使胡格诺派平静下来,各省总督和地方法官奉命向胡格诺派教徒保证,会对刺客和教唆犯罪的人执行公正的司法。给沙特尔总督德·埃斯奎利的那封信,可以看作是给各地胡格诺派承诺的范本。查理九世在信中把刺杀加斯帕尔二世·德·科利尼的行动归咎于洛林派,补充说,这是查狄伦和吉斯两家之间的私人恩怨引起的,他曾尽其所能来处理这场纷争。查理九世下令"像以往一样严格"执行刺杀加斯帕尔二世·德·科利尼的命令,因为他担心最近的暴行会激起臣民的互相攻击,在城市里发生大规模屠杀,他会对此感到"非常遗憾"。加斯帕尔二世·德·科利尼写信给新教教会,希望新教教徒保持冷静,因为自己的伤势不是致命的,凶手正在追捕中。1572年8月23日上午,亨利·德·洛林听到查理九世针对自己的愤怒言论后,和奥马尔公爵克洛德·德·洛林一起去了卢浮宫,假装害怕胡格诺派的暴力,请求查理九世允许自己暂时离开宫廷。查理九世几乎没有看他们一眼,吩咐他们离开,说:"如果你们有罪,我会知道到哪儿去找你们。"亨利·德·洛林收拾好房间,神气活现地从一扇门里走出来,又悄悄地走进另一扇门,时刻准备着应付任何紧急情况。

巴黎城里的骚动不过是那种轻微骚动,但凯瑟琳·德·美第奇把一切都押在了孤注一掷的机会上。没有查理九世的授权,任何事情都不能再做了。不管对与错,必须得到查理九世的授权。根据亨利·亚历山大的说法,查理九世在晚饭后回到了书房,由于就餐时间是11时,回到内阁的时间应该是中午左右。紧随其后回到内阁的是查理九世的弟弟亨利·亚历山大、凯瑟琳·德·美第奇、路易·德·贡扎加、加斯帕尔·德·索克斯-塔瓦内斯、阿尔贝·德·贡迪和勒内·德·比拉格。这是一次普通会议,这些人聚集在一起商量应该做些什么来维护和平。凯瑟琳·德·美第奇基于加斯帕尔二世·德·科利尼受伤一事，开始讲一个关于胡格诺派武装起来反对查理九世的长篇故事："从被截获的信中，我了解到胡格诺派已向德意志请求一万骑兵的援助，向瑞士请求六千步兵的援助。许多胡格诺派军官已经动身到各省去征募士兵了，集结地也都部署好了。胡格诺派军队很快就会武装起来，陛下的军队没有足够的力量来抵抗。不久，整个王国将以公共利益为借口造反，由于陛下既没有人也没有钱，在法兰西将没有安全的栖身之所……陛下也应该知道还有更大的危险威胁着您的人身。胡格诺派密谋让亨利·德·波旁即位。"胡格诺派阴谋说虽然得到费尔南多·阿尔瓦雷斯·德·托莱多公报的支持，但没有一丝一毫的可信度。瓦卢瓦的玛格丽特的沉默是否定胡格诺派阴谋说的无声证据，胡格诺派大规模集结军队的说法同样与事实相反。弗朗西斯·沃尔辛汉姆写道，加布里埃尔·德·洛日在1572年8月22日21时到1572年8月22日22时之间拜访过他，告诉他："当我和改革派刚刚有机会了解加斯帕尔二世·德·科利尼的伤情时，我们很高兴，因为看到查理九世这么谨慎小心，又是给加斯帕尔二世·德·科利尼治伤，又是搜查暗杀他的乱党。"

凯瑟琳·德·美第奇说："还有一件很重要的事，不应该瞒着你们。天主教教徒已经完全厌倦了长期的战争，厌倦了各种各样的灾难，再也不能忍受了，想一劳永逸地结束这种状况。"

"他们想要什么？"查理九世打断了凯瑟琳·德·美第奇的话，"我与他们一样厌战，想要和平。还有什么比在蒙孔图尔或雅纳克更有希望取得成功呢？我要把第一个拔剑的人绞死。"

凯瑟琳·德·美第奇说："但陛下没有这个权力，事情已经发展到你控制不了的地步了。天主教教徒决定选举一名上尉将军，联合进攻胡格诺派。这样，陛下就会被架空，没有权力和权威。法兰西将被分成两大阵营，你将无法控制这两大阵营。我们所有人都将面临危险，成千上万的人将面临死亡和毁灭，而这一切只要一刀就可以避免。"

查理九世说:"我不明白你的意思,我的母亲大人。听你说话像猜谜语一样。"

凯瑟琳·德·美第奇又说:"那么,说得明白点,我们必须除掉内战的领袖和始作俑者。加斯帕尔二世·德·科利尼必须除掉。"

查理九世听了这话,勃然大怒。全体参会人员十分害怕,谁也不敢插嘴。凯瑟琳·德·美第奇让查理九世喘不过气来,然后用她那极具影射意味的口吻说:"我承认,补救办法是徒劳的,但除此之外别无他法。胡格诺派的计划,现在已经成熟到可以执行的地步了,但胡格诺派的计划必须和其领袖一起消失。除掉两三个胡格诺派领袖之后,天主教教徒就会心满意足并保持顺从,一切都会好起来的。"

查理九世闷闷不乐地听着其他人的发言,一个议员接着一个议员,好像都在问他母亲凯瑟琳·德·美第奇说的是不是真话,但他们训练有素的表现证实了这是个阴谋。可是,查理九世还是不相信,他又一次被怒火冲昏了头脑,发誓不准任何人伤害加斯帕尔二世·德·科利尼,说:"谁伤他一根头发,谁就有祸了!他是我唯一真正的朋友。其余人都是骗子,都卖给西班牙人了——除了亨利·德·波旁。"

面对查理九世的绝决,凯瑟琳·德·美第奇没有退缩,因为她的赌注实在太大了。凯瑟琳·德·美第奇对查理九世说:"你想怎么做就怎么做。如果亨利·德·洛林不受到惩罚,他对我们来说太过强大了——至少在巴黎是这样,这样对加斯帕尔二世·德·科利尼的攻击将只能在我们自家门口进行了。法兰西将再次被内战撕裂,我只看到一条出路。如果我们必须战斗,那就立即出击,趁敌人还在巴黎,还没有组织起来。"也许是考虑到1563年费尔南多·阿尔瓦雷斯·德·托莱多的建议,她补充道,"如果我们切断胡格诺派领袖们的联系,其他人就无能为力了。我们必须让亨利·德·洛林表态,要么让他支持我们,要么让他反对我们。我们唯一安全的做法是把亨利·德·洛林拉到我们一边,让他成为我们的工具。然后……把所有责任都推卸给他,永远毁了他。"

查理九世与母亲凯瑟琳·德·美第奇

查理九世仍然对凯瑟琳·德·美第奇的话无动于衷。对加斯帕尔二世·德·科利尼的爱和对凯瑟琳·德·美第奇的尊重使他左右为难，他便向顾问们征求意见。顾问们各持己见，都同意凯瑟琳·德·美第奇的意见，只有阿尔贝·德·贡迪除外。令议员们十分惊讶的是，阿尔贝·德·贡迪说："没有人比我更恨加斯帕尔二世·德·科利尼和他那一伙人了。但我不会以我的主人国王为代价，向我的仇人报仇，这个决策对国王和他的王国都是危险的，对所有人都是不光彩的。我们将因背信弃义和不忠而受到惩罚，我们的一举一动将动摇人们对国王的信仰和臣服，使他们不相信我们会在未来战争中为法兰西王国的和平事业采取措施。如果我们认为用这样一种背叛的行为可以逃避外国军队，我们会受到欺骗，我们将永远看不到这种决策给我们带来的灾难和毁灭性的结局。"这个回答使凯瑟琳·德·美第奇和她的顾问们大吃一惊。然而，由于没有人支持阿尔贝·德·贡迪，他的意见也就没有什么分量了。这也许就是他要发表意见的原因。

　　查理九世还是不服气，郁郁寡欢，一言不发，像往常一样咬着指甲。查理九世没有做出任何决定，他要证据，可什么也没有得到，只听到街头一些闲言碎语和几个头脑发热的胡格诺派教徒的愚蠢威胁。查理九世已经认识到要相信加斯帕尔二世·德·科利尼。难道查理九世能相信温和的查尔斯·德·特利尼及其粗野好动的同伴拉·罗什福科应该对有预谋的阴谋负责吗？查理九世想成为整个法兰西的国王——胡格诺派和天主教派的国王——不是某一派的国王。凯瑟琳·德·美第奇在绝望中使出了最后一招，她在查理九世的耳边低声说："也许，陛下，您害怕了。"查理九世像被箭射中一样，从椅子上跳了起来。他像个疯子一样狂呼乱叫，命令与会者住口，可怕地咒骂着说："如果你们愿意，就杀了加斯帕尔二世·德·科利尼吧。但要把所有胡格诺派教徒都杀了，全都杀了，全都杀了——这样以后就不会有人再来责备我了。立刻处理这件事，你们听见了吗？"查理九世愤怒地从议事厅冲了出来。那些同谋者被他的暴力举动吓呆了。

但不能浪费时间，查理九世也许会改变主意，胡格诺派教徒也可能会听到风声。杀人的计划必须在当天晚上执行。因此，亨利·德·洛林被召到卢浮宫。现在大屠杀的各个部分都被安排好了，借着在巴黎暴徒中的声望，亨利·德·洛林负责领导他们进行大屠杀。我们可以想象，亨利·德·洛林请求给予调遣海军上将的特权以方便自己为父亲弗朗索瓦·德·洛林被谋杀一事报仇雪恨。巴黎被划分成几个区域，每一个区域都被指派给一个可靠的军官把守。加斯帕尔·德·索克斯-塔瓦内斯是军事部署的总监督。参与大屠杀的同谋者们现在各自行动了，打算1582年8月23日10时再见面。亨利·德·洛林进入巴黎城，把计划告诉可以信任的暴徒头目，告诉他们胡格诺派首领之间有一场血腥的阴谋，要消灭查理九世和王室，铲除天主教；战争的爆发是不可避免的，但在巴黎街头爆发战争总比在野外好。因为这样一来，胡格诺派领导人会受到更严重的惩罚，他们的追随者也会被消灭。亨利·德·洛林肯定地说："加斯帕尔二世·德·洛林向德意志寻求骑兵援助和向瑞士请求步兵援助的信已被截获。"正如胡格诺派教徒经常威胁的那样，弗朗索瓦·德·蒙莫朗西元帅正带着两万五千人前来攻击巴黎。似乎是为了给这个无聊的故事增添一点色彩，1572年8月23日的早些时候，有人从城墙上看到了前来的一小群骑兵。暴徒们听到这样的言论和谎言，都很满意，发誓要秘密而迅速地执行亨利·德·洛林的命令。"这是我们国王的意愿，"亨利·德·洛林继续说道，"每一个好公民都应该拿起武器，将反叛的加斯帕尔二世·德·科利尼和他的异端追随者从巴黎清除出去。信号将由司法宫的大钟发出。就让每一个真正的天主教教徒在手臂上系上一根白色带子，在帽子上别上一个白色十字架，开始替上帝复仇吧。"经过观察，亨利·德·洛林发现商会会长勒·查伦太软弱，心肠太软，不能胜任安排的工作，于是建议市政当局暂时把勒·查伦的权力授予前会长克劳德·马塞尔。克劳德·马塞尔在性格上与勒·查伦截然不同。

1572年8月23日16时左右，亨利·亚历山大和父亲亨利二世的私生子亨利·德·昂古莱姆一起骑马穿过拥挤的街道。亨利·亚历山大注视着民众的表情，吐出阴险的话语，丝毫没有打算平息市民们汹涌澎湃的骚动情绪。一种解释说，亨利·亚历山大在分发钱财，这是不可能的，他下午的骑行只是一种侦察。维尔旅馆的每日记录证实了宫廷的焦虑，其实是凯瑟琳·德·美第奇和同谋者们的焦虑，即大屠杀应该斩草除根。"夜深了。"——一定要等到天黑，因为查理九世在晚上八点钟就去睡觉了，直到早晨十点才起来——叫来克劳德·马塞尔。在卢浮宫，克劳德·马塞尔发现了查理九世、凯瑟琳·德·美第奇和亨利·亚历山大，还有其他亲王和贵族，我们可以放心地把亨利·德·洛林、阿尔贝·德·贡迪和加斯帕尔·德·索克斯-塔瓦内斯也算作大屠杀阴谋的同谋者。查理九世向克劳德·马塞尔再一次讲述了胡格诺派的阴谋。胡格诺派的阴谋已经被亨利·德·洛林和亨利·亚历山大传得满城风雨。查理九世又命令克劳德·马塞尔关上城门，这样就没有人可以进出，也没有人可以得到钥匙。克劳德·马塞尔还要征用河岸上的船并把它们连在一起，撤走渡船，把各个区域的身体强壮的男人都召集并武装起来，交由合适的官员指挥，让他们在平时的集结地点待命，随时接受查理九世的命令。城市炮兵似乎并不像"炮兵"这个词暗示的那样强大，他们驻扎在格雷夫，是为了保护维尔旅馆，或者是为了执行其他什么任务。带着这些指示，克劳德·马塞尔回到了维尔旅馆，在那里花了大半个晚上准备那些必须发布的命令。这些指示"第二天一大早"就发出了。有理由相信这些措施只是为了预防胡格诺派的抵抗及防范在巴黎的街道上进行的血腥战斗。无论之后做了什么，市政当局都没有参与早期的屠杀。加斯帕尔·德·索克斯-塔瓦内斯抱怨一些公民"缺乏热情"。皮埃尔·德·布兰特姆认为，"有必要威胁、绞死一些落后分子"。

1572年8月23日晚上，查理九世在大庭广众之下用过晚餐，时间比我们早得多，大概是在1572年8月23日18时至1572年8月23日19时之间。目睹了这顿饭的大臣们似乎和以往一样多，有胡格诺派教徒，也有天主教教徒，受害者和刽子手都有。1572年8月23日晚上，不到20时，查理九世就走了，他把拉·罗什福科留在身边一段时间，仿佛不愿意让他走。"别走，"查理九世说，"很晚了，我们坐着聊会儿天。"拉·罗什福科说:"对不起,陛下,我又累又困。""你必须留下来,你可以和我的仆人一起睡。"由于查理九世太喜欢恶作剧,拉·罗什福科还是谢绝了查理九世的好意,离开了。拉·罗什福科没有想到会有什么不好的事情发生,像往常一样,晚上去拜访埃莉诺·德·鲁西·德·罗耶。拉·罗什福科一定在埃莉诺·德·鲁西·德·罗耶的房间里待过一段时间,因为他去跟亨利·德·波旁道晚安时,1572年8月23日已经过去了。当拉·罗什福科离开宫殿时,一个男人在楼梯下拦住了他并在他耳边耳语。当那个男人离开时,拉·罗什福科吩咐自己的侍从梅吉告诉亨利·德·波旁:亨利·德·洛林和路易·德·贡扎加要屠城。梅吉被派去报信期间,更多事情展现在拉·罗什福科的眼前。拉·罗什福科与警卫队长南凯回到楼上,抬起遮蔽亨利·德·波旁住房前厅入口的挂毯,看了一会儿里面的那些绅士,一些人正在打牌或掷骰子,另一些人正在聊天。最后,拉·罗什福科说:"先生们,如果你们谁想离开,必须马上走,因为我们要关大门了。"似乎没有人动,因为据说,在查理九世明确的要求下——这不太可能是查理九世的要求——这些胡格诺派绅士聚集在亨利·德·波旁周围,保护他免受洛林家族的伤害。梅吉在加斯帕尔二世·德·科利尼下榻处的院子里发现了武装卫兵。梅吉说道:"关心我的兰布依莱特阁下坐在边门旁边,当我走出去时,他握着我的手,带着一种怜悯的神色说,'再见,梅吉,再见,我的朋友。'兰布依莱特阁下后来告诉我,他不敢多说了。"

  凯瑟琳·德·美第奇的房间也不是那么平静。瓦卢瓦的玛格丽特对即将发生的可怕悲剧毫不怀疑。她在回忆录中写道:"胡格诺派教徒怀疑我,因为我是天主教教徒,天主教教徒怀疑我,因为我嫁给了亨利·德·波旁。夹在这两个教派中间,我对即将发生的惨案一无所知。"瓦卢瓦的玛格丽特正坐在姐姐法兰西的克劳德身旁。法兰西的克劳德心事重重,愁眉苦脸。这时,凯瑟琳·德·美第奇命令瓦卢瓦的玛格丽特回到自己的房间。瓦卢瓦的玛格丽特站起身来,正要服从命令,法兰西的克劳德抓住了她的胳膊,喊道:"妹妹,看在上帝的分上,别离开我。"凯瑟琳·德·美第奇严厉地斥责法兰西的克劳德,叫她不要作声。但法兰西的克劳德怀着真正的姐妹之情，不肯让瓦卢瓦的玛格丽特走。法兰西的克劳德说："把妹妹送去献祭是一种耻辱，因为如果发生任何事情，天主教教徒一定会向她复仇。"凯瑟琳·德·美第奇仍然坚持说："瓦卢瓦的玛格丽特不会受到任何伤害，我很高兴她回到自己的房间，以免她的缺席引起别人的怀疑。"法兰西的克劳德吻了吻她的妹妹瓦卢瓦的玛格丽特，含着眼泪向她道了晚安。"我走了，又惊又怕，"瓦卢瓦的玛格丽特说，"不知道我有什么好害怕的。"瓦卢瓦的玛格丽特发现丈夫亨利·德·波旁的公寓里挤满了胡格诺派绅士。"一整夜，"瓦卢瓦的玛格丽特说，"他们一直在谈论发生在加斯帕尔二世·德·科利尼身上的意外，他们天一亮就去见查理九世，要求审判亨利·德·洛林。如果胡格诺派没有轻易相信查理九世，他们会把主动权握在自己手里……我怕得睡不着觉。"当天亮起来的时候，亨利·德·波旁和胡格诺派绅士们一起到网球场去等候查理九世的到来，瓦卢瓦的玛格丽特沉沉地睡着了。

加斯帕尔二世·德·科利尼的旅馆整天都挤满了客人。巴黎的大多数绅士，包括天主教教徒和胡格诺教徒，都去表示他们的同情。因为法兰西人加斯帕尔二世·德·科利尼是勇敢的对手，尊重勇敢的人。巴黎绅士们认为，针对这位昔日在战场上经常碰面的海军上将进行的龌龊刺杀行径就是一种人身伤害。1572年8月23日，胡格诺派举行了一次会议，会上又讨论了一起从巴黎撤走并把加斯帕尔二世·德·科利尼带走的可行性。亨利·德·波旁和亨利一世·德·波旁反对这一提议，最终决定向查理九世请愿，"命令洛林家族的所有人离开巴黎，因为他们对巴黎人有太大的影响力"。一个叫布沙瓦内的叛徒也在与会者中间，非常仔细地听着每一个字。后来，他把这些信息全部报告给了亨利·亚历山大，这使亨利·亚历山大更加下定决心，要在当天晚上把一切一扫而空。

夜幕降临后，加斯帕尔二世·德·科利尼的客人们告辞了，他的女婿查尔斯·德·特利尼是最后一个离开他的病床的。和他同时代的作家说，当加斯

法兰西的克劳德

帕尔二世·德·科利尼被问及是否愿意让其他什么人在自己的房子里守夜时，他回答说，这么做是多余的，他用非常亲切的语言向看自己的人表示感谢。午夜过后，查尔斯·德·特利尼和德·盖尔奇离开了，留下安布罗斯·帕尔和牧师梅林陪着受伤的加斯帕尔二世·德·科利尼。此外，还留下了加斯帕尔二世·德·科利尼信任的两位绅士，即后来成为他的传记作家的科尔纳东和拉·博恩。加斯帕尔二世·德·科利尼的侍从约莱特，隶属于亨利·德·波旁卫队的五个瑞士人，以及大约五个的家仆也在守夜。除了其中的两个人，这一夜是屋里其他人在人间的最后一夜。

第 13 章

血染的庆典
（1572 年 8 月—1572 年 9 月）

奇怪的是，巴黎城内的军事部署引起了不小的骚动，却没有引起胡格诺派的怀疑。也许，胡格诺派相信了法兰西国王查理九世的话，武器和大炮的调动及警卫的部署和午夜的集结，都是为了防范洛林派。有一个故事是这样的：一些绅士被士兵们整齐的步伐和火把耀眼的光芒弄醒，走到门外，问这是干什么。绅士们得不到满意的答复，便向卢浮宫走去，发现卢浮宫外围院落坐满了全副武装的人。士兵们看见来者没有别白色十字架和系白布条，骂道："该死的胡格诺派，你们的好日子到头了。"有一个人对这种无礼的威胁做出了反应，立刻被一支长矛刺穿了。如果这一故事是真实的，那么它发生在1572年8月24日星期日1时左右，当天正好是圣巴塞洛缪节。

1572年8月24日，午夜过后不久，凯瑟琳·德·美第奇站了起来，走进查理九世的房间。只有一位淑女陪伴着查理九世，那就是内穆尔公爵夫人安娜·德·埃斯特，她渴望复仇的愿望终于得到了满足。凯瑟琳·德·美第奇发现查理九世正在房间里发狂似的快步走来走去，他看起来状态很好，其实是在故意掩饰自己的虚弱。一会儿，查理九世发誓要把胡格诺派教徒召集起来，号召他们保护君主和他们自己的生命；一会儿，查理九世突然对弟弟安茹公爵亨利·亚历山大破口大骂。但当亨利·亚历山大进了房间后，查理九世一个字也不敢说。不久，其他同谋也来了：小吉斯公爵亨利·德·洛林、讷韦尔公爵路易·德·贡扎加、勒内·德·比拉格、德·雷茨元帅阿尔贝·德·贡迪和加斯帕尔·德·索克斯-塔瓦内斯。只有凯瑟琳·德·美第奇一个人大胆地插嘴,她用一种严厉的口吻说:"现在没有回头路了,即使有,也太迟了。我们必须把这腐烂的树枝砍掉,把它彻底砍掉。如果你拖延,你就会失去上帝给我们一举消灭敌人的最好机会。"仿佛是同情受害者的命运,凯瑟琳·德·美第奇用低沉的语气重复——好像是自言自语——一个著名的意大利神父的话,她以前经常引用:"仁慈对他们是残忍的,残忍对他们是仁慈的。"凯瑟琳·德·美第奇的决心再次战胜了查理九世的软弱。最后的命令下达后,亨利·德·洛林离开了卢浮宫,后面跟着两队火枪手和亨利·亚历山大的全部卫兵。

亨利·德·洛林一离开,同谋者害怕看不见其他人,每个人都需要其他人的存在来保持勇气,于是他们去了毗邻网球场的一个房间,俯瞰着巴塞库广场。在所有人中,即在查理九世、凯瑟琳·德·美第奇、亨利·亚历山大和德·雷茨元帅阿尔贝·德·贡迪等人之中,查理九世是最没有罪的,也是最值得同情的。同谋者们走到窗前,焦急地等待着死神开始工作的信号。他们的良心,和他们急躁的心态一样,使自己无法平静地坐在房间里。亨利·亚历山大开口说话了:"当我们考虑大屠杀这样的大行动涉及的各种事情及其后果时,说实话,我们都还没有把各种事情考虑周全。这时,我们听到了一声枪响。这声音对国王、母亲和我产生了很大的影响,使我们的感官混乱,失去了判断力。我们为即将发生的大动乱而惊恐万状。"加斯帕尔·德·索克斯-塔瓦内斯补充说:"凯瑟琳·德·美第奇是个胆小怕事的女人,她很愿意收回命令,急忙派了一位绅士去见亨利·德·洛林,明确要求他回来,不要对加斯帕尔二世·德·科利尼有任何企图。"太晚了,"亨利·德·洛林回答说,"上将已经死了。"这一说法与其他说法不一致。"因此,"亨利·亚历山大继续说,"我们回到了以前的讨论,让事情顺其自然。"

1572年8月24日3时到1572年8月24日4时,马蹄声和有节奏的步兵脚步声打破了加斯帕尔二世·德·科利尼养伤的居所所在的狭窄街道上的寂静。这是

亨利·德·昂古莱姆

凶手们寻找受害者的声音。行凶者包括洛林家族的亨利·德·洛林和叔叔奥马尔公爵克洛德二世·德·洛林、亨利·德·昂古莱姆、讷韦尔公爵路易·德·贡扎加及其他外国人，如意大利人和瑞士人，即费辛基和侄子安东尼奥，彼得鲁奇上尉，温克尔巴赫的斯蒂德上尉和他的士兵，弗雷堡的马丁·科赫，康拉德·伯格，格拉鲁斯的莱昂纳德·格鲁恩费尔德和卡尔·迪安诺维茨，以及一个姓贝姆的人。奥马尔家族除了有一个阿廷上尉，还有一个叫萨尔布尔斯的人，萨尔布尔斯是一个变节的胡格诺教徒，也是哈弗尔的司令官。记录下这些默默无闻的人的名字是很必要的，因为他们的双手沾满了法兰西最优秀人士的鲜血。科斯桑和警卫也在大屠杀现场，他把一些火绳枪士兵部署到正对着加斯帕尔二世·德·科利尼居住旅馆的窗户位置，以免有人逃跑。

过了一会儿，加斯帕尔二世·德·科利尼居住的旅馆大门口传来一阵很响的敲门声。有人喊道："奉国王的名义，请把门打开。"拉·博恩以为这是卢浮宫传消息来了，急忙拿着钥匙，拔下门闩，被冲进屋里的行凶者立刻杀了。惊慌失措的家仆们半睡半醒，跑去看是怎么回事。一些人被当场打死，另一些人上楼企图逃生，关上脚边的门，用一些家具顶住。这道薄弱的屏障不久就被攻破了，那个企图抵抗的瑞士人也被打死了。喧闹声把加斯帕尔二世·德·科利尼从睡梦中惊醒，他猜到了这意味着什么——亨利·德·洛林袭击了这所房子——他从床上被抬起来，裹上睡袍，坐起来准备面对自己的命运。这时，科尔纳东走进房间，安布罗斯·帕雷问他那声音是怎么回事，他转身对心爱的主人说："先生，是上帝在召唤我们。那些人闯进了房子，我们无能为力。""我早就准备好要死了，"加斯帕尔二世·德·科利尼说，"如果来得及，你们必须逃命。你们救不了我。我把自己的灵魂交托给仁慈的上帝。"众人听从了加斯帕尔二世·德·科利尼的话，但只有两个人成功地逃生了。牧师梅林在一间阁楼里躲了三天，那里有一只母鸡给他提供食物，每天早上母鸡都会在他够得着的地方产下一颗蛋。

安布罗斯·帕雷和加斯帕尔二世·德·科利尼留了下来。加斯帕尔二世·德·科利尼看上去镇定自若，仿佛没有什么危险即将来临。经过短暂的安静，很多人冲了进来。科斯桑身穿甲胄，挥舞着手里血淋淋的剑，走进房间，后面跟着贝姆、萨尔布尔斯及其他人。亨利·亚历山大率领一队身着黑白绿三色制服的瑞士卫队殿后。行凶者以为会遭到抵抗，但看到只有两个手无寸铁的人，一时惊呆了。但行凶者野蛮的本性很快恢复了过来。贝姆走上前去，用剑指着加斯帕尔二世·德·科利尼的胸膛，问道："你是不是海军上将？"加斯帕尔二世·德·科利尼说："年轻人，你应该尊重我这个老人，不要攻击一个受伤的人。然而，这又有什么关系呢？除非得到上帝的允许，否则你不能缩短我的生命。"贝姆咒骂了一声，把剑刺进了加斯帕尔二世·德·科利尼的胸膛。

加斯帕尔二世·德·科利尼被杀的瞬间

房间里的其他人也开始击打加斯帕尔二世·德·科利尼，贝姆一再击打，直到他倒在地板上。凶手跑到窗前，朝院子里喊道："一切都完成了。"亨利·德·洛林已经很不耐烦了，对手下的迟缓非常不满，命令他们加快速度。"亨利·德·昂古莱姆不相信加斯帕尔二世·德·科利尼已死，他要眼见为实。"亨利·德·洛林答道。贝姆把加斯帕尔二世·德·科利尼的尸体从地上抬起来，拖到窗前准备扔出去。但加斯帕尔二世·德·科利尼的生命还没有完全停止，加斯帕尔二世·德·科利尼把腿靠在墙上，抗拒着这一企图。"是这样吗？老狐狸。"凶手贝姆叫道，拔出匕首，刺了他好几刀。在萨尔布尔斯的帮助下，贝姆把尸体扔了下去，尸体被摔得几乎再也认不出来是加斯帕尔二世·德·科利尼了。亨利·德·昂古莱姆——在某些故事中他被称为骑士——擦去了加斯帕尔二世·德·科利尼脸上的血迹。"是的，就是他，我很了解他。"亨利·德·洛林边说边踢着尸体。"干得好，伙计们，"他继续说，"我们已经有了一个良好的开端。遵照查理九世的命令前进。"亨利·德·洛林骑上马，从院子里走了出来，后面跟着路易·德·贡扎加。路易·德·贡扎加看着加斯帕尔二世·德·科利尼的尸体，冷嘲热讽地叫道："享誉世界的大人物就这样死啦！"托辛基从加斯帕尔二世·德·科利尼的脖子上取下了那串金项链——加斯帕尔二世·德·科利尼办公室的徽章。彼得鲁奇上尉，站在路易·德·贡扎加身边的一位绅士，砍下了加斯帕尔二世·德·科利尼的头，小心翼翼地将其带到了卢浮宫。在这个旅馆里的所有人，几乎没有一个人幸免于难，除了安布罗斯·帕雷，他被亨利·亚历山大的一支卫队护送到了安全的王宫。

就这样，加斯帕尔二世·德·科利尼在自己五十三岁的时候死了，他是伟大人物辈出的法兰西最不幸的人之一。加斯帕尔二世·德·科利尼的性格突出表现在其行动上，他身材中等，面色红润，身材比例好。他面容安详，声音柔和悦耳，说话却十分缓慢。加斯帕尔二世·德·科利尼习惯有节制的生活：只喝很少的酒，吃得很少。加斯帕尔二世·德·科利尼有五个孩子，女儿路易丝·德·科利尼嫁给了查尔斯·德·特利尼，后来又嫁给了奥兰治亲王威廉一世，即我们

加斯帕尔二世·德·科利尼的尸体被从窗户扔出去

的"威廉三世"的祖先;二儿子弗朗索瓦·德·科利尼逃脱了大屠杀;三儿子儿子查尔斯·德·科利尼在大屠杀中遇害;大儿子小加斯帕尔·德·科利尼未成年就死于一次战乱。加斯帕尔二世·德·科利尼死后,妻子雅克利娜·德·蒙贝尔·德昂特莱蒙为他生了一个遗腹女比阿特丽斯·德·科利尼。这个女儿的命运谁也不知道。

勒·拉布勒,一位天主教神父,这样评价加斯帕尔二世·德·科利尼:"他是法兰西历史上最伟大的人物之一,他是法兰西最忠诚于国家的人之一。"教皇公使桑塔·克罗斯形容加斯帕尔二世·德·科利尼"以谨慎和冷静著称,他态度严谨,总是显得很严肃,全神贯注地沉思;他的口才很有分量,精通拉丁语和神学;人们越了解他对朋友的坦诚和忠诚,就越喜欢他"。加斯帕尔二世·德·科利尼从不说谎。桑塔·克罗斯补充说:"他并不自命不凡,嘴里总是叼着一根稻草,用来清洁牙齿。"

加斯帕尔二世·德·科利尼的无头躯干被丢在地上好几个小时,直到它变成了暴徒的子女们的游戏。孩子们把它拖到巴黎的各个角落,试图把它烧掉。但加斯帕尔二世·德·科利尼的无头躯干除了被烧焦和变黑,几乎没有改变。这些残骸先是被扔进河里,然后又被捞了出来。克劳德·哈顿说:"因为它们不配做鱼的食物。"按照巴黎议会原先的判决,加斯帕尔二世·德·科利尼的残骸会先由刽子手拖到蒙福孔的普通绞刑架上,然后绑着脚后跟反吊在绞架上。宫廷里的所有人都去看这个情景以饱眼福。查理九世走近那具令人生厌的尸体时,无意识地模仿维特里乌斯的语言说:"敌人死去的气味总是很甜美。"尸体被吊了两个多星期,后来被加斯帕尔二世·德·科利尼的表弟弗朗索瓦·德·蒙莫朗西元帅悄悄放下来。经过多次搬运,加斯帕尔二世·德·科利尼安息在科利尼家族世袭城堡的废墟中残存的一堵墙里。那座城堡坐落在查狄伦卢昂河畔,没有人知道加斯帕尔二世·德·科利尼的头后来怎么样了,他的头颅原本是打算作为和平礼物送给格列高利十三世的。但他的头颅似乎从来没有离开过里昂。里昂的总督弗朗索瓦·德·曼德洛接到命令,要阻止使者——

洛林家族的一个仆人——把它带走。查理九世的目的是什么？他是否感到良心受到了谴责？他是否为曾经表示过欣赏的加斯帕尔二世·德·科利尼受到的屈辱而感到懊悔呢？或者他嫉妒亨利·德·洛林把胡格诺派领袖的头放在圣父的脚下而获得荣誉？唯一可以肯定的是，加斯帕尔二世·德·科利尼的头颅从未送达罗马。神父卡瓦拉克说，他在查狄伦看见过这样一样东西：一个装着加斯帕尔二世·德·科利尼遗骸的棺材里面有头骨碎片。然而，即使我们相信了卡瓦拉克的证词，那也绝不意味着这些骨头就是加斯帕尔二世·德·科利尼头部的一部分。

亨利·德·洛林把加斯帕尔二世·德·科利尼的尸体放在院子里后，就去了查尔斯·德·特利尼住的隔壁屋子。居住在旅馆里的人几乎都被杀了，唯有查尔斯·德·特利尼从屋顶逃走了。查尔斯·德·特利尼两次落在敌人手中，两次得以幸免。他最后死于一个人的刀下，这个人并不了解他和蔼可亲的性格。查尔斯·德·特利尼的邻居拉·罗什福科也许更幸运些，幸运在于他是瞬间死去的。拉·罗什福科刚要入睡，就被街上的喧闹声吵醒了。他听见喊声和许多脚步声，没有完全清醒，也完全没有怀疑，一听说是查理九世的召唤，就走到卧室门口。拉·罗什福科似乎认为，查理九世正沉溺在惯常的疯狂嬉闹之中，像惩罚小学生那样惩罚别人，现在是来惩罚他的。拉·罗什福科打开门，被十几把长矛刺穿，倒在门槛上死了。

宫廷信使从亨利·德·洛林那里带回的答案是"一切都于事无补了"。凯瑟琳·德·美第奇担心这种违抗国王命令的行为可能激怒查理九世，使他意识到所有的恐怖行径将以他的名义进行，于是发布命令将行动时间提前。不用等到司法宫古老钟楼发出的晨祷钟，取而代之的是指示附近的圣日耳曼欧塞尔教堂钟楼发出信号。当刺耳的声音响彻夜空时，作为信号的钟声被接收了，从一座钟楼传到另一座钟楼，把整个巴黎从睡梦中惊醒。

巴黎的四面八方，随即有仿佛地狱般的骚动声升腾起来：叮叮当当的钟声、撞门声、枪声、狂奔的武装分子的响动、受害者的尖叫声及盖过其他声音的暴徒的呼喊声。暴徒比饿狼更凶残、更无情。暴徒发出的喧嚣声，令最坚强的人都会畏缩，最清醒的人都会丧失理智。女人已经不像是女人，男人只剩下野兽般的力气，孩子们没有一丝青春和纯真的魅力。人们挤满了大街，在那里，黎明的曙光还在与一千支火把的光芒争斗。暴徒们闻到血腥的味道，饥渴地沉溺在仅此一次的恣意妄为的狂野中，犯下了历史上绝无仅有的恐怖罪行。

在卢浮宫内，在查理九世和母亲凯瑟琳·德·美第奇的耳畔及视线之外，上演了这场可恨悲剧中最龌龊的一幕。纳瓦拉王后瓦卢瓦的玛格丽特说，拂晓时分，丈夫亨利·德·波旁起身去打网球，下定决心要站到查理九世身边，为袭

查理九世在卢浮宫的阳台上看着眼前发生的屠杀，身后右侧站立的是凯瑟琳·德·美第奇

遭到屠杀的胡格诺派

击加斯帕尔二世·德·科利尼的行为讨回公道。亨利·德·波旁在胡格诺派绅士的陪同下离开了公寓,这些绅士在他周围看守了一夜。在楼梯下面,亨利·德·波旁被逮捕了,与他同行的几位绅士也被解除了武装,显然没有任何反抗的余地。卫队仔细地列了一张名单,由卫队的军需官宣读。听到名字的人答到之后,走进院子,进去的过程中不得不穿过瑞士雇佣兵的双排纵队。刀剑和枪戟使卫队的杀人工作事半功倍。据佩德罗·达维拉说,两百名法兰西绅士精英就在宫殿的窗户下躺倒一片。据说,查理九世对可怕的杀戮冷眼旁观,受害者请求他的怜悯只是徒劳。在被杀害的绅士中,有两位是几个小时前对查理九世说话最大胆的人:帕尔代兰的西格尔男爵和皮勒斯的阿尔芒·德·克莱蒙特男爵,他们大声要求查理九世信守诺言。阿尔芒·德·克莱蒙特男爵脱下华丽的斗篷,递给一个他认出来的人:"这是我的礼物,我是被卑鄙无耻的行为谋杀的。""我不适合接受你的嘱托。"对方拒绝了斗篷。瑞士人掠夺受害者的财物,指向那堆半裸的身体，向旁观者介绍：他们就是合谋杀死睡梦中的国王和王室成员并想把法兰西变成共和国的人。比大屠杀更可耻的行为是凯瑟琳·德·美第奇阵营中的一些贵妇的"飞行中队"行为。1572年8月24日晚些时候，贵妇们检查和嘲笑堆在院子里那些一丝不挂的尸体，对庞斯男爵查尔斯·杜·奎莱内克的身体尤为好奇，因为他妻子以婚姻无效为由向他提出了离婚。

有几位绅士成功地逃脱了这场屠杀。瓦卢瓦的玛格丽特"看到天已经亮了"，想着姐姐法兰西的克劳德跟她讲的危险往事，就睡着了。但她的睡眠很快被人粗暴地打扰了。"一个小时后，"瓦卢瓦的玛格丽特说，"我被一个男人吵醒了，他一遍敲门，一遍喊着：'纳瓦拉！纳瓦拉！'用人以为是我丈夫亨利·德·波旁，跑过去打开了门。进门的是一位叫勒兰的绅士，他的胳膊肘上挨了一刀，胳臂上被长矛刺中。四名士兵正在追赶他，士兵们跟着勒兰冲进我的房间。勒兰为了救自己的命，扑倒在我的床上。我发现自己被他紧紧地抱在怀里，我挣脱了，他跟着我，仍然靠着我。我不认识他，也不知道他是不是来侮辱我的，不知道士兵们在追他还是追我。我们都喊了出来，同样害怕。最后，天哪，卫兵队队长南凯走了进来，看见我这个样子，虽然同情我，但还是忍不住笑了。他严厉斥责士兵们的轻率，把他们赶出了房间，把那个仍然紧紧抓住我的可怜人的性命交给了我。我让勒兰躺下，在我的密室里把他的伤口包扎好，直到他痊愈。我换掉沾满血迹的睡衣时，南凯告诉我发生了什么事，向我保证亨利·德·波旁正和查理九世待在一起，安然无恙。南凯把我领到姐姐法兰西的克劳德的房间，我走到那里时，房间里一片死寂。当我走进开着门的前厅时，一位叫布尔斯的绅士从追赶自己的士兵中间跑出来，被一支离我三步远的戟刺穿了。我几乎昏倒在南凯的怀里，想象着同样的戟也会刺穿了我们两个人。我稍稍恢复了一些，就走进姐姐法兰西的克劳德睡觉的小房间。在那里，我丈夫亨利·德·波旁的第一绅士M.德·米奥萨斯和第一贴身侍从阿马尼亚克来求我救他们的命。我拜倒在查理九世和凯瑟琳·德·美第奇的脚下，请求他们的帮助，他们最终答应了我的请求。"

圣巴塞洛缪大屠杀

南凯来得不是时候,查理九世正要离开房间。无论去哪儿,查理九世都要带着亨利·德·波旁和小孔代亲王亨利一世·德·波旁。骚动和刺激使查理九世怒不可遏,亲王们的生命安全几乎都得不到保障。但亲王们都是有教养的人,一开口便责备查理九世背信弃义。查理九世命令亲王们保持沉默:"要么叛教,要么死亡。"亨利·德·波旁需要时间来考虑。亨利一世·德·波旁勇敢地宣布不会改变宗教信仰,他说:"在上帝的帮助下,我决定坚持我的信仰。"查理九世对违背自己意愿的行为更加恼火,在房间里愤怒地踱来踱去,发誓说,如果三天之内不改变立场,就要把他们的头砍掉。随后,亲王们被解职,被严密地关在宫中。

胡格诺派教徒居住的房屋在哪里,他们是谁都已经登记在册,很容易知道。士兵们冲了进去,不分年龄和性别,杀死发现的所有人。逃到屋顶上的人

一名天主教神职人员向参与屠杀的士兵指认胡格诺派人家

胡格诺派信众被困在了他们的房子里，等待他们的是可怕的厄运

会像鸽子一样被击落。白天的光线有助于完成比最黑暗的午夜还要黑暗、邪恶的大屠杀。所有克制都被抛诸脑后。男人们成了愤怒和偏执的受害者，女人们则遭受着难以言表的暴力。似乎大众的狂热需要刺激，背叛行动的军事指挥官加斯帕尔·德·索克斯-塔瓦内斯拎着滴血的宝剑骑马穿过街道，高喊："杀！杀！八月流血和五月流血一样好。"人们乐观地希望，这只是一种激动的语言，在加斯帕尔·德·索克斯-塔瓦内斯平静下来后，他会后悔自己参与了那次屠杀，但他始终如一。临终前，加斯帕尔·德·索克斯-塔瓦内斯把自己的罪

过一五一十地忏悔了一遍,却没有提到圣巴塞洛缪节那一天发生的事。当他的儿子纪尧姆·德·索克斯-塔瓦内斯对这一疏忽表示惊讶时,加斯帕尔·德·索克斯-塔瓦内斯说:"我认为这是值得称赞的行为,可以为我一生的所有罪恶赎罪的行为。"

这场屠杀很快超出了查理九世和凯瑟琳·德·美第奇的预料。天主教教徒非常愿意谋杀胡格诺派教徒,但行凶者有时分不清正统和异端。事情很快就失

参与屠杀的士兵砸开胡格诺派人家的房门

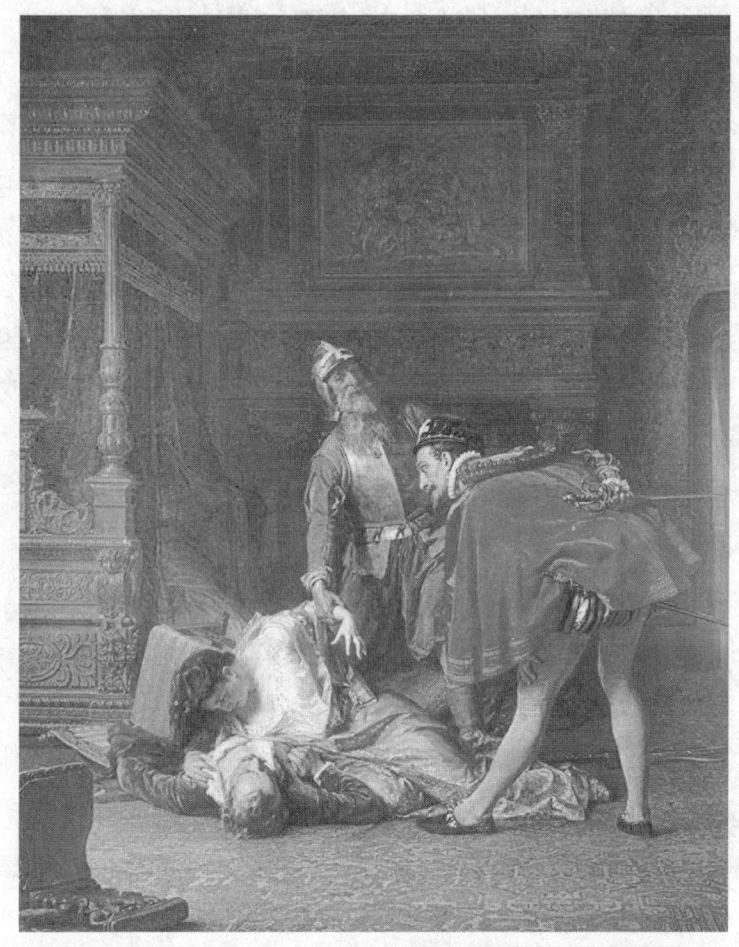

参与屠杀的士兵掳掠胡格诺派信徒的妻子

去了控制,对掠夺的渴望比对鲜血的渴望更强烈。可以肯定的是,在诱使查理九世同意屠杀的众多卑鄙动机中,有一个是希望用被谋杀的胡格诺派教徒的财产来发家致富和偿还债务。亨利·亚历山大和其他人对异教的财产也不是完全无动于衷。因此,我们发现巴黎监察官对查理九世提出了抗议,反对"卫兵和其他为国王陛下和亲王服务的人在街上劫掠房屋和谋杀"。作为回应,查理九世命令地方官员们"骑上马,动用全城所有力量来制止这种不规范的行为,并日夜值班"。1572年8月24日17时左右,路易·德·贡扎加签署公告,命令人们放下"在国王的许可下"拿起的武器,把街道只留给士兵把守。这好像是在暗示只需要士兵来进行杀戮和掠夺。

大屠杀从1572年8月24日星期日开始,一共持续了三天。卡米洛·卡皮鲁比非常简单地告诉我们:"这是一个节日,因此,人们有更多空闲时间进行杀戮和掠夺。"我们不可能每天都去完成杀戮任务,除了少数例外情况,我们只知道受害者都是在大屠杀中死亡的。萨尔维亚蒂大使在1572年8月24日中午之前写道:"整个城市都在武装之中,大量胡格诺派教徒被夺去了生命,被贪婪的暴徒洗劫一空。今天晚上,许多人将拥有马和马车,他们吃光喝光盘中的一切,这是他们一生中从来没有想到过的事情。为了使事态不至过分发展,防止蛮横无礼的暴民引起的暴动混乱,刚刚发布了一项公告,宣布在一天中有三小时,期间抢劫和杀人是非法的。这个命令得到了遵守,虽然不是所有的暴徒都遵守。你在街上什么也看不见,只看见你遇见的每一个人的帽子上都别着白色十字架,收效很好!"萨尔维亚蒂大使没有谈及街道上堆满了大量没有完全冰冷的裸尸,没有谈及满载的一车又一车运往塞纳河并被扔进河里的尸体。因此,可以说不仅塞纳河的整条河流被染成了血色,而且有很多尸体堆积在卢浮岛的岸边,就连空气也染上了腐败的味道。活着的人手脚被绑着,被从桥上扔了下来。一个人——也许是一个收破烂的人——把两个小孩装进捕虾笼,漫不经心地把他们扔进水里,就像他们是瞎了眼的小猫一样。最早的受害者之一是查理九世羽毛商的妻子,1572年8月24日4时左右,凶手闯入她在圣母院桥上的家,刺伤了她,把仍在呼吸的她扔进了河里。她在桥的木桩上抓了一会儿,最后被石头砸死了,她的身体被她的长发缠在木桩上缠了整整四天。流传的故事是这样的:羽毛商丈夫的尸体被扔下,砸到妻子的尸体,然后妻子的尸体从木桩上落到水里,两具尸体一起顺流而下。伊韦尔尼的西奥博尔德的遗孀马德莱娜·布里孔尼把自己伪装成一个平民妇人,想救自己的命,但她那件粗布长袍下面的漂亮衬裙出卖了她。由于马德莱娜·布里孔尼不愿改变信仰,被允许祈祷了一会儿,随后被扔进水里。马德莱娜·布里孔尼的女婿,勒内尔侯爵,穿着

圣巴塞洛缪大屠杀场景

衬衫逃跑，被凶手追到河边，在那里他成功地解开了一条船。要不是他的堂兄布西·德·安博瓦兹用手枪把他打死，他本可以逃掉的。一名叫基尼的人被刺伤并被扔进塞纳河，在冷水的作用下苏醒了过来。尽管基尼很虚弱，他还是游到船边，紧紧地抓住船，但很快就被追上了。基尼的一只手很快就被斧头砍断了，当他继续驾驶着船顺流而下时，一声枪响让他"彻底安静下来"。一个遭遇类似命运的人叫普瓦乌或普鲁瓦乌，他后来成了一首民谣的主人公。

莫宁斯上尉被他的朋友法瓦克斯藏在一个安全的地方。法瓦克斯请求查理九世饶了莫宁斯上尉。查理九世不仅拒绝了，还命令他，如果想救自己的命，

布西·德·安博瓦兹

一个在大屠杀中被杀死的年轻人

就必须杀死莫宁斯上尉。法瓦克斯不愿玷污自己的双手,于是选择让别人知道朋友的藏身之处。

孔代亲王路易一世·德·波旁的弟弟孔蒂侯爵总督弗朗索瓦·德·波旁的家庭教师布里翁把孩子从床上抱起来,没来得及给他穿衣服,正急着要跑到一个安全的地方去,这时孩子被人从他怀里抢走了,布里翁自己则被暴徒当着孩子的面杀害了。我们被告知,这个孩子"哭着恳求暴徒留下自己老师的命"。

圣母院桥上的房屋住着的主要是新教教徒,他们见证了许多残酷的场面。一所房子里的所有人都被屠杀了,除了一个小女孩,她全身赤裸地浸在父母的血里,被威胁道:"如果你变成胡格诺派教徒,就会像他们一样受到惩罚。"新教书籍销售商和印刷商遭到重点追杀。斯皮尔·尼凯在一堆用他自己的书慢慢生成的火焰上焚烧,奄奄一息,但没有死亡,最后被扔进了河里。乌丹·珀蒂成了他那位贪婪的女婿的牺牲品，他女婿是一位天主教书商。据报道，凯瑟琳·德·美第奇的香水师勒内·比安奇亲手杀死了一个跛足的年轻人。这个年轻人在金匠作品中表现出了高超的技艺，这是唯一一个令查理九世都哀悼其死亡的人，"因为手艺精湛，他的商店被抢光了"。一个女人被自己的女儿背叛了，一个怀孕快满二十一周的妇女受到难以言喻的折磨，一名孕妇在被迫从自己丈夫的脸上踩过后被淹死。有一名妇女被逼入绝境，试图从自家屋顶逃跑时被枪杀，她流产了。弗朗西丝·巴耶，凯瑟琳·德·美第奇的金匠的妻子，在看到丈夫和儿子被谋杀后，从窗户跳出，落到下面的院子里，摔断了双腿。一个邻居很同情她，把她藏在地窖里。然而，由于邻居"心肠软，胆子小"，被暗杀者的威胁吓住了，就把这个可怜的女人交给了暗杀者。那些畜生拽着她的头发，拖着她游街，为了方便得到她的金手镯，他们砍掉了她的两只手，让她在一家小餐馆门口流着血。厨师被她的呻吟声惹恼了，就把唾沫吐在她的身体上，放任不管。几个小时后，弗朗西丝·巴耶残缺不全的尸体被扔进河里，狗撕咬着她留在街上的手。在遇难者名单中，我们找到了加斯蒂纳的名字——一个寡妇，两个孩子的母亲，她的一生是受苦受难的：她的丈夫、公公和叔叔都被绞死了；一个亲戚被流放，另一个被送上战船，他们的财产都被没收，他们的房子都被夷为平地。

尽管胡格诺派教徒中的许多人都是富有经验的士兵，但他们中很少有人试图抵抗。如果他们这样做了，胡格诺派可能会有时间集结。事实上，胡格诺派教徒既没有自卫，也没有逃跑，他们似乎都麻木了。西奥多·阿格里帕·德·奥比涅讲了一件怪事，反映了胡格诺派教徒感到恐慌的心理状态：大屠杀发生几天后，他在八十名士兵的陪同下骑马沿路巡行，其中有一些是法兰西最勇敢的人。这时，一个人喊道，他们来了。胡格诺派教徒立刻策马狂奔。第二天，同样是这些惊慌失措的人，只用一半人就击溃了六百名天主教教徒。在《加蒙回忆录》中，我们读到阿诺奈的胡格诺派教徒被大屠杀吓坏了。天主教教徒哪怕只有一点动静，他们就会逃跑，尽管没有人追赶他们。

据记载，巴黎只有三个人为自己的生命而战。塔韦尼是马雷绍西的一个副官，他的房子经常被包围。在八九个小时的时间里，他和一个仆人把暴徒挡在了外面。他的子弹一打完，就用沥青球，这些也用完的时候，他就冲了出去，但寡不敌众。塔韦尼的妻子被关进了监狱，他生病的妹妹被赤身裸体地拖着游街，直到死亡结束了她的痛苦和耻辱。德·盖尔奇也为自己的生命而战斗，但没有成功，他唯一的武器是一把匕首，用来对付有铁甲护身的人。查尔斯·杜·奎莱内克也像英雄一样，以一敌众，并死在凯瑟琳·德·美第奇公寓的窗户下，成为最早的受害者之一。

雕刻家让·古戎在工作时被杀害。另一个受害者是彼得·拉米斯，他只是在学术圈有些知名度。他家境贫寒，祖父是烧炭人，父亲是农夫。彼得·拉米

彼得·拉米斯

斯白天干活，晚上学习，逐级晋升为普雷勒学院的哲学和修辞学教授，他因为攻击亚里士多德的权威而树敌无数，而且不止一次为了活命而逃跑。在大屠杀的恐怖中，彼得·拉米斯躲在地窖里，但被对手皮埃尔·沙尔庞捷派来暗杀自己的刺客发现了，他的少量财富被抢光，他本人也被从窗户扔了出去。大学里的一些青年，在教师的怂恿下，拖着彼得·拉米斯的尸体游街，使他蒙受种种屈辱。一个路过的外科医生割下彼得·拉米斯的头运走了，他的躯干则被扔

彼得·拉米斯之死

进了河里。艾克斯大主教吉尔伯特·吉尼布莱德在谈到圣巴塞洛缪大屠杀中的"有罪受害者"时宣称，彼得·拉米斯"因制造骚乱的愚蠢行为而受到了公正的惩罚，他敢于攻击语言、艺术、科学甚至神学等领域"。皮埃尔·沙尔庞捷为彼得·拉米斯的死亡欢欣鼓舞，他的离去"为我们，更确切地说，为共和国赎罪"。朗班是一名虔诚的天主教教徒，也是一位"忠实于国王的读者"。当他被告知这起谋杀事件时，他是如此的惊恐，以至无法承受。

还有一位有名气的受害者是援助法庭的主席皮埃尔·德拉普雷斯，他住在马莱最边缘一幢孤立的房子里。皮埃尔·德拉普雷斯得知大屠杀的第一条消息来自一个叫米歇尔的上尉。米歇尔肩膀上扛着火枪，左胳膊缠着白色绶带，腰带上别着手枪，1572年8月24日6时，米歇尔走进图书馆，说："亨利·德·洛林阁下刚刚在国王的命令下杀死了海军上将。所有胡格诺派，无论其地位和身份如何，注定是要灭亡的。我特地到这里来，是要把你们从这场灾难中拯救出来，但你必须让我看看你家里有多少金银财宝。""你以为你在哪儿？"皮埃尔·德拉普雷斯回答道，"难道我们不再有国王了吗？"米歇尔发誓说："跟我来，你要对国王说，你可以理解他的意图。"皮埃尔·德拉普雷斯没有听从米歇尔的劝告，从后门逃走了。米歇尔为了得到一千克朗，把皮埃尔·德拉普雷斯的妻子和孩子安置在一个天主教教徒家里。皮埃尔·德拉普雷斯没有从逃走中得到好处，他到处流浪，找不到庇护的地方，所有门都对他关上了。他很高兴终于可以回家了，他的妻子是一名文质彬彬的贵妇人，她早在丈夫之前就回来了，希望能找到丈夫，孩子们已经平安无事。因此，她决定做一家之主。1572年8月24日晚上——因为是星期天——仆人们和亲戚们聚集在一起，进行神圣的崇拜。在阅读并评论了《约伯》的一章后，皮埃尔·德拉普雷斯祷告，让自己为数不多的信徒做最坏的打算。皮埃尔·德拉普雷斯说："让我们学习如何在这种考验的情况下坚定而节制地行事，让我们证明上帝的思想已经充分地注入我们的灵魂。"皮埃尔·德拉普雷斯还没说完他的讲道词，就被告知森斯凯教务长就在门口，需要带着弓箭手去保护森斯凯教务长，护送他去卢浮宫。皮埃尔·德拉普雷斯不敢去，因为太危险了。森斯凯教务长最后留下八个人和皮埃尔·德拉普雷斯一起守卫这幢房子。星期一，森斯凯教务长带着明确的命令回来了，要带皮埃尔·德拉普雷斯去见查理九世。皮埃尔·德拉普雷斯的妻子怀疑他背叛了信仰，跪倒在他的面前，祈求能陪伴自己的丈夫。皮埃尔·德拉普雷斯把妻子扶起来，高兴地说："亲爱的，我们不能依靠人的武力，只能依靠上帝。"皮埃尔·德拉普雷斯看见儿子的帽子里有一个纸十字架，那是为了以防万一才放在那里面的。皮埃尔·德拉普雷斯说："把它拿出来，我的孩子，把那煽动叛乱的记号拿出来。你现在必须背负的真正的十字架，是上帝赐给你的患难，是永生的凭据。"然后，皮埃尔·德拉普雷斯拿起斗篷，拥抱妻子，吩咐她尊敬并敬畏上帝，随即愉快地离开了。他由十二名全副武装的弓箭手护送，但在街角被四名拿着匕首的人拦住了。护卫队没有抵抗，皮埃尔·德拉普雷斯被刺穿了心脏，倒在了地上。他的尸体被送到了维尔旅馆的马厩，随后被扔进了塞纳河，他的房屋也被洗劫一空。皮埃尔·德拉普雷斯可能是私人复仇的受害者，被斯蒂芬·德·纳伊雇佣的杀手谋杀了，因为正是他夺走了皮埃尔·德拉普雷斯的各种权力。

弗朗索瓦·欧代·德·梅泽雷写道，七八百人到监狱里请求避难，希望他们在"正义羽翼"的保护下获得安全保证。但被选来监狱工作的军官把他们带到了地如其名的"痛苦山谷"，在那里用棍棒将他们打死，将他们的尸体扔进了河里。威尼斯大使乔瓦尼·米切利也证实了这一说法，补充说他们是十人一组被杀害的。在一切都很残酷的地方，少数人表现得特别残暴。一个叫克罗齐耶的金箔匠，是监狱里的杀人犯之一，他露出了自己强壮有力的胳膊，夸口说亲手杀死了四千人。另一个人——请原谅我们这些平凡人吧，我们也咒他去死——肯定地说，他在没有帮助的情况下，一天之内"打发"了八十名胡格诺派教徒。吃东西的时候，他的手上还滴着血，宣称"这是他的荣誉，因为这是异教徒的血"。有一天，克罗齐耶的同伴，一个屠夫，向查理九世吹嘘他前一天晚上杀了一百五十人。科康纳斯是亨利·亚历山大的一个小跟班，他为自己从民众中赎

皮埃尔·德拉普雷斯之死

回了多达三十名胡格诺派教徒而感到自豪。因为他乐于让胡格诺派教徒改变信仰，然后在"把他们押进地狱"后亲手杀死他们。

1572年8月24日7时左右，查理九世站在王宫的一扇窗户前，欣赏着八月美丽早晨的天空，这时"杀！杀！"的喊叫声让他大吃一惊。喊杀声是由两百名卫兵发出来的，他们开火时发出的声音比处决越过塞纳河的胡格诺派教徒时要大得多。"胡格诺派是为了寻求国王的保护而来的。"一种解释说。"胡格诺派是为了帮助国王对付洛林家族而来的。"另一种解释说。查理九世对母亲凯瑟琳·德·美第奇说："天气似乎因屠杀胡格诺派而变得让人欢欣鼓舞。"一看到这情景，查理九世感到自己的野蛮本能都被唤醒了。查理九世曾经猎杀过野兽，现在他要去猎杀人了。他叫人拿起火绳枪，向那些侥幸逃过追捕的人开枪。一些现代作家否认了这一事实，理由是据说查理九世曾用来射击的那个阳台直到1572年以后才建成。果真如此，这只能说明传说弄错了地点。皮埃尔·德·布兰特姆明确地说，查理九世向胡格诺派开枪——不是从阳台，而是"从他卧室的窗户"。根据伏尔泰的说法，泰斯元帅是从装火枪的人那里听说这个故事的。亨诺在他的《阿布瑞格年表》一书中，用了一个"特别"的方式提到了这件事，而且这段文字在拉丁语版本中被删去了，这一点很重要。西蒙·古拉特在他的当代叙事中也使用了同样的警示表达。我们在巴尔比耶的《日志》里读到过，码头上的布利街有一座先锋派建筑遭到破坏，查理九世曾在那里的阳台放过一枪。西奥多·阿格里帕·德·奥比涅在自己的个人自传中谈到自己亲手写下了如下自传文字，"他也用这只手抓获了那些逃亡的破坏分子"。至于卢浮宫西南处国王寝宫，它的建成时间应该是在1556年。就寝宫本身而言，该建筑在1576年出版的安德鲁埃·德·塞尔索的《法兰西大殿》中被提及。现在，如果有人想知道建造一座宫殿需要的时间，如"法兰西大殿"，我们可以说这是一件需要付出巨大努力的建筑作品。那么他必然会得出这样的结论：这座寝宫早在1572年以前就已经存在了。因此，没有理由否认有关国王残暴行为的传闻。

查理九世向胡格诺派开枪

1572年8月23日星期六，在那个致命的夜晚，没有多少胡格诺派绅士能顺利逃脱包围圈，但还是有几个逃脱者。布里埃尔·德·洛日——正是他意外导致了法兰西国王亨利二世的驾崩——安全逃脱了，因为他的一个朋友过河事先给他通风报信了。亨利·德·洛林开始紧追不舍。亨利·德·洛林如果不是一直在等城门钥匙，布里埃尔·德·洛日可能早就被抓住了。在圣日耳曼郊区，在布里埃尔·德·洛日家附近寄宿的大约六十位绅士也是他这次逃亡的旅伴。

后来，法兰西国王亨利四世的著名大臣罗杰·萨利死里逃生。罗杰·萨利十二岁时，为了继续学业，他去巴黎支持纳瓦拉女王胡安娜·达尔布雷。"那天午夜过后大约三个小时，"罗杰·萨利说，"我被钟声和民众混乱的哭喊声吵醒。我的管家圣朱利安和我的贴身男仆出去调查原因，后来我再也没有得到过他们的消息，他们无疑是被愤怒的公众杀害的第一批人。我一个人继续在房间里穿衣服。过了一会儿，我的房东进来了，脸色苍白，极度惊恐。他属于改革派，知道了事情的缘由后，同意去做弥撒，以挽救自己的生命，保护自己的房子不受劫掠。他来劝我也这样做，想带我一起去。我觉得不应该跟他去，但我决定试试能不能进到我曾就读过的勃艮第学院。虽然我当时住的那所房子离勃艮第学院很远，但我还是做出了这样危险的尝试。我穿上一件学士服，乔装打扮了一番，胳膊下夹了一本很大的祈祷书，走到街上。我十分惊恐，因为看到那些暴怒的杀人犯从四面八方跑出来，冲进所有房子，大声喊道：'杀呀，杀呀！屠杀胡格诺派教徒！'我亲眼见到的流血使我更加恐惧。我倒在一群卫兵中间，他们停下来盘问我，开始对我横加指责。这时，我很高兴地发觉，他们发现了我带的那本书，把它当作我的通行证。在这之后，我又两次陷入了同样的危险境地，但都以同样的幸运逃脱了。最后，我来到了勃艮第学院。在那里，我遇到了前所未有的危险，守门人两次拒绝我进入，我继续站在街上，任凭野蛮凶手的摆布。他们的人数不断增加，显然是在寻找猎物。我突然想到要找勃艮第学院院长拉·费伊，一个爱护我的好人。看门人被我塞到他手里的几个小钱说服了，于是让我进去。我的朋友把我带到他的公寓，在那里我听到两个冷漠的神父提起西西里岛晚祷事件,他们想把我从我朋友身边赶走,这样他们就可以把我撕得粉碎,他们说,命令是连吃奶的婴儿也不放过。这位好心的朋友能做的就是把我单独带到一个偏远的房间里,把我锁在那里。我在那里被囚禁了三天,前途未卜。除了我朋友的一个仆人,谁也见不着。仆人不时给我送来粮食。"

莫尔奈的菲利普,人们通常称他为"杜普莱西斯-莫尔奈",是被怀疑叛教者的一员。那些被怀疑者拒绝参加为亨利·德·波旁与瓦卢瓦的玛格丽特的婚礼而举行的欢庆活动。莫尔奈的菲利普把母亲从巴黎接了出来,但他不知道自己如何体面地离开这座城市。胡格诺派的领袖们还留在巴黎,莫尔奈的菲利普

莫尔奈的菲利普

便决定和他们共担风险。莫尔奈的菲利普留下来的决定对自己几乎是致命的,他几乎没有时间去烧掉自己的文件,只好躲在自己住的房子的两个屋顶之间。1572年8月25日星期一,当暴民更加愤怒时,莫尔奈的菲利普的房东,一位有良知的天主教教徒恳求他逃走。因为莫尔奈的菲利普继续生活在那里可能会导致他们两人都遭遇不测,房东补充说,如果能确保一个人的安全,自己愿意冒一下险。因此,当暴民抢劫隔壁那所房子时,莫尔奈的菲利普穿上了一件朴素的黑衣服,佩带好宝剑,离开了。暴民杀了那所房子的主人,把他扔出了窗外。莫尔奈的菲利普安全地找到了自己的法律代理人吉拉尔,吉拉尔顺利地接待了他,让他在办公室工作。莫尔奈的菲利普避难的地方被发现了。1572年8月26日一早,莫尔奈的菲利普不得不由一个办事员领着离开这所房子。他们在圣丹尼斯城门口被拦住审问,莫尔奈的菲利普自称是一名律师的书记员,要到鲁昂和家人一起过节,于是他们被允许通过,但刚到达巴黎和圣丹尼斯之间的维莱特,就被"郊区的车夫、采石工和泥瓦工"挡住了。这些人把莫尔奈的菲利普拖到河边,在他同伴镇定自若的保证下,才救了他一命。他的同伴一口咬定,那两个家伙搞错了,另外一个才是去鲁昂的律师事务所的职员,在巴黎近郊很有名气。"当然,"年轻的莫尔奈的菲利普插话道,"你不会想为了追查另一个人而杀了我吧。"于是,莫尔奈的菲利普把自己介绍给了几个人,其中包括吉拉尔。然后,他们一起去吃早饭。正在这时,赶往鲁昂的马车走了过去。暴民们拦住马车,想确定乘客们是否认识这个逃犯,但没有人认出莫尔奈的菲利普。暴民们说莫尔奈的菲利普是个骗子,再次威胁要把他淹死。莫尔奈的菲利普被怀疑了一段时间之后,被释放了。被派去见吉拉尔的信使带着一张文书回来了,上面写着,他的职员莫尔奈的菲利普既不反叛,也无不满。一切仍没有结束。莫尔奈的菲利普在伊夫里-勒-坦普尔度过了星期四的晚上,一些人,可能是怀疑他的人,走进他坐着的那个房间,仔细观察,想要发现胡格诺派教徒。莫尔奈的菲利普在去自己的出生地布希的路上,险些落入一个叫蒙塔菲的独眼怪物之手。蒙塔菲是一伙匪徒的首领,正在搜刮法兰西的维克森。莫尔奈的菲利普发现维克森家的房子很荒凉,他的家人分别躲在没有人知道的地方。在经历了许多困难和危险之后,莫尔奈的菲利普终于从迪耶普逃到了英格兰。那是大屠杀九天后的1572年9月2日。

莫尔奈的菲利普的夫人夏洛特·莫尔奈也经历了许多危险,她的厨子是个胡格诺派教徒。一大早,厨子的哭声把她惊醒,听到他哭喊着:"暴徒们在谋杀每一个人。"莫尔奈的菲利普的夫人从窗口望向圣安托万街,看见一群激动不安的人,还有几个帽子上别着白色十字架的士兵,她急忙把她的一些贵重物品藏起来,让女仆带着小女儿一起离开。1572年8月25日8时,她到一个王室家庭里去避难。四十多人在同一慈善机构避难。该机构老板德·佩鲁兹和他的妻子有时站在门口,同经过的亨利·德·洛林、路易·德·贡扎加或其他贵族寒暄两句;有时还能跟"巴黎军官们"聊上两句。巴黎军官们正在洗劫邻近的胡格诺派的房屋。1572年8月26日星期二,巴黎的所有房子被搜查了一遍。夏洛特·莫尔奈不得不躲藏起来,在她躲藏的地方可以听到"大街上被杀害的男人、女人和孩子们奇怪的哭声"。夏洛特·莫尔奈的下一个避难地是在一个铁匠的家里,这个铁匠是个煽动家,也是他所在区域的队长,他娶了莫尔奈的菲利普的侍女。"他整晚都在咒骂胡格诺派教徒,紧盯着从被掠夺的房屋里抢来的战利品。"在经历了不断更换的避难地后,在大屠杀发生后的第十一天,夏洛特·莫尔奈登上了前往森斯的游船,在那里她被指控为胡格诺派教徒,被告知应该被淹死。一个女人走过来,问其他同船乘客要怎么处置夏洛特·莫尔奈。"怎么?这是一个胡格诺派教徒,我们打算把她扔到河里去,你要为她求情吗?"女人回答说:"你很了解我,我不是胡格诺派。我每天都去做弥撒,可是我太害怕了,这星期还发烧呢。""我也是,"一个士兵回答说,"我很痛苦。"这救了夏洛特·莫尔奈的命。但夏洛特·莫尔奈害怕听到旅客们——其中有两个修道士和一个神父——为在巴黎看到的一切而欢呼雀跃。大屠杀发生二十七天后,即1572年9月20日,英格兰女王伊丽莎白一世的瑞士卫队搜查了夏洛特·莫尔奈藏身的村庄,但没有发现任何胡格诺派教徒的踪迹。直到1572

年11月1日,夏洛特·莫尔奈才逃脱了所有的危险,到达色当城。在夏洛特·莫尔奈逃亡过程中,她曾经接近过大法官米歇尔·德·洛必达的乡间别墅。根据查理九世下达的命令,可能是为了保护这个别墅,别墅被一个强大的守备部队占领。无法无天的士兵们强迫已经皈依新教的米歇尔·德·洛必达的夫人做弥撒。前任大法官米歇尔·德·洛必达向这位逃亡者——夏洛特·莫尔奈强调,如果让她住在自己家里,她也必须像自己的夫人那样做弥撒。

年轻的科蒙,一个大约十二岁的男孩,在后世以拉弗尔斯公爵的称呼被人熟知。科蒙以一种奇特的方式逃脱了:装作死尸,有人把尸首扔在他身上,其中就有他父亲和兄弟的,他在这可怕的重负下躺了几个小时。这时,隔壁网球场

科蒙

的记分员被他的一只袜子吸引了,想把它扯下来。记分员边扯袜子边发出同情的感叹,科蒙听到了。"我没死,"科蒙低声说,"请救救我吧。"科蒙得救了,由于残忍的暴徒还在眼前,他还得在那血淋淋的人堆下面待上一段时间。科蒙被艰难地带进了兵工厂,在这里,作为军械署的领导者,比隆男爵阿曼·德·贡陶元帅统领全局。年轻的科蒙扮成侍从在这里待了几天。有人把这件事告诉了查理九世,还有几个胡格诺派教徒也在这个地方避难。查理九世决心调查此事。当阿曼·德·贡陶元帅听说这件事时,愤怒地说:"我会非常小心地阻止任何人进来,并架三四门大炮对准兵工厂的大门。"

费拉拉公爵夫人法兰西的勒内在旅馆庇护了许多人,其中就有牧师梅林的妻子和孩子。即使是亨利·德·洛林也不完全是嗜血的,至少有一个胡格诺教徒的命是他救的。英格兰大使弗朗西斯·沃尔辛汉姆在房子里只设置了一个守卫,这么做既防止了难民进入,也保护了仓促聚集在这里的英格兰人,最终

圣巴塞洛缪大屠杀当日的英格兰驻法兰西大使馆

许多法兰西人得救了。据报道,由于没有及时收到警告,有两三个英格兰人在大屠杀中丧生。在玛丽·斯图亚特统治的历史时期非常出名的威廉·柯卡迪的一生简直是死里逃生。休伯特·朗格特被奥尔良主教让·德·莫维利耶斯救了,他把休伯特·朗格特收留在自己家里。老吉斯公爵夫人安娜·德·埃斯特救了米歇尔·德·洛必达的女儿一命,米歇尔·德·洛必达对她表示感谢。

在大屠杀最严重的时候,有关奇迹发生的传闻重新激起了巴黎人萎靡不振的热情。在古老的清白公墓里,有一个小教堂是献给圣母玛利亚的,教堂前面是一丛白荆棘,已经有四年没有长过叶子和开花了。突然,在大屠杀的那个

清白公墓

早晨，它开满了美丽的白色花朵，空气中飘满了好闻的香水味。那丛白荆棘连续开花达两个星期之久，每个人都去看，查理九世和他的侍臣也列队前往。病人只要看一眼就能痊愈，巴黎几乎所有人都迷信地断定，这是"上帝批准天主教教徒起义和杀死加斯帕尔二世·德·科利尼"。法兰西所有的城市行会和公司，所有的教会，举行盛大的仪式，鸣奏响亮的音乐，向墓地进发，杀死了他们在路上发现的胡格诺派教徒。罗马教皇格列高利十三世的使节萨尔维亚蒂可能参与了这次宫廷游行，满怀疑问地写信给罗马教皇的大臣说："热心的人都跑去看花了，如果有住在那个小教堂的牧师敢公开说大屠杀开始的前些天荆棘丛就已经开花了，他会被石头砸死并被扔到河里。"

直到1572年8月25日，人们才对那些不幸的胡格诺派教徒遭受的恐怖打击感到悔恨和怜悯。法兰西王后奥地利的伊丽莎白希望不久就能当上母亲，她为小孔代亲王亨利一世·德·波旁求情，她陷入极度的焦虑和悲伤，以至"她的容貌被日夜流下的泪水给毁了"。我们听说阿朗松公爵弗朗索瓦·德·瓦卢瓦，一个不怎么可爱的年轻人，"为了那些勇敢的上尉和士兵的命运哭得很厉害"。由于他同情胡格诺派教徒，查理九世和凯瑟琳·德·美第奇狠狠地责备了他，他只好躲在两人的视线之外。阿朗松公爵特别喜欢加斯帕尔二世·德·科利尼，他在加斯帕尔二世·德·科利尼的文书里面发现了一篇报告，上面谴责了查理九世向宫廷年轻成员提供封地和补助的常规做法。凯瑟琳·德·美第奇兴高采烈地让弗朗索瓦·德·瓦卢瓦看："看看你的好朋友。""我不知道他跟我有多要好，"阿朗松公爵答道，"但他给出的建议确实不错。"

如果弗朗索瓦·欧代·德·梅泽雷值得信任，据他说，查理九世在大屠杀的第二天就崩溃了。从1572年8月23日星期六开始，查理九世就处于一种异常兴奋的状态，与其说是神志清醒，不如说是疯了。最后，查理九世的内心在压力下屈服了。外科医生安布罗斯·帕雷在可怕的时刻一直陪伴在查理九世身边。查理九世对他说："我不知道什么东西正在困扰着我。在过去的两三天里，我的身心都很不舒服。我发烧了，四周都是苍白的、血迹斑斑的笑脸。啊！安布罗斯，要是他们能放过弱者和无辜者就好了!"查理九世确实发生了改变,他变得比以往任何时候都更加焦躁不安,他的外表本就野蛮,他的滑稽行为显得更加粗野和狂暴。"查理九世一直都没有好好休息过,"西吉斯蒙德·卡瓦利耶说,"和莎士比亚戏剧中的做贼心虚的将军麦克白一样,他也彻夜难眠。""我从罗歇尔回来时,看见了查理九世,"皮埃尔·德·布兰特姆说,"我发现他完全变了,他的面容已彻底失去了他通常表现出的那种温文尔雅的气质。"

"大屠杀发生后大约一周,"一位同时代的人说,"几只乌鸦呱呱地飞来飞去,落在卢浮宫。乌鸦发出的喧闹声把所有人都吸引过去看。迷信的妇女用她们的胆怯感染了查理九世。那天晚上,查理九世还没有在床上睡两个小时,他就跳起来叫亨利·德·波旁前来倾听空气中可怕的骚动,听那些尖叫声、呻吟声、喊声夹杂着亵渎神明的诅咒和威胁声,正如大屠杀之夜他们听到的一切。这声音一连七夜都在同一个时刻响起。"朱文纳尔·德·尤因斯讲述的故事却截然不同:"1572年8月31日,我和菲斯克夫人在卢浮宫共进晚餐。天气很热,我们来到花园,坐在河边的凉亭里。突然,空气中充满了可怕的喧嚣和呻吟,夹杂着愤怒和疯狂的叫喊声。我们吓得动弹不得。我们脸色苍白,说不出话。声音持续了半个小时,查理九世听到了,吓得一夜未眠。"至于凯瑟琳·德·美第奇,她知道激动的情绪不利于食物消化,还会损害自己的美貌,于是一直保持着平静的情绪。"对我来说,"她说,"只有六个人让我的良心有些不安。"然而,她并没有良心,因为当她下令敲响警钟时,她一定预想到会有恐怖事件——也许并非所有的恐怖行径——将随之而来。

在第一批受害者的尸体还没有冷却之前,凯瑟琳·德·美第奇和顾问们就意识到犯了一个巨大的政治错误。大屠杀是一种犯罪行为,所有人惊恐地躲避着这一暴行及其作恶者。许多人,甚至那些曾经为大屠杀拍手叫好的人,也无法为大屠杀辩护。凯瑟琳·德·美第奇和她背后的意大利人——查理九世现在仅仅是他们手中的傀儡——下定决心要把谋害加斯帕尔二世·德·科利尼的罪行和大屠杀的责任让亨利·德·洛林来承担,他们还说查理九世本人在卢浮宫不安全。查理九世写道:"我和亨利·德·波旁、亨利一世·德·波旁在一起,准备和他们分享自己的财富。"大屠杀发生的当晚,王室发布了一份通函,将所有的不幸归咎于"洛林家族和查狄伦家族之间长期存在的私人恩怨",查理九世曾试图解决这场恩怨,但徒劳无果。通函接着说,《和解法令》必须一如既往地严格遵守。第二天,查理九世写信给朔姆贝格表示对发生的事深表痛惜。查理九世对拉·莫特-费内隆说,对加斯帕尔二世·德·科利尼受到的攻击十分恼火,答应会调查此事,惩罚罪犯。1572年8月24日,查理九世写道,洛林家族的人开始了大屠杀,"因为他们听说加斯帕尔二世·德·科利尼的朋友们会报复",自己也被迫雇佣警卫来保护卢浮宫的安全。1572年8月27日,查理九世又写了一封大致相同的信,但措辞上有很大的变化。

凯瑟琳·德·美第奇与王室成员来到卢浮宫外看到了满地的大屠杀遇难者

然而，到了这个时候，屠杀已经达到了如此惊人的规模，以至亨利·德·洛林决定停止追击加布里埃尔·德·洛日并返回，不愿独自忍受这种令人生厌的场面。此外，寻找借口就是承认软弱。在天主教教徒的眼里，他们把亨利·德·洛林提升到了天主教会真正捍卫者的地位。纠正这个错误的唯一方法是查理九世勇敢地承担责任。凯瑟琳·德·美第奇惧怕亨利·德·洛林，就像她憎恨加斯帕尔二世·德·科利尼一样。新政策确实会迫使凯瑟琳·德·美第奇她们再撒一个谎，但说谎在法兰西的宫廷里并不丢脸。1572年8月25日，查理九世向西班牙大使佩勒诺·德·尚托内暗示了这是一场阴谋。1572年8月26日，查理九世在母亲和兄弟们的陪同下，由一大群女士和先生跟随，在巴黎的街道上进行了一场庄严的游行。民众欢呼着欢迎查理九世的到来。一些恶棍从卫兵中间挤了过去，向查理九世炫耀自己血淋淋的武器和兵器并夸耀自己杀死的人数。一位信奉新教的绅士还没来得及睁眼，就被杀害了。"但愿他是最后一个！"查理九世激烈地嚷道，他来到巴黎圣母院大教堂去感谢上帝，因为履行这一幸福的仪式是他的职责。感谢上帝没有让一个信徒流血，法兰西王国已经从那些阴险和邪恶之人的手中被拯救出来了。查理九世从教堂出来，继续前往司法宫，在聚集于上议院的外国使节和议会议员面前，宣称发生了大屠杀："这一事件是我下的命令，没有任何宗教动机，也没有违反《和解法令》；我仍然打算继续遵守该法令，但要防止执行可憎的阴谋，这起阴谋是由加斯帕尔二世·德·科利尼和他的追随者们对国王、太后、其他亲王和亨利·德·波旁发起人身攻击引发的。"这个故事只能欺骗最无知和最狂热的人。萨尔维亚蒂立刻宣称，这种说法"在各方面都是错误的"，一个"不谙世事"的人都会羞于相信这种说法。"这是国王和太后他们不得不编造的'第三个谎言'。"加斯帕尔·德·索克斯-塔瓦内斯说。

王室的讲话后来被放大并作为宣言发表。王室指控胡格诺派教徒以各种方式违反法令，谋杀天主教教徒；如果不答应胡格诺派教徒的要求，便威胁发动战争，密谋反对查理九世和凯瑟琳·德·美第奇；胡格诺派甚至倒打一耙，宣

1572年8月26日，查理九世在司法官为大屠杀进行辩护

布查理九世正在密谋反对自己。"所有这些阴谋都是在加斯帕尔二世·德·科利尼的授意下完成的。"加斯帕尔二世·德·科利尼试图通过援助低地国家的叛乱分子来跟西班牙决裂。这时，一名男子在加斯帕尔二世·德·科利尼离开王宫时向他开枪，因为他曾威胁要处死这名男子。查理九世正在考虑如何快速处罚这种伤天害理行径的始作俑者。这时，加斯帕尔二世·德·科利尼决心一网打尽，向查理九世和王室成员复仇，这样他可能更容易让自己成为王国的唯一主宰。'如果我的胳膊受伤了，'加斯帕尔二世·德·科利尼说，'我的头没有受伤。如果我失去了我的胳膊，我将砍下伤害我的那个人的头。有人想杀我，但我得先下手为强。'当加斯帕尔二世·德·科利尼被告知查理九世为他的不幸感到难过时，他回答说：'一切都是编造的，我懂他们的把戏。我知道怎么把他们都抓起来。'1572年8月23日星期六晚饭后，加斯帕尔二世·德·科利尼和朋友们举行了一个秘密会议，会议上决定杀掉查理九世和所有反对胡格诺派密谋的人。傍晚，'一些值得信赖的人'，甚至一些不愿参与'如此野蛮的滔天罪行'的同谋者，把这件事告诉了查理九世。查理九世认为自己必须'迅速、有效、有力地对如此残忍的阴谋采取补救措施'，因为在涉及亲王生命的问题上，惩罚和'处决必须先于调查进行'。简单来说，先绞死叛乱者，然后再审判。因此，在议会上，查理九世与凯瑟琳·德·美第奇及其他人决定'必须先于阴谋采取迅速有效的处罚'。于是，查理九世下令于1572年8月24日周日早上黎明时分，开始惩罚行动，杀死了加斯帕尔二世·德·科利尼及其所有成员，这一行动完成得'既迅捷又完美'。1572年8月24日7时，加斯帕尔二世·德·科利尼、他的首席官员和其他人都被处死，没有人逃走。因此，查理九世认为是上帝的仁慈，让胡格诺派对自己的计划一无所知。巴黎人是忠实的天主教教徒，非常喜欢王室的亲王们。巴黎人记得过去的苦难，对胡格诺派的阴谋感到愤怒，于是'扑向胡格诺派教徒，消灭了许多人，洗劫了他们的房屋'。巴黎人怀着崇高的愿望去支持和保护他们的亲王。如果发生了几起抢劫案，'我们必须原谅一个被真诚的热情驱使的民族的愤怒——这种愤怒一旦被激起就很难被抑制。'

这就是当时对大屠杀的辩护。对我们这些了解这种辩护的弱点及其虚伪性的人来说，这种辩护足够可鄙。但对当时的狂热分子来说，这一定是一种令他们全身神经震颤的吸引力。谄媚的议会通过议长雅克·奥古斯特·德·佑的口，感谢查理九世亲切的发言，感谢他在粉碎反对王位和反对教会的阴谋中表现出来的能量。雅克·奥古斯特·德·佑赞赏地引用了路易十一的邪恶格言："不懂掩饰的人不会统治。"他的整个讲话是对大屠杀的低调辩护和赞颂。法兰西的地方长官竟能如此卑躬屈膝，这是当时最可悲的事情之一。但法兰西人总是太倾向于崇拜既成事实而成为成功者的卑躬屈膝的奉承者。一个国家的政治生活不可能有希望，除非它学会将同样的道德准则应用于公共事务和私人事务。在那一刻，查理九世比雅克·奥古斯特·德·佑更加高贵。在重大的犯罪中，犯罪者心中一定存在着某种动机：查理九世孤注一掷，如果失败了，他可能会失去王位，甚至性命。

皮布拉克建议会议应该记录下查理九世的话。同样是这个人，比他的同伴更勇敢，更有人情味，祈祷查理九世能下令停止屠杀。查理九世似乎立即下达了必要的指示，从那一刻起，任何人都不应擅自杀死或掠夺一个同胞，否则就会被处死。议会的天主教派拥护者莫维利耶斯却厚颜无耻地提议，加斯帕尔二世·德·科利尼策划反对查理九世的阴谋应该受到审判，应该被剥夺财产权和公民权。与此同时，查狄伦城堡被下令夷为平地，只剩下王府的一座塔楼。虽然在加斯帕尔二世·德·科利尼的文件中找不到任何证据来证明他密谋推翻王位，但在监狱里有两名囚犯，希望通过承认阴谋的存在来挽救自己的生命。两名囚犯是弗朗索瓦·布里克莫和阿尔诺·德·卡瓦涅斯。结束对他们的司法裁决，便可以结束恐怖的大屠杀了。弗朗索瓦·布里克莫已经七十多岁了，他曾参加过法兰西国王弗朗索瓦一世时期的意大利战争。1572年8月24日夜里，弗朗索瓦·布里克莫通过脱光衣服藏在一堆尸体下面救了自己一命，之后他逃到弗朗西斯·沃尔辛汉姆的家里，在那里伪装成马夫，后被发现。阿尔诺·德·卡瓦涅斯是"改革派的大法官"，在加斯帕尔二世·德·科利尼的请愿行动中被任命为法官。大屠杀前几天,查理九世曾恳求阿尔诺·德·卡瓦涅斯不要离开宫廷,因为自己需要阿尔诺·德·卡瓦涅帮助维护和平。查理九世任命了一个特别委员会担任法官审判这些囚犯,但因犯们是如此无辜,以至法官们下令将其释放。这一决定遭到了上诉,在一次审判后,他们被判有罪并被判处死刑,甚至被要求亲口认罪。加斯帕尔·德·索克斯-塔瓦内斯断言,如果囚犯愿意说出被要求说的话,他们就会得到生命和自由,但他们拒绝了。弗朗西斯·沃尔辛汉姆这样描述他们生命的最后一幕:"1572年10月27日,年轻的王后奥地利的伊丽莎白生了一个女儿,叫玛丽·伊丽莎白。1572年10月27日17时到1572年10月27日18时之间,弗朗索瓦·布里克莫和阿尔诺·德·卡瓦涅斯在熊熊火光的照耀

大屠杀期间,凯瑟琳·德·美第奇收到加斯帕尔二世·德·科利尼的首级

下被绞死。查理九世、凯瑟琳·德·美第奇、亨利·德·波旁、国王的兄弟们和亨利一世·德·波旁都目睹了这一幕。当弗朗索瓦·布里克莫走上梯子时,巴黎副监察官说,查理九世派自己去问弗朗索瓦·布里克莫是否能揭露一些最近的阴谋,如果他愿意说,就可以救自己一命。弗朗索瓦·布里克莫回答说,自己是国王最忠实的臣民;自己知道,大屠杀不是有利于国王本人,而是有利于他四周的邪恶谋臣;他抬起眼睛看向天堂,说,'哦,我的上帝,我站在您的审判席上,希望不久后能看到您,您非常了解,对阴谋反对国王并占有国王财产一事我什么都不知道,连想都没有想过。虽然他们把罪名嫁祸在我头上,但我请求我的神,您一定要赦免造成我不义死亡的国王及其他所有人,正如我求您赦免我对神圣的您犯下的罪。'然后,弗朗索瓦·布里克莫被拉着又上了一级梯子,说了一些话,'我有话要对国王说,我很乐意告诉您,但请注意,我不能说。'于是,弗朗索瓦·布里克莫耸了耸肩,不再讲下去。他的坚贞受到了很多人的赞扬,他的死也获得了很多目睹了这一切的天主教教徒的哀叹。阿尔诺·德·卡瓦涅斯没有说话,却表现出他对处死他的人没有那么宽宏大量,在死前,为了活着的希望,他在宗教上表现出悔意。在这次行刑时,有两件事是不受大众欢迎的,一是查理九世在场,因为这件事情不值得国家元首现身行刑现场。一是弗朗索瓦·布里克莫,作为一个绅士,被绞死,这在法兰西是很罕见的事情,特别的是他被敌人认为是无辜的。查理九世在执行死刑时的出现给死亡者的痛苦又增加了一种恐怖感。"

弗朗西斯·沃尔辛汉姆继续他的叙述:"行刑大约一个小时后,巴黎残忍血腥的人们不满足于上述两名囚犯被绞死,于是把他们的身体从绞刑架上取下并拖着游街示众,用匕首刺他们的尸体,用手枪射击他们的尸体,割掉他们的耳朵,不漏掉任何其他类型邪恶和野蛮残忍的折磨尸体的方式。"还有一些人要被处死,但凯瑟琳·德·美第奇"费了好大的劲"才说服查理九世对他们暂缓片刻行刑。弗朗西斯·沃尔辛汉姆总结道:"国王现在变得极其残忍。连那些建议他这么做的人也后悔了,他们害怕那句老话会应验。"在此之后,我们完全可以相信,查理九世命令将火把靠近两个受害者的脸,以便可以更清楚地看到关于他们垂死的痛苦的传言是真的。格雷夫河上悲惨残酷的行刑结束后,包括亨利·德·波旁在内的王室观众都退席到维尔旅馆去享用一顿早已为他们准备好的丰盛晚餐。之后,他们就一直坐在维尔旅馆的窗户边看风景。

大屠杀后大约一个月,亨利·德·波旁和亨利一世·德·波旁宣布投降。帮助他们皈依正统的代理人是叙罗·杜·罗齐尔,他曾任奥尔良的牧师,为让·波尔特罗·德·米尔的罪行狂热地辩护。但他屈服于诱惑,也屈服于恐惧,放弃了新教,像所有皈依天主教的人一样,急于通过使自己以前的兄弟皈依来表达自己的忠心。亨利·德·波旁和亨利一世·德·波旁听了叙罗·杜·罗齐尔的话,表示相信,但他们只是为了迎合一时冲动便可下令处决他们的国王,目的是保住性命。1572年10月月初,亨利·德·波旁和亨利一世·德·波旁写信给教皇格列高利十三世,对自己过去的错误表示遗憾,承诺将来成为天主教会忠诚的儿子。罗马教皇格列高利十三世和蔼地接受了他们的皈依,授予了他们结婚必需的婚姻特许状。亨利·德·波旁在纳瓦拉王国废除了宗教改革派的权利,以显示自己皈依天主教的热情。弗朗西斯·沃尔辛汉姆写道:"格拉蒙特伯爵阁下奉查理九世之命,禁止在贝阿恩进行一切传教活动,并在贝阿恩建立了天主教会。这表明了查理九世的意图,即严格遵守宗教宽容的相关法令。"但贝阿恩人誓死拒绝执行这一命令,理由是查理九世在巴黎是受到约束的囚犯。

第 14 章

各省大屠杀
（1572 年 8 月—1572 年 10 月）

  有些作家认为圣巴塞洛缪时代的悲剧是长期预谋的结果，认为各省发生的事件支持了他们的观点。但经过仔细研究，我们会发现，这些事件恰好证明没有任何预谋。除非我们认为凯瑟琳·德·美第奇和她的意大利顾问是最笨拙的阴谋家。因为如果是事先预谋好的，他们自然会安排同一天在全国范围内屠杀胡格诺派教徒。事实并非如此。在很多情况下，凶杀案都是在巴黎的消息传来后引发的群众骚乱导致的结果。确实有一封众所周知的凯瑟琳·德·美第奇写给洛伦佐·斯特罗齐的信。但洛伦佐·斯特罗齐要到1572年8月24日才能拆阅它，信中写道："我谨通知您，今天加斯帕尔二世·德·科利尼和所有胡格诺派教徒都被杀了。"这封信证明预谋的主要证据，但它显然是假的。

  看来，1572年8月23日，法兰西国王查理九世的命令一下达，屠杀新教教徒的指令立即就被送往了全国各地。阿尔贝里强调说，在任何省的登记册中都没有看到关于这种命令的任何记录。但即使没有这样的记录，也有大量证据表明，确实存在这样的指令。佩德罗·达维拉说，1572年8月23日，查理九世就已经派出了前往法兰西各地的信使。雅克·奥古斯特·德·佑的职位方便了解真相，宣称查理九世的口头命令确实发出过，已经由一封查理九世写给沙特尔总督德·埃斯奎利的撤销所有口头命令的信的内容确认了。还有一封查理九世写给马提翁的信。它取消了自己口头下达的所有命令。1572年8月26日，马提翁写信给朗格维尔公爵莱奥诺·德·奥尔良,复述了查理九世的来信。1572年8月27日,莱奥诺·德·奥尔良提醒特罗耶斯市长"他收到的信"命令他消灭异教徒。1572年8月26日,皮盖拉以查理九世的名义写信给昂热总督,要求处死主要的胡格诺派教徒,要求他不要再等待任何命令,因为他不会再接到任何命令。因此,很明显,查理九世希望按照自己的决心行事,不允许任何胡格诺派教徒活下来继续指责自己背信弃义。他的命令是否得到执行,在许多情况下取决于接受下达命令的总督或市长的性格。一位叫拉·莫勒的信使被派往普罗旺斯省总督唐德伯爵那里,负责送达一封信,要求他屠杀所有胡格诺派教徒。然而,信的附言是告诫唐德伯爵,不要相信拉·莫勒说的话,也不要按照他说的做。唐德伯爵无法执行这些相互矛盾的指示,就派他的秘书去见查理九世,查理九世叫他"处死几个胡格诺派教徒"。然而,唐德伯爵在这期间去世了,他的继承人库尔吉希伯爵在没有得到进一步指示的情况下,拒绝采取行动。查理九世又下了一道命令,命信使冒着生命危险,向库尔吉希伯爵传达"不进行屠杀"的命令。

布列塔尼总督、波旁-蒙庞西耶公爵路易·德·波旁写信给南特的市政官员,希望他们屠杀胡格诺派教徒。但南特的市政官员拒绝了。他们的拒绝立场被铭刻于历史丰碑之上。

在阿朗松地区,由于马提翁总督有能力阻止,因而没有发生大屠杀。马提翁注意到天主教教徒的武装意图是杀人,于是关闭了城门,加固了岗哨,发布了严厉的公告,禁止攻击胡格诺派教徒,不能使他们受到任何伤害。胡格诺派教徒奉命集合起来,交出武器,派出三十二名人质,重新宣誓效忠天主教。因此,所有胡格诺派教徒都幸免于难。马提翁总督的名字在阿朗松是一个家喻户晓的名字,他长久地活在人民心中。

在昂热,大屠杀有一些明显的特点。根据安茹伯爵亨利·亚历山大代表的指示,索米尔总督蒙梭罗杀死了该城所有胡格诺派教徒之后,在1572年8月29日破晓时分赶到昂热。蒙梭罗下令关闭大门,来到拉·巴比的家。拉·巴比是一位胡格诺派绅士,他逃了出来,但他不幸的兄弟被杀死在了病床上。接下来,蒙梭罗拜访了拉·里维埃尔牧师，他们之间已经有了很长时间的交情。蒙梭罗向拉·里维埃尔的妻子恭恭敬敬地行了个礼，便走进花园去找她的丈夫。在惯常的拥抱之后，他说："我奉国王之命，要立即处死你。"拉·里维埃尔牧师要求稍等片刻，以便集中思想和进行祈祷。他如愿以偿，把灵魂交托给上帝，然后被刺中心脏，倒地身亡。随后，蒙梭罗又杀了两个牧师。与此同时，消息传开了，一些天主教教徒聚集在街上，帽子上别着白色十字架。蒙梭罗的话激起了天主教教徒的狂热。他们把被害牧师的尸体拖到河边，拉响了警钟，逐家逐户地追杀胡格诺派教徒。但市民们都置身事外，地方法官们出面干预，大屠杀停止了。1572年8月29日晚些时候，亨利·亚历山大的信使来了，命令将异教徒的财产收集起来，价值达十万里弗。在那个时代，道路上的劫匪会让受害者在金钱和生命两者之间做出选择，但亨利·亚历山大两者都要。

"巴黎大屠杀一周后，里昂的胡格诺派教徒被一个接一个地'像羊一样'关进监狱。"卡皮卢皮说。当里昂总督达内斯要求刽子手处死一些胡格诺派教徒时，刽子手回答说："我不是杀手，我只为公正的司法工作。给我下命令吧。"但这并没有拯救胡格诺派教徒，结果有三百名士兵准备进行这项血腥的屠杀。那些被囚禁在大主教宫殿里的人先是被抢劫，然后被砍成碎片，孩子们挂在父母的脖子上，兄弟姐妹们互相安慰，要在上帝的事业中耐心地忍受痛苦。所有关在里昂监狱里的人被拖到桥上，然后被扔进河里。夜幕降临时，凶手们又加入暴徒的行列，抛弃了一切束缚。"在圣约翰广场，"西奥多·阿格里帕·德·奥比涅说，"一堆尸体堆得那么高，那么可怕，简直无法形容。"仅在里昂这一座城市，就有四千人被杀，其中包括著名的音乐家克劳德·古迪梅尔。然而，弗朗索瓦·德·曼德洛写信给查理九世，对少数人逃脱感到遗憾，乞求分享战利品。在亚里斯，由于尸体从里昂顺流而下，河水被污染，居民们好几天都无法喝到纯净水。

在奥尔良，大屠杀有其独特的暴行特征。有一次，拉·布伊请他的朋友拉·库尔来吃晚饭。当拉·库尔坐在桌边时，拉·布伊就用刀捅了他。塔耶布瓦是一名法学教授,他被自己的学生谋杀了。有些人到塔耶布瓦家里去,要求看看他的藏书室。当塔耶布瓦领他们去看它时,这些人向他要一些书,塔耶布瓦便给了他们。"这还不算完,"那些人说,"我们要杀了你。"塔耶布瓦跪下来,默默地祈祷了几分钟,然后大声说:"我准备好了!马上杀了我。"那些人没有干脆利落地杀了塔耶布瓦,而是把他赶到街上。当塔耶布瓦看到一个可怜的鞋匠流血而死时,他失去了勇气。塔耶布瓦虽然几乎走不了路,但他还是被赶着往前走,直到他来到以前教书的法学院门前,凶手在那里杀死了他,结束了对他漫长的痛苦折磨。尼古拉·邦加尔奄奄一息地躺在床上,几个歹徒闯进了他的房间。歹徒尊重这个垂死的人,却杀了照顾他的药剂师。第二天,一个一直有规律地探望尼古拉·邦加尔的人去了他家,在门口跟他母亲打招呼。当她像忠实的天主教教徒去做弥撒后,他上了楼梯,刺死了病人尼古拉·邦加尔,然后用被褥擦拭匕首,离开时和来时一样,没有表现出一丝情绪。在受害者中,有些人被扔进沟里,被狼和狗吃掉;有些人被扔进卢瓦尔河,河水被污染,天主教教徒拒绝饮用河水,也不愿吃从河里捕来的鱼。在这一千四百名受害者中,有一百五十名是女性。

1572年10月3日,波尔多大屠杀开始。民众被一个叫奥热的耶稣会教徒的布道激怒了。米迦勒节那天,奥热在讲坛上说:"谁在巴黎执行神圣的判决?上帝的天使。谁在奥尔良行动呢?上帝的天使。谁又在这个王国里的一百个城市里行动呢?上帝的天使。在波尔多,谁来处决他们呢?无论人们如何抗拒上帝的天使,他都在行动中。"这场屠杀是由一群戴着"红帽子"有组织的暴徒实施的,这在后来的历史上都是臭名昭著的。许多胡格诺派教徒在某些天主教神父和天主教普通教徒的家中躲避灾难,这些天主教教徒对目睹的野蛮行径都备感惊骇。其他胡格诺派教徒则在哈姆和特朗佩特的城堡里找到了安全的避难地。

在莫城,市场广场上的所有房子都被彻底摧毁,许多居民被杀害。1572年8月26日,暴徒进入监狱,监狱里面有两百多名胡格诺派教徒。胡格诺派教徒被一个接一个地叫到院子里,如果剑和长矛不能立即杀死他们,就用屠夫敲晕公牛的大锤敲碎他们的脑袋。有些胡格诺派教徒仍在呼吸,被活活埋葬在为处理他们的尸体而挖好的壕沟里。壕沟填满后,剩下的人则被扔进了马恩河。

  1572年8月26日,大屠杀的消息传到了特罗耶斯。当时,特罗耶斯的城门立即关闭,以防止惊恐的胡格诺派教徒逃跑。许多人被关进了监狱。直到1572年9月4日,才发生了大规模的屠杀。一位名叫贝兰的药剂师奉查理九世1572年8月28日发布的命令从巴黎赶来宣布禁止骚扰新教教徒的公告。这个卑鄙之人说服高级法警和议会杀死了囚犯,然后再发布那个公告。政府的刽子手拒绝参与这个卑鄙的阴谋。"我的职责是,"刽子手说,"只参与处决那些在法律上被判有罪的人。"这并没有拯救那些囚犯,他们被一群喝醉酒的暴徒屠杀了。囚犯们的鲜血从大门下面一直流到街上,这让那些仁慈的天主教教徒感到异常恐惧。

  鲁昂总督对是否执行自己接到的命令犹豫不决,要求新的指示。新的指示对新教教徒是不利的,于是他把所有能找到的新教教徒都关了起来。1572年9月17日,鲁昂的城门关闭,广场上设立了军事哨所。有一群杀人强盗进了监狱,根据他们随身携带的一份名单,用棍棒和匕首杀死了大约六十个胡格诺派教徒。接着,杀人强盗侵入私人住宅,男女受害者的总数超过六百人。

  1572年8月的最后一天,图卢兹国会大厦收到朗格多克省的茹瓦约斯中将的一封信,信中叙述了1572年8月24日大屠杀的经过,补充说,查理九世"不会允许任何违反《和解法令》的行为"。茹瓦约斯中将进一步指示治安官严加监视,以免新教教徒起义,命令加强守卫,"以尽可能最安静的方式,以免冒犯任何人"。法兰西第一主席让·德·阿费斯向地方法官传达了这个信息,希望他们确保"不发生有损公共安宁的集会、骚乱或暴行"。就公告表达出来的意思而言,政府旨在促进天主教派和宗教改革派之间的友好和平相处。根据法令,胡格诺派教徒被要求在离图卢兹一定距离的地方集会礼拜。然而,胡格诺派教徒通常的集会地点是卡斯塔内,一个在规定范围内的小村庄。不知什么原因,地方法官们决定严格理解执行该法令,逮捕了1572年9月4日所有参加礼拜仪式的人。囚犯们没有受到虐待，而是被安全拘留，直到查理九世满意为止。在三百名被捕者中，有两百多名在狱卒的默许下成功逃脱。1572年10月1日，一伙拿着长矛和火枪的匪徒似的士兵进入图卢兹，不久就把他们的勾当暴露出来，他们威胁市民，骂市民是"巴塔林派、帕尔佩略派和胡格诺派"。那伙士兵找了一个叫拉图尔的圣凯瑟琳学院副院长领路，冲进监狱，杀死了囚犯。这些士兵现在成了图卢兹的主人，也开始袭击天主教教徒，因为他们真正的目标是掠夺，而不是宗教。天主教教徒的受害者中有一位是被拉图尔谋杀的牧师盖斯特雷，他和拉图尔打过一场官司；还有一位受害人是著名的法学家琼·科拉斯。

　　幸运的是，对人类本性来说，这一时期的历史并不只是一段不可原谅的背叛和谋杀的历史。法兰西有许多勇敢而可敬的绅士，他们拒绝服从宫廷的血腥法令。奥弗涅总督——蒙特梅林的圣海伦给查理九世写信说："陛下，我接到陛下的命令，要处死我省的所有新教教徒。我非常尊敬陛下，认为这封信是伪造的。如果这命令是陛下下达的，我还是很尊重您，但不会服从命令。"虽然奥弗涅的胡格诺派逃脱了大屠杀，但有理由怀疑这封信的真实性。《杜拉尔手稿》详细地叙述了查理九世如何把一个叫孔贝勒的上尉派到德·圣赫伦阁下那里去送一封快件，快件中包含了消灭胡格诺派教徒的命令。在路上，孔贝勒遇到了一个旅人，这个旅人从巴黎大屠杀中逃了出来，他把自己说成是朗格多克省当维尔元帅的信使，命令说要把政府中所有的加尔文主义者都处死。孔贝勒和这个信使结伴而行，结果当他们在穆兰睡在同一个房间时，孔贝勒的快件被偷了。小偷急忙跑到伊苏瓦尔，把快件交给了牧师克劳德·巴迪埃尔，要求他警告新教教友们立刻逃跑。孔贝勒继续赶路，把信的内容告诉了德·圣赫伦。如果这个故事是真的，德·圣赫伦几乎不可能回复一封没有收到的信。然而，可以肯定的是，德·圣赫伦把所有新教教徒囚禁在伊苏瓦尔，等待进一步的命令。在欧里亚克的政府中有八十名新教教徒被杀害。

　　巴约讷的总督奥尔特子爵写了一封信，人们还是愿意相信这是真的，尽管最近人们对这封信产生了怀疑。信的内容是："陛下，我已经把陛下的命令传达给巴约讷忠实的居民和守军了,我发现他们中间有许多好公民和勇敢的士兵,但没有一个刽子手。"有一件事是可以肯定的,巴约讷的胡格诺派得救了。

查理九世的副官拜见了利雪主教詹姆斯·伊恩努耶,说明自己接到了在利雪杀死胡格诺派教徒的命令。"不,不,先生,"詹姆斯·伊恩努耶回答说,"我反对,并将永远反对执行这样一项我不能认同的命令。我是利雪教会的牧师,你要杀死的人是我的教众。虽然他们现在是流浪者,已经偏离了由最高的牧师耶稣基督托付给我的信仰,但他们仍然可以回来,我不会放弃看到他们回归的希望。我没有在福音书上读到过牧人应该让他的羊流血;相反,我觉得牧羊人注定要为他的羊群流血并献出自己的生命。把这个命令收回去,因为只要我活着,该命令就永远不会得到执行。"利雪的胡格诺派教徒幸免于难。

当两个信使接连不断地把这个致命的命令到处散布,带到阿尔奈勒迪克时,沙尔尼伯爵埃丽诺·沙博向议会征求意见。当时,议会内部意见分歧严重,直到一位年轻而不知名的倡导者引用了特奥多修斯颁布的一项法令。这项法令是特奥多修斯为自己在帖撒罗尼迦执行的一场屠杀而懊悔不已的情况下颁布的。"根据这项法令,所有总督都被禁止在今后执行任何杀害胡格诺派教徒的命令,限期三十天。"在这三十天期间内,总督们要求得到该命令的书面确认书。法兰西议会中的温和派的建议占了上风。两天后,查理九世下达了新的命令,废除了先前的命令。埃丽诺·沙博,既谨慎又勇敢,大胆地宣称:"对新教教徒的严厉和残忍只会激怒他们,降服他们的最好办法就是对他们好一点。"雅克·奥古斯特·德·佑说。在勃艮第几乎没有流血,几乎所有新教教徒都回归了原来的宗教。

1572年8月24日,王室的大屠杀命令传到了桑利斯。但天主教教徒不愿让自己的双手沾满同胞的鲜血,只要求新教教徒"安静且有秩序地"离开桑利斯。多菲内总督贝特朗·德·戈德斯收到了撤销查理九世所有口头命令的信。他写信给查理九世说,未收到口头或其他命令。对此,查理九世回答道:"你不需要烦劳自己执行命令,因为命令传给了你身边的人。"在多菲内研究宗教战争的一位历史学家说，贝特朗·德·戈德斯"拒绝服从宫廷的命令，或者至少设法避免执行宫廷指令"。另一位历史学家告诉我们，他不相信查理九世会希望这么多无辜的人死去。在这一点上，第二位历史学家得到了第一主席让·德·阿费斯的支持。"国王和所有有学问的人一样，是反暴力的，"让·德·阿费斯说，"国王不可能与这样的大屠杀有任何关系，他的权力和权威被外国人滥用了，作为执法官和法兰西人，我们有责任为他保护臣民。"1572年10月11日，贝特朗·德·戈德斯发布命令，任何企图杀害胡格诺派教徒的人都将被处以死刑，同时还对宗教集会施加了一些预防限制。1572年10月18日，贝特朗·德·戈德斯劝诫官员和总督们去"安慰和帮助那些表现出渴望回到正统教会的人"。

在普罗旺斯，许多胡格诺派教徒认为皈依是谨慎的。克劳德·哈顿说："整整八天八夜，胡格诺派教徒都不敢露面。"但在普罗旺斯没有发生流血事件。喋喋不休的编年史家对我们讲述，尽管胡格诺派绅士和近郊的姑娘们拥有城堡作为堡垒，但他们还是逃跑或移民了，有些逃到了色当，有些逃到了德意志或日内瓦。男人们的帽子和袖子上都别着白色十字架。妇女们手里拿着念珠，或者把念珠系在腰带上。这些都是保命的常见做法。在蒂埃里城堡，异教徒占人口的比例很少，没有发生暴力事件，也没有流一滴血，虽然蒂埃里城堡是由查理九世直接管辖的。

当迪耶普总督收到指令时，他把胡格诺派教徒集中在司法宫的大厅，并把这封信读给他们听，紧接着做了一个特别的演讲："市民们，我收到的命令只涉及叛逆和煽动性的卡尔文主义者，感谢上帝！这个地方没有。我们在福音书中读到，对上帝和邻居的爱是基督教教徒的责任，让我们从基督亲自给我们的教导中得益处。我们是同一圣父的爱子，让我们像兄弟一样生活在一起，彼此施以撒玛利亚人的爱心。这些就是我的感受，我希望你们大家都能得到分享。我确信，在这个城市里，没有一个人是不配活着的。"胡格诺派教徒被他的话感动了，他们改变了信仰，发誓要在天主教信仰中生死与共。

1572年8月29日，清除城内所有胡格诺派信徒的命令抵达了古老的城市——尼姆。当时，让·德·蒙特卡姆法官召开了一次特别会议，在会议上发布了法兰西宫廷公文，随后与会者一致决定不采取行动。治安官们认为公开解释是不必要的，而且可能是危险的。因此，采取了一切预防措施来维持秩序，要求天主教派和胡格诺派的主要人物发誓保护大家的安全并互相保护。为了不让陌生人进来，每扇城门都关着，只有一扇门例外，那扇门的守卫交给了两个可靠的市民负责。此事协商完毕后，就立即告知全省总司令茹瓦约斯中将，他也同意采取上述预防措施。

凯瑟琳·德·美第奇的政策和亨利·亚历山大的嫉妒使多少胡格诺派教徒丢了性命？我们不可能做出任何准确的估计，因为几乎没有两个历史学家给出相同的数目，而且没有一个人提到用以估算这些数字的依据。显然，在许多情况下，估算只是随机的猜测，因此没有多少分量。

下面这个关于巴黎死亡人数的表格就可以表明我们不太可能接受其中任何一项数据：

官方来源	死亡人数
卡维拉克	1,000
拉波普里尼	
柯卡迪	2,000
帕皮尔·马森	
托奇因	3,000
塔瓦内斯	
阿格里帕·德·奥比涅	
卡皮卢比	
《阿尔瓦公报》	3,500
博纳尼	4,000
皮埃尔·德·布兰特姆	
戈麦斯·达席尔瓦	5,000
弗朗索瓦·欧代·德·梅泽雷	
西曼卡斯档案馆	

续　表

《诺伊斯塔特书信》	6,000
克劳德·哈顿	7,000
《求真艺术》	10,000
达维拉	
法兰西共和国	
《佩勒斯：亨利四世》	
莱维尔－马丁	

受害者的人数可能多达六千人。但全法兰西把该数目降低到一千六百人。像林格尔博士这样篡改数据的做法是非常荒谬的。我们唯一可以确定的是，有一定数量的尸体被埋葬，除此之外，一切都是猜测。大屠杀持续的时间是被杀人数的一个证据。1572年9月15日，意大利大使萨尔维亚蒂写道："每天晚上，暴徒们把白天在不同地方抓获的数十名胡格诺派教徒毫不费力地扔进河里。"第二天，萨伏伊公爵使节圣波尔伯爵写道："暴徒们还在继续屠杀新教教徒，夜间把他们扔进河里。"直到1572年8月26日，大屠杀爆发一个多月后，圣波尔伯爵说，"暴徒们每天在巴黎和其他地方把胡格诺派教徒处死。"维尔旅馆的登记簿给我们提供了关于那次屠杀的一个令人好奇的佐证。1572年9月9日，十五图尔锂①支付给清白公墓的教堂司事及八名助手，让他们把胡格诺派被害者的尸体埋在尼日翁修院的四周，"以防止疫病的传播"。1572年9月23日，在圣克劳德、欧特伊和查伊洛附近发现了一千一百具尸体。清白公墓的教堂私事及八名助手又在一周内埋葬了这一千一百具尸体并得到了二十里弗的报酬。如果我们假设付款与埋葬的人数成比例，那么1572年9月9日支付的款项代表埋葬的人数应该多达约一千五百具尸体。这样计算是因为整个巴黎屠杀了两千六百人。同一卷卷宗也记录了曾有人支付给一个叫尼古拉的中士酬劳，他曾帮助拦下渡船，阻止塞纳河的两岸交通。卷宗还记录了为纪念大屠杀而打制勋

---

① 图尔锂，法国古代的货币单位。——译者注

章的费用,共八十里弗,这些勋章颁发给了市政官员们。

上面提到的死者不可能是全部的死者,确实有直接相反的证据。许多人被埋在城市里,就像乌丹·珀蒂被埋在地窖里一样。四百七十五人按照惯例被埋在圣热尔韦教堂附近了,他们的尸骨是在1851年发现的。

在阿尔瓦公爵费尔南多·阿尔瓦雷斯·德·托莱多发布的公报上,我们读到"在短时间内"杀死了三千五百多人,地位较高的绅士们首先被扔进了克拉克井里,那里是"扔动物尸体的地方"。当费尔南多·阿尔瓦雷斯·德·托莱多的代理人戈米科特发表告别讲话时,他要求凯瑟琳·德·美第奇评价自己的任期表现。凯瑟琳·德·美第奇回答说,除了基督对约翰的门徒们说的话[①],她无法给他其他评价,吩咐他别忘了把这件事告诉费尔南多·阿尔瓦雷斯·德·托莱多。这种对《圣经》的不敬也许是历史上前所未有的。

法兰西各地被谋杀的人数同样不确定。计算或猜测的范围从两千人到十万人不等。

官方来源	数字
卡维拉克	2,000
帕皮尔·马森	10,000
《烈士日志》	15,000
雅克·奥古斯特·德·佑	
蒙福孔	20,000
拉波普里尼	
博纳尼	25,000
法国统计局	
费利比	30,000
皮布拉克	
塞拉努斯	

[①] 《圣经·马太福音》记载了基督对约翰的门徒们说的话:"回去向约翰汇报你们听到的、见到的一切吧。"——译者注

续　表

达维拉	40,000
苏利	70,000
德弗里奥布斯	100,000
佩雷芬	

如果有必要从这些偶然的估计中做出选择，雅克·奥古斯特·德·佑的数据更可取，因为他冷静、毫不夸张。无论数量是多少，汹涌的海水不能抹去大屠杀相关人物身上的污点。一些狂热的谋杀犯可能真的相信自己杀死异教徒是在为上帝服务。因为这个原因，我们在谴责他们时，有时会对一些谋杀犯心生怜悯。但大多数谋杀犯的动机都是最低级的，只是为了掠夺。凯瑟琳·德·美第奇的心中充满嫉妒和野心。亨利·亚历山大嫉妒自己永远无法拥有的美德，这种美德对他放荡的生活而言是一种长久的批判。小吉斯公爵亨利·德·洛林只梦想着复仇。民众的社会地位虽然下降了，但他们的动机没有下降。他们渴望掠夺，嫉妒勤奋节俭的胡格诺派教徒的成功。因此，他们会被跟自己一样无知的教士驱使杀人。我们已经见过一种情况，在这种情况下，劫掠显然是主要目的，不存在其他贫困、匮乏导致的因素。仅在巴黎，就有六百所房屋遭到洗劫。亨利·亚历山大被指控密谋抢劫一名富有的宝石商的房子，此举使他将十万克朗揣进了自己的腰包。亨利·亚历山大的私生子弟弟亨利·德·昂古莱姆则把纳瓦拉女王胡安娜·达尔布雷居住的沙特尔主教的房子洗劫一空。据卡皮卢皮估计，查理九世分得的战利品价值共达三百万金币。

"公正的历史，"都铎王朝的历史学家雄辩地说，"要求人们按照时代的标准接受考验。"但在查理九世和凯瑟琳·德·美第奇的宫廷里，这一标准很低。有些人非常诚实地谴责了那些使圣巴塞洛缪节成为值得纪念的历史事件的罪人。这种纯属无端的屠杀在世界史册上是史无前例的。小亚细亚的希腊人奋起反抗，杀死了生活在自己中间的八万罗马人。在我们自己的历史上，我们读到不列颠人屠杀了不列颠群岛上所有定居点的丹麦人的记载。在西西里岛晚祷事件中,两万名法兰西人不分年龄和性别被处死。然而,这些屠杀,无论多么应受谴责,都是以自由的名义进行的——驱逐异族征服者,摆脱侵略者的枷锁。圣巴塞洛缪大屠杀却是出于最卑鄙、最自私的动机。嫉妒和贪婪——这就是凯瑟琳·德·美第奇、亨利·亚历山大和他们的顾问们的动机。宗教的诉求从来没有被提出过,尽管这是一个经常被用来减轻罪责的借口。

如果当时的道德风气不是很低下,凯瑟琳·德·美第奇和查理九世就不会考虑做这么卑鄙的事了。在法兰西宫廷里,无论男女,都不尊重真理和荣誉。现代社会对人类生命的尊重不是必然的准则,社会信奉弱肉强食,胜者为王。如果说私下里暗杀自己的敌人是违法犯罪,那么它顶多算是一种"轻罪"。就连加斯帕尔二世·德·科利尼也没有对在奥尔良城前发生的吉斯公爵弗朗索瓦·德·洛林被刺杀案做出非常强烈的谴责。许多天主教教徒认为这次屠杀仅仅是对胡格诺派教徒在战争中制造血案的一种报复,或者是永久摧毁胡格诺派教徒的聪明办法。这是皮布拉克的辩护和让·多拉颂歌的基调。诗人让·多

让·多拉

拉祝贺查理九世和他的兄弟"为十年战争的成果加冕"。这些战争将为一个新的荷马写作一部新的《伊利亚特》提供素材。然而,十年的战争,一切都还没有结束。古希腊史诗中的英雄尤利西斯——查理九世还没有占领特洛伊,最重要的是还没有杀死请愿者:"一天晚上,尤利西斯杀了请愿者。通过雅典娜智慧女神——凯瑟琳·德·美第奇的建议,看到帕加姆斯①被推翻,巴黎和加斯帕尔二世·德·科利尼一起死去。躺在血泊中的人,不是为了佩内洛普之手,而是为了您的王位。哦,国王。可恶的埋伏被识破了,新教教徒的背信弃义已在预料之中。请愿者像动物一样被杀了。"

我们且不需要考虑诗中的夸张,让·多拉只是大胆地表达了许多人的想法。1573年,让·勒·马塞尔出版了一本叫《关于骚乱的简短讲话》的书。在书中,让·勒·马塞尔歌颂了查理九世和宫廷在这场大屠杀中的贡献。诗人让·多拉写了一首诗,似乎是要向全世界表明,这场屠杀并非是没有预谋的狂热主义的爆发。

皮埃尔·沙尔庞捷,一个叛变的新教教徒,同时也是杀害彼得·拉米斯的凶手,写了一封道歉信——《致弗朗索瓦·波尔特·坎迪瓦的信》。这封信被描述为"同类书信中独一无二的怪物"。为屠杀最费尽心机的辩护是阿尔诺·索尔宾,他以1576年出版的《加尔文主义者和税吏弗朗索瓦》做出致敬:"已故查理九世永垂不朽。"阿尔诺·索尔宾说,全天下将把圣巴塞洛缪节称为"大正义日",并补充说:"在美好的日子里,人们会做善事。"

查理九世有两枚勋章:一枚的图案描绘的是坐在宝座上的国王正在践踏尸体的情景,文字是英勇传说中的美德真神;另一枚的图案描绘的是大力神用火毁灭九头蛇,在火患困境中不弯腰。1572年8月27日,巴黎大主教下令举行庄严的游行,以庆祝根除了异端邪说,感谢上帝给予了幸福的开始。1583年8月25日,索尔兹伯里伯爵罗伯特·塞西尔写信给伯格利勋爵威廉·塞西尔:"在圣巴

---

① 帕加姆斯,古希腊神话中的战神之子。——译者注

索尔兹伯里伯爵罗伯特·塞西尔

塞洛缪节，我们巴黎这里有庄严的游行队伍和胜利、欢乐的象征，纪念1572年这个时候进行的这场屠杀。"在每年的八月份举行游行仪式持续了二十年，直到亨利四世进入巴黎。1602年，黑森伯爵莫里斯拜访亨利四世，后来横穿法兰西，在圣巴塞洛缪节之前离开马赛，回避了亨利·德·洛林的邀请。那时，普罗旺斯总督"通过体育竞技、舞会和宴会来庆祝那个悲伤的纪念日"。

黑森伯爵莫里斯

一些人认为大屠杀是国家政策中的重大举措。杰拉德·德·格雷斯贝克，一位开明、宽容的教士，统治着列日公国。在回应宣布进行大屠杀的《阿尔瓦公告》时，他称这是"一个明确的迹象，表明我们的主希望将事情都安排好以便使自己的祈祷为人们带来更加安宁的生活"。但查理九世显然没那么自信，写信给巴黎议会主席德·塞利，命令他"非常秘密地"保存好任何与安排大屠杀有关的文件，以防止文件被印刷。德·塞利说，对手对已经拥有的文件做了同样的处理。这是否指向研究大屠杀的历史学家没有注意到的某个秘密？

当屠杀的消息传到罗马时，神职人员们欢欣鼓舞。洛林枢机主教夏尔·德·洛林给了信使一千克朗；圣安杰洛的大炮发出欢快的礼炮声；每个教堂的钟楼上都响起钟声；篝火把黑夜变成了白昼；格列高利十三世在枢机主教和其他教会要人的陪同下，列队前往圣路易教堂；夏尔·德·洛林在那里唱着圣歌等候。圣路易教堂的入口处有一幅刻满华丽的镀金字母的拉丁文铭文图画，描述查理九世是一位从天堂派来的复仇天使，为法兰西王国扫除了异教徒。一枚纪念大屠杀的勋章被打造出来了！在罗马教廷梵蒂冈仍然可以看到意大利画家乔尔乔·瓦萨里的三幅壁画，刻画的分别是：对加斯帕尔二世·德·科利尼的袭击；查理九世在议会中策划大屠杀的场景；大屠杀的过程。格列高利十三世向查理九世赠送了金玫瑰。大屠杀发生四个月后，当人类理性恢复其社会支配地位时，格列高利十三世沾沾自喜地听取法兰西有学问但不善良的马克·安托万·米雷的布道。马克·安托万·米雷说："最神圣的圣父得到消息后，便以庄严的状态感谢上帝和圣路易，那一天充满了幸福和快乐。那天晚上，天上的星星更亮了，塞纳河更加骄傲地翻腾着河水，把那些不洁之人的尸体抛进海里。"

有这样的确凿证据针对罗马天主教会：最近，一个罗马天主教会捍卫者争辩说，神职人员没有参与屠杀，快乐来自叛乱被阻止，而不是异教徒被谋杀。然而，争辩只是白费力气。天主教会赞成大屠杀行动并为这样的罪行辩护，即便大屠杀的被害者提出过强烈的反对天主教派的政治主张，天主教派也会继续为大屠杀行动辩护。

西班牙国王腓力二世有可能比罗马教皇格列高利十三世还高兴。听到圣巴塞洛缪大屠杀的消息时,他大笑了起来,这是他有生以来第一次如此"疯狂"地笑,因为查理九世不仅摧毁了异端邪说,还杀害了许多有经验的士兵,削弱了法兰西的力量。佛兰德斯也安全了!腓力二世公开表示,他对圣戈尔及所有"试图让自己相信大屠杀是突然发生的,没有经过深思熟虑"的人感到非常生气。1572年9月12日,腓力二世收到了大屠杀的消息。1572年9月18日,他便吩咐在巴黎的使节阿亚蒙特侯爵去祝贺查理九世"做出这么光荣,这么虔诚,这么英勇的决定"。法兰西发生大屠杀的消息是"腓力二世能拥有的最大乐趣之一"。凯瑟琳·德·美第奇曾说:"上帝同意给予他的信徒方法以消灭反对上帝和国王的臣民和叛党,保护自己免于他们的毒手。"阿亚蒙特侯爵回答说:"对加斯帕尔二世·德·科利尼和他的追随者实施公正的惩罚是一种需要勇气和谨慎态度的行为,是服从上帝的荣耀和尊严的行为,是有利于整个基督教世界的行为。因此,这是我得到的最好、最令人愉快的消息。"腓力二世甚至更过分,敦促查理九世铲除管辖范围内的所有异端分子,甚至愿意为实现这一理想提供帮助。在布兰特姆流传这样一个故事:腓力二世把那封记载着关于大屠杀第一手资料的信寄给卡斯蒂尔海军上将。卡斯蒂尔海军上将是在吃晚饭的时候收到信的,想着要提升一下客人的兴致,便大声朗读出来。其中一名客人因凡塔多公爵问加斯帕尔二世·德·科利尼和他的朋友们是不是基督教教徒,得到了肯定的回答。"那么,他们既是法兰西人又是基督教教徒,怎么会像畜生一样被杀死呢?""因凡塔多公爵,"卡斯蒂尔海军上将说,"你难道不知道法兰西的战争意味着西班牙的和平吗?"

费尔南多·阿尔瓦雷斯·德·托莱多的眼光更加敏锐,他谴责了这场屠杀。威尼斯使节米凯利断言,所有有思想的人,无论信仰如何,都抗议这一罪行,谴责这是一种肆无忌惮的暴政,只有"意大利佛罗伦萨的美第奇家族"才能设计出来,只有意大利人才能执行。

在英格兰,一听到屠杀的消息,全国上下都感到一阵恐惧。当时,英格兰刚同法兰西签订了一项条约,正在积极地就阿朗松公爵同英格兰女王伊丽莎白一世的婚姻进行谈判。人们突然意识到,整个国家都被欺骗了,教皇制依然危险。最初几天,伊丽莎白一世拒绝接待法兰西大使杜·克罗克。最后,杜·克罗克被召到宫廷所在地里士满。胡墨瑟斯这样描述当时的情景:"每个人的脸上都笼罩着一种忧郁的悲伤。寂静如死亡一般笼罩着英格兰宫廷公寓的所有房间。朝臣们和宫女们都穿着丧服,列队站在两旁,不向杜·克罗克行礼,也不向他投去赞许的目光,直到他被允许觐见伊丽莎白一世。"拉·莫特-费内隆坦率地表达了他对谋杀的不满,宣布作为法兰西人他感到羞愧。伯利勋爵威廉·塞西尔用最不得体的语言告诉杜·克罗克:"巴黎大屠杀是自耶稣受难以来最可怕的罪行。这是一件史无前例的丑闻。"托马斯·史密斯爵士写信给弗朗西斯·沃尔辛汉姆说:"就算加斯帕尔二世·德·科利尼和他的朋友们有罪,在里昂的无辜男人、女人和孩子们又做错了什么呢?在鲁昂、卡昂和其他地方吃奶的孩子和他们的母亲是怎么回事?上帝睡得着吗?"勇敢的苏格兰信徒诺克斯对杜·克罗克说得更明白了:"去告诉你的国王,去告诉你的主人,上帝的复仇永远不会离开他,也永远不会离开他的家。他的名字将臭名远扬,为后人唾骂。若不悔改,他的后人都不能平安地统治法兰西。"

德意志人的恐惧感几乎不比英格兰人少。神圣罗马帝国皇帝马克西米利安二世是这样表达他对这件事的看法的:"至于对加斯帕尔二世·德·科利尼和他的同盟军做出的怪异而残暴的行为,我绝对不能认同。我怀着极大的悲痛得知,我的女婿查理九世竟然同意了这样一场惨无人道的屠杀。现在,虽然我知道是其他人掌控了整个大屠杀行动,但这决不能成为屠杀的借口,也不能减轻罪行。这件事情玷污了他的名誉,他不可能轻易洗刷掉这个污点。愿上帝宽恕参与其中的那些人。因为我很担心,假以时日,他们也会得到同样的遭遇。宗教事务不是由刀剑决定的。"亨利·亚历山大在去波兰的路上,曾在海德堡稍做停留。在海德堡,选举官带他参观城堡时,让他注意两幅画:一幅是加斯帕尔二世·德·科利尼的肖像,另一幅是加斯帕尔二世·德·科利尼死亡的象征。"我很幸运,认识了所有的法兰西贵族,"选举官说,"我尊重这幅肖像的原型人物,他对祖国的荣耀和福祉一直都是最热心的。他的离世是一场全民灾难,那个最虔诚的国王陛下将永远无法弥补这一遗憾。"

第 15 章

结 局
（1572 年—1574 年）

大屠杀的历史已经讲完了。如果这个故事没有讲述刻骨铭心的悲剧中主角的死亡，将会是不完整的。正如国王们在其统治期间因崇高的行为被人们视为伟大而光荣的君主，他们也必须承担起在其权威掩护下的罪名。只要几页纸，就足以把最不幸的法兰西国王查理九世的最后二十个月的生活记录下来。

法兰西宫廷没有从背叛中得到任何好处。德意志新教势力远离了法兰西宫廷，英格兰在恐惧中也从法兰西联盟中抽身而去。查理九世现在必须与西班牙和解，西班牙是他一向不太喜欢的国家，但查理九世现在对西班牙无力抗拒。除此之外，还有一种情况，法兰西温和派的力量开始变得强大。1572年9月13日，弗朗西斯·沃尔辛汉姆写道："温和派借此机会发展壮大的态势受到了天主教教徒的强烈谴责。"枢机主教法比奥·奥尔西尼被罗马教皇格列高利十三世派去祝贺查理九世大屠杀的胜利，敦促查理九世接受特伦特宗教会议的决议。法比奥·奥尔西尼到达巴黎后，惊讶地发现，圣巴塞洛缪大屠杀在法兰西没有像在罗马那样获得那么高的评价。普通大众受到了极大的刺激，逐渐恢复了思维能力，他们为自己和统治者感到羞愧。凯瑟琳·德·美第奇什么也没得到，她完全听凭法兰西最暴力洛林派的摆布。凯瑟琳·德·美第奇意识到自己犯了一个非常可怕的错误，多年后自己一定会后悔。但现在，凯瑟琳·德·美第奇唯一的目标是安抚那些心灰意冷的胡格诺派教徒，转化大屠杀给外国宫廷留下的印象。法兰西驻伦敦的大使奉凯瑟琳·德·美第奇之命发表慷慨激昂的宗教宽容声明。在巴黎，凯瑟琳·德·美第奇和查理九世试图使弗朗西斯·沃尔辛汉姆相信，自己是被怂恿着匆忙去做一件保护自己的安全，但与宗教完全无关的事情。有远见的英格兰人弗朗西斯·沃尔辛汉姆不会被凯瑟琳·德·美第奇和查理九世的虚假声明欺骗，他一次又一次地给英格兰写信，说："现在，人们既不重视语言和文字，也不重视法令。对宗教的理解，民众除了走极端宗教路线，没有掌握宗教内涵。"

在大屠杀期间和之后的一段时间里，胡格诺派教徒惊恐万状，似乎无力采取任何行动来保护自己的生命。但当他们从惊慌中恢复时，他们又一次拿起武器，法兰西再一次风雨飘摇。在改革派的眼中，内战史为正义而战，用武力对付自己的同胞也许可怕，但束手就擒，让兄弟割断你的喉咙更可怕。胡格诺派不是在与查理九世作战，而是在与一个双手沾满人民鲜血的暴君作战。区分好坏统治者的做法很好。但在我们伟大反叛的开始，也要与反对势力划清界限。每一方都努力证明其诉诸武力的合理性，表明法律和正义站在自己一边。当尼姆的市民被召集起来迎接法兰西宫廷军队时，尼姆市民被告知只有坚定的意志才能拯救自己，于是他们关闭了城门。拉罗谢尔、桑塞尔、欧布纳、索米耶尔、米约、昂迪兹和其他几十个大大小小的城市也都采取了同样的做法。因此，从英吉利海峡到地中海的整个法兰西在短时间内又形成了两个敌对阵营。新教教徒是如此的愤怒和绝望，妥协似乎是不可能的。不幸的是，新教的大多数领导人都在大屠杀中丧生了。拉·努埃是一个组织者，还留在新教教徒身边。但新纳瓦拉国王亨利·德·波旁和小孔代亲王亨利一世·德·波旁都是法兰西宫廷里的囚犯。尽管如此，在这场不平等的冲突面前，新教教徒也没有退缩。胡格诺派的老兵们离开了自己的农场和商店，聚集在附近的绅士周围。但胡格诺派的老兵们力量很小，查理九世很快就能在战场上部署四支军队，第一支对抗桑塞尔的胡格诺派，第二支对抗拉罗谢尔的胡格诺派。比隆男爵阿曼·德·贡陶和安茹伯爵亨利·亚历山大指挥部队进攻拉罗谢尔，这是最得当的任命和部署。进攻拉罗谢尔的部队由经验丰富的军人组成，包括小吉斯公爵亨利·德·洛林、阿朗松公爵弗朗索瓦·德·瓦卢瓦、亨利·德·波旁及亨利一世·德·波旁。

拉罗谢尔被很好地改造成了胡格诺派的避难地，成了胡格诺派捍卫宗教自由的最后落脚地。拉罗谢尔在陆地一侧受到沼泽的保护，人们只能从北部狭窄的通道进入，临海一侧几乎无法进入。海岸风暴打破了对手的封锁，飓风可以赶走来犯的舰队，有利于友军进城。拉罗谢尔根据当时最佳战略战术进行了防御部署，有宽阔的壕沟、厚实的城墙和令人生畏的堡垒。拉罗谢尔拥有普瓦图沼泽这个地理优势，本就很稳固，再加上法兰西宫廷缓慢且犹豫不决的行动，该城居民们借此机会使拉罗谢尔变得固若金汤。拉罗谢尔的驻防部队由一千五百名老兵和两千名训练有素的市民组成，各种物资储备充足，且有来自英格兰的援助。这个城市的指挥官是勇敢而正直的拉·努埃，他是胡格诺派的骑士，是伟大的加斯帕尔二世·德·科利尼的继承者。大屠杀发生时，拉·努埃是阿尔瓦公爵费尔南多·阿尔瓦雷斯·德·托莱多手下的一名囚犯，幸运地逃脱了死亡之神的魔爪。重获自由之后，他去了宫廷，查理九世张开双臂迎接他，把没收的查尔斯·德·特利尼的领地赏赐给了他。当拉罗谢尔人关闭城门时，拉·努埃受查理九世的委托与他们交涉，争取他们的服从。结果出乎查理九世的预料，拉·努埃成了拉罗谢尔市民，被任命为总督。在拉罗谢尔，拉·努埃勇敢地战斗并尽其所能保护这座城市，他也从不放过一个建议和解的机会。

天主教会把剥夺新教的资产作为一种荣誉，围城一开始就干劲十足，这种活力本可以从事一项更好的事业。持续不断的活力从山顶这个防御制高点倾泻而下，注入这座英雄的城市。一次又一次大胆的进攻，一次又一次被坚定的决心击退。拉罗谢尔城的妇女们爬上了墙，为士兵们欢呼，照料伤员，给士兵们送去弹药、水和食物，有时还大胆地挥舞着从垂死的士兵手中拿来的武器。牧师们偶尔也来帮助士兵们。就是这些士兵从大锅里把沸腾的水和熔化了的

围攻拉罗谢尔

沥青抛向城墙缺口的入侵者。五个月来,亨利·亚历山大的攻城毫无成效——每个月都只是削弱了围城者的热情。

如果法兰西宫廷军队团结一致,随着时间的推移,围困可能会更加密不透风。军官中形成了阴谋集团,其中一些人拒绝服从被公开指控谋杀加斯帕尔二世·德·科利尼的那个人的命令。怪诞的故事在营地里流传,人们不寒而栗,相互诉说着。某一天,当小吉斯公爵亨利·德·洛林在赌桌上掷骰子时,血从他的手上滴落下来。虽然拉·努埃因自己的勇气、军事能力和淳朴的性格没有得到赏识而离开了拉罗谢尔,但被围困的拉罗谢尔民众却是团结一致、万众一心的;牧师和拉·努埃总是不和,他们阻碍了拉·努埃的计划,煽动拉罗谢尔人反对他。尽管拉罗谢尔人很勇敢,但如果不是因亨利·亚历山大被选为波兰国王放弃了围城,他们最终也会屈服。在这种历史条件下,亨利·亚历山大很乐意听取和平建议。1573年7月11日,亨利·亚历山大与拉罗谢尔城签订了一项条约。

根据该条约，该城居民在以下条件下投降：蒙托班、尼姆和拉罗谢尔等城市可以保留原有的特权；改革派应该享有信仰自由，只要他们人数不多，而且不携带武器即可；绅士们可在自己家举行婚礼和洗礼，只要出席人数不超过十人；所有犯宗教罪的囚犯都应被释放；想要出国的人可以自由出售自己的财物，去往他们愿意去的地方，但不得进入敌对国。如果没有发生这两件事，这样的有利条件是不可能得到的：一是法兰西宫廷军队围城时或因战死或因疾病损失了四万人；二是查理九世既没有钱也没有借来钱养活军队。

当桑塞尔的居民听说自己没有被列入《拉罗谢尔条约》时，他们决定宁可灭亡也不投降。桑塞尔是个例外，因为天主教教徒认为它的陷落是指日可待、不可避免的。还有另一种动机，即既然桑塞尔属于某个特定的领主，查理九世突然变得谨慎起来，他不愿损害上级领主的权利。1573年1月，一支由五千名步兵、五百名骑兵和一千名工兵组成的军队在这个只有八百人驻守的小城前驻扎下来。在号召桑塞尔投降后，拉·夏特尔开挖战壕，在两个月内从两排十六门炮

围攻桑塞尔

中发射了两千发炮弹。到1573年3月中旬,攻城部队挖了一个三百步宽的攻城突破口,但因为暴风雨没能继续推进。攻城部队把防线往前推得更近了,完全切断了桑塞尔一切外界救济。因此,到1573年4月月初,桑塞尔人开始缺粮,他们吃驴和骡子,后来又吃马、狗、猫、老鼠、鼹鼠和皮革,接着要求降得更低了,开始吃牛羊角、马具、野根和羊皮纸。一名目击者写道:"我看到有人端上来了一些羊皮纸,上面的字还清晰可见。人们可以从放在桌上准备吃的碎片上读出来字来。"1573年6月月底,四分之三的桑塞尔居民没有面包吃。一些人吃亚麻籽来代替食物,以及其他各种各样的药草,与麸皮混合,有的人甚至试吃稻草、坚果壳和瓦片。胃胀和饥饿带来的痛苦暂时获得缓解,油脂用于煮汤和煎炸。"是的,一些人甚至用马和人的排泄物缓解饥饿。"还有更糟糕的事。一个十岁的小男孩看见父母为他哭泣,就说:"妈妈,我饿了,你为什么哭啊?我不求你的饼,因为我知道你没有。这是上帝的意志,我应该死,我必须满足上帝。神圣的拉撒路①不是也挨过饿吗?"让·德·塞尔补充道,"这个男孩说这些话是把自己的灵魂还给了上帝。"这位历史学家用这句简短但意味深长的话总结道,"围城期间,八十人死于刀剑,五百多人死于饥饿。"1573年8月19日,在波兰代表的干预下,桑塞尔居民获得了体面的投降条件。

然而,胡格诺派没有被吓倒。在巴黎大屠杀的周年纪念日,他们聚集在蒙托班,要求严格执行《圣日耳曼和平条约》。事实上,胡格诺派很有远见,除了其他要求,还要求在法兰西各地允许公开进行他们的宗教崇拜;他们只向自己的牧师纳十一税;那些接受改革派教义并结婚的神职人员应该被允许享有公民权;八月大屠杀的始作俑者和作恶者应受到惩罚;任命一个由胡格诺派教徒组成的议会或最高法院来审理与自己有关的所有案件。

当胡格诺派的请求呈交给查理九世时,查理九世看了,但什么也没说。但凯瑟琳·德·美第奇傲慢地回答说:"如果孔代亲王路易一世·德·波旁还活

---

① 拉撒路,《圣经》里的人物,代指东山再起者。——译者注

着，而且在法兰西的中心地带有十万人马，他连这些人提出的一半条件都不会答应。"胡格诺派的请求被拒绝，即便被批准，我们依然还会怀疑胡格诺派教徒的状况也不会有很大的改善。查理九世治国无方，各种各样致命的社会弊端层出不穷，这一切社会问题让法兰西民不聊生。尽管亨利·亚历山大已被选为波兰国王，离开了法兰西王国，但他的邪恶势力仍然存在。宫廷是最可耻的阴谋诡计的竞技场：男人的荣誉，女人的贞节，都变得毫无意义、一文不值。弗朗索瓦·德·瓦卢瓦是个可怜的、软弱的傻瓜，由于意志更坚定的亨利·亚历山大的离开，他便鼓起勇气，采取各种计划，阻止亨利·亚历山大返回法兰西，以确保查理九世的王位落到自己手中。法兰西政客和胡格诺派教徒都把弗朗索瓦·德·瓦卢瓦当成他们的首领。在圣巴塞洛缪大屠杀的历史事件中，阿朗松公爵弗朗索瓦只不过是一个配角。这个大屠杀阴谋很难被揭开真相了，尝试在到目前这段历史范围之内搞清大屠杀阴谋的真相几乎是不可能完成的事情了。但有充分证据表明，斗争结果是在1574年2月22日忏悔日策划一次胡格诺派教徒大起义，其目标是将凯瑟琳·德·美第奇赶出宫去，防止亨利·亚历山大即位，让弗朗索瓦·德·瓦卢瓦成为王国的中将并继承王位。当拉·努埃突袭吕西尼昂的消息传到圣日耳曼时，给该城带来了巨大的震惊。丰特奈、罗亚尔、塔尔蒙、库隆比耶和其他地方都向胡格诺派敞开了大门。吉特里手下的一队骑兵马上就要到王宫的门口了，所有人都逃离了，只有查理九世一个人不肯动，此时他躺在病榻上等死，喊道："他们为什么不等我死呢？"陷落城市的牧师们和他们的追随者们急忙离开，有的乔装打扮，有的走陆路，有的走水路，有的走迂回路线。西奥多·阿格里帕·德·奥比涅对"臣民的逃亡"做了一个有趣且夸张的描述，他说："这是一场看谁先到达巴黎的比赛。从离圣日耳曼半路的地方开始，波旁、洛林和吉斯的枢机主教们，以及大法官雷内·德·比拉格和奥尔良主教让·德·莫维利耶斯，都骑着战马疾驰，抓住马鞍上的鞍柄，以便坐稳。他们对自己的马的恐惧和对敌人的恐惧是一样的。在豪华的队伍中，这些大人物都只有两个随从跟在后面。"这场逃亡以彻底的失败告终，几个人阵亡，其中最著名的是拉·莫尔勋爵约瑟夫·博尼法斯和科康纳斯。他们的死亡使自己免于被人遗忘。约瑟夫·博尼法斯是一个自负、轻浮的阴谋家,查理九世对拉·莫尔勋爵约瑟夫·博尼法斯是如此憎恶,以至据说他曾两次命令亨利·亚历山大去勒死这个可怜的利用了弗朗索瓦·德·瓦卢瓦弱点的马屁精。据说,拉·莫尔勋爵约瑟夫·博尼法斯得到了瓦卢瓦的玛格丽特的青睐,她想要得到他那颗流血的头颅。一看到流血的头颅,她就暴跳如雷,悲痛欲绝,吻着那张毫无生气的面孔,用眼泪把它洗得干干净净。科康纳斯是皮埃蒙特的贵族,也是侍卫队长。他上了断头台,气恼地跺着脚,向旁观的人嚷道:"你们看这是怎么回事。小人物被抓住了,大人物逃脱了。"有人企图把亨利·德·波旁牵连进这个阴谋,尽管失败了,但他仍然被关在法兰西宫廷。弗朗索瓦·德·蒙莫朗西元帅和查尔斯二世·德·科斯元帅也以同样的方式在贝蒂莱被扣留了好几个月。骗子鲁吉耶里专搞卑鄙的勾当,被送进了监狱,但不久就被凯瑟琳·德·美第奇释放了,得到了富裕的圣马埃修道院。

  查理九世的人生快要走到尽头了。自从大屠杀以来,查理九世越来越虚弱,现在他得了重病,忍受着极度的痛苦,经常晕厥。然而,由于查理九世憎恨亨利·亚历山大和凯瑟琳·德·美第奇,他自己仍然牢牢掌握着王权。查理九世在驾崩前几天,当英格兰大使莱顿抵达万塞讷时,查理九世坚持要接见他,花了四十五分钟耐心地听了这位大使的长篇大论,用几句中肯的话做了回答。查理九世的许多痛苦是精神上的,他的良心受到无法医治的创伤。当他感到自己最后一场致命的疾病即将来临时,他派人找来了亨利·德·波旁。亨利·德·波旁必须穿过城堡的拱顶,拱顶上由两队全副武装的卫兵守卫,随时准备把他干掉。亨利·德·波旁往后退了几步,用手拍了拍剑,不愿再往前走。这是凯瑟琳·德·美第奇的一个耸人听闻的诡计。在确信没有危险之后,亨利·德·波旁进了查理九世的房间,查理九世热情地接待了他。"我一直爱着你,"查理九世说,"我把我的妻子和女儿托付给你照顾——拜托你爱护她们。"查理九世继续警告亨利·德·波旁不要轻信——大厅里的人听不清他说的名字。凯

临死前的查理九世

瑟琳·德·美第奇仍然像一个邪恶的天使一样在查理九世的头上盘旋,她说:"陛下,您不应该这样说。""为什么不呢?"查理九世问,"难道这不是真的吗?"亨利·德·波旁没有机会履行查理九世的临终命令:查理九世的孩子没有活下来,查理九世的妻子奥地利的伊丽莎白回到了她自己的家乡德意志。

查理九世晚上睡不着,常常虚弱地闭上眼睛,突然惊醒,大声说他听到了空中奇怪的声音。人们用音乐来安抚他的烦躁不安,他最喜欢的唱诗班领唱员拉叙斯或费尔蒂安·勒·罗伊唱着忏悔的赞美诗,常常哄他入睡。查理九世感觉自己周围全是血海,那些被自己害死的人的鬼魂站在自己的床边。查理九世的病加重了,经常呕痰和吐血。在阵发性的疼痛中,查理九世的每一个毛孔都会渗出血来——胡格诺派教徒认为这是上帝发怒的一种表现。

查理九世的保姆菲利普·里查德是个胡格诺派教徒，查理九世还是个婴儿的时候就由她抚养，他一直爱着他的保姆。一天晚上，菲利普·里查德坐在查理九世的床边望着，听见他在抽泣，当她拉开帷幔想知道是怎么回事时，他满眼眼泪地喊道："啊，保姆，我亲爱的保姆，多么血腥的谋杀啊！哦！我竟然听从了这样恶毒的劝告。神啊，求你赦免我，怜恤我……我该怎么办？我迷路了……我迷路了。"保姆安慰查理九世，叫他相信上帝。"血债要算在那些让你流血的人身上，"保姆补充道，"你若为这几件杀人的事后悔，神必不将它们算到你头上，乃要用圣子基督正义的斗篷为你遮盖那些不好的事情，借此你必获得庇护。看在上帝的分上，请陛下别再哭泣了。"菲利普·里查德取了一条干手帕，因为查理九世的手帕已被泪水打湿了。干手帕拿来以后，查理九世向保姆做了个手势，示意她走开，好让他睡觉。

　　第二天，凯瑟琳·德·美第奇急匆匆地走进病房，带来了一个好消息：加布里埃尔·德·洛日成了她手中的一名囚犯——加布里埃尔·德·洛日，她永远不会原谅他导致了法兰西国王亨利二世的无辜死亡。但对查理九世来说，这些俗事现在都变得无关紧要了。"母亲，"他对凯瑟琳·德·美第奇说，"这种事对我已经没有影响了，我快要死了。"1574年5月30日，圣灵降临节，查理九世从索宾和欧塞尔主教博学的阿米约那里接受了教会的临终祷告。凯瑟琳·德·美第奇、弗朗索瓦·德·瓦卢瓦、亨利·德·波旁和瓦卢瓦的玛格丽特，以及其他国家官员，都出席了仪式，参加了圣餐仪式。查理九世的王后奥地利的伊丽莎白似乎并不在那里。但我们了解到，她经常跪在城堡教堂的祭坛前，泪流满面，"当她的丈夫随着主的灵魂离开人世时，她还在那里"。忏悔之后，查理九世振作了一点，他有力量命令大臣们服从凯瑟琳·德·美第奇，就像服从自己一样。但他的回光返照已经结束，呼吸又变得困难，他几乎不能温柔地与自己的母亲告别。之后，他虚弱地低声说："若耶稣——我的救主将我列在他救赎的人当中就好了！"——他把这些话重复了三遍，然后就不再说了。这是查理九世听从虔诚的保姆的规劝后，临终前对上帝吐露的发自内心的誓言。

查理九世在保姆菲利普·里查德的陪伴下,死于胸膜炎

人们听说过毒药的谣言，他们记得凯瑟琳·德·美第奇在告别亨利·亚历山大时，告诉他要打起精神来，因为他不会离开很久。在那个年代，用毒已经上升到科学的高度。尽管炼金术士对炼金艺术的真正原理一无所知，但他们还是从自然界中窃取了某些秘密，这些秘密是现代炼金术士无法获得的。近年来的犯罪记录不会让我们怀疑慢性中毒的效力，查理九世遭受的种种症状使我们想起了微量的铁杉和砒霜交替起效产生的症状。不幸的是，在那个时代，检测是困难的，因为对毒药的测试是未知领域。很多人都想除掉查理九世，所以他的早逝被认为是必然的。如果查理九世还活着，他那和蔼可亲的妻子奥地利的伊丽莎白的影响力可能会更大，他也可能会摆脱母亲凯瑟琳·德·美第奇的束缚。如果他与政客们联手，还有可能把凯瑟琳·德·美第奇及其死党赶下权力的宝座。那么，现在统治着遥远的波兰的亨利·亚历山大会怎么样呢？安布罗斯·帕雷宣布查理九世的驾崩的原因是，他在狩猎中不节制地使用狩猎号角造成肺部受伤。这个解释在当时不被接受，虽然我们不愿意相信一个母亲会冷酷地编排她儿子的死因并默许他被谋杀，但凯瑟琳·德·美第奇从来都不是一个让良心或道德的顾虑阻挡自己的人。法兰西国王路易十三有一件众所周知的逸事，在被警告不要过度剧烈运动和频繁使用狩猎号角后，他反驳说："你们没有说到重点，是食物中毒害了查理九世！查理九世在与母亲发生争吵后，他在与阿尔伯特·德·冈迪共进晚餐后就驾崩了。"

查理九世就这样在他二十四岁的时候驾崩了，他很高兴没有留下一个儿子来戴那顶给自己带来那么多痛苦的王冠。他从自己的痛苦经历中得到启示："法兰西需要一个男人来统治，而不需要一个襁褓中需要女人呵护的婴儿去统治。"尽管不同的作家对查理九世的性格有什么不同的评价，总有一些观点是大家都同意的。查理九世有自身的优点，他的缺点是环境造就的结果。查理九世很有大爱之心，他的情妇玛丽·图谢和她与查理九世的私生子在他弥留之际都受到了殷切的照顾。查理九世对母亲的爱是强烈的，但夹杂着恐惧。他服从母亲，不仅是因为弱者服从强者，还因为他觉得母亲像动物一样爱他，尊

法兰西国王路易十三

重她是自己的责任。我们对查理九世的婚姻生活知之甚少，但从一些蛛丝马迹来看，他似乎已经爱上了年轻的妻子奥地利的伊丽莎白，而她也爱上了查理九世。当奥地利的伊丽莎白听说圣巴塞洛缪日发生的谋杀案时，她惊恐万状地问道："国王，我的丈夫知道这件事吗？"被告知是查理九世下的命令时，她痛哭流涕，惊呼，"噢，上帝！你给了他什么顾问！请原谅这种罪过，我恳求你，噢，上帝！如果你要报复，那将是一种永远不可饶恕的罪过。"之后，奥地利的伊丽莎回到了祈祷室，那一天剩下的时间里她都在祈祷，拒绝参加那穿过血污街道的游行。有一些记录查理九世最后时期的世俗故事，如果那些故事都是真的，就会使人们对他的忠贞产生怀疑，因为那些故事都是不为人知的丑闻。

  查理九世是矛盾品质的集合体。他和自己喜爱的少数人可以成为朋友，喜欢原始的乐趣，对诗歌和音乐很有鉴赏力，精通王子们必备的那种优雅且引人入胜的口才。但他有很大的缺点，由于他性格的特殊性而被放大。他的朋友们，无论真朋友还是假朋友，都知道如何利用他的性格缺陷。查理九世的行为方式和他的说话方式一样都很容易激动，他的愤怒让人觉得可怕得难以承受，他可能虚伪，可能奸诈，所以他的崇拜者实际上是在赞美他矛盾的人格。三百年来，查理九世一直是人们的诅咒对象。在仔细衡量了同时代人的证据后，历史学家找不到确凿的证据来推翻这一判断，但他确实不是主犯。法国作家在谴责查理九世给法国历史蒙上污点的野蛮行径的同时，也可以公正地辩解说，圣巴塞洛缪大屠杀的主要策划者是一个在马基雅维利学派[①]影响下长大的意大利女人，主要帮凶都是外国人。

---

① 马基雅维利学派，以主张为达目的可以不择手段而著称于世。——译者注

译名对照表

Abbe Perau	佩劳神父
Abbeville	阿布维尔
Abbey of Luxeul	卢克索修道院
Abbey of St. Mahe	圣马埃修道院
Abbey of St. Michael	圣迈克尔修道院
Abrego Chronologique	《阿布瑞格年表》
Act of Grace	《特赦法案》
Admiral of Castile	卡斯蒂尔海军上将
Adour	阿杜尔河
Adrian Fourre	阿德里安·佛尔
Agen	阿让
Agrippa d'Aubigne	阿格里帕·德·奥比涅
Airvault	艾尔沃
Aix	艾克斯
Alais	阿莱
Albanians	阿尔巴尼亚人
Alberi	阿尔贝里
Albermarle Street	阿尔伯马勒街
Albert de Gondi	阿尔贝·德·贡迪
Albigenses	阿尔比派
Albigensian	阿尔比格斯
Albornez	阿尔博内兹

Alby	阿尔比
alchemist	炼金术士
Allier	阿列河
Alps	阿尔卑斯山脉
Alsace	阿尔萨斯
Amalekites	亚摩利人
Amboise	安博瓦兹
Ambrose Pare	安布罗斯·帕尔
Americans	美洲人
Amiens	亚眠
Amyot	阿米约
Anabaptists	再洗礼派
Andelys	安德利斯
Andrea del Sarto	安德烈·德尔·萨托
Androuet de Cerceau	安德鲁埃·德·塞尔索
Anduze	昂迪兹
Anet	阿奈
Anfouleme	安弗莱姆
Angers	昂热
Anglo-Saxon	盎格鲁－撒克逊
Angoumois	昂古莱姆
Anjou	安茹
Anna d'Este	安娜·德·埃斯特
Anne de Montmorency	阿内·德·蒙莫朗西
Anne du Bourg	安尼·杜·布尔
Anne Percy	安妮·珀西
Annonay	阿诺奈
Ano-ouleme	阿诺－奥莱姆
Anquetil	安克蒂尔
Anthony Derichiend	安东尼·德里希恩
Anthony Fumee	安东尼·富米
Anthony Mouchi	安东尼·穆奇

Antoine de Bourbon	安托万·德·波旁
Antoine de Crussol	安托万·德·克鲁索
Antoine de la Roche Chandieu	安托万·德拉罗什·钱迪厄
Antoine III de Croÿ	安托万三世·德·克罗伊
Antoine Minard	安托万·米纳德
Antoine of Navarre	纳瓦拉的安托万
Antoine Perrenot de Granvelle	安托万·佩雷诺·德·格兰维尔
Antoine Sanguin de Meudon	安托万·桑吉恩·德·默顿
Antoine Varillas	安托万·瓦里亚斯
Antoinette de Bourbon	安托瓦妮特·德·波旁
Antonio	安东尼奥
Antony de Mouchi Demochares	安东尼·德·穆奇
Archbishop of Aix	艾克斯大主教
Aries	亚里斯
Arion	阿里翁
Aristotle	亚里士多德
Armagnac	阿马尼亚克
Armand de Clermont	阿尔芒·德·克莱蒙特
Armand de Gontaut	阿尔芒·德·孔陶
Arnaud de Cavaignes	阿尔诺·德·卡瓦涅
Arnauld du Ferrier	阿尔诺·杜·费里埃
Arnault Sorbin	阿尔诺·索尔宾
Arnay-le-Duc	阿尔奈勒迪克
Arques	阿尔克地区
Artois	阿托伊斯
Astronomer	占星家
Athanase Laurent Charles Coquerel	阿萨纳斯·劳伦特·查尔斯·科克雷尔
Attin	阿廷
Aubenas	欧布纳
Auger	奥热
Augustin Marlorat	奥古斯丁·马洛拉特
Augustine	奥古斯丁

Augustines' Convent	奥古斯丁修道院
Aunai	乌奈
Aurillac	欧里亚克
Aurora	奥罗拉
Auteuil	欧特伊
Auvergne	奥弗涅
Auxerre	欧塞尔
Avallon	阿瓦隆
Avignon	阿维尼翁
Baetile	贝蒂莱
Baise	百色河
Balaklava	巴拉克拉瓦
Barabbas	巴拉巴
Barbarossa	巴巴罗萨
Barbazieux	巴巴济约
Barbeville	巴尔伯维尔
Baron de la Garde	德·拉·加尔德男爵
Baron de Magnac	马格纳克男爵
Baron of Anthon Claude	安东男爵克劳德
Baron of Castelnau-Chalosse	卡塞诺－查罗斯男爵
Baron of Oppede	奥佩德男爵
Baron of Pardaillan	帕尔代朗的男爵
Bar-sur-Seine	塞纳河畔的巴勒
Bary de la Renaudie	巴里·德拉·勒诺迪
Baschet	巴舍特
Bastille	巴士底狱
Bastiments de Cerceau	《法兰西大殿》
Battle at La Roche-Abeille	拉罗什拉贝耶战役
Battle of Agincourt	阿金库尔战役
Battle of Cerisoles	切瑞索勒战役
Battle of Fontarabia	丰特拉维亚战役
Bavaria	巴伐利亚州

Bayeux	巴约
Bayonne	巴约讷
Bearn	贝阿恩
Beatrice de Coligny	比阿特丽斯·德·科利尼
Beauce	博斯
Beaugency	博让西
Beauvais	博韦
Beauville	博维尔
Behm	贝姆
Belgium	比利时
Belin	贝兰
Bellesme	贝尔斯梅
Bernard Palissy	贝尔纳·帕利西
Berne	伯尔尼
Berry	贝里
Bertrand de Gordes	贝特朗·德·戈德斯
Bertrand de Salignac Fenelon	贝特朗·德·萨利尼亚克·费内隆
Bertrand Russell	伯特兰·罗素
Berulle	贝鲁广场
Beziers	贝济耶
Bidassoa	比达索阿
Birds' bridge	鸟桥
Birmingham	伯明翰
Bishop of Albi	阿尔比主教
Bishop of Carpentras	卡朋特拉斯主教
Bishop of Chartres	沙特尔主教
Bishop of Le Mans	勒芒主教
Bishop of Le Puy	勒皮主教
Bishop of Limoges	利摩日主教
Bishop of Lisieux	利雪主教
Bishop of Rennes	雷恩主教
Blaise de Montluc	布莱兹·德·蒙吕克

Blois	布卢瓦
Blue serge	蓝哔叽
Bois Aubry	布瓦·奥布里
Boisjourdan	波瓦佐丹
Bonhommes	邦曼人
Book of Discipline	《新教戒律》
Bordeaux	波尔多
Bouchavannes	布沙瓦内
Boulogne	布洛涅
Boulogne-sur-Mer	滨海布洛涅
Bourbon	波旁
Bourges	布鲁日
Bourgueil	布尔格伊
Bourse	布尔斯
Boutonne	布托讷河
Braise	布雷斯河
Brandenburg	勃兰登堡
Brantome	布兰特姆
Brazilians	巴西人
Bref Discours sur les Troubles	《关于骚乱的简短讲话》
Brentz	布伦茨
Bresse	布雷斯
Brezay	布雷泽
Bridge of Notre Dame	圣母桥
Brie	布里
Brion	布里翁
Brissac	布里萨克
Brittany	布列塔尼
Bruniquet	布吕尼凯
Brunswick	不伦瑞克
Brussels	布鲁塞尔
Buhy	布希

Burgundy	勃艮第
Bussy d'Amboise	布西·德·安博瓦兹
Cabrieres	卡比里斯
Cadenac	卡迪纳克
Caen	卡昂
Cahors	卡奥尔
Calais	加来
Calisthenes Lascaris	卡利斯西尼斯·拉斯卡利斯
Calvinists	加尔文主义者
Camillo Capilupi	卡米洛·卡皮鲁比
Canarians	加那利群岛人
Canon Villemur	卡农·维尔米
Cantal	坎塔尔
Cape of Storms	好望角
Capitouls of Toulouse	图卢兹国会大厦
Captain Blosset	布洛塞上尉
Captain Renty	朗蒂上尉
Caracon	"卡拉贡"号
Carcassonne	卡尔卡松
Cardinal de Tournon	图农枢机主教
Cardinal Strozzi	斯特罗齐枢机主教
Carl Dianowitz	卡尔·迪安诺维茨
Carlo Diodati	卡洛·迪奥达蒂
Carlo Michele Bonelli	卡洛·米歇尔·博内利
Carmelite	加尔默罗派
Carmelites	加尔默罗会
Carthagena	卡塔赫纳
Castanet	卡斯塔内
Castellane	卡斯特拉讷
Castelnaudary	卡斯泰尔诺达里
Castel-Navarre	卡斯特尔-纳瓦拉
Castile	卡斯蒂尔

Castle of Bonegon	博尼贡城堡
Castle of Joinville	茹安维尔城堡
Castle of Lumigny	鲁米尼城堡
Castle of Melun	默伦城堡
Castle of Noyers	诺耶斯城堡
Catena	卡泰纳
Catherine de Bourbon	凯瑟琳·德·波旁
Catherine de Medicis	凯瑟琳·德·美第奇
Catherine II	叶卡捷琳娜二世
Catherine of Cleves	克利夫斯的卡特琳
Caumont	科蒙
Caveyrac	卡瓦拉克
Ceant-en-Othe	克雷昂奥特
Cemetery of the Innocents	清白公墓
Cevennes	塞文尼
Cevennes District	塞文山脉地区
Chaillot	查伊洛
Chalons	夏隆
Champagne	尚帕涅
Champier	尚皮耶
Changy	尚日
Chantilly	尚蒂伊
Charente	夏朗德河
Charlemagne	查理曼大帝
Charles Borromeo	查尔斯·博罗米欧
Charles d'Espinay	查尔斯·德斯皮奈
Charles d'Argennes	查尔斯·达尔根尼斯
Charles de Bourbon	查尔斯·德·波旁
Charles de Coligny	查尔斯·德·科利尼
Charles de Cossé	查尔斯·德·科斯
Charles de Gondi	查尔斯·德·贡迪
Charles de La Rochefoucauld	查尔斯·德·拉罗谢福考

Charles de Lorraine	查尔斯·德·洛林
Charles de Marillac	查尔斯·德·马里亚克
Charles de Montmorency-Damville	查尔斯·德·蒙莫朗西－丹维尔
Charles de Téligny	查尔斯·德·特利尼
Charles du Quellenec	查尔斯·杜·奎莱内克
Charles Dupuy Montbrun	查尔斯·杜普伊·蒙布兰
Charles Emmanuel I	查尔斯·艾曼纽一世
Charles I	查理一世
Charles II de Cossé	查尔斯二世·德·科塞
Charles IX	查理九世
Charles Martin	查尔斯·马丁
Charles V	查理五世
Charles, Prince of Roche-sur-Yon	罗齐苏尔渊亲王查尔斯
Charlotte de Beaune	夏洛特·德·博纳
Charlotte de Laval	夏洛特·德·拉瓦尔
Charlotte Duplessis-Mornay	夏洛特·杜普莱西斯－莫内
Charlotte Mornay	夏洛特·莫尔奈
Charon	凯伦
Chartres	沙特尔
Chasseneuil	沙瑟讷伊
Chateau-Thierry	蒂埃里城堡
Chatelet	沙特莱
Chatelherault	查特尔赫罗特
Chatillon	查狄伦
Chatillon-sur-Loing	查狄伦卢昂河畔
Chaussee d'Antin	昂坦道路
Chavigny	沙维尼
Chenonceau	舍农索
Chester	切斯特
Chorales of Senfel	圣菲尔合唱乐
Christina of Denmark	丹麦的克里斯蒂娜
Christophe de Bassompierre	克里斯托弗·德·巴索皮耶尔

Christopher Columbus	克里斯托弗·哥伦布
Christopher de Thou	克里斯托弗·德·图
Church of St. Germain l'Auxerrois	圣日耳曼欧塞尔罗伊教堂
Church of St. Gervais	圣热尔韦教堂
Church of St. Lawrence	圣劳伦斯教堂
Church of St. Louis	圣路易教堂
Church of St. Martin	圣马丁教堂
Church of St. Medard	圣米达尔教堂
Church of St. Nicholas	圣尼古拉教堂
Church of St. Nizier	圣尼泽尔教堂
Church of the Innocents	清白教会
Cite by Henry IV	亨利四世城
City of Chevreuse	谢夫勒斯城
Civic guard	国民卫队
Claude Baduel	克劳德·巴迪埃尔
Claude de Mondoucet	克劳德·蒙杜塞特
Claude de Rieux	克劳德·德·里厄
Claude de Sainctes	克劳德·德·圣克特斯
Claude de Saintes	克洛德·德·桑特
Claude Goudimel	克劳德·古迪梅尔
Claude Haton	克劳德·阿东
Claude II de Lorraine	克劳德二世·德·洛林
Claude Marcel	克劳德·马塞尔
Claude of France	法兰西的克劳德
Clearing-house for bills of exchange	票据交易所
Clement Marot	克莱门特·马罗
Clerks' Well	克拉克井
Clermont-Ferrand	克莱蒙特–费朗
Cloister of St. Germain l'Auxerrois	圣日耳曼欧塞罗修道院
Clugny	克鲁尼
Coconnas	科康纳斯
Cocur de Roy	科库尔·德·罗伊

Code of Justinian	《查士丁尼法典》
Cognac	科尼亚克
Cognat	科尼亚特
College of Burgundy	勃艮第学院
College of Henry IV	亨利四世学院
College of Presle	普雷勒学院
College of St. Catherine	圣凯瑟琳学院
College of the Trinity	三一学院
Combelle	孔贝勒
Commentaries	《评注》
Common law	《普通法》
Compiegne	贡比涅
Confession of Augsburg	《奥格斯堡的信条》
Confession of Faith	《信仰的自白》
Conrad Burg	康拉德·伯格
Constantino	康斯坦丁诺
Constantinople	君士坦丁堡
Contarini	孔塔里尼
Convent of Guiche	基切修道院
Convent of Nigeon	尼日翁修院
Cornaton	科尔纳东
Corpus Christi	圣体节
Correspondance de Philippe II	《西班牙国王腓力二世通讯录》
Corsica	科西嘉岛
Cosimo I de' Medici	科西莫一世·德·美第奇
Cosseins	科斯桑
Coulombier	库隆比耶
Council of Trent	特伦特宗教会议
Count Louis of Nassau	拿骚的路易伯爵
Count of Brissac	布里萨克伯爵
Count of Courcis	库尔吉希伯爵
Count of Grammont	格拉蒙特伯爵

Count of Jarnac	雅纳克伯爵
Count of Mansfield	曼斯菲尔德伯爵
Count of Santa Fiore	桑塔·菲奥雷伯爵
Count of St. Cyr	圣西尔伯爵
Count of St. Pol	圣波尔伯爵
Count of Tende	唐德伯爵
Count of Villars	维拉尔伯爵
Count of Villemangis	维勒曼吉斯伯爵
Countess of Brie	布里伯爵夫人
Cours Napoleon	拿破仑广场
Covenant of Association	《联盟公约》
Covenant of Mutual Aid	《互助盟约》
Crispin	克里斯潘
Croisic	克鲁瓦西克
Crown of Tuscany	托斯卡纳大公
Crozier	克罗齐耶
Cupid	丘比特
Dame de la Guynandiere	盖南迪尔夫人
Dampierre	当皮埃尔
Damville's brigade	当维尔旅
Daniel	但以理
D'Aquin	阿金广场
D'Argence	达恩斯
Daupbiny	多比尼
Dauphiny	多菲内
Davilu	达维鲁
De Brezons	德·布雷宗
De Burie	德·布里
De Cely	德·塞利
De Crussol	德·克吕索尔
De Cypierre	德·西皮埃尔
De Ferrails	德·费雷尔

De Foix	德·富瓦
De Guerchy	德·盖尔奇
De Lisle	德·利勒
De Perreuze	德·佩鲁兹
De Piles	德·派尔兹
De Pilles	德·皮勒斯
De Retz	德·雷斯
De Saulx	德·索克斯
De Sauve	德·索维
De St. Herrent	德·圣赫伦
Defensive Treaty	《防御条约》
Delavoye	德拉沃耶
Demon Du Midi	恶魔杜·米迪
Denier	旦尼尔
Des Pruneaux	德·普吕诺
Desmarais	德马雷
D'Esquilly	德·埃斯奎利
D'Humieres	德·乌梅雷斯
Diana de Poitiers	黛安娜·德·普瓦捷
Diane De France	法兰西的戴安娜
Dijon	第戎
Dive	戴夫河
Dolet	多莱
Dominicans	道明会
Don Francisco Alava	弗朗西斯科·阿拉瓦
Don Juan Manrique	朱昂·芒里克
Dordogne	多尔多涅河
Doujar	杜贾尔广场
Draguignan	德拉吉尼昂
Dreux	德勒
Drôme	德龙
Du Croc	杜·克罗克

Du Plessis-Richelieu	杜·普莱西-黎塞留
Duchess of Guise	吉斯公爵夫人
Duchess of Montpensier	蒙庞西耶公爵夫人
Duchess of Nevers	讷韦尔公爵夫人
Duchess of Valentinois	瓦伦蒂诺公爵夫人
Duchess Rene of Ferrara	费拉拉公爵夫人勒内
Duke of Alva	阿尔瓦公爵
Duke of Bouillon	布永公爵
Duke of Burgundy	勃艮第公爵
Duke of Infantado	因凡塔多公爵
Duke of La Force	拉弗尔斯公爵
Duke of Langres	朗格勒公爵
Duke of Longueville	隆格维尔公爵
Duke of Nemours	内穆尔公爵
Duke of Savoy	萨伏伊公爵
Duke Wurtemberg Christopher	符腾堡公爵克里斯托弗
Dunkirk	敦刻尔克
Duplessis-Mornay	杜普莱西斯-莫尔奈
Durance	杜兰斯
Duval	杜瓦尔
Earl of Warwick	华威伯爵
Ecouen	埃库恩
Edgehill	埃吉希尔
Edict of Chateaubriant	《夏多布鲁昂法令》
Edict of Fontainebleau	《枫丹白露法令》
Edict of January	《一月法令》
Edict of July	《七月敕令》
Edict of Pacification	《和解法令》
Edict of Romorantin	《罗莫朗坦法令》
Edinburgh Review	《爱丁堡评论》
Edward of Woodstock	伍德斯塔克的爱德华
Edward VI	爱德华六世

Eléanor de Roye	埃莉诺·德·罗伊
Elijah	以利亚
Elinor Chabot	埃丽诺·沙博
Elizabeth of Austria	奥地利的伊丽莎白
Émile Haag	埃米尔·哈格
Emmanuel Philibert	伊曼纽尔·菲利伯特
English Channel	英吉利海峡
Epernay	埃佩尔奈
Epistles of Obscure Men	《默默无闻者的来信》
Erasmian school	伊拉斯谟学院
Erasmus	伊拉斯谟
Esau	以扫
Esquimaux	爱斯基摩人
Etienne le Roi	艾蒂安·勒·罗伊
Étienne Pasquier	艾蒂安·帕基耶
Eu	厄镇
Eugène Haag	尤金·哈格
Eure	厄尔
Executioner	行刑官
Fabio Orsini	法比奥·奥尔西尼
Faubourg Montmartre	蒙马特郊区
Faubourg St. Antoine	圣安托万郊区
Feast of St. Michael	米迦勒节
Fecamp	费康
Fernando Álvarez de Toledo	费尔南多·阿尔瓦雷斯·德·托莱多
Ferrers	费雷尔
Fervacques	法瓦克斯
Fesinghi	费辛基
Fete Dieu	上帝祭
Filippo di Piero Strozzi	菲利波·迪·皮埃罗·史特罗齐
Finance-minister	财政大臣
Fitienne le Roi	费尔蒂安·勒·罗伊

Flanders	佛兰德斯
Flemings	佛兰芒人
Florence	佛罗伦萨
Florimond de Remond	弗洛里蒙·德·雷蒙德
Florimond II Robertet	弗洛里蒙二世·罗伯泰
Flushing	法拉盛
Foix	富瓦
Fontainebleau	枫丹白露
Fontenay	丰特奈
Fontenay-en-Brie	丰特奈-昂布里
Forez	福雷
Fornier	福尼耶
Fort St. Catherine	圣凯瑟琳堡
Frances Baillet	弗朗西丝·巴耶
Francis III	弗朗索瓦三世
Francis Daugy	弗朗西斯·多基
Francis de Coligny	弗朗索瓦·德·科利尼
Francis de Lorraine	弗朗索瓦·德·洛林
Francis Morel	弗朗西斯·莫雷尔
Francis Walsingham	弗朗西斯·沃尔辛汉姆
Franciscans	方济各
Francisco Alava	弗朗西斯科·阿拉瓦
François Channeil	弗朗索瓦·查尼尔
François d'Andelot de Coligny	弗朗索瓦·安德洛·德·科利尼
François de Beaumont	弗朗索瓦·德·博蒙
François de Beauvais	弗朗索瓦·德·博韦
François de Chatillon	弗朗索瓦·德·查狄伦
François de Coligny d'Andelot	弗朗索瓦·德·科利尼·安德洛
François de Lorraine	弗朗索瓦·德·洛林
François de Mandelot	弗朗索瓦·德·曼德洛
François de Montmorency	弗朗索瓦·德·蒙莫朗西
François de Scépeaux	弗朗索瓦·德·塞佩奥克斯

François de Tournon	弗朗索瓦·德·图农
Francois de Valois	弗朗索瓦·德·瓦卢瓦
François de Vendôme	弗朗索瓦·德·旺多姆
François Fénelon	弗朗索瓦·芬尼隆
Francois Genlis	弗朗索瓦·让利斯
Francois I	弗朗索瓦一世
François II	弗朗索瓦二世
François Olivier	弗朗索瓦·奥利维耶
François Rabelais	弗朗索瓦·拉伯雷
François Vatable	弗朗西斯·瓦塔布尔
François-Eudes de Mézeray	弗朗索瓦·欧代·德·梅泽雷
Frankreich und die Bartholomaus - Kacht	《法兰西和巴塞洛缪之夜》
Franzdsische Geschichte	《法兰西史》
Fray Garcia de Ribeira	弗雷·加西亚·德·里贝拉
Frederick III of Simmern	西梅尔恩的弗雷德里克三世
Freyberg	弗雷堡
Friedrich Schiller	弗里德里克·席勒
Fulvia Pico della Mirandola	富尔维亚·皮科·德拉·米兰多拉
Fumel	菲梅尔
Furet	菲雷
Gabriel	加布里埃尔
Gabriel de Lorges	加布里埃尔·德·洛日
Gaillac	加亚克
Gannat	加纳
Gap	盖普
Gargantua	嘉甘图亚
Garnier	加尼耶
Garonne	加龙河
Gascons	加斯科涅人
Gascony	加斯科涅
Gaspard de Coligny	加斯帕尔·德·科利尼
Gaspard de Heu	加斯帕尔·德·赫伊

Gaspard de Saulx	加斯帕尔·德·索克斯
Gaspard de Saulx-Tavannes	加斯帕尔·德·索克斯-塔瓦纳
Gaspard I de Coligny	加斯帕尔一世·德·科利尼
Gaspard II de Coligny	加斯帕尔二世·德·科利尼
Gasparo Contarini	加斯帕罗·孔塔里尼
Gastine	加斯蒂纳
Gaul	高卢
Gave	加夫河
Genoa	热那亚
Genoese	热那亚人
George Buchanan	乔治·布坎南
George Lefevre	乔治·勒费尔夫
Gerard de Groesbeck	杰拉德·德·格雷斯贝克
Geri Spini	杰里·斯皮尼
Gevaudan	热沃当
Gilbert Genebrad	吉尔伯特·吉尼布莱德
Gilles Corrozet	吉勒·科罗泽
Gilles le Maistre	吉勒·勒·迈斯特
Gillet	吉列
Giorgio Vasari	乔尔乔·瓦萨里
Giovanni Antonio Serbelloni	乔瓦尼·安东尼奥·塞贝洛尼
Giovanni Capello	乔瓦尼·卡佩罗
Giovanni Correro	乔瓦尼·科列罗
Giovanni Michieli	乔瓦尼·米基耶利
Giovanni Soranzo	乔瓦尼·索兰佐
Girard	吉拉尔
Gironde	吉伦特
Girondins	吉伦特派
Giustiniani	朱斯蒂尼亚尼
Glaris	格拉鲁斯
Gomicourt	戈米科特
Gordes	戈尔德

Gordon Riots	戈登骚乱
Gourdan	古尔当
Governor of Champagne	香槟总督
Governor of Dauphiny	多菲内总督
Governor of Dieppe	迪耶普总督
Governor of Languedoc	朗格多克总督
Governor of Lyons	里昂总督
Governor of Provence	普罗旺斯总督
Governor of Rouen	鲁昂总督
Governor of Saumur Montsoreau	索米尔总督蒙梭罗
Grange	格兰奇
Gregory XIII	格列高利十三世
Grenoble	格勒诺布尔
Greve	格雷夫
Gryphaeus	格里菲斯
Guestret	盖斯特雷
Guglielmus Budé	古利尔穆斯·布德
Gui Rochette	居伊·罗谢特
Guidobaldo Gondi	吉多巴尔多·贡迪
Guienne	圭亚那
Guienue	吉耶纳
Guillaume de Saulx-Tavannes	纪尧姆·德·索克斯-塔瓦内斯
Guillaume Groen van Prinsterer	纪尧姆·格伦·范·普林斯特勒
Guitry	吉特里
Guyenne	吉耶讷
Ham	哈姆
Hannibal	汉尼拔
Havre	哈弗尔
Heidelberg	海德堡
Heinrich Bullinger	海因里希·布林格
Helie	赫利
Henault	亨诺

Henri d'Angoulême	亨利·德·昂古莱姆
Henri I de Montmorency	亨利一世·德·蒙莫朗西
Henri Masparault	亨利·马斯帕罗特
Henriade	《亨利亚特》
Henry Alexandre	亨利·亚历山大
Henry Champernon	亨利·尚佩侬
Henry de Bourbon	亨利·德·波旁
Henry de Lorraine	亨利·德·洛林
Henry III	亨利三世
Henry Killigrew	亨利·基利格鲁
Henry Norris	亨利·诺里斯
Henry Stephens	亨利·斯蒂芬斯
Herodias Agrippa	希罗迪亚斯·阿格里帕
Histoire de la Reforme	《改革史》
Historisch-politische Zeitschrift	《政治历史评论》
Holland	荷兰
Holofernes	赫罗弗尼斯
Homer	荷马
Hotel de Guise	吉斯旅馆
Hotel de Retz	德雷斯旅馆
Hotel-de-Ville	维尔旅馆
Hubert Languet	休伯特·朗格特
Hugues Aubriot	马格·奥布里奥
Huldrich Zuingle	胡尔德里奇·祖格尔
Humethus	胡墨瑟斯
Humieres	胡米埃雷斯
Humphrey Gilbert	汉弗莱·吉尔伯特
Hurant de Chiverny	胡朗特·德·奇维尼
Hyde Park	海德公园
Iliad	《伊利亚特》
Inkermann	印克曼
Innocents' Cemetery	清白公墓

Institutes	《基督教要义》
Irun	伊伦
Isle of France	法兰西岛
Isle of St. Louis	圣路易岛
Israel	以色列
Issoire	伊苏瓦尔
Issoudun	伊苏丹
Itoule	伊图勒
Jacob	雅各布
Jacobin	雅各宾派
Jacopo Sadoleto	雅各布·萨多利托
Jacqueline de Longwy	杰奎琳·德·隆威
Jacqueline de Montbel d'Entremont	雅克利娜·德·蒙贝尔·德昂特勒蒙
Jacquerie	扎克雷
Jacques Amyot	雅克·阿姆约
Jacques Auguste de Thou	雅克·奥古斯特·德·佑
Jacques Bourdin	雅克·布尔丹
Jacques d'acier	雅克·达西耶
Jacques d'Albon	雅克·德阿尔本
Jacques de Beaune	雅克·德·伯劳内
Jacques de Crussol	雅克·德·克吕索尔
Jacques de Mouy	雅克·德·莫埃
Jacques de Savoiei	雅克·德·萨伏伊
Jacques de Silly	雅克·德·西利
Jacques Gaches	雅克·加奇斯
Jacques Molay	雅克·莫雷
Jacques Pavannes	雅克·帕瓦内斯
Jacques Philippeaux	雅克·菲利波
James IIennuyer	詹姆斯·伊恩努耶
James Stuart	詹姆斯·斯图亚特
James V	詹姆斯五世
Jarnac	雅纳克

Jean Bodin	让·博丹
Jean Bouchet	让·布歇
Jean Bourgeau	让·布尔若
Jean Brugiere	让·布鲁吉雷
Jean Bullant	让·比朗
Jean Chapot	让·查波特
Jean Crespin	让·克雷斯潘
Jean d'Aubigné	让·德奥比涅
Jean de Dunois	让·德·迪努瓦
Jean de Gallans	让·德·加兰
Jean de Haas	让·德·哈斯
Jean de Ligne	让·德·莱恩
Jean de Montcalm	让·德·蒙特卡姆
Jean de Morvilliers	让·德·莫维利耶斯
Jean de Poltrot	让·德·波尔特罗
Jean de Serres	让·德·塞尔
Jean Dorat	让·多拉
Jean Froissart	让·弗鲁瓦萨尔
Jean Goujon	让·古戎
Jean Guillart	让·吉亚尔特
Jean IV de Brosse	让四世·德·布罗斯
Jean Lange	让·朗热
Jean le Masle	让·勒·马塞尔
Jean Passerat	让·帕斯拉
Jean Picard	让·皮卡德
Jean Poton de Xaintrailles	让·波顿·德·哈因蒂勒
Jean Quentin	让·昆廷
Jean sans Peur	让·桑斯·佩尔
Jean-Antoine de Baif	让-安托万·德巴伊夫
Jean-Baptiste Capefigue	让-巴蒂斯特·开普菲格
Jeanne d'Albret	胡安娜·达尔布雷
Jehu	耶户

Jezebel	耶洗别
Joachim du Bellay	约阿希姆·杜·贝莱
Joan Coras	琼·科拉斯
Joan of Arc	圣女贞德
Job	《约伯》
Johann Wilhelm Baum	约翰·威尔海姆·鲍姆
Johannes Gutenberg	约翰内斯·古登堡
Johannes Sturm	约翰内斯·斯托姆
John Allen	约翰·艾伦
John Ango	约翰·安戈
John Brentius	约翰·布伦提乌斯
John Calvin	约翰·加尔文
John Casimir	约翰·卡齐米尔
John Churchill	约翰·丘吉尔
John de Mendoza	约翰·德·门多萨
John de Montluc	约翰·德·蒙吕克
John Frederick II	约翰·弗雷德里克二世
John Froude	约翰·弗鲁德
John Knox	约翰·诺克斯
John Menier	约翰·梅尼尔
Joseph Boniface	约瑟夫·博尼法斯
Joshua	约书亚
Joyeuse	茹瓦约斯
Judas Maccabaus	犹大·马卡巴
Judas Maccabeus	犹大·马加比
Judith	犹滴
Julius III	尤利乌斯三世
Julius Poggianus	朱利叶斯·波吉亚努斯
Juno	朱诺
Jupiter	朱庇特
Juvenal des Ursins	朱文纳尔·德·尤因斯
Kenti	肯蒂

Keny	基尼
King Ahab	亚哈王
Kingdom of Dahomey	达荷美王国
Kingdom of Sardinia	撒丁岛王国
Knox	诺克斯
Kuntus Horace Fracus	昆图斯·奥拉斯·弗拉库斯
La Barbee	拉·巴比
La Bonne	拉·博恩
La Bouilli	拉·布伊
La Cerisaye	拉塞里萨耶
La Charite	拉查里特
La Chassetiere	拉恰塞蒂尔
La Chatre	拉·夏特尔
La Cour	拉·库尔
La Faye	拉·费伊
La Ferte-sous-Jouarre	拉费特-苏-茹阿尔
La Hire	拉·希尔
La Maison Milsand	米尔桑之家
La Mans	拉曼斯
La Mole	拉·莫尔
La Molle	拉·莫勒
La Mothe Fénelon	拉·莫特·费内隆
La Node	拉诺德
La Noue	拉·努
La Renaudie	拉·勒诺迪
La Riviere	拉·里维埃尔
La Rochefoucalt	拉·罗彻法考特
La Rochefoucault	拉·罗什福科
La Rochelle	拉罗谢尔
Lady Picoree	皮科瑞夫人
Lainez	莱内
Lambin	朗班

Lamoral	拉莫拉尔
Lancelot Voisin de La Popelinière	兰斯洛特·沃伊辛·德·拉·波佩里埃
Landeac	兰德克
Landgrave of Hesse Maurice	黑森伯爵莫里斯
Landrecy	兰德雷西
Langin	朗然
Languedoc	朗格多克
Lantern Tower	灯塔
Lassus	拉叙斯
Latour	拉图尔
Lavergne de Tressan	拉韦涅·德·特雷森
Lazarus	拉撒路
Le Balafre	勒巴拉夫雷
Le Cateau-Cambrésis	卡托–康布雷西
Le Charron	勒·查伦
Le Laboureur	勒·拉布勒
Le Mans	勒芒
Le Puy	勒皮
Leaps of Macon	梅肯跳跃
Leben Beza's	《西奥多·贝扎传》
Lenoncourt	勒农古
Léon Guérin	里昂·格兰
Leonard Grunenfelder	莱昂纳德·格鲁恩费尔德
Leonardo da Vinci	列昂纳多·达·芬奇
Léonor d'Orléans	莱奥诺·德·奥尔良
Leopold von Ranke	利奥波德·冯·兰克
Lepanto	勒班陀
Leran	勒兰
Lesser Asia	小亚细亚
Letters Patent	诏书
Leyton	莱顿
Lignerolles	利尼奥勒斯

Limoux	利穆
Lingard	林格尔
Livre du Roi	《国王之书》
Livres	里弗
Lombardy	伦巴第
Lord of Boucarde	布卡德公爵
Lorenzo Capponi	洛伦佐·卡波尼
Lorenzo Strozzi	洛伦佐·斯特罗齐
Lorraine	洛林
Lot	洛特
Loudun	卢丹
Louis de Bergen	路易·德·贝尔坎
Louis de Breze	路易·德·布雷泽
Louis de Brezous	路易·德·布雷佐斯
Louis de Gonzaga	路易·德·贡扎加
Louis de Lorraine	路易·德·洛林
Louis du Faur	路易·杜·福尔
Louis I de Bourbon	路易一世·德·波旁
Louis III of Bourbon-Vendôme	波旁–文多姆的路易三世
Louis IX	路易九世
Louis Maimbourg	路易·曼堡
Louis of Gonzaga	贡扎加的路易
Louis XI	路易十一
Louis XII	路易十二
Louis XIII	路易十三
Louisa de Breze	路易莎·德·布雷泽
Louise Borgia	路易丝·博尔吉亚
Louise de Coligny	路易丝·德·科利尼
Louise de Halluin	路易丝·德·哈鲁因
Louise de Montmorency	蒙莫朗西的路易丝
Louise de Rouet	路易·德·鲁埃
Louviers	卢维耶岛

Louvre	卢浮宫
Lower Alps	阿尔卑斯山脉
Loys Fayard	洛伊斯·法亚尔
Lucon	卢孔
Lucrezia de' Medici	卢克雷西亚·德·美第奇
Luigi Lippomano	路易吉·利波曼诺
Lusignan	吕西尼昂
Lutetia	卢泰西亚土城
Lyons	里昂
Macbeth	麦克白
Maccabees	马加比人
Macon	梅肯
Madame de Fiesque	菲斯克夫人
Madeleine Briconnet	马德莱娜·布里孔尼
Madeleine de Savoie	玛德琳·德·萨伏伊
Madrid	马德里
Maine	曼恩省
Makkeddah	麦加
Malcoiffee	马尔科菲
Malta	马耳他
Marais	马莱
Marc Antoine Muret	马克·安托万·米雷
Marchais	马查伊斯
Marcia	玛西娅
Marechaussee	马雷绍西
Margaret of Bourbon	波旁的玛格丽特
Margaret of Valois	昂古莱姆的玛格丽特
Marie de Barbancon	玛丽·德·巴班孔
Marie of Cleves	克里夫斯的玛丽
Marie Touchet	玛丽·图谢
Mark Moreau	马克·莫罗
Marmoutier	马尔穆捷

Marne	马恩河
Marquet	马奎特
Marquis of Ayamonte	阿亚蒙特侯爵
Marquis of Elbceuf	埃尔卑瑟夫侯爵
Marquis of Renel	勒内尔侯爵
Marseillaise	《马赛曲》
Marseilles	马赛
Marshal Damville	当维尔元帅
Marshal of Termes	特尔梅斯元帅
Marshal St. Andre	圣安德烈元帅
Marshal Tende	坦达元帅
Marshal Tesse	泰斯元帅
Martigues	马尔蒂盖
Martin Bucer	马丁·布斯
Martin Koch	马丁·科赫
Martin Lhomme	马丁·洛姆
Martin Luther	马丁·路德
Mary Elizabeth	玛丽·伊丽莎白
Mary I	玛丽一世
Mary of Guise	吉斯的玛丽
Mary Stuart	玛丽·斯图亚特
Matignon	马提翁
Mattathias	玛他提亚
Matteo Dandolo	马泰奥·丹多洛
Matthieu Ory	马蒂厄·奥里
Maugiron	莫吉伦
Maunbourg	蒙伯格
Maurevel	莫里韦尔
Maximilian II	马克西米利安二世
Mazarin	马萨林街
Meaux	莫城
Melchior Wolmar	梅尔基奥尔·沃尔马克

Melun	默伦
Memoires de l'Etat de France	《法兰西政府回忆录》
Memoirs	《回忆录》
Memoirs of Gamon	《加蒙回忆录》
Memoirs of Nevers	《内维尔回忆录》
Mende	芒德
Mercury	墨丘利
Mergey	梅吉
Merindo	梅林多尔镇
Merlin	梅兰
Metz	梅斯
Meulan	默朗大街
Mezieres	梅齐埃尔
Michael Servetus	迈克尔·塞尔韦图斯
Michaelis Suriano	米开利斯·苏里亚诺
Michaelmas Day	米迦勒节
Michel	米歇尔
Michel de la Fontaine	米歇尔·德·拉·方丹
Michel de l'Hopital	米歇尔·德·洛必达
Michelade	米歇莱德
Micheli	米凯利
Michelle de Caignoncle	米歇尔·德·凯诺克勒
Milhaud	米约
Millers' bridge	米勒桥
Minerva	密涅瓦
Monceaux	蒙索
Moncontour	蒙孔图尔
Mondoucet	蒙杜塞
Moneins	莫宁斯
Mons	蒙斯
Monsieur d'Enghien	恩吉安先生
Mont Cenis	塞尼斯山

Montafie	蒙塔菲
Montauban	蒙托邦
Montbard	蒙巴尔
Montbrison	蒙布里松
Montbrun	蒙布兰
Montdoubleau	蒙道布洛
Montelimart	蒙特利马特
Montesquieu	孟德斯鸠
Montfaucon	蒙福孔
Montferrand	蒙特费朗
Montglas	蒙特格拉斯
Montmartre	蒙马特尔
Montpelier	蒙彼利埃
Montpensier	蒙庞西耶
Montpipeau	蒙皮帕
Montreuil	蒙特勒伊
Moors	摩尔人
Mornas	莫尔纳
Morvilliers	莫维利耶斯
Moses	摩西
Motte-Gondrin	莫特－冈德林
Moulins	穆兰
Mouton	穆顿
Mouvans	穆万斯
Mouy	穆埃
Mr Pouchet	波歇先生
Mr. John Murray	约翰·穆雷先生
Munster	曼斯特
Nancay	南凯
Nancy	南锡
Nantes	南特
Napoleon Bonaparte	拿破仑·波拿巴

Narbonne	纳博讷
Nerac	内拉克
Netherlands	荷兰
New Cato	新加图
Niccolo Machiavelli	尼科洛·马基雅维利
Niccolò Tommaseo	尼科洛·托马西奥
Nice	尼斯
Nicholas Bongars	尼古拉·邦加尔
Nicholas Clinet	尼古拉·克利内
Nicholas Throckmorton	尼古拉·斯洛克莫顿
Nicolas Brulart	尼古拉·布鲁拉特
Nicolas de Harlay	尼古拉·德·阿尔莱
Nicolas de Neufville	尼古拉·德·讷夫维尔
Nimes	尼姆
Niort	尼奥尔
Normandy	诺曼底
Normans	诺曼人
Northern Africa	北非
Norwich	诺维奇
Nostradamus	诺斯特拉达姆士
Notre Dame	巴黎圣母院
Noyades	诺亚德
Numa Pompilius	努马·彭庇里乌
Nuncio Salviati	萨尔维亚蒂大使
Odet de Coligny	奥代·德·科利尼
Oliver Cromwell	奥利弗·克伦威尔
Orange	奥兰治
Ordinance of Chambord	《尚博尔法令》
Orleans	奥尔良
Orson	奥森
Orte	奥尔特
Orthez	奥尔泰兹

Ossat	奥萨特
Oudin Petit	乌丹·珀蒂
Ovid	奥维德
Pacification of Amboise	《安博瓦兹和约》
Palace of the Tuileries	杜伊勒里宫
Palais Royal	法兰西宫廷
Palm Sunday	棕枝主日
Pamiers	帕米耶
Pantin	庞坦
Parliament of Brittany	布列塔尼议会
Parpaillots	帕尔佩略派
Parthenay	帕尔特奈
Pasithea	帕西忒亚
Pastor Chassebceuf	查斯塞瑟夫牧师
Patarins	巴塔林派
Paternoster Row	帕特诺斯特街
Paul de Thermes	保罗·德·瑟梅斯
Paul Derichiend	保罗·德里希恩
Paul IV	保罗四世
Pavia	帕维亚
Pays de Caux	考克斯地区
Peace treaty	《停战和约》
Pedro Dávila	佩德罗·达维拉
Pelve	佩尔夫
Penelope	佩内洛普
Pergamus	帕加姆斯
Perigord	佩里戈尔
Peronne	庇隆
Perrenot de Chantonnay	佩雷诺·德·尚托内
Peter III	彼得三世
Peter Martyr	彼得·马蒂尔
Peter Ramus	彼得·拉米斯

Petition of Rights	《权利请愿书》
Petrucci	彼得鲁奇
Pharamond	法拉蒙
Philibert de l'Orme	菲利伯特·德·洛姆
Philip Augustus	菲利普·奥古斯都
philip de l'orme	菲利普·德·洛尔姆
Philip de Montmorency	菲利普·德·蒙莫朗西
Philip Gastine	菲利普·加斯廷
Philip II	腓力二世
Philip III	腓力三世
Philip IV	腓力四世
Philip Melanchthon	菲利普·梅兰赫顿
Philippa de Lunz	菲莉帕·德·伦茨
Philippe de Mornay	莫尔奈的菲利普
Philippe Richarde	菲利普·里查德
Pibrac	皮布拉克
Picards	毕卡德人
Picardy	皮卡第
Piedmont	皮埃蒙特
Piedmontese	皮埃蒙特人
Pierre Charpentier	皮埃尔·沙尔庞捷
Pierre de Brantôme	皮埃尔·德·布兰特姆
Pierre de Gondi	皮埃尔·德·贡迪
Pierre de la Place	皮埃尔·德·拉·普雷斯
Pierre de Ronsard	皮埃尔·德·龙萨
Pierre du Chastel	皮埃尔·杜·查斯泰尔
Pierre Matthieu	皮埃尔·马蒂厄
Pierre Robert Olivetan	皮埃尔·罗伯特·奥利维坦
Pierre Seguier	皮埃尔·塞吉尔
Pietro Strozzi	彼得罗·史特罗齐
Pius IV	庇护四世
Place Bassecour	巴塞库广场

Place Dauphine	太子广场
Place de la Bourserie	证券交易所广场
Place des Victoires	维多利亚广场
Place Maubert	莫贝尔广场
Place Royale	法兰西广场
Plain of Assay	亚色平原
Plain of St. Clair	圣克莱尔平原
Plato	柏拉图
Pliny the Younger	小普林尼
Plutarch	普鲁塔克
Pluviaut	普鲁瓦乌
Pluviers	普鲁维尔斯
Poissy	普瓦西
Poitou	普瓦图
Poland	波兰
Poncenac	庞塞纳克
Pont de Ce above Angers	昂热桥
Pont de la Feuillee	拉菲利桥
Pont de la Tournelle	车轮桥
Pont des Arts	艺术桥
Pont Morand	莫兰桥
Pont Neuf	新桥
Pontifical auxiliaries	教皇的卫队
Pontoise	蓬图瓦兹
Pope Boniface VIII	教皇博尼法斯八世
Pope Clement VII	教皇克莱门特七世
Pope Gregory XIII	教皇格列高利十三世
Pope Pius V	教皇庇护五世
Popincourt	波宾库尔
Porte St. Honore	圣奥诺雷门
President Latomy	拉托米主席
President Minard	米纳尔会长

Priam	普里阿摩斯
Prince of Joinville	茹安维尔王子
Prince Porcien	波西恩亲王
Prince Rupert	吕佩尔亲王
Prince-dauphin of Auvergne	奥弗涅皇太子
Principality of Liege	列日公国
Provins	普罗旺斯
Provost of Paris	巴黎监察官
Provost Senescay	森斯凯教务长
Psalms of David	《大卫诗篇》
Puviaut	普瓦乌
Puygaillard	皮盖拉
Pyrenees	比利牛斯山脉
Quai de la Megisserie	梅吉塞里码头
Quai de l'Horloge	钟楼码头
Quai Morland	莫兰码头
Queen Blanche	布朗什皇后
Quercy	凯尔西
Quintus Curtius	昆图斯·库尔修斯
Quintus Horatius Flaccus	昆图斯·贺拉斯·弗拉库斯
Ralet	拉雷
Rambouillet	兰布依莱特
Rapin	拉宾
Regeane	雷基恩
Regiment of Walloons	瓦隆军队
Regnier de la Planche	雷涅尔·德拉·普朗什
Rene	勒内
Rene Bianchi	勒内·比安奇
Rene de Birague	勒内·德·比拉格
Rene de Lorraine	勒内·德·洛林
René II	勒内二世
Renee of France	法兰西的勒妮

Rennes	雷恩
Revue Theologique	《神学杂志》
Rheims	兰斯
Rheingrave	莱茵格雷夫
Rhine	莱茵河
Rhone	罗恩河
Richard Gastine	理查德·加斯廷
Richmond	里士满
Riot of St. Medard	圣米达尔暴动
Rivieres	里维埃尔
Robert Cecil	罗伯特·塞西尔
Robert Dudley	罗伯特·杜德利
Robert Etienne	罗伯特·艾蒂安
Robert Stuart	罗伯特·斯图亚特
Roche-Abeille	罗彻-阿比勒
Rochefort	罗什福尔
Roche-sur-Yon	拉罗什永
Roger Sully	罗杰·萨利
Romans	罗马人
Rome	罗马
Roquebrun	罗克布兰
Rosny	罗尼
Rouen	鲁昂
Rouergue	鲁埃格
Roussillon	鲁西永
Roville	罗维尔
Royal Economies	《法兰西经济》
Royau	罗亚尔
Rue auxFers	奥克弗斯街
Rue de Bethisy	贝蒂西街
Rue de l'Arbre Sec	干树街
Rue des Forges	铁匠街

Rue des Fosses de St. Germain	圣日耳曼福斯街
Rue des Poulies	布利街
Rue Poulletier	波勒蒂埃街
Rue St. Antoine	圣安托万街
Rue St. Denis	圣丹尼斯街
Ruggieri	鲁吉耶里
Ruppelmonde	鲁佩尔蒙德
Saint Angelo	圣安杰洛
Saintes	桑特
Saintonge	圣通日
Salon	沙龙
Salviati	萨尔维亚蒂
Samaritan	撒玛利亚人
Sancerre	桑塞尔
Santa Croce	桑塔·克罗斯
Saone River	索恩河
Saone Bridge	索恩桥
Sarlabous	萨尔布尔斯
Sarret	萨雷
Saul	扫罗王
Saumur	索穆尔
Savages	野蛮人
Saverne	萨凡纳
Savoy	萨伏伊
Saxony	萨克森
Schomberg	朔姆贝格
School of Machiavelli	马基雅维利学派
Scottish Covenant	《苏格兰盟约》
Sebastian of Portugal	葡萄牙的塞巴斯蒂昂
Sebastien de l'Aubespine	塞巴斯蒂安·德·奥伯斯皮内
Sébastien de L'Aubespine	塞巴斯蒂安·德·奥贝斯平
Sébastien de Luxembourg-Martigues	塞巴斯蒂安·德·卢森堡－马蒂格

Secretary Cayas	卡亚斯秘书
secretary of state	国务秘书
Sedan	色当城
Segur Baron of Pardaillan	帕尔代兰的西格尔男爵
Seine	塞纳河
Senate	元老院
Senlis	桑利斯
Sens	森斯
Sicilian Vespers	西西里岛晚祷事件
Sigismond Cavalli	西格斯蒙德·卡瓦利
Sigismond Cavalli	西吉斯蒙德·卡瓦利耶
Sigognes	西格涅斯
Simancas	锡曼卡斯
Simancas Archives	《锡曼卡斯档案》
Simiane de Gordes	西米安·德·戈尔德
Simon Goulart	西蒙·古拉特
Simon Vigor	西蒙·维戈尔
Sir E. Warner	E. 沃纳爵士
Sire of Longueval	隆格瓦勒大人
Sisteron	锡斯特隆
Sluys	斯路易斯
Sodom and Gomorrah	所多玛和蛾摩拉
Soffrey de Calignon	索弗里·德·加里侬
Soissons	苏瓦松
Sommieres	索米耶尔
Sorbin	索宾
Sorbonne	索邦
Special commission	特别委员会
Special tribunal	特别法庭
Spire Niquet	斯皮尔·尼凯
Square of St. John	圣约翰广场
St. Andre	圣安德烈

St. Antoine	圣安托万
St. Augustine	圣奥古斯丁
St. Auzanni	圣奥扎尼
St. Bartholomew's Day	圣巴塞洛缪节
St. Benedict	圣本尼迪克特
St. Bernard	圣伯纳德
St. Calais	圣加来
St. Charles Borromeo	圣查尔斯·博罗密欧
St. Cloud	圣克劳德
St. Denis	圣德尼
St. Denis Gate	圣丹尼斯门
St. Etienne	圣艾蒂安
St. Francis	圣弗朗西斯
St. Germains	圣日耳曼
St. Herem of Montmerin	蒙特梅林的圣海伦
St. Jacques	圣雅克街
St. Jean d'Angely	圣让丹格利
St. John	圣约翰
St. John's Day	圣约翰节
St. Julian	圣朱利安
St. Louis	圣路易
St. Martin	圣马丁
St. Maur	圣莫尔
St. Mezard	圣米扎德
St. Ouen	圣乌恩
St. Paul	圣保罗
St. Peter	圣彼得
St. Point	圣普安
St. Quentin	圣昆廷
St. Stephen	圣斯蒂芬
Stephen Chamois	斯蒂芬·沙穆瓦
Stephen de Neuilly	斯蒂芬·德·纳伊

Stephen Dolet	斯蒂芬·多莱
Stephen Mangin	斯蒂芬·曼金
Strasburg	斯特拉斯堡
Stuart	斯图尔特
Studer	斯蒂德
Styx	冥河
Sulla	苏拉
Sumptuary Laws	《节约法》
Sureau	叙罗
Sureau du Rozier	叙罗·杜·罗齐耶
Sussex	萨塞克斯
Tacitus	塔西陀
Taillebois	塔耶布瓦
Talbot	塔尔博特
Talcy	塔尔西
Tallard	塔拉尔
Talmont	塔尔蒙
Tanlay	唐莱
Taprobanians	塔普罗巴尼人
Tarn	塔恩河
Tarquin	塔尔坎
Taurin Gravelle	托兰·格拉韦勒
Tavannes	塔瓦纳
Taverny	塔韦尼
Te Deum	赞美颂
Temple	神殿
Terouenne	泰鲁阿讷
Terouenne	特卢安
The Affair of the Gastine Cross	加斯廷十字架事件
The Apostles' Creeds	《使徒信经》
The Athanasian Creeds	《阿塔那西亚信经》
The Confession	《忏悔录》

The Dulaure Manuscripts	《杜拉尔手稿》
The Edict of Romorantin	《罗摩兰坦敕令》
The Edicts of Toleration	《宽容敕令》
The forest of Vincennes	万塞讷森林
The Hue St. Jacques	圣雅克街
The island of the Louvre	卢浮岛
The Jews' Island	犹太人岛
The July Edict	《七月敕令》
The Ordonnance of Orleans	《奥尔良特别法令》
The palace of the Tournelles	图尔奈尔宫
The Regulations	《条例》
The Tiger	《老虎》
The Treaty Of Catenu-Garitbresis	《卡特努－加立特布雷斯条约》
Theobald of Yverni	伊韦尔尼的西奥博尔德
Theocritus	忒奥克里托斯
Theodore Beza	西奥多·贝扎
Theodore Corneille	西奥多·高乃依
Theodosius	特奥多修斯
Thessalonica	帖撒罗尼迦
Third Edict of Pacification	《第三和解敕令》
Thomas	托马斯
Thomas Coryat	托马斯·科里亚特
Thomas Cranmer	托马斯·克兰默
Thomas Noel	托马斯·诺埃尔
Thomas Smith	托马斯·史密斯
Thore de Montmorency	托雷·德·蒙莫朗西
Thoury	图里
Throck Morton	思洛克·莫顿
Tome Iby Gachard	托米·伊比·加查德
Tonnerre	坦内尔
Toul	图勒
Toulon	土伦

Toulouse	图卢兹
Touraine	图赖讷
Tournelle	陀内尔
Tournelles	图尔奈尔
Tournes	图尔斯
Tournon	图农
Tours	图尔
Town of Chorges	绍尔日镇
Treaty of Cateau-Cambresis	《卡托－康布雷西条约》
Treaty of Hampton Court	《汉普顿法院条约》
Treaty of Longjumeau	《隆珠莫条约》
Trent	特伦特
Trepot	特雷波
Tridentine Decrees	《天主教教徒律例》
Trois Echelles	特洛伊·埃谢勒
Trompette	特朗佩特
Troy	特洛伊
Troyes	特鲁瓦
Tudor line	都铎王朝
Tumult of Amboise	安博瓦兹骚乱
Tuscan Embassador	托斯卡纳大使
Tyburn	泰伯恩
Typhon	堤丰
Ulrich von Hutten	乌尔利希·冯·胡登
Ulysses	尤利西斯
Upper Alps	上阿尔卑斯山脉
Upper Durance	上杜兰斯地区
Upper Languedoc	上朗格多克
Uzes	于泽斯
Vaches	奶牛岛
Valbeleix	瓦尔贝拉克斯
Valence	瓦朗斯

Valenciennes	瓦朗谢讷
Valois	瓦卢瓦王朝
Varengeville	瓦朗格维尔
Vasco de Gama	瓦斯柯·达伽马
Vassadonne	瓦萨多内
Vatican	梵蒂冈
Vaucluse	沃克卢斯
Vaudois	沃多伊人
Velay	维莱
Vendome	旺多姆
Vendomois	文多摩亚省
Verdun	凡尔登
Vexin	维克森
Viceroy of Naples	那不勒斯总督
Victor Cousin	维克多·库赞
Vidame of Chartres	沙特尔副伯爵
Vieilleville	维埃耶维尔
Vienna	维也纳
Village of Feugaroles	费加罗尔斯村
Village of La Chaussee	拉乔西村
Villars-Cotterets	维莱科特雷
Villefranche	维勒弗朗什
Villequier	维勒奎尔
Villette	维莱特
Vincennes	万塞讷
Viroleau	维罗莱奥
Virtus in Rebelles	美德真神
Vitellius	维特里乌斯
Vivarrais	维瓦莱
Voltaire	伏尔泰
Walter Raleigh	沃尔特·罗利
Wars of the Roses	玫瑰战争

Wilhelm Gottlieb Soldan	威尔海姆·格特里耶布·索尔丹
William Cecil	威廉·塞西尔
William Farel	威廉·法雷尔
William I	威廉一世
William I	威廉一世
William III	威廉三世
William Kirkcaldy	威廉·柯卡迪
William the Conqueror	征服者威廉
William Tyndale	威廉·廷代尔
Winkelbach	温克尔巴赫
Wolfgang von Pfalz-Zweibrücken	沃尔夫冈·冯·普法尔兹-兹韦布里登
Wurtemburg	符腾堡州
Yarmouth	雅茅斯
Yolet	约莱特
York	约克
Zurich	苏黎世